本书为浙江省哲学社会科学规划后期资助课题“现代汉语习用语法构式句法分析及演变研究（12HQ29）”成果，同时得到温州大学的资助，特此致谢！

浙江省哲学社会科学规划
后期资助课题成果文库

现代汉语习用语法构式演变研究

Xiandai Hanyu Xiyong Yufa Goushi Yanbian Yanjiu

张龙 著

中国社会科学出版社

图书在版编目(CIP)数据

现代汉语习用语法构式演变研究 / 张龙著. —北京：中国社会科学出版社，2018.12（2019.5 重印）

（浙江省哲学社会科学规划后期资助课题成果文库）

ISBN 978-7-5203-3726-7

Ⅰ. ①现… Ⅱ. ①张… Ⅲ. ①现代汉语-语法结构-研究 Ⅳ. ①H146

中国版本图书馆 CIP 数据核字(2018)第 284392 号

出 版 人 赵剑英
责任编辑 宫京蕾
责任校对 李 莉
责任印制 李寡寡

出 版 中国社会科学出版社
社 址 北京鼓楼西大街甲 158 号
邮 编 100720
网 址 http：//www.csspw.cn
发 行 部 010-84083685
门 市 部 010-84029450
经 销 新华书店及其他书店

印刷装订 北京君升印刷有限公司
版 次 2018 年 12 月第 1 版
印 次 2019 年 5 月第 2 次印刷

开 本 710×1000 1/16
印 张 22.5
插 页 2
字 数 375 千字
定 价 95.00 元

凡购买中国社会科学出版社图书，如有质量问题请与本社营销中心联系调换
电话：010-84083683

序

接到张龙送来的《现代汉语习用语法构式演变研究》书稿，很是高兴。他是2011年毕业获得博士学位的，当时的论文匿名外评成绩很不错，获得全优（5位评委）。一晃已经7年过去了，对照当初的论文，书稿有了不少的发展：有细节性的修改，也有结构性补充。可见在这过去的几年里，张龙入职温州大学后，虽奔忙于教学、教辅管理以及建设温暖家庭、培育乖巧女儿，也没有放下对这一论题的思考，不断地有所修正、完善。花儿已盛放，到了秋天收获的季节，他的这一成果也到了要出版的时候了。嘱我写序，难以推辞，就借此机会，谈几点感想吧，与读者分享。

“构式”研究自20世纪80年代的美国开始，逐渐形成一个潮流，吸引了一批语法学者的关注，产生了引人注目的成果，既有理论研究的创获，也有具体案例的剖析。这一潮流也相当程度地影响了中国大陆的语法研究，近20年来，相关研究成果陆续面世，为进一步认识、研究汉语语法现象、探索其规律提供了一个很有价值的视角。本书便是该潮流中涌现的一朵浪花。

简要而言，我以为本书在以下两个方面可喜可贺。

首先，观察细腻，概括允当。习用语法构式一般常看作习语，有词一级单位的，也有语一级单位的，它们的形成和功能，在过去的语法研究中很容易被看作习惯表达方式，归入惯用语或熟语，甚至普通词语，少有细致深入的观察和分析。构式理论产生以来，这一类对象引起了学者们的关注，就中国大陆语言学界而言，最近20多年陆续产生了相当数量的研究成果，仅就本书所涉及的6个构式案例来看，多数也已有前期研究，如“好了”这一构式，已有10多篇论文作了探讨。这些成果已经较为深入地对该构式的意义、功能以及其语法化历程等作了分析和总结。但本书作者经过研究发现，对该构式的认识在两个方面尚存不足，并作了进一步的探讨。在共时层面上，作者认为该构式有五种用法：除了表示“事态转好”（好了$_1$）、“行为完结”（好了$_2$）、“表达语气”（好了$_3$）、“话语标记”（好了$_4$）这四种外，还有作者提出的“表转变义、语篇衔接”（好了$_5$）这一用法。在历时层面上，已有成果同样作了较为细致的探讨，但作者能在这些成果的基础上，进一步耙梳，通过对大量历时语料的考察和分析，对有些认识作出了补正，如：对好$_4$的最早用例，推前到了元杂剧；在前人认识“好了”有4种用法基础上，归纳出第5种用法；更在上述成果的基础上，对“好了”5种用法的演化路径进行了新的推演：

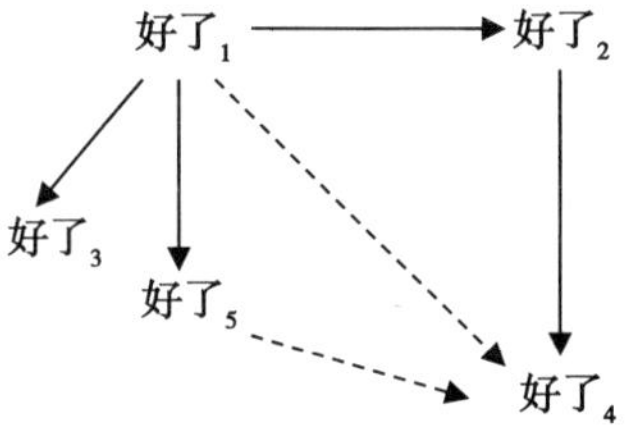

（实线表示演变关系，虚线表示影响关系）

我们认为，作者的这些努力体现出严谨的学术态度、扎实的专业基础、细致的钻研精神，以及对语言纷繁事实的敏感和细腻的概括能力。

其次，多有新见，收获连连。有了前一个方面的基础，产生一个个新的结论，也就是应有之义了。除了“好了”这个构式外，对另外5个构式，也都有新见。有的表现为材料上的新发现，如在“不是”构式的研究中，前人已有少数提到该构式的早期用例，但并无确凿和系统的讨论，本书作者在前人基础上，进行了更为广泛的资料探寻、归纳，较为完整地得出了这样的结论：至此，我们知道“不是$_1$”最早见于隋代的文献，以“岂不是”形式出现，唐五代以后“岂不是”“可不是”同时使用，五代时期，“不是”的“是非问”形式才开始出现，北宋时期，“不是”的是非问形式还不是太多，南宋时期，“不是”的是非问形式已经比较普遍，反问句形式已经比较多了，并出现了“不是”和“么”连用表示反问的用例。这一结论为我们深入系统地了解该构式的源流提供了可信的证明。有的则体现在论证思路的新颖，如在第四章中较好地运用“类推糅合”理论勾勒出了“V+ta$_2$+个VP”构式的来源轨迹。有的则对类型或结论有了新的看法，如将“V+ta+个VP”构式分为两种深层类型，并通过从理论和事实两个方面论证，得出了“V+ta$_2$+个VP”是由“V+个VP”和

“V+ta_2+NP” 两个表达式类推糅合生成的结论。等等。作者的这些努力使得每一个构式的论证都或者推陈出新，或者别开生面，让我们读起来，材料丰富翔实但不觉得堆砌，论证条分缕析但不觉得枯燥。

不仅如此，作者还能在深入探讨个案的基础上，对构式理论和语法化理论提出自己的看法，这些看法富有理论色彩，具有学术价值，尽管可能还可商榷，或还需要进一步系统的论证，但有了本书所涉的 6 个构式研究为基础，至少为我们提供了作者自己的尝试和努力。比如第二章，作者提出构式的特点由 4 个方面构成，并将构式按照单位的类型划分为语法构式和词汇构式。又如第九章，作者在对 6 个构式进行深入剖析的基础上进行了理论总结，提出：构式语法在研究方法上“不仅要关注动词性语法构式，还要关注习语性语法构式”“不仅要从共时平面分析，还要从历时视角论证”“不仅要探讨构式义、构式与动词的互动关系，还要研究构式与内部词项（包括动词）之间的互动关系、构式内部词项与词项之间的互动关系、构式与构式群之间的互动关系、构式与语境之间的互动关系等”；演变关系和影响关系构成了语法化的层级性；构式化不一定会发生语法化，语法化也不一定都经过构式化的阶段，当两者交融时可能会出现“构式化伴随语法化”“构式化先于语法化”两种情况；在历时的发展过程中，语境义可以内化为语法化项的意义；等等。

由以上简略的评点可以看出，本书是作者费心用力的成果，且多所建树。其中的点点滴滴收获俯拾皆是，期待着同好去捡拾、品味和评说。

当然了，学问无止境，美玉尚可切磋。语言事实本身就纷繁复杂，同一个现象在不同的研究者看来，很可能横看成岭侧成峰；在不同的时代看来，完全会此一时彼一时。就本书而言，也还有值得继续思考之处：从大的方面看，能否在此基础上针对汉语的习语构式归纳出若干意义或功能等层面上的独特属性，从而为认识不同语言的构式特点提供借鉴？从具体事实的分析看，可否在不同的具体案例之间探寻出关联属性？或通过它们在历时意义上的演化过程，勾勒出共性的规则？正像作者自己坦承的，该书对“语境、认知等因素对语法构式的影响”挖掘得还不够深。习用性语法构式的语用信息较为丰富，是研究语法、语用、认知之间关系的有效途径，该书在文中笼统地叙述了语用和认知对语法构式获得某种语法功能的影响，并没有系统地展开，这也应该是非常遗憾的事情。

不过，这些问题，既可以看作玉璧之瑕，也应该看作未来进一步努力的空间和可能，甚至可以看作本人的苛求。我们期待着张龙不停止探索的步伐，继续为这一研究做出更多的成绩来！

以上所感，权且作序。

池昌海

2018 年盛夏于杭州

目　录

第一章

绪　　论

本章分为三节：第一节主要介绍本书研究的对象和研究的意义，并简单梳理习用语法构式的研究现状；第二节主要介绍研究的理论背景、研究的目标和研究的方法；第三节主要对语料的来源和标注作一些说明。

第一节　研究的对象和研究的意义

本书的研究对象是习用性语法构式。习用性语法构式是语法构式的一个次类，它含有丰富的语用信息。对习用性语法构式的研究早已有之。胡适（1922）、陈望道（1922）就已经开始对“除非”的特殊用法进行了讨论，后来鲍幼文（1955）、黄诚一（1957）又作了进一步的探讨。朱德熙（1959a）注意到“恢复疲劳”和“打扫卫生”这类说法的特殊性。朱德熙（1959b）敏锐地观察到“差点儿打破了”和“差一点没打破”意思是一样的，都是“没打破”，而“差一点及格了”和“差一点没及格”意思不一样，朱先生认为造成两者不同的原因是说话人的“企望值”，即前者往往是说话人不企望的事情，后者是说话人所企望的事情。吕叔湘（1981）也注意到“好不热闹”和“好热闹”意思相同的现象。吕叔湘（1999［1980］）更是收录了很多习用性语法构式，比如“别说”“别是”“差点儿”“幸亏”“要不”等。

自陆俭明（2004a，b）深入评介构式语法理论之后，学界掀起了利用构式语法理论研究汉语的热潮，其中涉及习用性语法构式的论文不胜枚举，如江蓝生（2004，2005）、沈家煊（2004a）、刘丹青（2005）等。

江蓝生（2004）认为“话题标记‘的话’是‘说 NP/VP 的话’短语话题化的产物。‘的话’是个跨层非短语结构，它的词汇化是在话语层面的两种句法位置上完成的：（a）在‘说 NP/VP 的话’动宾短语中，当修饰语 NP/VP 是中心语‘话’的内容，二者具有同一性时，原短语结构的语义中心前移，‘说 NP/VP 的话’近似于‘说 NP/VP’；（b）‘NP/VP 的话’短语摆脱‘说……话’框架中动词‘说’的制约，前移至句首做话题主语，‘的话’被重新分析为后附的助词”，并指出“‘话’的泛化指代性以及由此形成的‘话’与修饰语的同一性是‘的话’词汇化的诱因，而省略和移位是‘的话’词汇化的特殊机制”。江蓝生（2005）“把现代汉语中表示取舍义的‘VP 的好’句式依据句中有无疑问代词区分为甲式和乙式两种，认为无疑问代词的甲式源自自指的‘VP 底’主语句，有疑问代词的乙式源自有标记的话题主语句，即由‘VP_1+Z，VP_2’紧缩为‘VP_1Z，VP_2’（Z 为助词）”。

沈家煊（2004a）将“不过”分为四种用法：不过$_1$（不超过）、不过$_2$（仅仅、只）、不过$_3$（附于形容词后表程度高）和不过$_4$（连词），然后梳理了它们之间的演变关系，即：

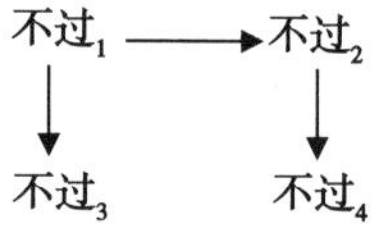

在进一步的研究之后沈文指出，“不过”演变的动因是言谈的“省力原则”，演变的机制是“语用推理”及推导义的“固化”。其实这就解释了构式“不过$_2$”“不过$_3$”和“不过$_4$”存在的理据性。

刘丹青（2005）对非典型“连”字句进行分析，认为“学界现有的共识只能用来分析、解释典型的‘连’字句，而无法解释汉语中越来越多的非典型‘连’字句。非典型‘连’字句的特点是，‘连’所介引的成分并不处在预设中的一个可能性等级序列的低端，因此不能用‘连 XP’的低端性来解释句子的强调作用。非典型‘连’字句的强调义来自整个构式的表义作用，更具有不可分解性，因而是更典型的构式句”。

涉及习用性语法构式的专著或论文集也不断涌现，如朱军（2010），张晓涛（2011），段业辉、刘树晟（2012），李宗江（2014b，2017），熊仲儒（2014），郑娟曼（2015），罗耀华（2015），吴为善（2016），陈文博（2016），车录彬（2016），张爱玲（2016），方梅、乐耀（2017），陆方喆（2017），陈昌来（2017），董秀芳（2017）等。

国外对习用性语法构式的研究也早已开始，就我们所见到的文献，至少在 20 世纪 80 年代就已经可以看到一些相当有见地的分析，比如 Lakoff（1987［1984］）对“there”构式的分析，Fillmore、Kay & Connor（1988）对“let alone”构式的分析。

近年来，话语标记（discourse markers）理论也逐渐成为研究的热点，一些习用性的语法构式如“I mean”“you know”等也被纳入话语标记研究的范围（Schiffrin，2007［1987］），其实，这并不奇怪，因为有些习用性语法构式的语用功能就是衔接语篇，而这恰恰是话语标记的定义。① 我们还必须认识到并不是所有的话语标记都是构式，如 or、so、now、but、oh 等，它们都不存在所谓的构式义，也并不是所有的习用性语法构式都是话语标记，如我们书中讨论的“好了”“才怪”等。不管怎么说，如火如荼的话语标记研究确实在一定程度上带动了习用性语法构式的研究，相关专著有殷树林（2012）、曹秀玲（2016）、李先银（2017）、张黎（2017）、孙利萍（2017）等。

但我们也不得不承认，习用性语法构式虽然早已引起研究者的注意，但系统而深入的研究较为有限，在深度和广度上都还有进一步探究的空间。根据观察和研究，我们认为目前对习用性语法构式的研究还存在着以下几个问题：

第一，还没有把习用性语法构式当作一个独立的类别看待，对习用性语法构式的研究往往依附于话语标记以及其他相关的范畴。

第二，对个别习用性语法构式的看法存在着较大的争议，如研究者对“好了”“V+tɑ+个 VP”“我说”等构式及相关问题还不能达成共识等。

第三，对具体的习用性语法构式的挖掘还不够深入，如“只注重共时平面的分析，忽视了历时平面的考察”“仅仅局限于个体上的研究，忽视系统上的关照”“只注重静态的分析，忽视动态的变化”等。

第四，对习用性语法构式的研究还处于描写和解释阶段，疏于理论上的总结和归纳。

有鉴于此，我们打算针对以往研究的薄弱环节进行分析和论证，以此来加强和深化对习用性语法构式的研究。因此本书的研究至少有下面几点意义：

第一，可以深化人们对习用性语法构式及相关范畴的认识。

① 如想详细了解话语标记的相关情况请参看 Zwicky（1985）和 Schiffrin（2007［1987］）。

第二，可以深化人们对“好了”“V+tɑ+个 VP”“不是”“才怪”“X说”“不大”六类习用性语法构式的认识。

第三，可以为现代语言学理论提供更多的例证。

第四，可以深化和完善相关的语言学理论。

第五，习用性语法构式往往具有特殊性和口语性，它们常常是对外汉语教学以及计算机标注的难点，所以本书的研究成果对对外汉语教学以及计算机的标注也有一定的参考价值。

第二节 理论背景、研究目标和方法

一 理论背景

本书以语法化和构式语法为理论背景，着力研究现代汉语中的习用性语法构式。如果把 Meillet（1912）提出“语法化”这个术语看作语法化理论的开端，迄今已有 100 多年的历史，在这约 1 个世纪的时间里语法化理论经历了结构主义语言学、生成语法、认知语言学三个阶段，虽然也曾遭到冷遇，但不曾被学者们忘记，之所以如此，恐怕因为它代表的不仅仅是一种研究方法，更是一种语言事实。时间的二维性已经规定了语言研究方法的二维性，即要么从共时的角度去研究语言，要么从历时的角度去研究语言，Saussure（1916）就已经指出了这一点。不管是共时还是历时，最终的目标都是为了探求人类语言的本质，而我们唯一能够确定的是“时间不曾停止流动，语言不曾停止演变”，而语法化理论恰恰是对这个事实的反映。

语言研究的首要目标是对语言进行描写。要搞清楚某种语言现象，我们必须要查清楚它的“前世今生”，因此我们不仅要分析某个语言形式的功能，还要梳理它的历史发展情况，只有两个方面兼备，我们才有可能更为客观地认识到语言的事实。在对语言进行描写的过程中，我们会碰到不符合一般规则的现象，这个时候我们就需要进行解释，而合理充分的解释又必须以较为全面、较为客观的描写为基础，因此我们在描写语言事实时必须要做到描写和解释相结合。描写和解释之于语言研究的重要性，Chomsky（1965）就已经作了精练的总结，即语言研究必须要做到观察的充分性（observational adequacy）、描写的充分性（descriptive adequacy）和解释的充分性（explanatory adequacy）。

语言的事实包罗万象，对语言事实的描写必须从对个别语言现象的描写开始，所以我们选择了习用性语法构式作为研究的切入点。谈及习用性语法构式就绝不能忽视构式语法理论。

构式语法理论兴起于 20 世纪 80 年代，以 Lakoff（1987［1984］），Fillmore、Kay & Connor（1988）为标志，这个时期我们称之为构式语法的前理论阶段。Goldberg（1995）的出版标志着构式语法理论的确立。构式语法最大的贡献是它发现了构式义的存在，构式义是独立于组成成分的一种意义，不能从组成成分或已有的构式中得到完全的预测（Golgberg，1995：4）。

构式语法兴起后，研究者基本上都是从共时的角度去研究构式，如 Fillmore 主要以构式为框架解释某些特殊的语言形式，Langacker 从构式的角度去研究认知的过程和结构，Goldberg 从构式的角度研究论元结构（argument structure）等等，历时的视角较少有人涉及，但是我们必须正视这样一个事实，即构式义的理据性（motivation）[①] 有时在共时的平面上无法得到完全的解释，也正是这个事实促使我们同时选择从历时的角度去研究构式。

二 研究目标

本书的内容大致包括三大部分。

（一）理论介绍

本课题的研究是以语法化和构式语法为理论背景，因此我们将首先介绍两种语法理论的基本概念，并阐述我们对某些概念的看法和见解。

（二）个案研究

我们选取了六类习用性语法构式作为研究个案，包括“好了”构式、“V+tα+个 VP”构式、“不是”构式、“才怪”构式、“X 说”构式和“不大”构式。这六类均已有讨论，但已有的讨论至少存在着两方面的问题：第一，没有达成共识；第二，还存在尚未论及的地方。因此，在这一部分，我们将全面而深入地研究这六类习用性语法构式。

① 如果一个构式的结构是从其他构式中继承（inherited）的，那么这个构式具有理据性。参见 Goldberg（1995：70）。

（三）结语

在这一部分，我们将对个案研究作理论上的总结，并指出研究上尚存的不足和问题。

三　研究方法

（一）共时和历时相结合

习用性语法构式是语法构式的次类，它首先属于语法范畴，因此我们将运用替换、删除、移动、插入等句法分析的基本方法来归纳习用性语法构式本身以及它的组成成分的语法性质和语法功能。

习用性语法构式的主要特点在于它表达语用意义或具有语用功能，因此它又属于语义—语用范畴。我们将运用现代语言学的一些基本概念和理论来指导我们归纳某一习用性语法构式的语用意义或语用功能。

除了从共时的角度归纳总结习用性语法构式及其组成成分的语法特点、语用功能，我们还将从历时的角度梳理习用性语法构式的历史发展，勾勒它们的演变路径。

为了更深入、更系统地了解某一习用性语法构式的语法特点、语用功能及演变特征，我们还会有选择性地探讨它跟相关结构和相关范畴的互动关系。

（二）描写和解释相结合

习用性语法构式一般都是特殊的构式，或语法组合上不同寻常，或形义匹配上令人费解，或两者兼具，但习用性语法构式为什么会具有这样的属性呢？我们必须对其存在的理据性进行解释，否则就不能对其进行充分的描写。

我们将采取多种方法相互结合的方式来解释习用性语法构式存在的理据性，比如参考相关的结构、寻求历时上的解释、利用相关的语言学理论等。

（三）定量和定性相结合

定量和定性相结合也是我们常用的方法。数据统计不仅可以帮助我们更为客观地作出判断，也能够为读者一目了然地展示习用性语法构式的某些属性。我们将有选择性地对某些构式的某些属性进行数据统计，力求做到言出有据。

第三节　语料范围

本书的研究充分利用了现有的自然语料（主要是书面语料），语料主要来自北京大学中国语言学研究中心开发的现代汉语和古代汉语语料库（简称 CCL 语料库）①，同时也参考了浙江大学汉语史研究中心研发的中古汉语语料库②，两个语料库为我们的研究提供了很大的帮助，在此表示衷心的感谢。

本书用例主要是书面材料，少量用例为自拟例句以及网络资料。书面的语料我们都标明了出处，自拟例句不加标注，来自网络的例句我们都以"网络资料"字样注明。

为了增强语料的说服力，我们在选择用例时往往会有意选取来自不同作者、不同作品的语料，为了尽量保持语料选择的平衡，南北方作家的作品均有涉及，部分语料来自中国香港、台湾的作品。

书中用例皆核对了原文，书面语料出处的标注格式是：古汉语用例的标注格式为"朝代·作者《作品》，页码"，少量汇编性质的著作的用例标注为"《作品》，页码"；现当代用例的标注格式为"作者《作品》，页码"。来自杂志或期刊的作品，我们一般不标注页码，只注明来源。

本书用例出处及版本等信息，可参看书后的征引文献。

① 网址在维护过程中有所变化。2006—2007 年间撰写第八章"不大"构式时网址是 http：//ccl. pku. edu. cn：8080/ccl_ corpus/jsearch/index. jsp？dir。2008—2011 年间撰写其他章节时网址是 http：//ccl. pku. edu. cn/corpus. asp。

② 撰写本书相关内容时网址是 http：//www. hanyushi. zju. edu. cn/redir. php？catalog_ id=35。

第二章

构式语法与语法化

本章分为两节：第一节主要介绍构式语法的相关知识，如构式的定义、构式的类型等，并提出我们对构式定义和构式类型的看法和见解；第二节主要介绍语法化的相关知识，如语法化的定义、语法化的原则和特征以及语法化中的主观化等。

第一节　构式语法

构式语法（Construction Grammar）主要源于框架语义学（Fillmore，1975、1977、1982、1985），然后结合认知语言学的一些理论和研究方法（Lakoff，1977、1987；Langancker，1987、1991），在批判生成语法的基础上建立起来的，主要代表人物有 Charles J. Fillmore，Paul Kay，George Lakoff，Adele E. Goldberg，William Croft，Ivan Sag 等。Construction Grammar 在国内多被译为构式语法，如董燕萍、梁君英（2002），陆俭明（2004a），王惠（2005），严辰松（2006），张韧（2006）等。在国内“构式”也有其他的译名，如构块式（徐盛桓，2001；纪云霞、林书武，2002）、结构式（张伯江，1999；李淑静，2003）、句式（沈家煊，2000；陆俭明，2004b）、构造（王寅，2006a；石毓智，2007）、构架（田朝霞，2007）等。

一　构式的概念[①]

（一）构式概念回顾

构式（construction）并不是一个新兴的概念，人们对它的认识由来已

① 关于构式的历史回顾我们主要参考 Goldberg（2006）、Schönefeld（2006）和 Wray（2002：7—8）。

久。公元前1世纪罗马著名雄辩家马库斯·图留斯·西塞罗（Marcus Tullius Cicero）就已经把词组（a grouping of words）称为“constructio”。公元6世纪时拉丁语法学家普利西安（Priscianus Caesariensis）使用“constructio”一词描述拉丁语的语法现象。

对“构式”进行深入的思考则是从中世纪开始。公元12世纪摩的斯泰（Modistae）语法学派开始思考“构式”一词的内涵（nature），他们把“构式”定义为“表达完整意义的词语序列（an ordering of words）”。他们判断构式的标准是：一个构式至少要包含两个词语，其中一个词语要能够管辖（govern）另外一个词语。换句话说，一个构式必须要在符合语法组合的规则基础上表达一个完整的意义。这种定义相当地宽泛，因此在相当长的时期内，“构式”一词可以指称很多语言单位，在后来的结构主义语法中亦是如此。

在结构主义语法中，构式和成分（constituent）或成分结构（constituent structure）① 有着天然的亲和力。Bloomfield（1935［1933］：169）认为：

> 只要两个（个别情况下有更多）语言形式一块使用，构成一个复杂形式的成分结构，那么通过组合（combined）形成的语法特征就构成了一个构式。因此，“duke”和“-ess”组合后就形成了“duchess”，“poor John”和“ran away”组合后就形成了“poor John ran away”，它们都构成了一个构式。

Bloomfield（1935［1933］：184）还区分形态构式（morphologic construction）和句法构式（syntactic construction），他认为直接成分不是附着形式（bound forms）的构式就是句法构式，而附着形式起着重要作用的构式就是形态构式。

可见，Bloomfield所说的构式至少有下面三个特点：第一，构式至少

---

① 关于成分或成分结构，较早的结构主义学者如Bloomfield（1935［1933］）、Harris（1946）和Wells（1947）等都已作了明确的解释（Jacobson，2005［1993］：58）。结构主义学者多采用直接成分分析法（immediate constituent analysis，简称IC-analysis）来分析句子的层级结构，确定句子的层级结构必须要弄清楚句子的成分，他们通过一些句法测试来确立句子的成分，比如移动、替换、删除等。

包含两个语言形式；第二，构式是指抽象的语法特征，而不是具体的结构，比如“poor John ran away”就是一个施动构式（actor-action construction）；第三，语法构式既可以是自由的临时组合形式，也可以是个附着形式。

如此看来，除去最小的直接成分都可看作构式，而除去最大的构式都可看作直接成分。这恐怕是结构主义语言学者对构式的典型看法了。

成分反映了句子的层次结构，后来被生成语法所吸收，一开始就融入在短语结构规则（phrase-structure rules）[①] 当中。他们认为，一组节点（nodes）构成句子的直接成分，当且仅当它们都被共同的节点所支配（dominated）（Radford，1988：111）。但这并不是生成语法学家最关心的问题，他们认为句法是个自足的系统，只要按照一定的规则就可以生成人类所需要的句子，因此他们不断地修改和完善他们的句法生成规则。正如 Marantz（1995：380）所说：“句法机制本身……逐渐退居幕后。句法逐渐成为对‘来自词汇项的句法成分是如何组合的’以及‘如何移动是可能的’等问题的描述（……）。”

构式作为一个习用的概念，在生成语法学家的作品中也经常出现，值得注意的是生成语法学家使用构式一词很多时候和典型的句法结构联系起来，如关系从句（relative clause）、被动句（passive）、动词短语（verb phrase）、疑问句（interrogative）、提升构式（raising construction）等。

生成语法发展到最简方案（the minimalist program）时，构式已不是一个必需的概念了。原则参数理论（the principles-and-parameters，简称 the P & P）把描述性说明（descriptive statements）减少到两个范畴：普遍语言（language-invariant）和个别语言（language-particular）。普遍语言是原则，个别语言是参数。传统意义上的构式概念实际上就不再发生效用，可能对描述性的分类（taxonomy）有益，但已经不具有理论上的意义。（Chomsky，1995：25，170）

也有一些研究者从程式语（formulaic language）、固定格式（fixed sequences）的角度研究构式，这类研究可追溯到 19 世纪中期 Hughlings Jackson 的论著。他主要研究失语症患者处理发声韵律（utter rhymes）、祷

---

① 或称为重写规则（rewrite rules）。

文（prayers）、日常问候（routine greetings）等类似问题的能力。

Saussure（1959［1916］：176—177）认为黏着（agglutination）是新符号（new units）产生的动力（force）之一，黏着的过程大概可分为三个阶段：首先，词项（terms）在语段（syntagm）中连用；其次，把词项合成（synthesizing）为一个新的符号：当很普通的义符串表达了一个复合概念后，大脑（mind）就会放弃再次分析的过程，直截了当地把这个复合概念和那个义符串联系起来，进而就形成了一个简单的符号；最后，语音也发生了相应的改变。Saussure 所描述的黏着过程就是符号串逐渐固化的过程。

Jesperson（1992［1924］：24）认为程式语（formula）可能是一个整句，也可能是一组词，可能是一个词，也可能只是词的一部分，这些都不重要，重要的是程式语在真实的语感上必须一直是不能作进一步分析（analyzed）或者不能像自由组合语（free combination）那样作进一步分解（decomposed）的单位。

Bloomfield（1935［1933］：181）注意到许多语言形式处于附着形式和词或处于词与短语的临界线（border-line）。

Firth（1964［1937］：83）指出："当我们说话时……我们使用整个句子……真实话语的单位是单词句（holophrase）。" Firth（1968［1957］：180）认为："确定和列举'惯常搭配（usual collocations）'是描绘一个言语社团交际特色的重要方面。"

Hymes（1968［1962］：126—127）指出："大部分口语行为（verbal behavior）……由频现的结构型式（recurrent patterns）、语言常规表达（linguistic routines）构成……包括所有获得个人、集体或者文化规约意义（conventional significance）的话语（utterances）。"

Bolinger（1976：1）说："我们的语言并不希望我们建造每样东西时都以木材、钉子和图纸开始，而是已经给我们准备好了大量的预制品（prefabs）。"

Fillmore（1979：92）指出："一个人驾驭一种语言的能力在很大程度上取决于他对程式语的熟练程度。"

以上主要是构式语法之前研究者对构式的认识，从上述介绍可以看到，他们所认为的构式大概跟传统语法上的"结构"以及心理语言学上的"语块"（chunk）等概念相当。

（二）构式语法中的构式

1. Fillmore 模式中的构式①

Fillmore 是构式语法研究前理论阶段最重要的代表人物。他认为合适的语法单位更接近传统语法中的构式，而非生成语法中的规则。构式虽然和短语结构规则中的核心家庭树状图（the nuclear family subtrees）有很多相像的地方，但也有着自身独特的地方：

a. 构式并不局限于一个母节点和它的子节点，还可以延伸到更大的范围；

b. 构式不仅仅包含句法信息，还可以包含词汇、语义和语用的信息；

c. 句法构式中涉及的词项本身可能也是个构式；

d. 构式在意义上具有习语性（idiomaticity）特征，有别于从组成部分推出的意义。

习语性是构式的重要特征，所谓习语性是指某种说话的风格（locution）或方式（manner）在某一言语社团中有着特定的意义，即使掌握了这种语言的语法和词汇也无法回答“如何使用它”“它是什么意思”“是否表达一种规约意义”等问题，除非通过额外的学习。

构式可以像词语一样使用，但所包含的意义比词语丰富，这类构式多是实体构式（substantive construction），如 kick the bucket 等。构式也可以是一种句法型式，但并不是所有的句法型式都是构式，只有那些具有特殊意义或特殊用法的句法型式才是构式，这类构式多是形式构式（formal construction），如“let alone”构式、“the X-er the Y-er”构式等。

2. Langacker 模式中的构式②

Langacker（2004［1987］，2004［1991］）认为，语法应以描写语言的心理现实性（psychological reality）为目的，词汇、词法和句法构成象征结构（symbolic structures）的连续统，并无明确的界限。他把语言的单位定义为“说话者已经熟练掌握、无需付出专门的努力就能够运用自如的结

① 参看 Fillmore（1988，1989）和 Fillmore、Kay & Connor（1988）。

② 参看 Langacker（2004［1987］，2004［1991］）。

构”（Langacker，2004［1987］：57），并把语言单位分为三种：语音单位（phonological unit）、语义单位（semantic unit）和象征单位（symbolic unit）。语音单位和语义单位通过象征关系联系起来就构成了象征单位。

象征单位既可以是词汇上的，也可以是语法上的。词汇上的象征单位主要是指单个形素（morpheme）① 和由多个形素构成的词语。当然，如果把语言中的固定表达式也算入词汇的话，那么这些规约表达式（conventional expressions）也属于词汇上的象征单位。语法上的象征单位可分为语法形素（grammatical morphemes）②、词类（grammatical classes）③和语法构式（grammatical constructions）三类。

关于语法构式，Langacker 曾作如下描述：

> 形素或更大的表达式线性组合（syntagmatic combination）可以形成更为复杂的象征结构，这个复杂的象征单位就是语法构式。一个构式至少包括两个组成部分，从这个意义上说构式的特性就是象征的复杂性。形态构式和句法构式没有根本的区别，在所有直接相关的方面，它们是完全一样的。（Langacker，2004［1987］：82）④
>
> 由形素或者更大的表达式线性组合构成的象征结构，包括多个组成结构（a set of component structures）、组成结构整合的模式（mode of integration）以及因整合形成的组合结构（composite structure）。（Langacker，2004［1987］：489）

---

① 我们把 morpheme 译为“形素”，词汇形素其实就是我们常说的“语素”，语法形素在 Langacker（2004［1987］，2004［1991］）中指“虚词”。

② Langacker 认为语法形素含有意义，同样是象征单位。一些语法形素和实词一样意义丰富，很难断定情态词（modals）、量词（quantifiers）、介词（prepositions）的语义内容会比 thing、have 这样的词汇形素（lexical morphemes）少，也很难断定它们会比 entity、exsit、proximity 等词的意义抽象。语法形素可以为它所在的构式贡献语义，即使它们的意义是按照惯例赋予的（conventionally determined），它们的存在也具有语义理据性（semantic rationale）。此外，语法形素在使用上比词汇形素自由，比如说我们可以说“surprised at”，也可以说“surprised by”，而词汇形素使用时经常受限，因为它们一般都有固定的搭配。（Langacker，1982、2004［1987］：18—19）

③ 词类是图式化（schematic）的象征单位，比如说名词，它的图式结构是［［事物］/［…］］，［事物］是图式语义单位，［…］是图式语音单位。（Langacker，2004［1987］：81）

④ 陆俭明、吴海波（2018）同意该观点，并指出“构式必须是一个结构体”，“构式语法理论用来研究句法层面的结构体为宜”。

Langacker（2004［1991］：5—6）又对“构式”和“构架（constructional schemas）”进行了界定：

> 语法存在于型式结构当中，简单的象征单位组合起来就构成了复杂的象征单位，即构成了一个构式。构式至少包括两个组成结构，且这两个组成结构可以构成一个组合结构。
>
> ……
>
> 在认知语法中，组合规则就是构架的表现形式。从众多的表达式中可以提炼出组成结构和组合结构之间的普遍关系（common relationships），而构架就是象征（representing）这种关系的图式范本（template）。

在此基础上，Langacker 又完善了语法构式的概念：

> （语法构式是指）由对应关系（correspondence）和范畴化关系（categorizing relationships）联系起来的一系列象征结构，包括组成结构和因整合形成的组合结构。概括地说，（语法构式是指）描述这个系列结构的型式，这个型式包含于构架之中。如果更概括一些，（语法构式是指）具有亲属关系的构式变体（a family of constructional variants），这些变体处于范畴化的构架形式关联网络之中。（Langacker，2004［1991］：548）

从上面的阐述我们可以看到，Langacker 认为构式就是指复杂的象征单位，也就是说，任何复杂的象征单位都是构式。这跟 Bloomfield 关于构式的看法有异曲同工之处。

所不同的是认知语法中的组合规则体现为构架形式，而构架，简言之，其实就是指构式组成结构和组合结构之间的象征关系。比如说“给他书”，组成结构为［［给］/［gei］］、［［他］/［tɑ］］、［［书］/［shu］］，组合结构为［［［给］/［gei］］［［他］/［tɑ］］［［书］/［shu］］］，而构架则是［［［给］/［gei］］［NP］［NP］］。

一个构式（或称结构型式）通常会构成一个复杂的范畴，这个复杂的范畴就是一个构架网络，通过示例关系（elaboration）和派生关系（extension）可以将不同的构架形式联系起来。（Langacker，2004［1991］：7）因此，构架还具有层次性（hierarchy），不同的构架层次图式化程度不同。与“给他书”构架形式处于同一层级的还有［［［送］/［song］］［［他］/［tɑ］］［［笔］/［bi］］］、［［［欠］/［qiɑn］］［［他］/［tɑ］］［［钱］/［qiɑn］］］等，我们从这些构架当中还可以提炼出更为抽象的构架形式［［V］［NP］［NP］］。

不同的构架形式也代表着不同的语法构式，构架形式有抽象程度上的差异，语法构式也是一样。

至此，我们知道，依照 Langacker 的看法，任何两个以上的象征单位组合而成的复杂象征结构都是构式，构式可以是具体的，也可以是抽象的，一个抽象的构式就是个构架网络。

3. Goldberg 模式中的构式

构式语法之所以能够发展为一种影响巨大的语法理论主要缘于 Goldberg《构式：论元结构的构式语法研究》一书的出版。Goldberg 的老师 Lakoff 也是构式语法前理论阶段最重要的学者之一，他（1987［1984］：467）把“构式”定义为：

> 每个构式就是一个形式—意义配对（F，M），F 是有关句法和语音形式的条件，M 是有关意义和使用的条件。

而 Goldberg（1995：4）定义“构式”为：

> C 是一个构式当且仅当 C 是一个形式—意义的配对〈F_i，S_i〉，且 F_i 或 S_i 的某些方面不能从 C 的组成成分或其他已存在的构式中得到完全的预测。（Goldberg，1995：4）①

① 陆俭明、吴海波（2018）认为“这段话告诉我们三层意思：第一层意思，构式是形式和意义的配对；第二层意思，构式能表示独特的语法意义；第三层意思，构式的形式或意义不能从其组成成分或已有的构式得到完全的预测……事实上，天底下任何事物都是‘形式和意义的配对’。‘形式和意义配对’是事物的共性，并非构式的特点。因此，我们不能将构式仅仅理解为‘形式和意义的配对’；换句话说，‘形式和意义的配对’只是构式的必要条件，而不是充分条件，因此对构式必须综合前面所说的三层意思来认识”。

可以看到，Goldberg 的上述定义在表述形式上跟 Lakoff 有几分相似，都认为构式是个形式—意义的配对；在表述内容上跟 Fillmore 对构式的看法有几分相像，都认为不可预测性是构式的重要特征。可见，Goldberg（1995）对构式的定义是对前人观点的总结、发展和完善。随着研究的深入，Goldberg 对上述定义也作了一些修改和补充。例如：

> 构式是已存储（stored）的形式—功能配对，包括形素、词语、习语，半固定格式（partially lexically filled）以及普通的语法型式。[ ][①]任何语言型式都可以被认定为构式，只要它的形式或功能的某些方面不能从它的组成部分或已存在的构式中得到完全的预测。（Goldberg，2003；Goldberg & Casenhiser，2006）
>
> 构式语法认为，任何已存储的形式—功能配对都是构式。根据这个定义，词语和形素都是构式。此外，已存储的（高频的）形义配对的规则也是构式，尽管它们的意义可以得到完全的预测（fully compositional）。（Goldberg & Jackendoff，2004）
>
> 任何层面的语法分析都要涉及构式：需学习的形义配对（在话语中是形式和功能配对），包括形素或词语、习语、半固定格式和普通的短语型式。[ ] 任何语法型式都可被认为是构式，只要它的形式或功能的某些方面不能从它的组成部分或已存在的其他构式中得到完全的预测。此外，某种型式即使是可预测的，只要它具有足够高的使用频率，也被认为是构式。（Goldberg，2006：5）

由上我们可以看到，Goldberg 后来关于构式的定义跟 Goldberg（1995）有两点主要的不同：第一，由“形式—意义配对”发展为“形式—功能”或“形式—意义（话语中是形式—功能）”配对；第二，从“只有不可预测的形义配对才是构式”发展为“即使是可预测的，只要是高频使用的型式也是构式”。

4. Croft 模式中的构式

Croft（2001：4，11）认为构式是句法表征（representation）的基本单位，范畴取决于它们出现的构式，这正是句法论证最基本的方法——分

① [ ] 表示前后在原文中分属两段，便于标注，我们合二为一。下同。

布分析法（distributional method）[①] 所蕴含的思想。他还指出：

> 构式语法中的语法构式，像其他句法理论中的词汇一样，是由形式和意义的配对（这种配对至少是部分任意的）构成。即使是最普通的句法构式也和语义解释的规则相联系。因此，构式从根本上说是象征单位。（Croft，2001：18）

但 Croft 的象征关系和 Langacker 的象征关系还有所不同：Langacker 所说的形式主要是指语音，意义就是语义内容；而 Croft 所说的形式包括句法特性（properties）、形态特性、语音特性，意义包括语义特性、语用特性和话语—功能特性。Croft（2001：18）对形式和意义的象征关系的描述如图 2-1 所示：

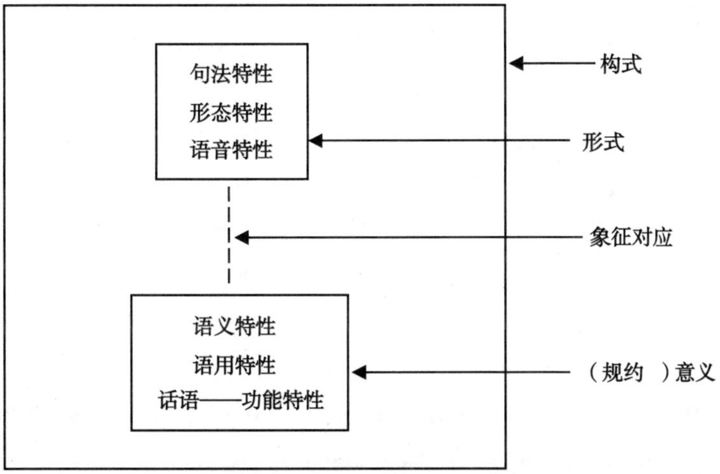

图 2-1　形式和意义的象征关系（Croft，2001：18）

Croft（2004：255—256）还认为，在说话人的脑海中存在一个全部语法知识的统一表征，这个统一的表征表现为概括性（generalized）的构式。句法规则以及语义规则都是图式化的复杂构式，需要处理动词性句法行为的次范畴框架是带有实体动词的图式化构式。习语是复杂的实体构式（至少部分是实体形式）。形态描述的也是复杂的构式，且是含有附着形素的

① 关于分布分析法请参看 Harris（1951）。

构式。词语是原子性（atomic）实体构式，句法范畴是图式化的原子构式。换言之，语法知识表现为两个维度（dimension）的连续统（continuum），即从实体性到图式性和从原子性到复杂性。笼统地说，这个连续统就是句法—词汇连续统。

总而言之，Croft 认为：构式是象征单位，是语言的基本单位，指形式和意义的配对，形式包括句法、形态、语音等，意义包括语义内容、语用意义、功能特性等；构式的差异表现在两个纬度上，即“实体性还是图式性？”“原子性还是复杂性？”。

（三）本书的构式

从上面的回顾我们可以看到，构式语法是建立在对生成语法的批评之上的，生成语法的普遍原则并不适用于诸如“there”“let alone”等特殊的构式，因此 Lakoff、Fillmore 等人率先提出语法研究需要新的研究方法，即从构式的角度研究语法。随着 Goldberg（1995，2006）、Croft（2001）的出版，构式语法理论的影响逐渐扩大，如今已发展成为不容小觑的新的语法学派。

毋庸置疑，构式语法理论确实解决了语言研究中的部分难题，最突出的贡献就是发现了构式义的存在，从而避免了不合理地把某种构式意义强加到某个词语身上，我们认为这也正是构式语法理论的价值所在。但随着构式语法理论的发展，构式语法学者们似乎并不满足于已有的成就，逐渐扩大了构式语法研究的内容，最基本的变化就是对构式的看法发生了变化。

不可预测性是 Fillmore、Kay&Connor（1988）和 Goldberg（1995）所说构式的重要特征，但后来 Goldberg & Jackendoff（2004）、Goldberg（2006：5）对构式的看法发生了明显的改变，即把高频使用的规则和型式也看作构式。更为大胆的当然是 Langacker 和 Croft 二位：Langacker 把任何两个以上的象征单位组合而成的复杂象征单位都看作构式，Croft 甚至使用构式来囊括所有的形义匹配体。更有甚者，有人还把复杂的语音结构和语义结构也看作构式（Taylor，2002：561）。

任何一种语法理论都不可能是万能的，构式语法也不例外，一种语法理论哪些地方是合理的哪些地方是不合理的关键是要看能不能够解决语言的具体问题。使用“构式”一词囊括所有的语言单位可能对构式语法理论的发展会有所裨益，但我们并没有体会到因此而带来的

“好处”。

根据考察和研究，我们认为对构式作如下定义更为适切：

> C是一个构式当且仅当C是一个复杂的形式—意义的配对〈F，S〉，且F或S的某些方面不能从C的组成成分或其他已存在的构式中得到完全的预测。F指语音形式，S指非字面意义。

字面意义指的是组成成分的组合意义，非字面意义则包括引申义（相对于基本义）、语用义、语法义、话语功能等。为便于对构式进行判断，我们把构式的属性归纳为以下几点：

第一，不可预测性（习用性或非对称性）。即构式义不等于组成成分的组合义。

第二，复杂性。即至少包括两个语素（或称为象征单位）。

第三，固定性。即构式内部的句法关系是固定的。

第四，规约性。即构式义不是形式和意义的临时匹配，而是相对固定的规约性的意义。

只要一个组合结构同时具备以上四种属性，我们就认为它是一个构式。

二 构式的类型

构式的概念关涉到构式的分类，如果仅以形式—意义（或功能）的配对为出发点给构式分类，那么构式可能就无所不包，这样的话就难以体现构式语法的优越性，势必会大大削弱构式语法的实用价值。因此，我们仍然坚持具有构式义的组合序列才是构式，反之就不是构式。

构式有哪些类型，研究者似乎并不重视，因此成果并不多，Rosta（2008）是其中之一。

Rosta（2008）把语法和用法（usage）的对立应用到构式语法的研究当中，在文中他使用了一个十分形象的比喻区分了语法和用法①：

---

① 若想详细了解语法和用法之间的关系，请参看Newmeyer（2003，2005，2006）、Gahl & Garnsey（2004，2006）、Laury & Ono（2005）、Meyer & Tao（2005）。

> 棋子的规则是在玩棋子的具体行为中逐渐形成的，因此一种语言的语法规则也是从语言使用的行为中提炼出来的。（Rosta，2008：189）

从上面的表述我们可以知道，Rosta 认为使用就是具体的言语行为，而语法规则是从具体的言语行为中提炼出来的。基于这样的看法，他把构式分为语法构式（grammar-construction）和使用构式（usage-construction）两类。

使用构式具有整体凸显性（entrenchment）的特点，即一种用法因使用频率高等原因被记忆以凸显的方式存储在大脑中。使用构式包括各种各样的使用型式，如词语的搭配（如 dig 和 spade、heavenly 和 abode、rely 和 on 等）、程式语、语序类型、形态—句法型式、形态—句法现象、最普通最基本的语法类别等。

而语法构式本质上是个完形（gestalt），具有非组合性（noncompositionality）的特征，即其属性不由组成成分的属性决定，或者说构式的意义不是组成成分的组合意义，最典型的表现就是习语。此外，一些规约性的表达式的意义也不等于组成成分的组合意义。例如①：

（1）a. He doesn't seem to be here.
b. * He seems to not be here.
（2）a. I don't think I'll be late.
b. * I think I won't be late.

语法构式有时具有奇特的形态要求。例如：

（3）a. The problem needs must persist.
b. * The problems need must persist.

有些语法构式同时具备上述两方面的属性：一方面，它的意义不等于组成成分的组合意义；另一方面它还具有特殊的形态属性，如感叹句、

① 例（1—4）引自 Rosta（2008）。

“the-more-the -more”构式等。

有时完形就存在于一个普通的句子当中，比如说动词“know”。当“know”是个非断言动词时，它后面可跟空的不定式补语（bare infinitive complement），这种用法常常用在否定句或疑问句中。例如：

（4）a. Did you ever know anyone make such a mess.

b. I've never known anyone make such a mess.

c. * I have known people be bitchy in circumstances like these.

由上可知，依据 Rosta 的观点，使用构式多指符合语法规则的、格式较为固定的构式，而语法构式多指偏离字面意思或偏离语法规则的构式。这跟我们的看法大相径庭，至少有两点不同：

第一，对构式的认识不同。Rosta 认为构式是含有多个组成成分的整体，是含有多种属性的范畴，这些属性需要通过构式自身来识别。结合他的分类，我们可以知道 Rosta 所说的构式跟 Croft 所认为的构式大致相同。而我们认为“整体凸显性”只是构式的一个起码要求，构式最重要的特征是“不可预测性”。

第二，对语法的看法不同。我们同意 Rosta 所说“语法来源于用法”的观点，但我们不太同意把构式分为使用构式和语法构式。我们认为，正因为语法来源于用法，因此，语法具有普遍性的特点，而语法规则一旦形成，新用法的产生必然会受到已有语法规则的制约，尽管新用法不一定完全符合已有的语法规则，但我们相信新用法的产生都具有理据性。换句话说；语法和用法在产生之初可能是单向的影响关系，但语法规则一旦形成，语法和用法的关系就是双向的影响关系，即新用法的产生必然是以已有的语法规则为基础，而语法规则也会随着新用法的产生而进行局部的调整。需要说明的是，并不是每一种新的用法都能够发展为语法规则，一种用法演变为一种语法规则是个十分漫长的过程，一种新用法在产生之初往往只能在某种特定的语境中使用，新用法能否在语言中长久地留存取决于这种交际需求的稳定性。总之，语法和用法就是规则和示例的关系，或说是型（type）和例（token）的关系。若用语法构式专指那些偏离字面意义和偏离语法规则的特殊构式就显得让人费解。

基于我们对构式和语法的认识，我们认为，构式可分为词汇构式和语法构式两大类。

（一）词汇构式

词汇构式主要是指习语构式[①]。Nunberg、Sag & Wasow（1994：492—493）从原型范畴（prototype category）的角度对习语进行了界定，认为确认一个习语需要从必要特征（necessary features）和典型特征（typical features）入手。习语的必要特征就是规约性（conventionality），即习语的意义或用法无法预测（至少是无法做到完全预测），即便知道其组成成分各自独立的习用意义，而正是这些习用意义决定着这些成分各自单独出现时该如何取义。典型特征包括：

a. 稳固性（inflexibility）：句法格式比较固定，不是自由组合的表达式；

b. 比喻性（figuration）：意义往往涉及隐喻（metaphor，如 take the bull by the horns）、转喻（metonymy，如 lend a hand）、夸张（hyperbole，如 not worth the paper it's printed on）以及其他的比喻方式；

c. 俗谚性（proverbiality）：往往用具体的事物、事件或关系来描述或含蓄地解释某种社会现象，如 spill the beans、chew fat 等；

d. 通俗性（informality）：往往用在口语语体中；

e. 主观性（affect）：常常带有对所描述对象的评价、立场和态度。

在国内，习语，被称为熟语、习用语等，具有词汇的性质，所以国内的学者基本都把习语当作词汇处理。关于习语的定义，国内通行的定义有：

---

① 王晓辉（2018）认为"习语构式，顾名思义是由习惯用语形成的构式，也即习语性构式。汉语习语构式有狭义和广义之分：狭义的习语构式主要对应于传统熟语观下的成语、惯用语等；广义的习语构式还应包括和规则性句式相对的不规则习语类构式……如'去你的、真是的、又来了、我说呢、都是 NP、还 NP 呢、到底是 X、好你个 X、这 NV 的、整个一个 X'等"，并指出"判定一个成分是不是习语构式，除了满足习语身份和构式特征外，至少还应具备以下四个特征：（1）形义具有不可推测性，且形义配对具有整合性；（2）具有一定的凝固性和规约性特征；（3）多出现在日常口语交际中，常用于非正式场合；（4）倾向于带有说话人的态度、情感或评价"。

> 熟语又叫习用语，是人们常用的定型化了的固定短语，是一种特殊的词汇单位。由于熟语的性质和作用相当于词，人们好像运用词一样，把它当做一个语言单位来用，因而，它们是词汇学研究的对象，属于一般词汇。（黄伯荣、廖序东，2002［1991］：317）
>
> 现代汉语的熟语系统包括五小类：成语、谚语、歇后语、惯用语和习用语。熟语的特点：（1）结构的定型性。熟语的构成成分及其结构关系是固定的，不能随意替换构成成分或改变结构关系。（2）语义的整合性。熟语的意义不是构成成分意义的简单相加，而是在历史、比喻、语音等其他因素的作用下，使相互制约、相互依赖的各个构成成分的意义整合为一个新的完整意义。（3）功能的多样性。熟语可以跟词一样按照一定的语法规则组织起来，并在句法功能上作主语、谓语、宾语、状语、定语、补语等多种句子成分。（4）语用的民族性。熟语的形成和使用受民族文化传统的影响而在风格、情感、认知等方面带有汉民族的鲜明特征。（邵敬敏，2016：124—125）①

也有学者称习语为语或语汇，如温端政（2005：17，71；2006：6）把“语”定义为“由词和词组合成的、结构相对固定的、具有多种功能的叙述性语言单位”，主要包括成语、惯用语、歇后语和谚语。

由上可以看到，不管如何定义，汉语中习语的范围大致不变，都指成语、惯用语、歇后语和谚语，这些也正是词汇构式的主要成员。

（二）语法构式

词汇构式基本上都是实体构式②，而语法构式则都是形式构式。实体

---

① 邵敬敏（2007：139）认为：“熟语是语言中相沿习用的固定结构。现代汉语的熟语系统主要包括：成语、谚语、惯用语和歇后语。其中，成语、惯用语和歇后语的语言形式一般是固定短语，谚语一般是句子。熟语一般总是作为语言的建筑材料使用，与词一样具有结构的定型性、语义的融合性以及功能的整体性等特点……熟语是民族语言特有的词汇单位，比起一般的词汇单位来，熟语受到各民族的文化传统的影响特别深刻，在风格色彩上具有特别鲜明的民族性。汉语熟语作为一种特殊的词汇单位，在汉语词汇系统中形成了一个颇具特色和规模的子系统。”

② 习语中也有这样的表达式，如“pull the wool over someone's eyes”“pull someone's leg”等，虽然 someone 是个可变化的项，但它们依然都是实体构式，因为不管人称如何变化都不影响说话人所要传达的话语含义。

构式和形式构式的区别是：实体构式全由实在的具体的词汇构成，而形式构式是语法型式，需要填充相应的语法成分才能表达相对完整的语义。

语法构式较为典型的成员是动词性的语法表达式，如双及物构式（Distransitive）、致使—移动构式（Caused Motion）、动结构式（Resultative）、非及物移动构式（Intrans. Motion）、意动构式（Conative）等。关于上述几种动词性语法构式的构式义，Goldberg（1995：3—4）曾有描述，我们归纳为表 2-1①：

表 2-1　双及物构式等五种构式的构式义（Goldberg，1995：3—4）

构式名称	构式型式	构式义	例
双及物构式	$S+V+Obj_1+Obj_2$	X 致使 Y 收到 Z	Pat faxed Bill the letter.
致使—移动构式	S+V+Obj+Obl	X 致使 Y 移向 Z	Pat sneezed the napkin off the table.
动结构式	S+V+Obj+Xcomp	X 致使 Y 变成 Z	She kissed him unconscious.
非及物移动构式	S+V+Obl	X 移向 Y	The fly buzzed into the room.
意动构式	S+V+Obl	X 向 Y 做出动作	Sam kicked at Bill.

在汉语中，动词性的语法构式一直也都是被关注的对象。早在 20 世纪 40 年代，王力（1954［1943］：147，160）就已称“动结式”为“使成式”，称“把”字句为“处置式”，其实这也道出了这两种构式的意义，“处置”即“X 处置 Y 变成 Z”，“使成”即“X 使 Y 变成 Z”。朱德熙（1981）从句式的角度分析了“在+N_p+V+N”“N+V+在+N_p”“N_p+V+着+N”三种结构形式，发现每类结构其实都包含了两个同型异指结构。马庆株（1983）深入考察了现代汉语中的双宾语构造，很具启发性。但可惜的是这些都未能上升到理论的高度。构式语法的兴起更是推动了汉语研究的发展，陆俭明（2004b）从构式的角度指出“QP-V 了/能 V/V 不了-QP”构式表示“容纳量—容纳方式—被容纳量”的语义关系。施春宏（2008）以构式为基础从多个角度多个层面深入研究了汉语中的动结构式，很有说服力。诸如此类的研究不胜枚举，此不赘述。

需要补充说明的是：并不是每个语法结构都是语法构式，只有那些具有构式义的语法结构才是语法构式，因此若从构式语法的角度研究某一个结构，必须要首先指出这个结构的构式意义是什么。

---

① 如想详细了解这五种语法构式，请参看 Goldberg（1995）以及相关文献。

除了动词性语法构式，语言中还存在很多习用性语法构式，比如英语中的“let alone”构式和“the X-er the Y-er”构式（Fillmore、Kay & Connor，1988）、“time-away”构式（Jackendoff，1997）、“way”构式（Goldberg，1995：199）、“The What's X doing Y?”构式（Kay & Fillmore，1999），汉语中的“差一点”及相关构式（朱德熙，1959b；吕叔湘，1999［1980］：111；吕叔湘，1985a；江蓝生，2008）、“V什么V”构式（朱军、盛新华，2002）、“爱咋咋地”构式（吴长安，2007）、“被XX”构式（张建理、朱俊伟，2010）以及本书即将探讨的“V+tɑ+个VP”构式、“好了”构式、“不是”构式、“才怪”构式、“X说”构式、“不大”构式等等。

习用性语法构式一般专用在非正式的语言环境中，往往以特殊的语言形式表达特定的意义，整体凸显性较强。因此口语性和特殊性往往是习用性语法构式的伴随特征。

习用性语法构式形成的过程一般是某个语言形式受到语境、主观表达倾向等语言使用条件的影响逐渐形成了偏离字面意义的特定含义，或某几个语言成分受到语境、主观表达倾向等语言使用条件的影响逐渐形成了能够表达某种特定含义的语言形式。

第二节　语法化

一　语法化的界定

（一）“语法化”概念的回顾①

语法化的概念早已存在，11世纪，中国就已经有了“虚字”的概念：

东坡教诸子作文，或辞多而意寡，或**虚字**多，实字少，皆批谕之。（宋·周辉《清波杂志》，299）

---

① 关于语法化及语法化概念的历史回顾我们主要参看 Harbsmeier（1979），Lehmann（2002［1982］），Heine、Claudi & Hünnemeyer（1991），Hopper & Traugott（2003［1993］），Wischer（2005），解惠全（1988），沈家煊（1994b）。

14 世纪，中国人周伯琦在《六书正讹》“庸”字条下就已经指出：“大抵古人制字，皆从事物上起。今之虚字，皆古之实字。”[①] 意思就是说虚字是从实字演化而来。

在西方，“语法化”概念出现的时间稍晚，可追溯到 18 世纪。Condillac 是注意到“动词屈折形式，如时态后缀，来源于自主词”现象的第一位学者，他认为语法的复杂性和抽象的词汇都来源于具体的词素。（Condillac，1746、1749）

Horne Tooke 认为词语的秘密在于它的语源（etymology），名词和动词是必要词语，是言语最根本的组成，其他词类如副词、介词、连词都来源于必要词语的缩约（abbreviation）或改造（mutilation），屈折形式和派生形式来源于那些黏附在词根上的自主词。（Tooke，1786、1805）

Bopp 继承了 Horne Tooke 等人的传统，对语法化的现象进行了细致的调查，描写了大量关于词汇材料演变为助词、词缀，最后演变为屈折形式的实例。这种研究方法对印欧语言学的研究产生了巨大的影响。（Bopp，1816、1833）

Schlegel（1818）认为指示代词演变为定冠词、数词“一”演变为不定冠词、“have”构式演变为完成体和过去时标记都是为了加快语言交流的速度。

Humboldt（1825［1822］：63—66）捍卫 Horne Tooke 关于“介词、连词来源于具有实在意义的词语”的观点，并勾勒出了语言演变的四个阶段：

Ⅰ.（最低级的阶段）习语、短语和小句
Ⅱ. 固定的词序和在形式意义和实在意义之间摇摆不定的词语
Ⅲ. 形式的类推，仅仅表达关系意义
Ⅳ.（最高级的阶段）真正的形式、屈折形式和纯语法词

Humboldt 还根据这四个阶段把世界语言分为三种类型：孤立语（Ⅰ和Ⅱ）、黏着语（Ⅲ）和屈折语（Ⅳ）。Humboldt 的上述观点被后人称为

① 见周伯琦《六书正讹》第一册第 6 页。

"黏着理论"（agglutination theory）或"聚合理论"（coalescence theory）①。

Wüllner（1831）描述了"自主词演变为屈折形式"的现象，比如"助动词演变为时态后缀""自立代词演变为附着性人称后缀"等，还讨论了"迂说结构演变为时态标记的现象"，根据描述他认为："不可感知的指称词是由可感知的概念演变而来。"（Wüllner，1831：14）

Whitney（1875）认为转移（transfer）和扩展（extension）是语义演变的重要因素，它们使词汇从粗糙性、粗鲁性、具体性演变为精致性、抽象性和概念性，这种演变同样发生在语法领域，即实在的、确定的、实体的语言形式逐渐抽象化、弱化、形式化。如英语的过去时标记"-ed"是从自主词"did"发展而来，法语的将来时标记"-ai"是从"avoir"发展而来。

Gabelentz也是黏着理论的代表人物，Gabelentz（1891）不仅指出了屈折词尾是由词汇演变而来——当逐渐失去它们的自主性、词汇意义和发音结构之后词语就变成了词缀，而且还指出这种演变的动因是表达的省力性和明晰性。此外，他还认为这种演变不是从低级阶段向高级阶段的线性演变，而应该是循环式演变。

尽管语法化的概念较早就已经萌芽，但遗憾的是都没有形成统一的理论框架。作为一个专门的语言学术语，"语法化"（grammaticalization）一词最早出现在Meillet（1912）中。虽然"语法化"是该文的一个重要概念，但Meillet并没有在文中给出"语法化"的定义。不过，该文所指出的"语法化"现象不仅包括屈折形式、虚词的演变，还包括语序的功能化，有时也把词汇化现象纳入语法化的研究范围，比如他认为现代德语的词语"beute（今天）"是由古高地德语"biu tagu（在这一天）"演变而来，这个用例显然是典型的词汇化现象。除此之外，Meillet还指出语法化的一些特点，如"语法化产生新的语法形式会引起整个语法系统的变化""语法化是个连续不断的过程""语法化跟使用频率成正比"等。

虽然1912年Meillet就已提出并阐述了"语法化"这个术语，甚至将其看作与类推原则具有同等地位的语法演变的一个重要原则，但那个时候恰逢结构主义语言学的兴起，语言的共时描写研究在相当长的时期内都是

① 其实只有第三阶段才具有黏着的性质，因此Jespersen（1922：376）认为"聚合理论"的名称更为恰当。

语言研究的主要潮流，语言的历时研究逐渐被边缘化，更不要说专门的语法化研究了。直到 Givón（1971）的发表，语言的历时研究才逐渐复苏，尤其是 Givón 的著名论断——今天的词法就是昨天的句法①——至今仍有很大的影响。

“语法化”能够成为语言学研究的中心议题很大程度上得益于 Givón（1979）和 Lehmann（2002［1982］）两部书稿的出版。Givón（1979）把所有的语言现象都置于句法化（morphologization）和形态化（syntacticization）的框架之内，尽管该书没有使用“语法化”来命名它的理论框架，但这丝毫不影响它对建构语法化理论所起的重要作用。Givón 还在书中提出了语法化演变所遵循的原则，即：

话语>句法>形态>形态音位>零形式（Givón，1979：209）

这个原则给语法化研究提供了新的思路和方法，即语法化不仅涉及词汇和语法，还涉及话语。

Lehmann（2002［1982］）大概是第一部把语法化作为理论框架并以“语法化”命名的专著。Hopper & Traugott（2003［1993］：30-31）对该书作如下评价：

> 它是阐明语法化研究史——从最早时期（大致是 Humboldt）的研究到目前的研究——的第一部专著，该书从历史语言学的视角对到那个时期为止的有意义的语法化研究作了概述。通过它的综合性和历时视角，该书给那个时期的许多语言学家的关于刚兴起的语法化概念的未必真实的假设提供了一些有益的参考。

此外，该书还设置了一套参数，根据这些参数，语法程度可通过共时和历时的检测得到确认。

（二）“语法化”的定义

“语法化”的定义很多，表述也丰富多彩，我们把影响较大的几种定义摘抄如下：

① Today's morphology is yesterday's syntax.（Góvon，1971：413）

语法化就是从词汇项目演变为语法项目或从语法程度较低的状态演变为语法程度较高的状态而导致形素范围增加的现象，如派生形式演变为屈折形式。（Kuryłowicz，1975［1965］：52）

语法化是一个过程，这个过程不仅包括词汇项目演变为语法项目，还包括“语法程度较低的状态演变为语法程度较高的状态”（使用 Kuryłowicz 的话）。（Lehmann，2002［1982］：10）

语法化就是词项和构式在某种语言环境中表示某种语法功能的过程，语法化后，继续发展出新的语法功能。（Hopper & Traugott，2003［1993］：xv）

“语法化”（grammaticalization）通常是指语言中意义实在的词转化为无实在意义、表语法功能的成分这样一种过程或现象，中国传统的语言学称之为“实词虚化”。（沈家煊，1994b）

通常是某个实词或因句法位置、组合功能的变化而造成词义演变，或因词义的变化而引起句法位置、组合功能的改变，最终使之失去原来的词汇意义，在语句中只具有某种语法意义，变成了虚词。这个过程可以称之为“语法化”。（刘坚、曹广顺、吴福祥，1995）

语法演变是单向的，即从词汇的发展为语法的，从语法的发展为语法程度更高的形式和结构。语法形式的演进是从语法化程度较低的变为程度较高的，从开放类变为封闭类，从具体变为抽象。（Heine，1997：4—6）

（语法化是）渐进的单向性演变，这种演变使词汇项目变成语法项目，使松散的结构变成紧凑的结构，使频率较高的语言单位变得越来越受语法的限制，自主性逐渐减弱。（Haspelmath，1998：78）

语法化是与某个语法范畴或语法意义相联系的、相对稳定的表述形式的历时形成过程。这种表述形式可能是单个的，也可能是成串的、封闭的，但不可能是开放的。（储泽祥，2002）

“语法化”（grammaticalization）指的是语法范畴和语法成分产生和形成的过程或现象，典型的语法化现象是语言中意义实在的词语或结构式变成无实在意义、仅表语法功能的语法成分，或者一个不太虚的语法成分变成更虚的语法成分。（吴福祥，2004a）

语法化（grammaticalization，又称 grammaticization）一般被认为是语言要素（elements）（词汇的、语用的，有时甚至是语音的项目）

变为语法成分或者是语法项目语法程度逐渐增加的过程。（Wischer，2005：129）

根据他们的定义，我们发现以上定义不管如何表述都至少包括两种演变过程，即“词汇项目演变为语法项目”和“语法程度较低的状态演变为语法程度较高的状态”。其实，语法化的载体不一定都是词汇项目，也可能是结构式，甚至是其他项目，可见，Hopper & Traugott（2003［1993］）和Wischer（2005）给出的定义更为全面、精练。

二 语法化的原则和特征

（一）语法化的原则

沈家煊（1994b）根据已有的研究把语法化的原则归纳为以下九条，我们叙述如下。

1. 并存原则。即几种语法形式表示同一语法功能。新的语法形式出现，旧的语法形式并不会立即消失，往往是两种甚至多种语法形式同时存在。比如，在宋代，总括副词“都”已经全部包含了“皆、悉、总”的意义和功能，但它们依然保持着一定的使用频率（杨荣祥，2005：394）。

2. 歧变原则。即一个实词在某种语境下演变为一种语法形式，在另外的语境下还可以演变为其他语法形式，这样就会形成同一词源的多种语法形式共存的局面。比如表“适合”义的词语在不同的语境下有两种语法化模式：“适合>能力”模式和“适合>义务”模式（Heine & Kuteva，2002：325）。这两个模式在汉语中也有体现，就是表“适合”义的助动词“好”。根据张定、丁海燕（2009），表“适合”义的“好”在汉语史上有三种演变结果：一是表“应该义”（义务）；二是表“可以”义（能力）；三是表“容易”义。

3. 择一原则。即表示同一语法功能的多种并存的形式经过筛选和淘汰，最后缩减到一两种。比如，“皆、悉”最终被“都”取代，“亦”最终被“也”取代，“即”最终被“便、就”取代（杨荣祥，2005：395）。

4. 保持原则。即实词演变为一种语法形式后，原来的实词意义并没有完全丧失，新的语法形式多多少少还残留着原来实词的某些特征，这些残留的特征对新的语法形式的使用具有一定的限制和制约。比如：“其实”原来是偏正结构，常用在句首作主语，语法化为副词后，它还是常常用在句首；数词“再”表动量用在动词之前，语法化为累加副词后依然用在动词之前（杨荣祥，2005：402）。

5. 降类原则。即如果把名词和动词看作主要的词类，将介词、连词、助词等其他词类看作次要的词类，那么实词虚化的过程总伴随着词性的降格，即由主要的词类变为次要的词类，或由开放的词类变为封闭的词类。其实，语法化的过程也就是降类（或降格）的过程。

6. 滞后原则。即语形的演变总是滞后于语义的演变，这就会造成语言的一词多义现象。比如壮语词［te：ŋ^{42}］的语法化路径是：

“挨、碰”义动词>“遭受”义动词>（表被动）助动词>（表被动）介词

而［te：ŋ^{42}］在现代壮语中同时表示上述四种意义（韦茂繁，2010），是语形滞后的典型表现。

7. 频率原则。即临界频率越高越容易发生语法化，更精确地说，语法化以语用推理为基础，而语用推理往往只发生在某种特定的语境中，某一语法化项的使用频率如果在这种特定的语境中积累了相当的历时厚度，并达到一定的共时强度，就可能导致语法化，而语法化项在这种特定语境中出现的频率就是临界频率。比如，从先秦到两汉魏晋，汉语中的“因+而+VP”和“因+以+VP”两种连动结构并存，“因+而”和“因+以”都是非结构语串，但“因+而”最终形成了双音节连词“因而”，而“因+以”却没有发生演变，究其原因就是“因+以”的临界频率低于“因+而”的临界频率。①

8. 渐变原则。即语法化是个连续的渐变的过程，往往经过较长时间的积累之后，新的语法功能才能得到确认。比如，“VP 时”形式在先秦文献《墨子》中就已出现，表示时间关系，在公元 1—2 世纪的文献中能够找到一些可解读为表假设关系的“VP 时”疑似用例（彭睿，2011a），而“VP 时”表假设关系其实产生于唐代（江蓝生，2002），从产生疑似用例到假设功能的确立大约经历了四五个世纪。

① 以上关于临界频率的观点参看彭睿（2011），根据该文的统计，先秦时期，“因+而”和“因+以”的临界频率分别是 4.9、5.5；公元前 2—前 1 世纪前后，它们的临界频率分别是 15.2、3.3；公元 1—2 世纪前后，它们的临界频率分别为 13.6、5.9。

9. 单向循环原则。语法化的过程其实是意义越来越虚的过程，有时也能找到极其罕见的反例，即从虚到实的演变。比如英语的“bus”来源于拉丁语“omnibus”的词尾“-bus”。因此，语法化的演变应该是单向循环的演变，根据已有的研究可把语法化的循环路径描述如下：

自由的词>黏附于词干的词缀>与词干融合的词缀（>自由的词）

章法成分>句法成分>词法成分>形态音位成分>零形式（>章法成分）

（二）语法化的特征

语法化的过程不单是意义变虚的过程，在语言形式的其他方面也有相应的表现，Heine & Kuteva（2002：2，2005：80，2006：57—63，2007：32—53）以及 Heine（2003）认为语言形式在语法化后大约会在四个方面发生变化。

1. 语用变化：扩展（extension）①

扩展，又称语境泛化（context generalization），可从社会语言、语用环境和语义三个方面理解：社会语言方面，语法化总是从个体行为的创新开始，即某个说话人率先赋予现有的语言形式以新的用法，然后这种新的用法被其他人接受并传播，最后被整个言语社团所接受；语用环境方面，语言形式用到了先前不能使用的语境中；语义方面，当一个语言形式被使用到新的语境中，它会被重新解释。

简要地说，扩展就是语境诱发的重新解释（context-induced reinterpretation），扩展的过程一般需要经历四个阶段（如表 2-2 所示）：

表 2-2　　扩展的四个阶段

阶段	语境	语义变化	推理性质
Ⅰ. 初始阶段	无争议	原义	—

① Harris & Campbell（1995：97）把扩展、重新分析（reanalysis）和句法借用（syntactic borrowing）看作句法变化的基本机制，把“扩展”定义为“句法型式表层的变化，深层结构不发生本质的变异”。Heine & Kuteva（2007：36）认为两个“扩展”至少有三方面的不同：第一，Harris & Campbell 的“扩展”属于句法规则范畴，而此处的“扩展”是个语用概念；第二，此处的“扩展”仅指语言使用环境的泛化，而 Harris & Campbell 的“扩展”意义更为宽泛；第三，此处的“扩展”伴随着意义的变化，而意义在 Harris & Campbell 的“扩展”中不起主要的作用。

续表

阶段	语境	语义变化	推理性质
Ⅱ. 桥接语境	引发新意义的新语境	目标意义被突出	可取消的
Ⅲ. 关键语境	与原义不相容的新语境	原义退居幕后	不可取消的
Ⅳ. 规约化	不需触发语境也可使用	只存在目标意义	—

这四个阶段是语法化的必经阶段，任何一个语言形式都不可能跨越第Ⅱ和第Ⅲ阶段直接发展到第Ⅳ阶段。那么是什么力量让一个语言形式出现在引发新意义的新语境当中的呢？可能的原因是"语义泛化"（senmantic generalization）和"诱发推理"（invited inferencing）。我们以"上"为例：

（5）a. 在地上
b. 在树上
c. 在这件事情上

在（5a）中，"上"是方位词，表达一种空间意义，是"上"的原型功能，而（5b）虽然也表示空间意义，但已和（5a）有别，当"上"用到（5c）中，它的意义变得更加抽象。语言表达式能够使用的新语境越多，它的语义特质消失得越多，这个过程就是语义泛化的过程。

诱发推理在扩展的过程中也起到很大的作用，比如虽然（5b）不是"上"的原型用法，但通过诱发推理受话人可以推出它的意思，如果把"树"理解为"树枝""树干"等，那这个推理就具有可取消性，（5c）受话人也可以通过诱发推理推出其意义，但这种意义具有不可取消性，当（5c）的诱发推理惯常化，"上"的这种意义也就成为了它的规约意义。

2. 语义变化：去语义化（desemanticization）

去语义化，又叫语义漂白（semantic bleaching），指语言形式的某些语义内容逐渐消失的过程。既可以是词汇语义内容的丢失，也可以是具有两种（或两种以上）语法意义的语法形式丢失了其中的一种或多种或全部的语法意义。

去语义化是扩展的直接结果，即语言形式 F 在新语境 C 中产生的新用法 U 致使 F 的某些语义内容跟 C 不相容，然后 F 的某些语义内容就逐渐消失了。去语义化的模式一般有以下几种：

具体的意义（concrete）>抽象的意义（abstract）

词汇意义（lexical）>语法意义（grammatical）

语法程度较低（less grammatical）>语法程度较高（more grammatical）

客观意义（objectivity）>主观意义（subjectivity）

去语义化是相对于原义来说的，其实去语义化的过程并不仅仅是旧意义的丢失，也包括新意义的获得，即新的语境条件下产生的新的语义内容使原义退居幕后，进而成为一种规约性意义。

这种新意义的产生有时可以改变源形式的语法范畴。在爱尔兰语中，“X 在 Y 之后”表示时间或空间的概念，语法化后进入体范畴，表示事件发生在不是说话时刻但又接近说话时刻的时间，即现在完成体。例如：

（6）爱尔兰语（Harris，1991：205）

Tá	sí	tréis	an	bád	a dhíol
是：NON-PAST	她	之后	这个	船	卖

她刚卖了这条船。

爱尔兰英语和爱尔兰语接触后，爱尔兰英语也发生了类似的语法化。例如：

（7）爱尔兰英语（Siemund，2006）

Tell mother we are just after receiving her letter.

告诉妈妈，我们刚收到她的信。

3. 形态句法的变化：去范畴化（decategorialization）

去范畴化指语法化项逐渐丧失源形式所具有的典型的形态句法特征的过程，往往表现为主要词类如名词、动词变成了附置词（adposition）、时体标记、派生形式等次要词类。去范畴化的显著特征是：

a. 丧失了屈折的能力；

b. 丧失了形态上的派生能力；

c. 丧失了带修饰语的能力；

d. 丧失了自主的能力，必须依附于其他语言形式；

e. 丧失了句法自由；

f. 丧失了被回指性指代的能力；

g. 丧失了同属某一语法类聚的其他成员。

如果是动词经历了去范畴化，那它将会丧失“时、体、否定方面的屈折能力”“形态上的派生能力”“被副词修饰的能力”“带助词的能力”“句法上的可移动的能力”“与其他动词联合的能力”“作谓词的能力”“被指代（如英语的‘do’）的能力”，也将会丧失同属某一语法类聚的绝大多数成员，从一个开放类词项变成了一个封闭类词项。

因此，一般说来，去范畴化倾向于使语法化项的形态独立性和句法独立性逐渐丧失，其过程一般会遵守以下演变模式：

自由词（free form）>附着词（clitic）>词缀（affix）

需要说明的是，并不是所有的去范畴化过程都需要满足上述的全部特征，比如说英语中的“be going to”，去范畴化后并没有丧失与时、体、情态标记组合的能力，德语的“der/die/das”在从指示词演变为定冠词的过程中并没有丧失性、数、格方面的特征。造成这种情况的原因可能有两个：一是结构制约，即语法化项的结构特征避免了自身的范畴属性在去范畴化的过程中丧失；二是语法化的时间还不够久，去范畴化的程度还不高。

4. 语音变化：消蚀（erosion）

消蚀[①]，指语法化项在语法化过程中逐渐丧失部分语音形式的现象。消蚀包括形态消蚀（morphological erosion）和语音消蚀（phonetic erosion）两种类型。

形态消蚀涉及整个形态单位，比如说古英语中的短语“pa hwile pe”

---

① 消蚀和语音脱落（phonetic reduction）是两个不同的概念，差异有二：第一，语音脱落并不必然涉及语法化，如“she's a teacher”就是语音脱落的例子，但和语法化无涉；第二，消蚀还包括形态要素的丧失（Heine & Kuteva，2007：44）。

（那个时候），语法化后变为现代英语的表时间和让步关系的主从连词“while”，又如古高地德语中的“al di wila daz”（一直），语法化后变为现代德语的因果关系主从连词“weil”（因为）。

跟形态消蚀相比，语音消蚀更为常见，有下面四种表现：

a. 构成音素（segments）丢失，包括整个音节（syllables）；
b. 超音素特征丧失，如重音、声调、语调；
c. 语音的自主性和适应性（与临近语音单位的配合）丧失；
d. 语音简化。

现代英语中的“coz”是“because”的消蚀，音素丧失后从双音节词变成了单音节词，是上述特征（a）的表现；形容词“full”在向词缀“ful”的演变中丧失了重音，是上述特征（b）的表现；下面的一个例子是上述特征（c）的表现：

（8）曼林克语（曼德语支，尼日尔—刚果语系）（Friedländer，1992：51，67）

a. Seku　　yé　　bún　　ná
（人名）　进行时标记　房子　在
Seku 在家。

b. á　　yé　　kàrán　　ná
他　进行时标记　学习　在
他在学习。

（8a）中，ná 是个后置介词，表处所关系，而（8b）中的 ná 和前面的 yé 共同构成进行时标记，已经丧失了自主性。

在加纳和多哥的埃维语中，某些语法化项的“gb”常被简化为软腭音（velar）的“g”，是上述特征（d）的表现，如表处所和方向的名词“gbé”语法化为起始体（ingressive）标记时被简化为“-gé”，动词“gbɔ”（回来）语法化为反复体（repetitive）前缀时被简化为“-ga”。

以上四种特征是语法化项在语用、语义、形态句法、语音四个方面的演变特征，换言之，语法化过程包含着语用演变、语义演变、形态句法演变、语音演变四个子过程。每个子过程都是一个蜕变的过程，这个过程可用“三步替代”模式进行描述（Heine，1993：48—53）：

Ⅰ. 存在一个语法化项 A；

Ⅱ. 这个语法化项获得新的使用模式 B，结果这个语法化项既可解释为 A，又可解释为 B；

Ⅲ. 最终，A 消失，只剩下 B。

需要说明的是，并不是所有的语法化项都能够成功地走到第三步，有的语法化项进行到第二步就停滞不前了，一旦走完了三步，B 也就变成了一种规约性的表达，进入新的语法范畴。

虽然每个子过程都可以用“三步替代”模式来描述，但这四个子过程的发展并不是同步的。当一个语言形式获得了一种新的语法意义，它就会变得歧义，就需要挣脱源形式的范畴特征，这个时候就需要经历去范畴化的过程，当它的使用频率增加，所使用的语言环境也增加，语音形式就会逐渐消蚀。我们可以把它们演变的先后顺序归纳如下：

扩展≥去语义化>去范畴化>消蚀

扩展和去语义化是交互的演变，很难分清楚谁先谁后，有时候是扩展导致了去语义化，有时候去语义化和扩展是同时进行的。去范畴化往往发生在去语义化之后，消蚀一般发生在语法化的后期。我们来看下面的例子：

（9）斯瓦希里语（班图语支，尼日尔—刚果语系）

a. a-　taka　ku-　ja
他　想　INF　来
He wants to come.
他想来。

b. a-　taka- ye　ku-　ja
他　（将来时标记—从句标记）INF　来
he who will come
将要过来的他

c. a- ta- ku- ja
他 （将来时标记） INF 来
He will come.
他将来

（9a）是意愿动词 taka 的用例；（9b）中的 taka 是个将来时标记，用在关系从句中；（9c）中的将来时标记 ta 是由 taka 语音脱落形成的。在这个过程中，taka 首先经历了去语义化和扩展，意义上从动词变为了将来时标记，语境上从主语是有生命的变为可以是无生命的；当动词发展成为将来时标记，它的范畴属性也就发生了变化，也就是发生了去范畴化；语法化程度到一定阶段，taka 的语音形式发生消蚀，从 taka 变为了 ta。

需要说明的是，虽然扩展是语法化早期阶段的重要特征，和去语义化互为前提，但扩展也不一定会引起去语义化和去范畴化。例如马耳他语中的介词“fug（在……上）”，受英语的影响复制了英语介词“on”的用法，比如“fug it-tv（在电视上）”“fug btala（在假期里）”“fug parir ta（在某的建议下）”“fug talba ta（在某的请求下）”（Drewes，1994：101）。但“fug（在……上）”的意义和范畴并没有基本的改变。

三 语法化和主观性

Bréal（1900：229）就已经注意到语言中存在着主观的要素（subjective element），之后，Bühler（1990［1934］）和 Jakobson（1957）也进行了一些阐述。较多被后人提及的是 Benveniste（1971［1958］），该文从句法主语（syntactic subject）和言谈主语（speaking subject）的角度深入剖析了语言中的主观性（subjectivity），还指出了语言中的交互主观性（intersubjectivity）现象。此后，Lyons（1977，1982）在 Benveniste（1971［1958］）的基础上深入讨论了主观性的相关问题。统观他们的研究就会发现，他们对主观性的讨论主要集中在共时的平面，历时的角度较少触及。

其实，在 20 世纪 80 年代，主观性和语法化的结合研究也已经开始，主要代表人物是 Traugott。Traugott 在探讨主观性的相关问题时主要以 Lyons 的定义为基础：

> 主观性指说话人运用自然语言的结构以及它们标准的操作模式来表达自我和个人态度、信念的方式。(Lyons, 1982: 102)

在这个概念的基础上, Traugott 定义主观化 (subjectivification, subjectivisation) 和语法化中的主观化 (subjectification in grammaticalisation) 为:

> 主观化是一个语用—语义过程, 在这个过程中, 意义变得越来越依赖于说话人对命题的主观信念、状态和态度。(1989: 35, 1995: 31)
>
> 语法化中的主观化广义上说就是一个语法上可识别的表达式在表达说话人对所言内容的信念和态度方面的演变过程, 这个过程是个渐变的过程, 一开始形式或构式 (forms and constructions) 表达的是具体的、词汇性的、客观的意义, 在特定的句法环境中经过不断地重复使用后逐渐变得可以适用于抽象的、语用的、人际间的 (interpersonal)、说话人为主 (speaker-based) 的语境。(1995: 32)

虽然关于主观化的定义最早出现在 Traugott1989 年的论文里, 但他在 1982 年就已经注意到了语法化中的主观性问题。Traugott (1982) 指出语法化的早期阶段是语义—语用的变化, 演变模式一般是:

> 命题的 (propositional) >文本的 (textual) >表达的 (expressive)

该文指出现代英语中的让步连词 "while" 就是上述演变模式的结果, 其演变路径是:

> 古英语 pa hwile pe (那时) >中古英语 while (在某时) >现代英语 while (尽管)

古英语中的 "pa hwile pe" 是对发生在某段时间的事件进行描述, 具有可验证性, 属于命题的范畴; 中古英语的 "while" 表示两个事件或者两个句子之间的时间关系, 是基于文本的时间关系, 属于文本的范畴; 现代英语中的 "while" 表让步关系, 是基于说话人的态度, 属于表达的范畴。

经过多年深入的研究之后，Traugott（1995）又指出，语法化中的主观化过程并不是单维（single dimension）的演变，而是多个方面同时进行，主要涉及以下几个方面：

命题功能>话语功能
客观意义>主观意义
非认识情态>认识情态
非句法主语>句法主语
句法主语>言谈主语
完整的、自由的、形式>黏着（bonded）形式

比如“I think”起初是个动词性结构，后来经常带小句宾语，逐渐演变为具有话语功能的标记式，在这个过程中，“I”原来具有客观性，即实指某个存在的人，演变后“I”丧失了这个属性，从一个句法主语变成了一个言谈主语，“I think”变为表达个人观点的起词。当然，并不是每个主观化项都要经历上述所有的特征，比如指示词“that”演变为定冠词“the”（Greenberg，1978），数词“one”演变为不定冠词“a”（Hopper & Martin，1987；Givón，1981），它们都没有经历从句法主语到言谈主语的演变。

第三章

“好了”的相关构式[①]

“好了”在现代汉语口语中使用频率很高，功能也比较复杂，虽然已有研究者论及，但还存在着尚未解决的问题，本章拟在已有研究的基础上对“好了”作进一步的探讨。本章结构为：第一节为导言，区分几个同形异指结构；第二节主要考察从“好了$_1$”到“好了$_3$”的演变及相关问题；第三节主要考察从“好了$_2$”到“好了$_4$”的演变及相关问题；第四节为小结。

第一节　导言

在现代汉语里，“好了”[②] 有多种用法，例如：

（1）解放后，我身体好了，汤阿英介绍我进了沪江厂，这辰光，钞票值钱，物价便宜，生活慢慢就好起来了。（周而复《上海的早

① 本章于2010年12月24日被《汉语学习》杂志录用，发表在《汉语学习》2012年第2期，成书时有所修改。初稿曾在浙江大学汉语言研究所第三届博士研究生论文报告会（2010年5月17日）上宣读，得到与会师生指教，谨致谢忱！

② “好”与“了”同现表示“相好”“友好”“和好”“不错”“妥当”义，不在本章讨论范围之内。例如（下面例子中的中括号里的内容是“好”“了”同现时在句中的意思）：（1）正因为和他好了［**相好**］，她才变得看重自己的形象，变得忌讳冲她而来的污言秽语了。（铁凝《大浴女》，109）（2）班上的男同学都是我的好朋友。我们有时候也打架，但打完架又好了［**友好、和好**］。（刘健屏《今年你七岁》，22）（3）要当个好演员得有这股狠劲儿。不过这会儿就别叫这个真儿了，你已经演得很好了［**不错**］。（王朔《王朔文集·谐谑卷·千万别把我当人》，380）（4）我望着他，愣住了，竟说不出话来。从小到大，还没有一个男孩子向我求过爱，我想大概因为我长得太漂亮了，他们都不敢向我求爱。而此时此刻，马晓军却用这种方式向我求爱，我真不知道说什么好了［**妥当**］。（卞庆奎《中国北漂艺人生存实录》，197）

晨·第三部》，347）

（2）谢晓峰才回来，谢先生却已经准备好了，似乎他早已认定了那位女主人的身份。（古龙《古龙作品全集·圆月弯刀》，200）

（3）方怡甜甜地一笑，"爸爸，你是想问点朱海鹏的情况吧？问我好了，我比英明清楚。"（柳建伟《突出重围》，70）

（4）这回看见他一拐一瘸地走进来，贯英却想起了另外的主意，指一指那张木椅，叫他坐下，换了软和的口气道："好了，好了，前回的事儿别提了。我们换个题目谈谈吧。"（欧阳山《苦斗》，379）

（5）不过，现在好了，事情已经过去，奖金也已花光，一切都已成为了往事。（《报刊精选》1994 年第 1 期）

例（1）"好了"作谓语，表示身体状况转好。此类"好了"常和"身体、生活、条件、日子、疾病"等搭配，总含有"事态转好"义，我们称之为"$好了_1$"。例（2）"好了"作补语，表示动作行为的完成。此类"好了"总含有"完结"义，我们称之为"$好了_2$"。"$好了_2$"的"完结"义是从"$好了_1$"的"事态转好"义引申而来，如"身体好了"暗含"病症慢慢消失了"之义，"日子好了"暗含"苦日子慢慢结束了"等。例（3）"好了"为语气词，总用在句子末尾，一般用在会话语体中。此类"好了"我们称之为"$好了_3$"。例（4）"好了"为话语标记，标记"结束"和"转换"，我们称之为"$好了_4$"。例（5）中的"好了"多和"现在""如今"等相连用在语篇当中独立成句，有时单独使用，表示情况发生变化，可以是好的变化，也可以是坏的变化，此类"好了"我们称之为"$好了_5$"，表达"转变"义。

"好了"可以作语气词和话语标记的特殊用法已经引起一些学者的注意，从研究方法上可把以往的研究分为三类：

第一类主要从共时平面研究语气词"好了"（即$好了_3$）的意义，如陆俭明、马真（2017［1985］），李淑荣（2006），韩静（2008），李小军（2009）。陆俭明、马真（2017［1985］：8）认为"$好了_3$"表示"不介意、不在乎或尽管放心的语气"；李淑荣（2006）细化了陆俭明、马真（2017［1985］）的观点，认为"$好了_3$"有"同意或鼓励对方实施某一行为，表示让听话人尽管放心"和"不赞成或不满意对方的行为，表示说话人不在乎、不介意”两种语气意义；韩静（2008）认为“好了$_3$”的语气意义为“决断”“尽管放心，同意、鼓励；不在乎、不介意、随便、无所谓”和“不满意”三种；李小军（2009）认为“好了$_3$”表“妥善处理”和“随意；轻描淡写”两种语气。

第二类主要关注“好了”的历时演变，如彭伶楠（2005）、孙瑞霞（2008）和李宗江（2008）。彭伶楠（2005）认为“好了$_3$”是从“表示事件结束或动作完成的结果意义”的“好了$_2$”演变而来；孙瑞霞（2008）认为“好了$_4$”源于“好了$_2$”前的动词省略，这一点和彭伶楠（2005）看法一致；李宗江（2008）提出“好了$_3$”是从“就好了”演变而来，很有见地，但没有进行论证，另外他认为“好了$_3$”来源于表“完成”的动词“好”这一观点有待确证。

第三类将共时描写与历时探究结合起来，如尤素梅（2010）。共时方面，尤素梅（2010）认为“好了$_3$”可添加三类①八种语气意义，并指出：“八种表示‘商量或建议’‘鼓励或安慰’‘不介意或无所谓’‘肯定或确认’‘不满或怨恨’‘警示或恐吓’‘无奈’‘祈求’等语气意义不是仅仅靠单纯的语气词‘好了’得出的，而是‘好了’在结合一定的语境、语调后分析得出的……无论是在功能语气还是意志语气中，‘好了’都表示肯定或确认，同意或许可的核心语气意义。”历时方面，尤素梅（2010）认为“好了$_3$”有两条虚化路线：“‘好了$_1$’在表示假设或预期时总是与‘就’连用，‘就’脱落以后，‘好’与‘了’直接融合，形成‘好了$_3$’”“‘好了$_2$’前动词省略后形成‘好了$_4$’，然后再虚化为‘好了$_3$’”。

综上可见，各家对“好了$_3$”到底表示何义仍然存在着较大的分歧，而且从历时的角度对“好了”进行研究至少还存在着认识不一致和缺乏实证这两方面的不足。因此我们拟在时贤研究的基础上从共时和历时两个方面进一步论证这五类“好了”之间的关系，探讨它们的语义演变轨迹。

① “同意许可”“委婉商量”和“提醒劝诫”三类。另，尤文对“好了”的分类标注与本书不同，为保持本书前后文指称的一致性，对尤文观点的概述皆用本章对“好了”的分类标注。

第二节 从“好了$_1$”到“好了$_3$”

一 几种可能性

我们来看下面三个例句：

（6）身体好了。

（7）他准备好了。

（8）放心好了。

我们可以把例（8）句尾的“好了”去掉，不影响句子的完整性，也就是说可以把“好了$_3$”句划分为两个独立的部分，即，事件+好了$_3$。我们来看看例（7），“好了$_2$”是动词的补语，和动词联系紧密。从演变逻辑上来说，例（7）类句法结构如果要演变为例（8）类句法结构必须首先让动词和“好了”脱离关系，然后让“主语+谓语动词”整体和“好了”建立关系。姑且不说这种演变的复杂性，单从可行性来说就不太可能：首先，脱离关系后的“主语+谓语动词”能否表达完整的语义？其次，已经脱离关系的“好了”凭什么再和它们搭配呢？

我们来看看例（6），这类句子句法成分比较简单，可以划分为“主语+好了$_1$”，从逻辑上讲，相对于“好了$_2$”句来说这类句子较易演变为“好了$_3$”句。如果让“主语+好了$_1$”演变为“事件+好了$_3$”需要满足两个条件：第一，“好了”语义由实到虚逐渐弱化；第二，名词性主语要向事件性主语转变。果真如此，在这个演变过程中当会出现模棱两可的中间状态。我们广泛考察了“好了”从先秦至明清的使用情况，并没有发现同时满足上述两个条件的所谓中间状态。换句话说，“主语+好了$_1$”直接演变为“好了$_3$”句也不太可能。

但在考察语料的过程中我们发现，“就好了”①条件句和“好了$_3$”句在情态功能上有吻合之处，都可以表示一种愿望，且“就好了”条件句

---

① “就好了”条件句中的“好”是形容词作谓语，其中的“好了”正是作谓语的“好了$_1$”。

中的条件小句语义完整，具有事件性的特点，这些都为“就好了”条件句演变为“好了$_3$”句提供了必要的条件。

因此我们认为“好了$_3$”句是从“就好了”条件句分化而来，由于使用频率的增加和情态功能的扩大，“就”逐渐脱落，最终演变为今天的语气词“好了$_3$”。①

二 “就好了”条件句到“好了$_3$”句

“就好了”条件句基本功能就是“某一条件得到满足，事态就会转好”。例如：

(9)（卜云）孩儿，快请个良医来，服些药饵就好了。（元·白朴《董秀英花月东墙记》，《全元曲》，821）

(10)（糊突虫云）把你这两只眼，拿尖刀子剜将下来，用一钟热酒吃将下去，你这婆婆就好了。（元·刘唐卿《降桑椹蔡顺奉母》，《全元曲》，3548）

在使用中逐渐引申出“表达一种愿望”。例如：

(11)（正旦云）我待不言语来，他道俺不理会的。我着这秀才吃我几句儿咱。小姐，梅香寻思来，咱人只要得志，便好了也，若是不得志呵。（元·郑光祖《㑳梅香骗翰林风月》，《全元曲》，3763）

(12)（老旦丑众荒介）如今我王脱了身。我们大家上前，一顿拳头打死了荆轲，便好了也！（明·叶宪祖《易水寒》，《明人杂剧选》，448）

上述“就好了”条件句的基本的意义和功能在早期的“好了$_3$”句中都有所体现，根据我们的考察，“好了$_3$”约出现在明清时期，随着历史的发展用例逐渐增多，所表达的主观意义也有所发展。例如：

① 李小军（2015）亦持此说：“可以肯定的是，语气词‘算了’‘好了’‘得了’‘是了’‘行了’等都源于‘就X了’的减省，并且都是在建议句中开始演变的。”

(13)(二军追上云)花大爷!你偌偺就这等样好了。(明·徐渭《雌木兰》,《明人杂剧选》,360)

语义解释:**希望**"就这样子"。

(14)妇人道:"说不得,有他在好了,如今弄的俺娘儿们一折一磨的……"(明·兰陵笑笑生《金瓶梅词话》,1300)

语义解释:**希望**"他在"。

(15)老魔报怨三魔道:"兄弟,你是自家人弄自家人了。且是请他出来好了,你却教我咬他……"(明·吴承恩《西游记》,1934)

语义解释:**希望**"只要请他出来就行了"。

(16)挹香道:"说明大小,不如告诉你们好了。"(清·俞达《青楼梦》,708)

语义解释:**建议**"直接告诉你们",反语。

(17)多祝三道:"小号的钱,大人要用,只管拿去好了,还甚么利不利……"①(清·吴趼人《二十年目睹之怪现状》,828)

语义解释:如果需要钱尽管拿去。表达态度和观点,可认为是**建议句**。

(18)晴雯道:"老太太告诉你,说你不久还有奇遇。你只自己保重好了。"(清·逍遥子《后红楼梦》,9)

语义解释:保重。表达态度和观点,可认为是**建议句**。

(19)张老笑道:"客官诚实,不还价,只要两角好了。"(清·梁溪司香旧尉《海上尘天影》,599)

语义解释:给两角就行了。表达态度和观点,可认为是建议句。

(20)柔仙道:"凌霄姊打鼓板,我来吹笛,你先把'玉楼天半起笙歌'的白说起来。"燕卿道:"只唱曲好了。"(清·梁溪司香旧尉《海上尘天影》,457)

语义解释:**建议和希望**"只唱曲"。

(21)柔仙道:"给他十元好了,你情愿将来再给他,你阔手段也没用,他们总是无底的欲壑……"(清·梁溪司香旧尉《海上尘天影》,420)

---

① 彭伶楠(2005)调查《二十年目睹之怪现状》认为其没有一例"好了$_3$",失实。

语义解释：**建议和希望**“只给他十元”。

（22）因想了一想道：“这件事全在某身上，你只管去服侍尊堂好了，某定有处置，就此去了。”（清·梁溪司香旧尉《海上尘天影》，128）

语义解释：**建议**“去服侍尊堂”。

（23）仲蔚笑道：“秃头名好了，你还下个侍字。”兰生笑道：“你不知道这个侍字狠当。”说着便走，舜华笑着，送到楼梯边。（清·梁溪司香旧尉《海上尘天影》，71）

语义解释：**建议和希望**“不要署名”。

（24）黛玉暗地窥透，笑道：“姐姐舍不得蕙儿，这也值得牵肠挂肚？尽管家去瞧瞧好了。”（清·郭则沄《红楼真梦》，757）

语义解释：**建议**“去看看蕙儿”。

（25）贾蕙看了，道：“他这两天还有些口渴恶饮，用什么代茶相宜？”王太医道：“只用西洋参尾，略煎代茶好了。”（清·郭则沄《红楼真梦》，638）

语义解释：**建议**“用西洋参尾略煎代茶”。

（26）唐僧也道：“你看有什么不合法理处，你改他几条好了。”（清·陈景韩《新西游记》，《中国历代珍稀小说》四，815）

语义解释：**建议**“改他几条”。

（27）柜上的人便对他说道：“你要吃东西，到隔壁去好了。”（清·陈景韩《新西游记》，《中国历代珍稀小说》四，774）

语义解释：**建议**“到隔壁去”。

（28）笑庵道：“放屁！本来历史是最不可靠的东西，奉敕编纂的史官，不过是顶冠束带的抄胥；藏诸名山的史家，也都是借孝堂哭自己的造谎人。何况区区的小事，由你们胡说好了。”（清·曾朴《孽海花》，345）

语义解释：你们就胡说吧。这句话在“无所谓、不在乎”背景下所说，是**弱建议句**。

上述例（13—23）都可加上“就”，句义与原义相当，我们也可称之为“就”隐现句；例（24—28）加上“就”后就显得拗口，这说明清代“好了$_3$”的情态功能已经发生了变化。

我们不难发现，早期的“好了$_3$”句多用来表达一种愿望，如例（13—15），随着历史的发展，逐渐衍生出“表达说话人的态度、观点”，即“建议”功能，如（16—28）。在这个发展过程中，“就”条件句和“就”隐现句由于不能自由表达“好了$_3$”句所表达的［建议］、［弱建议］等情态功能，“就”的完全脱落就是自然而然的事情了。这个脱落过程也符合主观化（subjectivisation）规律——主观化的程度高低跟语言的编码形式成反比：主观化程度越高，观察对象越是脱离舞台，在语句中登台呈现的语言形式就越少（沈家煊，2001）。正如张新华（2013）所说：“语义上，形容词‘好’本指事物自身的物质构成情况，后来则重新解释为指一个外面的高位主体对某种存在状态的价值认同。‘好’内在具有这种述谓提升的潜能：它是个编码主客观关系的情态性形容词。绝对说，客观事物的任何存在情况都无非是一种天然存在，无所谓好坏，但主体总会把其中的某种情况理解为‘正常、标准、完全’的状态，即‘好’。‘好’的演化是个主观性增强的过程，而语言成分主观性的增强与其语法化程度又是伴随的。”

由于“好了”的极度虚化，最终发展为语气词“好了$_3$”，典型的“好了$_3$”句，结构为“意见或观点+好了$_3$”，因此我们认为“好了$_3$”句的核心功能应是“建议”。这种含有“好了$_3$”的建议句在不同语境当中会衍生出各种不同的语气。例如：

（29）

你介绍我入党好了。（请求）　　别忘恩负义好了。（希望）

我一定努力学习好了。（表态）　　您放心好了。（安慰）

你把我杀了好了。（怨恚）　　让他出丑好了。（不在乎）

［李小军（2009）文例］

即使我们把“好了”去掉，所表达的语气仍然不会消失，因为“介绍我入党”本身就是个请求，“别忘恩负义”本身表达一种希望等。因此，我们“不能把一个语气所在的句子的语气简单地看做该语气词所能表达的语气意义”（储诚志，1994）。那语气词“好了$_3$”的意义是什么呢？

三　语气词“好了$_3$”的情态意义

“好了$_3$”情态功能的扩展说明了从“好了$_1$”到“好了$_3$”不仅是一

个语义虚化的过程，也是一个主观化的过程。“好了$_3$”情态意义的形成跟“单双人语境”有关。在单人语境中，言者只需表达自己的愿望，不需征求别人的意见；而一旦想使用“好了$_3$”表达自己的意见或建议，就会进入双人语境，即话语互动语境，在这个语境中，具有“建议”功能的“好了$_3$”句中的语气词“好了$_3$”有了它特有的情态意义，即言者表达自己的建议，并交由听者确认。如例（29）中的“你介绍我入党好了”，言者提出让对方介绍他入党的建议，句尾“好了”就是用来征求对方的意见，至于对方答应与否要经过对方的确认。陆俭明、马真（2017［1985］：8）认为的具有“不介意、不在乎或尽管放心的语气”、彭伶楠（2005）认为的含有“不满”语气、韩静（2008）认为的含有“决断、同意、鼓励”等语气以及李小军（2009）认为的表示“妥善处理”“随意；轻描淡写”等语气[①]都是“好了$_3$”句式因处在不同的语境而衍生出来的语气意义，并非语气词“好了$_3$”自身的意义。

第三节 从“好了$_2$”到“好了$_4$”

“好了$_4$”多出现在句首或句中，独立成句，在句中没有词汇意义、语法意义和逻辑意义，它的去留并不影响其前后语句的命题内容和真值条件，但可以保持或加强后续话语与前述话语之间的语义连贯，具有标记结束和转换[②]等功能。例如：

（30）胡雪岩懂她的意思，是怕万一好事不成，金镯落空，当即答说：“总归我是心尽到了，只要林老爷今天上船到福建，明天你就到方九霞去挑镯头，好了［**结束**］，就这样说定了。”话完，胡雪岩先站起来回席。（高阳《灯火楼台》，348）

（31）“好了［**结束**］，”她说：“我们先不要谈姐姐，人已经死了，过去的也已经过去了……”她望着他手上的烟。“给我一支烟，

① 李小军（2009）认为的这两种语气也不能涵盖“好了$_3$”句的所有语气意义，如“让他跳楼好了”表达的可能是不满、无奈等语气。

② “结束”是指前述话语的结束，也可以指某一话语状态的结束，也可以指言者某一思想状态的结束；“转换”主要是指前后话语的转换。

行吗？”（琼瑶《雁儿在林梢》，10）

（32）你想啊，我是坏人，总不能随随便便就让警察抓住吧，我总也要“垂死挣扎”一下吧？好了［**转换**］，我稍一使劲，那个倒霉的警察又摔倒了。然后倒霉的不止他一个，大家又要重来。终于到第9遍，这个镜头就才算完了。（卞庆奎《中国北漂艺人生存实录》，77）

（33）我这一夜算在所有的夜的里面，还是把它当作各种夜之外的一个夜呢？好了［**转换**］，太阳一出，就是白天。（汪曾祺《受戒：汪曾祺自选集·复仇》，113）

彭伶楠（2005）指出“好了$_4$”是从“好了$_2$”通过动词的省略虚化而来，已道出“好了$_4$”的直接来源。从意义上来说，“好了$_2$”具有“完结”义，“好了$_4$”的标记结束功能也应该和“好了$_2$”的“完结”义一脉相承。叙事语篇和话轮当中经常出现动词省略后“好了$_2$”的用例。例如：

（34）交不交要看饭店的服务好坏，好了就照交不误；不好就理论一番，只交饭钱，附加的若干服务费一分不交。（《人民日报》1996年5月）

（35）邓刚的想法是把大连市乃至全国的专业作家联合在一起，一人一段，演绎出个系列剧，先拍10集看看，好了就拍下去，不好就关门。（《邓刚与冯巩合开“半岛海味馆”》，《作家文摘》合订本A，1994年）

（36）胡雪岩这时已走到外面，正在吸水烟的唐子韶站起来问道：“大先生，是不是马上开饭？”

“好了就吃。”胡雪岩问道：“你啥辰光到湖州。”

“今天下半天就走。”（高阳《灯火楼台》，127）

（37）“好了，饭菜准备好了吗，你们各自散开吧！”对于这样的场面，杰瑞·埃文斯并不太感冒。毕竟，他一年到头都得检阅军队。

“好了，老爷。”一个看起来具有军人气息的管家一本正经的跟他说道，看起来就如同报告军务一样。（周星《全职领主》，网络

小说）

在叙事语篇尤其在话轮中，"好了$_2$"前的动词省略是"好了$_4$"的直接来源，但从"好了$_2$"发展到"好了$_4$"还受到"好了$_1$"和"好了$_5$"的影响。"好了$_2$"前的动词之所以可以省略是因为"好了$_1$"具有作谓语的句法功能，这使"好了$_4$"独立成句成为可能。

"好了$_5$"是从"好了$_1$"虚化而来，不再专门作谓语来说明主语，而是插在语篇当中表示情况有所变化，这种变化也不再专指向好的方向转变，还可以向坏的方向转变。例如：

（38）"真要谢谢你们！不是你们那一吵，陈行长和朱经理还不肯借钱给我呢！现在好了［**转好**］，明天准定开工。本老板的话，有一句算一句！"（茅盾《子夜》，406）

（39）姥姥比谁都急。她对舅舅和姥爷说："这下好了［**转坏**］，连人带马全让你们给毁了！"（高尔基《高尔基文集·童年》，31）

（40）大哥哥流便抱怨那些不听话的弟弟们说："我不是对你们说过不可伤害那孩子吗？可是你们就是不听我的话，现在好了［**转坏**］，我们该遭报应了。"（《圣经故事·〈旧约〉中的故事·创世纪》，104）

（41）梁必达挥手打断了朱预道的话头："你考虑？你考虑什么？你考虑那个书呆子有个女人在崔家集等他是不是？你还蛮会成人之美是不是？我看你是不安好心，你是眼睁睁地看着自己的同志犯错误。这回好了［**转坏**］，他犯了错误，你犯了罪。过了今天，你要说清楚。"（徐贵祥《历史的天空》，345）

（42）村头的孩子们放响了鞭炮。家家户户高挂的大红灯笼亮了。一家农户屋里传出了孩子的喊声："好了［**转好**］，一频道清楚了。"（《人民日报》1996年2月）

从上述例句中，我们可以看到"好了$_5$"除了可以表达"转变"义，还具有语篇衔接功能，使前后话语保持语义的连贯。我们知道"好了$_4$"在语篇当中具有标记话语转换的功能，这和表达"转变"义的"好了$_5$"

应该有着内在的联系。①

根据我们的考察，“好了$_4$”最早出现在元杂剧当中，用例不多，我们发现有4例。例如：

(43)（鲁斋郎云）你是个小百姓，我怎么肯亏你？与我整理的好，着银子与你买酒吃。（李四接壶整理科，云）整理的复旧如初。好了也［**结束**］，大人试看咱。（元·关汉卿《包待制智斩鲁斋郎》，《全元曲》，467）

(44)（扬州奴云）好了好了［**转换**］，我正寻那两个兄弟，恰好的在这里。这一头赍发，可不喜也！（元·秦简夫《东堂老劝破家子弟》，《全元曲》，4559）

(45)（见李文道科，云）哥哥，敢问那里是醋务巷？（李文道云）你问他怎的？（高山云）这里有个李德昌，他去南昌做买卖回来，利增百倍，如今在城南五道将军庙里染病，教我与他家寄个信。（李文道背云）好了［**结束**］！（回云）老的，这是小醋务巷，还有大醋务巷。你投东往西行，投南往北走，转过一个湾儿，门前有株大槐树，高房子，红油门儿，绿油窗儿，门上挂着斑竹帘儿，帘儿下卧着个哈叭狗儿，则那便是李德昌家。（元·孟汉卿《张孔目智勘魔合罗》，《全元曲》，3352）

(46)（搽旦云）这些时怎么得王庆来才好？（王庆上云）我教李顺勒死翠鸾子母二人，今日三日光景，不见来回话，我问那厮去。原来这厮关着门哩。李顺，开门来。（搽旦云）好了，好了，［**转换**］这是王庆来了。（做叫正末科，云）李顺，有人叫门哩。（正末醒科，云）什么人打门？住了你那驴蹄，是您家里？我来也。（元·郑廷玉《包待制智勘后庭花》，《全元曲》，1242）

---

① 何潇（2016）从语法的多样性角度进一步考察了好了$_4$和好了$_5$的语法倾向性特征，认为：“‘好了$_4$’的倾向性与其形式上是否重复相关，当‘好了$_4$’以重复形式出现时，完结功能倾向于消极的劝阻义；当其单独出现，转换功能倾向于中立态度。对于‘好了$_5$’中‘这下（回）+好了’‘时间词+好了’两类，当‘了’出现时，倾向于表示积极转换功能；当‘了’省略时，倾向于表示消极转换功能；‘好了$_5$’的‘人称代词+好了’类，均倾向于表示消极转换功能。”

明代以后日益增多，我们在《盛明杂剧》中发现4例，《西游记》9例，《续西游记》10例，《喻世明言》1例，《醒世恒言》4例，《明珠缘》5例，《封神演义》1例，《风流和尚》3例，《水浒全传》8例，《禅真逸史》1例，《警世通言》1例，《三遂平妖传》1例，《二刻拍案惊奇》2例，《初刻拍案惊奇》11例，《野记》1例。清代以后的用例更是不胜枚举。

第四节 小结

“好了”连用频率很高，随着历史的发展逐渐演变出各种功能，经过论证和分析，我们认为：

第一，“好了$_2$”是从“好了$_1$”演变而来。

第二，“好了$_3$”是从“就好了”条件句分化而来，由于情态功能的扩展，“就”逐渐脱落。“好了$_3$”句式的核心义是“建议”，不同语境下可衍生出各种不同的语气，句式中语气词“好了$_3$”的原型意义是“言者表达自己的建议，并交由听者确认”。

第三，“好了$_4$”作为话语标记具有标记结束和转换两个中心功能，直接来源当是“好了$_2$”前的动词省略，最早用例见于元杂剧当中，在发展的过程中受到“好了$_1$”和“好了$_5$”句法功能的影响。

第四，“好了$_5$”是从“好了$_1$”演变而来，其核心义为“转变”，多和“如今、现在、这下、这回”等连用，具有语篇衔接功能。

“好了”各种功能的演变轨迹，我们可以用图3-1表示：

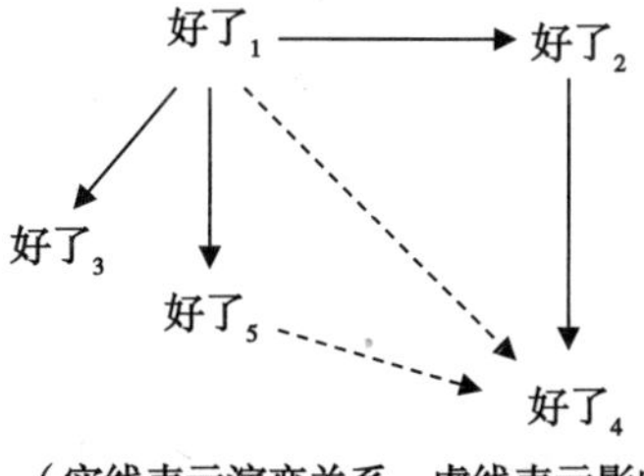

（实线表示演变关系，虚线表示影响关系）

图3-1 “好了”的演变路径

第四章

“V+ta+个 VP”的相关构式[①]

“V+ta[②]+个 VP”构式在现代汉语口语中常用，句法结构比较特殊，早已引起研究者极大的关注，观点纷呈，但并未达成共识，本章拟作进一步探讨。本章结构为：第一节区分两个同形异指结构；第二节讨论“ta_2”的性质；第三节阐述“NP”的有界性质；第四节考察“ta_2”为何感觉是“虚化”了的；第五节探讨“V+ta_2+个 VP”构式的来源；第六节为小结。

第一节　导言

一　他$_1$和他$_2$

在现代汉语口语中经常使用“V+ta+个 VP”这样的结构。例如：

（1）杀他个措手不及。

（2）打他个冷不防。

（3）闹他个天翻地覆。

（4）玩他个痛快。

---

① 本章已发表在《南阳师范学院学报》（社会科学版）2012 年第 4 期，成书时有所修改。初稿曾在浙江大学语言与认知研究中心语法、语义与认知小组（2008 年 10 月 30 日）讨论，所持观点也曾在浙江大学汉语史研究中心举办的潘海华教授座谈会（2010 年 10 月 21 日）以及 QQ 构式语法深度讨论组（2010 年 11 月 4 日）上发表，彭利贞、潘海华、完权等先生先后提出宝贵意见，谨致谢忱！

② 汉语的人称代词没有性的区别。“他”指女性的时候写作“她”，指事物的时候写作“它”，这只是文字上的区别，说话的时候都是“tā”。为了方便，本章一律记作“他”。参见朱德熙（1982：81—82）。

(5) 吃他个爽。
(6) 说他个明白。

上面的例子表层结构是完全一样的，按照一般的观点，句中的“他”是一种无指的（non-referential）用法，但仔细推敲起来我们发现上面例句中的“他”并不完全一样。例如：

(1’) a. 杀他个措手不及。⟶ 把他杀个措手不及。
b. 杀他个措手不及。⟶ 杀了他个措手不及。
c. 杀他个措手不及。⟶ ？杀个措手不及。
语义解释：杀他，让他措手不及。
(2’) a. 打他个冷不防。⟶ ＊把他打个冷不防。
b. 打他个冷不防。⟶ 打了他个冷不防。
c. 打他个冷不防。⟶ ？打个冷不防。
语义解释：打他，让他冷不防。
(3’) a. 闹他个天翻地覆。⟶ 把他闹个天翻地覆。
b. 闹他个天翻地覆。⟶ 闹了他个天翻地覆。
c. 闹他个天翻地覆。⟶ ？闹个天翻地覆。
语义解释：闹他，使其天翻地覆。
(4’) a. 玩他个痛快。⟶＊把他玩个痛快。
b. 玩他个痛快。⟶＊玩了他个痛快。
c. 玩他个痛快。⟶玩个痛快。
语义解释：玩痛快。
(5’) a. 吃他个爽。⟶＊把他吃个爽。
b. 吃他个爽。⟶＊吃了他个爽。
c. 吃他个爽。⟶吃个爽。
语义解释：吃爽。
(6’) a. 说他个明白。⟶ ＊把他说个明白。
b. 说他个明白。⟶ ＊说了他个明白。
c. 说他个明白。⟶说个明白。
语义解释：说明白。

从上面的分析我们可以看出，例（1—3）中的“他”可以进行句法转换，在句法组合上还可以加上时态助词“了”，表示过去发生的事情，因此我们认为例（1—3）中的“他”所指应是事实上存在的某人、某物或某地，“他”的使用也是有条件限制的，要么有先行语，要么有隐含的背景信息，否则整个构式不具有实用意义。① 而例（4—6）中的“他”不可以像例（1—3）那样进行句法转换，但省略了“他”后意义却仍然保持不变，所差的只是语气的强弱。

通过以上分析，我们发现“V+ta+个 VP”构式其实包含着两个性质不同的深层结构，并不全是表达“实现某种结果的决心或愿望”，并不都“具有处置性（disposal）、非现实性（irreality）、施动性（agentivity）的语义特征”（李剑影，2007）。有鉴于此，我们把例（1—3）中的“他”标记为 ta_1，例（4—6）中的“他”标记为 ta_2。

“V+ta+个 VP”构式②一直是学界讨论的热点问题，但其实他们讨论的都是“V+ta_2+个 VP”构式③，只是因为“V+ta_1+个 VP”和“V+ta_2+个 VP”语感太过相近以致没有区别开来而已。根据上文分析我们知道 ta_1 具有实在所指，但 ta_2所指是什么呢？似乎很难断定。下文主要讨论 ta_2以及“V+ta_2+个 VP”构式。

---

① 力量（1995）认为“他个”后跟数量结构与后跟 VP 语义关系是不同的，前式中的“他个”“可以删除，删除前后只是语气不同罢了”，而后式中的“他”“虽然也有表动态、强调等语义内容，但还具有一定的复指（有的称为虚指）作用”，即复指主语，如“这件事一定要搞他个一清二楚”中的“他”复指主语“这件事”。可见，该文所谈的现象与例（1—3）一致。

② 贾月兰（2011）认为该构式中的“V”：（1）绝大多数都是单音节动词，双音节动词较少，常见的双音节动词有“折磨”“折腾”“连任”“调查”等，而且能够进入该构式的双音节动词有一个共同点——缺少与之相对应的表达相同或相似意义的单音节动词；（2）小部分是单音节形容词，如“美”“丑”“胖”“瘦”“臭”“爽”等。贾文还进一步指出该构式中的“V”是：（1）动作动词（绝大多数）；（2）心理动词（少量）；（3）代动词“来”；（4）性质形容词。

③ 张爱玲（2008）认为：“‘V 他个 C’句式义为［决心义］。［决心义］指句式体现出的言者对达成某较难实现的目标的决心。［决心性］是由 VC 的［计划性］以及‘他’‘个’对 VC 语表距离的疏远造成的。‘V 他个 C’句式的［决心义］反作用于 C，使得 C 具有［主观大量］特征。”雷冬平（2012）认为：“‘V 他个 X’双及物构式只有在其构式语义具有‘获得’义的语境下，当动词后不带完成体标记‘了’，且‘个’后的 X 具有认知主体所认为的‘褒义的主观大量’义特征时，‘他’才能发生虚指，整个构式发生语法化，形成一个不容易切分的构式整体。”

二 诸家说法

对“V+ta_2+个 VP”构式的讨论主要涉及两个方面的问题：一是构式中的“ta_2”是代词还是助词，起什么作用；二是构式中的“个 VP”是宾语还是补语。其实这两个问题是互动的，如果认为“个 VP”是宾语，“ta_2”只能理解为是代词；如果认为“个 VP”是补语，“ta_2”只能理解为助词。按照前彦时贤的论述，我们可以分离出四种不尽相同的观点：

第一种观点认为“V+ta_2+个 VP”是双宾结构，“ta_2”是代词，作虚指的间接宾语，VP 作直接宾语，“个”是宾语标记。持这一观点的有赵元任（1979［1968］：163），朱德熙（1982：122），马庆株（1983），邵敬敏（1984），顾阳（1999：65），石毓智、雷冬梅（2004）等。

第二种观点认为“V+ta_2+个 VP”是述补结构，“个”是补语标记，“ta_2”没有实际的意义，只有加强语气的作用，并没有指明“ta_2”的词性。持这一观点的有丁声树（1961：66，145），游汝杰（1983），石毓智、李讷（2001：178）等。

第三种观点认为“V+ta_2+个 VP”是述补结构，“ta_2”是助词，只有加强语气或强调的作用。持这一观点的是力量（1984，1989）、张爱玲（2008）[①]。

第四种观点也认为“V+ta_2+个 VP”是述补结构，但认为“他个”是个已经固化为补语标记的助词，对句中动词所表达的动作进行强调，突出句子的焦点。持这一观点的是雷冬平、胡丽珍（2006）。[②]

① 张爱玲（2008）认为“‘他’既非定指，也非泛指，而是无指，即既不能在上下文语境中找回其所指，也不能回指上下文或预指下文某一成分……‘他’的作用更多的是衬音，和前面的光杆单音节动词构成一个双音节音步，在语音上体现为轻读”。

② 雷冬平（2012）对此又作了进一步研究，认为：“雷冬平、胡丽珍（2006）指出‘他个’‘在句中不充当任何成分，引出动词后面的补语；标示动词所标示的动作在将来发生；对句中动词所表达的动作进行强调（往往略带夸张性质），突出句子焦点’。这里，我们要稍微修正这一说法。首先，这种语义的表达不是‘他个’传达的，而是整个构式的语义；其次，将‘他个’后的成分当成是补语也不是十分妥当，我们主张将这一构式当成一个整体……是‘获得’义‘V他个 X’双及物构式完全语法化的结果。在其后是数量短语的结构中，‘他个’去掉之后在语法上还是合格的，雷冬平、胡丽珍（2006）据此认为‘他个’可能已经是一个语气助词，现在看来似乎不太妥当……‘他个’所传达的强调语气应该是构式语义的引申，‘个’义虽然泛化，但是还保留了量词的特征。”

在以上四种观点中，我们比较认同第一种观点，即“V+ta_2+个 VP”构式是双宾结构，其中的“个”是宾语标记①，ta_2是虚指的代词。但 ta_2到底虚指什么呢？ta_2为什么会具有强调的作用？针对这些问题，我们拟从事实描写和理论分析两个角度，对“V+ta_2+个 VP”构式中 ta_2的性质以及 ta_2和“个 VP”的关系作进一步探讨，并尝试运用“类推糅合”理论勾勒出“V+ta_2+个 VP”构式的来源轨迹。

第二节 ta_2的性质

除了“V+ta_2+个 VP”构式，含有 ta_2的句子还可表示为“V+ta_2+NP”②，其中的 NP 必须含有数量词或本身就是数量词。

吕叔湘等（1999［1980］：523）和吕叔湘（1985b，1992）等著作指出，现代汉语第三人称代词的单数形式“他”有一种虚指的用法。例如：③

（7）今天我要喝他两瓶白酒。

（8）今年我们先种他两亩杂交稻看看再说。

（9）燕顺道：“昨日孩儿们走得辛苦了，今日歇他一日，明日早下山去也未迟。”（明·施耐庵、罗贯中《水浒全传》，414）

（10）他听了这句，心里先有些说不出口的不愿意，转念一想：“倘然果的没信了，今日这一天的闷葫芦可叫人怎么打呀！倒莫如遵着太太的话，睡他一天，倒也是个老正经。”（清·文康《儿女英雄传》，1700）

---

① 关于“个”为宾语标记，石毓智、雷冬梅（2004）已经进行了详细的论证，其语法功能可以概括为两条：a. 使得抽象的、无指的名词、动词和形容词离散化，表示单一的、明确的个体；b. 使得一般的、无界的动作行为离散化，表示单一的、具体发生的事件。具体论证过程我们在此不再赘述。

② 宗守云、赵东阳（2016）认为“V+ta_2+个 VP”和“V+ta_2+NP”是两个不同的构式，前者是程度构式，后者是“主观轻贬量构式，表达说话人对动作所及数量轻贬的态度，‘他’是主观轻贬量标记”。

③ 例（9-10）转引自袁毓林（2002）。

吕叔湘（1985b：29，1992：1）发现：上述例句中的“他”为虚指用法[①]，从句法分布上看，出现在动词之后，占据宾语的位置。它既可以跟在不及物动词之后，充当形式宾语，构成一个述宾结构，如例（9-10）；又可以插在真正的述宾结构之间，构成一个双宾结构，如例（7-8）。既然为虚指用法，它到底虚指什么呢？

袁毓林（2002）认为“他”应是“道是无指却有指”，当“回指其插入的述宾结构，以强调这是一个早就列入计划中的事件”。

我们认为袁文的观点有一定的道理，但是“他”处在述宾结构之间却回指其所在的述宾结构似乎矛盾，于理不通。我们来看袁文的推理：

（11）a. 我要逮住这些偷车贼

——→b. 逮住这些偷车贼，我要逮住这些偷车贼

——→c. ［逮住］这些偷车贼，我要逮住这些偷车贼

——→d. ［逮住］这些偷车贼，我要逮住［这些偷车贼］

——→e. ［　　］这些偷车贼，我要逮住［　　　　］

——→f. ［　　］这些偷车贼，我要逮住他［　　　　］

语义解释：逮住这些偷车贼，我要做这件事情

袁文认为：为了强调“逮住这些偷车贼”这个早已列入计划中的事件，通过话语拷贝（topic-copying）的方式造成（11b）这种句式；为了避免重复，删除话题中跟述题中的谓语动词相同的成分，造成（11c）这种句式；再删除述题中跟话题中相同的名词性成分，造成（11d）这种句式，结果造成如（11e）所示的句式；为了韵律的协调，更为了强调作话题的“［逮住］这些偷车贼”这个事件，在述题中被删除的空宾语（null object）之前插入回指这个话题的代词“他”，形成（11f）这个句式。

至此，我们不禁要问：在（11f）中的“他”被插入之前，话题“［逮住］这些偷车贼”中的“［逮住］”已经被删除，“他”怎么可能还

① 王晓凌（2008）认为在“V+ta_2+NP”这个双及物构式中，通过虚指的 ta_2，施事的意愿得到体现或加强。张建（2012）认为在我、你、他这三个人称代词中“他”离说话者最远，这种“远指”功能是“他”得以虚化的语义基础，并指出在“V+ta_2+NP”构式中 ta_2 更接近一个表示“将来”的时体标记。

会指“〔逮住〕这些偷车贼”这个事件呢？我们觉得下面的理解可能更为合理：

(11’) a. 我要逮住这个偷车贼①

——→b. 逮住这个偷车贼，我要逮住这个偷车贼

——→c. 〔逮住〕这个偷车贼，我要逮住这个偷车贼

——→d. 〔逮住〕这个偷车贼，我要逮住〔这个偷车贼〕

——→e. 〔　　〕这个偷车贼，我要逮住〔　　　　〕

——→f. 〔　　〕这个偷车贼，我要逮住他〔　　　　〕

——→g. 我要逮住他这个偷车贼

因为（11’e）已经把“〔逮住〕”删除，所以（11’f）中“他”并不指“〔逮住〕这个偷车贼”这个事件，而仅仅是指“这个偷车贼”。通过移位，我们还可以得出（11’g）这个句式。

如果用“V+$tɑ_2$+个 VP”和“V+$tɑ_2$+NP”来表示，那么$tɑ_2$的性质就是复指“个 VP”或者“NP”。这种复指形式可以使语义更加明确、更加丰富，或者是加重语义。②“$tɑ_2$具有强调或增强语气的作用”正是源于$tɑ_2$的这种复指性质。

所以，“V+$tɑ_2$+个 VP”构式中的“$tɑ_2$”还是具有称代作用的，即复指宾语“个 VP”，只是因为“$tɑ_2$”处于动词之后，语音容易弱化，而且当复指宾语“个 VP”的时候，“$tɑ_2$”的语义对整个构式的表达就起不了决定作用，即使删除它，所差也仅仅是语气的强弱。

其实，这种代词复指形式作句法成分在现代汉语里并不少见。例如：

(12) 我们大家$_{[代·代]}$都要遵守交通规则。

(13) 赌博是害你自己$_{[代·代]}$。

---

① 便于理解和操作，我们把例（11）中的宾语改为单数。

② 朴珍玉（2015）认为$tɑ_2$“是无指称意义的形式……在参与构成的非常规损益构式‘V+他$_2$+数量名’中，失去论元地位，虽没有句法强制性，但具有标示主观量、标示非现实情态及韵律调节等多项修辞功能，是个以言者为中心的语用成分”，并指出“在构式语法化过程中，语义弱化的成分必然成为新结构的标记”。

(14) 青少年都喜欢摔跤这种运动〔动·定中短语〕。

(15) 春秋两季〔名·数量短语〕在杭州生活非常舒服。

只不过在上面的例子中的代词都是复指实体成分，复指事件成分的用法倒是极其少见，“V+ta_2+NP”构式算是一种特殊的用法。但复指事件成分的用法也并不是无迹可寻，吕叔湘（1985b：30）就已经指出，近代汉语中有这么一类虚指的“他”，“它所指的事情不在前头而在后头”。例如①：

(16) 任他流水向人间。（唐·李嘉佑《题道虔上人竹房》，《全唐诗》，2169）

(17) 任他明月下西楼。（唐·李益《写情》，《全唐诗》，3225）

(18) 金盏酒，玉炉香，任他红日长。（晏殊《更漏子》，《全宋词》，90）

(19) 没来由管他甚满朝皆醉！（王爱山《小令》，《全元曲》，8518）

(20) 三杯两盏淡酒，怎敌他、晚来风急。（李清照《声声慢》，《全宋词》，932）

根据太田辰夫（2003［1958］：36、113—115），“V+ta_2+NP”构式是从双宾语句发展出来的，本来作动词的宾语的“他”虚化成辅助动词的附属词（一种后助词），不再具有作为宾语的功能了。太田辰夫（2003［1958］：115）还认为，“V+ta_2+NP”构式中的“他”是一种特殊的宾语，“因为不能用‘他’以外的名词、代名词来替换，所以不好使用，因而这种句子结构就成为孤立的了。因此，‘他’处于容易失去作宾语的意义和功能的状态，而且，由于‘他’原来具有虚辞的用法，那种没有具体所指的‘他’就增加了”。也就是说，太田先生认为“V+ta_2+NP”构式中的“他”是从有所指到无所指的演变而逐步虚化出来的（袁毓林，2002）。太田辰夫的分析甚有见地，但“没有具体所指”并不是毫无所指，只是因为代词复指的是其后的事件成分，所以很容易让我们感觉

① 例（16—20）皆转引自吕叔湘（1985b：30—31）。

“他”是“空空洞洞无所称代”（吕叔湘，1985b：30），是“虚化了的”（太田辰夫，2003［1958］：36）。

第三节 NP 的有界性

吕叔湘（1985b：30，1992：2）指出，“V+$tα_2$+NP”构式的 NP 一定要含有数量词，或者本身就是数量词，不是这种形式的宾语，前面的动词就不大能附带“他”字。如例（7—10）。那么，为什么带“他”的动词后面的宾语必须包含数量词呢？吕叔湘（1985b：30）说：“不知是什么缘故。也许是那种句子里头的‘他’字容易误解成实有所指？”对此，袁毓林（2002）认为，宾语里头包含数量词的语义作用是显示宾语的有界性（boundedness），从而表明带“他”的动词及宾语组成的述宾结构表示的是一个事件（event），而不是一个单纯的活动（activity）。

其实，NP 的有界性是“他”的复指性质带来的：“他”复指 NP 表明“他”和 NP 所指的是相同成分，而“他”却在 NP 之前出现，这表明 NP 一定是个有定的成分，是有界的（bounded）。而根据沈家煊（1995）的研究，凡是有数量修饰语的名词性成分都是有界名词。所以“睡他觉/天”是不对的，一定要加上个数量修饰语表明“觉/天”的有界性。再如：

（21）喝他两瓶白酒　　　　＊喝他白酒
　　　种他两亩杂交稻　　　＊种他杂交稻
　　　歇他一日　　　　　　＊歇他日

关于有界和无界，沈家煊（2004b）还指出，“有界”和“无界”首先是概念上的区分，概念的确立和区分都必须在一定的“认知域”（cognitive domain）内进行。如在“个体和集合”这个认知域内，英语 an apple 变为 apples 就由专指个体变为泛指集合的了，指称的事物也就由有界变为无界的了。而汉语名词没有单复数的区别，名词表示类名的时候就是泛指，代表的是无界事物；专指个体的时候就代表有界事物。“吃苹果”和“吃三个苹果”中的“苹果”就分别表示无界事物和有界事物。在“词类”这个认知域内，名词和形容词相对而言，名词具有“有界性”，形容词具有“无界性”。

因此，“两瓶白酒”和“白酒”是专指和泛指的区别，在“个体和集合”这个认知域内，“两瓶白酒”是有界的，“白酒”是无界的；正因为在“词类”这个认知域内，名词具有“有界性”，形容词具有“无界性”，所以“玩他痛快”也是不合法的。

第四节 ta_2的“虚化”

根据前文的分析，我们知道“V+ta_2+个 VP”构式的 ta_2并不是空无所指，而是复指后面的“个 VP”，但为什么给人的感觉总是“空空洞洞无所称代”，是“虚化了的”呢？张伯江、方梅（2014［1996］：261—262）认为在三身代词“我”“你”“他”当中“他”的“演化程度”最高，因为“说话人自己是最为核心的指人成分，离自我中心越远，虚化程度越高，指人程度渐低，意义也越空灵”。除此之外，我们认为还有两方面的原因：一是 ta_2所指的成分在其后，而且所指往往又是 VP 这样的抽象成分，这让我们很难感受到它的实在意义；二是 ta_2在“V+ta_2+个 VP”构式中要变读为轻声。

一 V+$ta_{2〔形式信息〕}$+个 $VP_{〔新信息〕}$

ta_2属于指示语的（indexical expressions）的范畴，指示语的确切意义只有在具体语境中才能弄清楚。例如：

（22）It’s raining.

（23）He is hungry.

例（22）（23）中的“It”和“He”的意义与事情发生的时间、地点、人物等语境因素有关，离开了具体的语言环境我们就无法准确把握其真实的含义。ta_2也是一样，它所表示的只是一种形式信息，“V+ta_2+个 VP”构式就是它的特有的语境，离开了这个构式我们也无法把握其具体的含义。因此，ta_2首先只是具有指代性质的形式，没有后面的“个 $VP_{〔新信息〕}$”它就是空洞的。从语词出现的顺序来看，$ta_{2〔形式信息〕}$总是先于“个 $VP_{〔新信息〕}$”出现，因此我们最初感受的就是 ta_2，然后才是“个 VP”，所以从感觉上来说我们总是先感觉到一种空洞的形式信息，然后才是新信息，而 $tɑ_{2〔形式信息〕}$与“个 $VP_{〔新信息〕}$”之间的关系却是隐性的，需要仔细地分析和推敲才能获得。

二 $tɑ_2$的语音弱化

$tɑ_1$在交际中有具体的所指，并且所指为实体成分，而 $tɑ_2$是一种后指用法，所指也是无形的抽象成分，相对 $tɑ_1$来说，$tɑ_2$已经虚化了，但仍然具有源形式“tɑ”的指称功能。目前 $tɑ_2$还并没有完全虚化为一种程序性（procedural）的语法标记。$tɑ_2$的语音弱化是虚化过程中的伴随物，同时也符合整个构式韵律的要求。在具体的语流中 $tɑ_2$是紧跟前面的动词的，要读成轻声，具体的语流切分为：

V$tɑ_2$个/[①]VP
（“/”为语音停延）

根据音系学的研究成果，最小的、能够自由地在句法结构中独立运用的韵律单位是音步（foot）。汉语最基本的音步是两个音节，也称之为“标准音步”；相应地，单音节音步是“蜕化音步”（degenerate foot），三音节音步是“超音步”（super foot）；包含轻声音节的双音节音步是“残音步”（incomplete foot）。音步是构成韵律词（prosodic word）的基础，一个韵律词至少由一个音步来实现。在汉语中，韵律词是最基本的使用单位，而不管这个音步组合是词还是短语。这样，单音节词就只有两条出路：a. 在句法结构中跟其他词连成一个音步；b. 通过停顿、延长元音来独撑一个音步，从而自成一个韵律词以获得自由运用的权利。[②]

在“V+$tɑ_2$+个 VP”构式中，V 往往是单音节的动词，和语音弱化的 $tɑ_2$以及“个”一起构成一个音步[③]，后面的 VP 形成一个韵律词或韵律短语，也是整个构式的普通重音所在。这样，整个构式的韵律保持了一种和

---

① 此处的停延为强调停延。参见吴洁敏、朱宏达（2001：39—40）。

② 参见冯胜利（1997：1—25）以及袁毓林（2002：45）。

③ 周蓉（2008）认为该构式中“单音节动词通过延长元音来独立支撑一个音步，‘他’和‘个’结合成一个残音步”。

谐状态。

第五节 “V+ta_2+个 VP”的来源

沈家煊（2006a，2006b）认为，“王冕死了父亲”这句话是“王冕的父亲死了”和“王冕丢了某物”两个小句的糅合：

（24）a. 王冕的某物丢了　　b. 王冕丢了某物
　　　x. 王冕的父亲死了　　y. （—）←—xb 王冕死了父亲

沈先生认为，原来没有“王冕死了父亲”的说法，y 项空缺，等到产生出这种创新说法之后，就形成 a：b：：x：y 的格局，即 a 和 b 的关系对应于 x 和 y 的关系。而 y 项的产生正是 x 项和 b 项糅合的产物，b 项截取的是它的结构框架，x 项截取的是它的词项。这种 y 是在 x 的基础上按照 a 和 b 的关系特别是参照 b“类推”出来的生成方式，就是类推糅合（blending）。类似的还有“他是去年生的孩子”“他是昨天出的医院”“我是日本太太”等。（沈家煊，2008）

类推糅合是人类的基本认知机制，是汉语造句造词的重要方式，具有心理现实性。历史上许多新的语法格式的产生就是两个已有的表达式糅合的结果。

我们经过考察发现，“V+ta_2+个 VP”构式的形成也是类推糅合的产物，是由“V+个 VP”① 和“V+ta_2+NP”两个构式糅合生成的。② 步骤如下：

（25）a. V+NP　　　　b. V+ta_2+NP

① 朱德熙（1982：122）指出：“这类格式的动词后头可以插入一个虚指的‘他’形成双宾语结构，例如：玩儿他个痛快｜打他个落花流水。”之所以可以插入“他”，正是因为类推糅合机制发生了作用。

② 雷冬平、胡丽珍（2006）认为“虽然‘他个’和‘他’都来源于双宾语句，但它们之间并没有产生和来源的关系”。雷冬平（2012）仍坚持此观点，并认为“‘V 他个 X’双及物构式的语法化没有一个‘A>B>C’这样逐渐演化的过程，它的语法化属于语用语法化，是语用类推扩展的结果”，“是‘获得’义‘V 他个 X’双及物构式完全语法化的结果”。

x. V+个 VP　　　y. （—）⟵xb　V+ta_2+个 VP

“V+NP”是述宾结构，加上 ta_2就有了“V+ta_2+NP”的说法，截取“V+个 VP”中的“个 VP”，参照“V+ta_2+NP”的结构框架就生成了“V+ta_2+个 VP”构式。

以上只是我们理论上的共时假设，如果能有历史材料的支持就更具说服力了。通过查阅文献我们发现历史语法的研究成果也为我们提供了很好的佐证。

吕叔湘（1985b：30）指出了一种“所指的事情在后头的”的“他”，如例（16—20）。所举用例中年代最早的在唐代，即《全唐诗》中的用例。据此我们可以推断“他”复指其后成分的用法至迟唐代已经产生。①

太田辰夫（2003［1958］：263）指出，“V+个 VP”构式大概是元代产生。石毓智、雷冬梅（2004）根据吕叔湘（1944）和王力（1980［1958］：236）的研究成果推断出：“个”在唐代已经发展成为一个使用频率高、范围广的普通量词，作为宾语标记的用法至迟宋代已经有了。

根据雷冬平、胡丽珍（2006）的研究，“他”与“个”连用的用例最早见于五代。例如：

（26）师因举着云：“他个则与摩，别是个道理，只今作摩生道则得？”（五代南唐·静、筠《祖堂集》，397）

---

① 卢烈红（2004）认为“‘他’字复指词组在历史发展过程中先后有三种形态：（一）‘他（别人）+后续成分’；（二）‘他（第三人称代词）+后续成分’；（三）‘他’字虚化，没有什么实义”，第一种形态“在东汉即已出现”，第二种形态“大约从晋代开始”，第三种形态“大约从宋元开始”。袁雪梅（2005）认为“虚指的‘他’在唐代产生，它与第三人称代词‘他’都是由旁指代词‘他’演变而来。‘他’的虚化来自于两方面原因，一是由于‘他’原本是旁指代词，就词汇意义而言，旁指代词本身有淡化作用；二是由于唐代‘他+N’结构的影响，因为后面 N 的存在，使‘他’在表意上成为一个可以忽略的成分，在结构上成为一个悬空成分，在这两方面的作用下‘他’开始虚化”。梁银峰（2011）认为“在上古汉语里，‘他’本是个表示旁指的指示代词，东汉以后，‘他’在‘他+N’格式中逐渐发展出了定冠词的用法……伴随着‘他+N’格式经常占据宾语位置，N 的适用范围逐渐由一般名词、专有名词向包含数量词或数量概念的名词性成分、（名物化的）指事的谓词性成分扩展……无所指代的‘他’早在五代成书的《祖堂集》中就已经出现萌芽……其前身是旁指代词‘他’，其直接源头则是定冠词‘他’，它的产生与第三人称代词‘他’无关，更与双宾语句无关”。

(27) 泉云：“大夫道：‘他个欠少什摩?’”大夫别时云：“则今和尚，不可思议。到处世界成就。”（五代南唐·静、筠《祖堂集》，668）

但此类的“他个”相当于“别的、另外的”之义。与我们讨论的“V+ta_2+个 VP”构式无涉。而与“V+ta_2+个 VP”构式相关的最早用例见于《全元曲》中。例如：

(28)（正末云）那濯足的盛情，咱已领了。常言道头醋不酸，二醋不焰，咱还待他个甚的? 只是楚国又不好去，这普天下那里容咱七尺身子，不如拔剑自刎罢了。（元·尚仲贤《汉高皇濯足气英布》，《全元曲》，2489）

(29) 可正是阎王不在家，着这伙业鬼由他闹。我今夜着他个火烧祆庙，水淹断了蓝桥。（元·无名氏《争报恩三虎下山》，《全元曲》，6542）

根据上面的研究，我们知道，“V+个 VP”构式至迟宋代已经有了；“V+ta_2+NP”构式至少在唐代已经产生，时间均比最早用例见于《全元曲》中的“V+ta_2+个 VP”构式要早。由此也证明了我们的假设——“V+ta_2+个 VP”构式是由“V+个 VP”和“V+ta_2+NP”两个构式糅合生成的——的合理性和可接受性。

第六节 小结

通过对“V+ta+个 VP”构式的句法分析，我们认为 ta 是代词，前指实体成分时为 ta_1，后指“个 VP”时为 ta_2，整个构式是一种特殊的双宾语构造。ta_2的复指作用可以加重语义的强度，使语义更加明确、更加丰富。“ta_2具有强调作用”正是源于 ta_2的这种复指性质，并不是因为它是助词。ta_2的复指性质也使得其后的成分必须是有界的，所以 NP 一定要含有数量词，或者本身就是数量词。

因为 ta_2处于动词之后，语音容易弱化，而且当它复指宾语“个 VP”的时候，ta_2的语义对整个构式的表达不起决定作用，即使删除它，所差也仅仅是语气的强弱。ta_2的这种“虚化”不仅符合复指成分的位置要求，而且也保证了构式的韵律和谐。此外，通过从理论和事实两个方面论证，我们认为“V+ta_2+个 VP”是由“V+个 VP”和“V+ta_2+NP”两个表达式类推糅合生成的。

第五章

"不是"的相关构式[①]

"不是"的相关构式主要是指"不是"的反问用法和"不是"的句末用法，两种构式都是现代汉语中的口语构式。句末的"不是"在北方使用较为普遍，目前研究此构式的文献还不多，研究的广度和深度都有待加强，本章我们拟从多个角度多个层次对其进行分析和论证，以期获得更为深刻的认识。本章结构为：第一节为导言，主要区分两种"不是"结构；第二节介绍焦点、突显、强调等概念；第三节阐述"不是$_2$"构式的语用功能；第四节讨论"不是$_2$"构式和"不是……吗？"的差异；第五节梳理"不是$_2$"构式的演变轨迹；第六节为小结。

第一节 导言

现代汉语中存在着一种"不是"句，虽带有反问语气，但反问程度非常低，基本可以忽略不计[②]，与"不是……吗？"反问

---

① 本章初稿完成于2010年10月1日，成书时有所修改。

② 我们发现这类"不是"句若要表达反问则需要特定的反问手段辅助表达，例如：

（1）我说寨主万不可如此待我。匡老头说咋，是不是你给小夫人怀上种我还得谢你不是？！（尤凤伟《石门绝唱》，94）

（2）你们发表《文化常常比经济更重要》但为什么在今年杂志里文化氛围显然淡薄了。难道你们也提倡"全民经商"不是？到了"造导弹不如卖茶叶蛋"的时候，你们应当呼吁新的文化氛围的到来。（梁孟洋《文化氛围》，《读书》1988年第12期）

（3）"阿眉，好孩子，你要买的东西等过了节再买罢！你看，几家要紧的节礼还没送呢，你爸爸当真是手边紧得很——总是运气不好，公债没有做着。只有你一个独养女儿，难道我还存着偏心不是，阿眉——"（茅盾《子夜》，183）

可见此类"不是"的助问功能已经或正在消失。

句[①]明显有别。例如：

(1) 世道变了，北京人的日子过得顺心顺气儿了。可又不能说人人顺心，个个顺气儿不是？所以，“找乐子”的“雅好”还是继续下来了。(陈建功《放生·找乐》，53)

(2) 赵刺猬的副队长冯麻子、二组组长金宝埋怨赵刺猬说：“早就劝老叔不要找赖和尚谈，你非要去谈，看，受了人家一顿侮辱不是！与其去受人家侮辱，还不如在家磨两口大铡哩！”（刘震云《故乡天下黄花》，323）

(3) 我就住在编辑部对门，有天我就穿着裤衩背心进了编辑部，正碰了他坐在那儿，他看见我先是一愣，随后笑笑说：“小邓，把衣裳穿齐了再忙事儿吧，大小咱们也是个衙门不是，来个人看见招人笑话！”（邓友梅《小说杂拌·记忆中的老舍先生》，399）

为示区别，我们称此类“不是”句中的“不是”为“不是$_2$”句，“不是……吗？”反问句中的“不是”为“不是$_1$”。郭继懋（1987）在谈到“不是……吗？”反问句的提醒功能时提到了“不是$_2$”句，但他认为两个“不是”并无区别，仅仅位置不同。就我们看到的文献，史金生（1997）是首次对“不是$_2$”句作出详尽分析的文献。史文细致地分析了“不是……吗？”反问句和“不是$_2$”句的功能差异，认为“不是……吗？”反问句一般是强调事实，提醒只是次要的功能，“不是$_2$”句基本的语用功能是表确认，即“说话人已知某一情况已发生或必然发生，用带有‘不是$_2$’的反问句确认这一事实”，除此之外“不是$_2$”还有“未出所料”和

① “不是……吗？”形式还可以表达是非问，两者的区别是是否询问“是非”，反问不询问“是非”，是非问则是询问“是非”的。我们对《三里湾》《四世同堂》和《豪门惊梦》这三部作品进行统计发现，表示反问和是非问的用例对比分别为《三里湾》（67：0）、《豪门惊梦》（7：0）、《四世同堂》（132：1）。可见，“不是……吗？”形式表示反问的使用频率远远大于表示是非问的使用频率。《四世同堂》中表是非问的用例是：

李四爷今天得到消息较迟，含着歉意的向瑞宣打招呼：“街上怎样啦？祁大爷！”

“吃过饭了？四爷爷？”瑞宣立住，勉强的笑着说：“大概是日本要人从这里过，净街！”

“不是关城门？”在李四爷的心中，只要不关城门，事情就不至于十分严重。

“不至于吧！”（老舍《四世同堂》，74）

“理所当然”等附加功能，并指出造成二者差异的原因是来源不同：“不是……吗？”反问句中的“不是”是由一般的否定演变而来，“不是$_2$”是从“是……不是”形式演变而来。

刘小丽（2007）对“X了不是”格式进行了一些探讨，其考察发现X既可以是动词性成分，也可以是形容词性成分，也可以是名词性成分，认为格式中“不是$_2$”是谓语中心语，“X了不是”格式是“不是X了（吗）”的倒装，表示嘲讽、取笑。

将“X了不是”格式的语用功能概括为“表示嘲讽、取笑”并不正确，一方面“表示嘲讽、取笑”只是“X了不是”格式和语境互动临时产生的语气，并非“X了不是”格式的语用功能，另一方面“X了不是”格式还存在大量并不“表示嘲讽、取笑”的用例。例如：

（4）祖上再到乡公所开会，伙夫捉住他的手说：“老申，我早说当村长不难，看学会了不是！”（刘震云《刘震云精品文集·头人》，218）

（5）“哎呀，你怎么上那么远去挑水呀！”林雁冬还站在原地不能相信似的。

望婆婆听见这话，又急得嚷嚷了起来：“你呀，你呀，你疯了不是，跑那么远挑担水，那羊肠小路，别说你，就是小伙子，也得惦量惦量，你逞什么能呀，也不看看自个儿多大岁数了！你可叫我怎么说你。你给我听着，可不准你再干这不要命的事儿了。哪儿的水不能喝，偏上那儿挑去，你呀，你呀……”（谌容《梦中的河》，82）

（6）遣送是中央的政策呀。押我们去的人就去找县委，又闹哇，又搞哇，硬压下来。不过生产队提个条件，说我们去了没地方住，也没粮食给吃。九月份了不是，没参加劳动怎么分给粮食呢。（冯骥才《一百个人的十年·我这三十年呀》，117）

例（4）含有赞赏的意味，例（5）则有埋怨和担心的口气，例（6）表示强调，和“表示嘲讽、取笑”相差甚远。此外，带有“赞赏、埋怨、嘲讽”口气或意味并不是“不是”本身的功能，是说话人本身的情绪使然，即使去掉“不是”它们依然含有这种意味。

将“不是$_2$”的语用功能概括为“说话人已知某一情况已发生或必然发生，用带有‘不是$_2$’的反问句确认这一事实”确实能够说明一些问题。但我们发现，也存在很多“不是$_2$”并不完全符合上述概括，例如：

(7) 看您这老爷子挺正经，第一次来不是？今晚放《处女的诱惑》。(《报刊精选》1994 年第 9 期)

(8) 虽然假币还未到泛滥的地步，但谁碰见谁都堵心不是?!(《人民日报》1993 年 12 月)

(9) 驹子服了算卦先生，想抽一贴，却又兀自心虚起来。想道，这小小黄雀能看穿人心，我将人家放生的王八捉起来卖给饭铺做成菜肴，总有些理不通顺，若让它当众揭露出来何处藏脸？可转念一想，放了王八，我得饿死，人生天地间，得有口饭吃不是？人活着总比王八活着好，这自是正理了。(尤凤伟《石门绝唱》，23)

(10) 仿佛在哪儿有点王老师的笑声和“银儿”，只是找不到！“你爱什么不是，偏不给你；你爱谁不是，偏走了！”他自言自语的说。(老舍《牛天赐传》，87)

以上四例我们都看不出“说话人已知某一情况已发生或必然发生”，例（7—8）是说话人的一种断言（assertion），例（9）是对事理①的提醒，例（10）是对事实的提醒。此外，前文例（6）中“九月份了不是”也主要是表示“提醒”。

其次，“不是……吗?”反问句在一定的语言环境下也可以理解为对说话人已知情况的确认。例如：

(11) 马如龙说：“这一带山上和沟里，一共才有一百二十亩地，还有好多是沙陂，产量都不多。这里主要的出产是核桃和柿子，不过都是私人的——入社不带已经结果的果树。社的地里也养了果树，不过都还小。对面山头上不是有一群羊吗?”张信插话说：“那羊也是社的。”马如龙接着说：“那羊群南边的洼里山地组正在

① 所谓事理是指事物或事件自身内在的基本规律和道理。

那里割谷子的那几块谷地里，不是有好多长黄了的柿子吗？那是私人的。再往下那一垛豆地里不是有好多像酸枣树一样小的小树吗？那就是社里去年移栽进去的黑枣树，今年都已经接成柿树了，再有四五年才能结柿子。沟岸上那些玉蜀黍地后堰根都有小核桃树，现在还没有玉蜀黍高，我们看不见。社里的计划是多多发展果树，等到大家都入了社，慢慢把这一百二十亩地一齐栽成树。”（赵树理《三里湾》，78）

可见，用“说话人已知某一情况已发生或必然发生，用带有‘不是$_2$’的反问句确认这一事实”来概括“不是$_2$”句的语用功能，既不能对“不是$_2$”句的语用性质作出充分的概括，也难以对“不是$_2$”句和“不是……吗？”反问句进行有效的区分。因此“不是$_2$”句的语用性质还需要进一步研究。

第二节 焦点、突显[①]和强调

一 焦点（focus）

（一）自然焦点（natural focus）和对比焦点（contrastive focus）

信息在句子中的分布被称之为句子的信息结构（information structure）。从话语的信息结构来说，焦点一般被认为是新信息，“是句子中被说话人所强调、突出的部分”[②]。信息在句子中的分布往往按照从旧到新的原则，新信息往往靠近句末，这个位置的新信息被称为自然焦点。[③]

与自然焦点相对的是对比焦点。所谓对比就是说话人从某范围中挑选一个对象，排除其他对象。下面是徐烈炯（2005：15）所举的例子：

---

① 沈家煊（1994a）和王寅（2006b）将其译为“突显”，沈家煊（1999a）将其译为“显著”，彭利贞等（2009）译著将其译为“凸显”。

② 参见徐烈炯（2005：11）。

③ 徐烈炯、刘丹青（2007［1998］）称之为“自然焦点”，方梅（1995）称之为“常规焦点”，徐烈炯（2005）使用的是“信息焦点”。

(12) 去年他冬天才来。

一年有四个季节，四季就是范围，说话人使用了冬天，排除了其他季节，那冬天就是对比焦点。

自然焦点和对比焦点并不是完全对立的，同一焦点可能既是自然焦点也是对比焦点，一句话中如果没有对比焦点，一定会有自然焦点。换言之，自然焦点是语言表达规律性的体现。

(二) 焦点域 (focus domain)

Lambrecht (1994) 根据焦点域的不同把焦点结构 (focus structure) 分为宽焦点 (broad focus) 和窄焦点 (narrow focus)。[①] 宽焦点的焦点域是谓语或句子，窄焦点的焦点域是只限于一个单一的成分。例如：

(13) A：你的车怎么了？
　　B：我的车坏了。
(14) A：怎么了？
　　B：我的车坏了。
(15) A：我听说你的摩托坏了
　　B：我的车坏了。

例 (13) 中“我的车”是预设，焦点是“坏了”，因此焦点域是整个谓语；例 (14) 预设是“B 的行为让 A 知道 B 发生了一些事情”，焦点是“我的车坏了”，因此焦点域包括整个句子；例 (15) 中“B 的某东西坏了”是预设，焦点是“车”，因此焦点域也是“车”。

二　突显 (salience，prominence)

突显是认知语言学的一个概念，来源于格式塔心理学。被突显的对象被称之为主体 (figure)，被突显对象所处的场景叫作背景 (ground)。[②] 一般情况下，整体比部分突显，容器比内容突显，近的比远的突显，运动的

---

① 以下关于宽焦点和窄焦点的论述同时参看罗仁地、潘露莉 (2005：48—53)。

② 有的学者把“figure/ground”译为“图形/背景”，如沈家煊 (1994a) 和王寅 (2006b)；有的学者将其译为“主体/背景”，如彭利贞等 (2009) 译著。

比静止的突显，具体的比抽象的突显，新信息比旧信息突显。① 可以说，认知上的这种规律性也决定了句子焦点的规律性，自然焦点的存在即是证明，从某种程度上说，焦点就是被突显的主体。

以上关于主体选择的一般规律是从静态的角度出发，众所周知，话语是一个动态的过程，话语信息的输出和输入并不是随意的，往往都要经过“包装”和“特制”。说话人要想突显在一般情况下不能突显的事物，或者想更加突显某种事物，就必须要使用一些手段来调节话语信息的突显度。如何调节话语信息的突显度呢？我们不得不引入另一个概念“强调”。强调可以增加话语信息的突显度，使其成为焦点。换言之，认知上的突显是基础，传递焦点信息是目的，强调则是手段。

三 强调和强调方式

强调是指说话人使用非常规的表达方式来突出某种信息，使其成为焦点信息。强调的实现方式多种多样，语音手段、词汇手段、句法手段和修辞手段都能够达到强调的目的。

语音方面的强调主要是利用重音，往往句子被重读的部分就是被强调的部分。② 例如：

（16）a.’王志去年获得了浙江大学文学博士学位。
b. 王志’去年获得了浙江大学文学博士学位。
c. 王志去年’获得了浙江大学文学博士学位。
d. 王志去年获得了’浙江大学文学博士学位。
e. 王志去年获得了浙江大学’文学博士学位。
f. 王志去年获得了浙江大学文学’博士学位。

（16a）强调的是“王志”而不是“其他人”获得这个学位，（16b）强调的是“去年”获得了学位而不是“其他时间”，（16c）强调的是“获得”而不是“偷得、抢得”等，（16d）强调的是“浙江大学”而不

① 关于主体的选择请参看 Talmy（2000：313—344）。
② 重读时往往伴随着极短暂的停顿。

是“其他大学”，(16e) 强调的是“文学”而不是“其他学科”，(16f) 强调的是“博士”而不是“其他学位”。可见，利用语音进行强调是十分方便和有效的手段。

除了语音手段，汉语还可用专门的词语进行强调，最常见的就是“是”这个词。例如：

(17) a. 是王志去年获得了浙江大学文学博士学位。
b. 王志是去年获得了浙江大学文学博士学位。
c. 王志去年是获得了浙江大学文学博士学位。

“就”“连”等词也具有强调的功能。例如：

(18) 就王志去年获得了浙江大学文学博士学位。
(19) 王志去年就获得了浙江大学文学博士学位。
(20) 连王志都获得了浙江大学文学博士学位。

利用句法手段进行强调也很常见。例如：

(21) 吃饭了吗，你？(语序)
(22) 你不能不吃饭。(双重否定)
(23) 我没有骂他，但是我打了他。(转折)

修辞手段也能达到强调的目的，例如夸张、比喻、排比等，因为使用了非常规的表达手段，这些部分往往也能够引起受话者的注意。

第三节 “不是$_2$”句的语用功能

我们认为“不是$_2$”的基本功能是强调，目的就是要突显居于其前的成分，使其成为焦点信息。因为居于“不是$_2$”前的成分性质不尽相同，所以“不是$_2$”句具有提醒和弱断言两种功能。“不是$_2$”句的提醒功能体现在“说话人通过强调来提请受话人注意某种事实、事理或某种预期的实现”，“不是$_2$”句的弱断言功能主要体现在对说话人断言真值的强化和断言口气的削弱。①

一 提醒功能

“不是$_2$”句的提醒功能主要产生于三种语境。第一种语境主要是通过强调事实来实现提醒的目的。例如：

（24）我去劳动改造后，有一次放假回家，见到老舍先生在场，我想躲避，但他看见我了，忙叫道：“这不是小邓吗？你躲什么？”我红着脸说：“犯了错误，不好意思见您。”他沉默半天，说道：“好好干吧，你还年轻呢不是？来日方长嘛。”（邓友梅《小说杂拌·记忆中的老舍先生》，400）

（25）我爸就在这这儿，在北大，我妈没工作，就跟家待着，（我爸）就是现在退休了不是。我中学就在那个京工附中，就是北京工业学院那块儿，他那个就是叫京工，现在改了，就是叫北京工业学院附属中学那么叫了现在又，改过来了又。（陈惠兰《1982 年北京话调查资料》，北大语料库）

（26）他说：“你们几天走下来，脚板磨破了不是？可这是马行道啊，是国家花了上百万元修成的。30 年前，墨脱人走的是猴子路，边走得边用刀砍藤条、树枝、丛草；再就是溜索桥，如今已不大有人过了。”（《人民日报》1994 年 11 月）

（27）郭大娘说：“应该办的事，也有人不办不是？只要关乎老百姓的事，无管大小，你都办得认真！”（《人民日报》1996 年 12 月）

① 史金生（1997）认为“不是$_2$”表确认，傅惠钧（2001）认为“不是$_2$”假性反问时表确认，在祈使句中带有商量语气，叶建军（2002）认为“不是$_2$”的基本语用意义“是表祈使……还有其独特的附加的语用意义，即‘责备’义”，王世凯、张亮（2017）认为去掉“不是$_2$”的句子依然存在祈使语气，所以祈使并不是“不是$_2$”的功能，而且“不是$_2$”句并不必然带有责备义，并在肯定史金生（1997）的基础上进一步指出“‘不是$_2$’是一个确认标记，属于表态成分，核心功能表确认，可以表示对客观事实，言者推理，言者预测，事理、情理，言者观点、看法、意愿等的确认”。我们认为将“不是$_2$”的语用功能表述为“确认”需要回答以下问题，即“是谁确认？言者使用‘不是$_2$’主观上是让听者确认吗？”正如王世凯、张亮（2017）所说，“不是$_2$”句是“无疑确认”，那么既然是“无疑”，还需确认吗？

（28）杨妈心里倒是有底："老爷子可别这么说！全义是我带大的不是，他准得听我的，我能把这些事儿全都对他说明白！"（陈建功、赵大年《皇城根》，481）

第二种语境通过强调事理来实现提醒的目的。例如：

（29）说到群众体育健身，南京市爱敬文老人的话非常精辟："我运动，我健康，我快乐，我长寿。"已经80岁高龄的他抖起空竹来动作难度高、幅度大，让人惊叹不已。他笑着对记者说："你看我越运动越有劲，越运动越精神了不是。"（新华网新闻稿，2004年10月14日）

（30）他的侍者急得跺脚：这可怎么办？你平生呵佛骂祖，现在报应了不是？禅师说：不要发愁，我给你弄正它就是了。（元音老人《略论明心见性·〈碧岩录〉讲座》，114）

（31）一天十多个小时，就拿中午这顿饭来说吧，说什么也吃好了，晚上不定什么时候见哪，身子骨儿是自己的，自己不心痛谁心痛，弄得不好说不定什么时候就得弯回去，但整天的下饭馆，也吃不起不是？（《报刊精选》1994年第6期）

（32）钱掌柜　唉，也不能还有一口气，就躺在棺材里不是？（众笑）（老舍《老舍剧作全集·第二卷·春华秋实》，215）

（33）冼老太太　我看哪，菱儿的妈，你还是别太倔强了好！你们夫妻和和气气的，我老婆子也省心。你就大大方方的叫他弄家来个娘们，反正你是正太太，水大也漫不过鸭子去不是？那个娘们呢，又不吃你的、喝你的，你干吗横挡竖拦着呢？你就教我省点心吧，当着杨太太，我敢说，世界上还找得出象我这样作婆婆的找不着？（老舍《老舍剧作全集·第一卷·残雾》，21）

第三种语境是对预期实现的提醒，带有"炫耀"意味。例如：

（34）伙夫小得来上菜，孙毛旦说："小得，我说让你给日本人做辣子鸡，看怎么样，对了他们的口味不是！"（刘震云《故乡天下黄花》，144）

(35) 杨妈的眼泪倒先掉下来啦:“天爷,您可出来主持主持公道啦……老爷子,您瞧,我说没事儿不是?今儿老天爷不就带信儿来啦,您说啥也得接茬儿做您的金丹啊……”(陈建功、赵大年《皇城根》,166)

(36) 达庆跺脚道:“看看,看看,我猜对了不是?没银子就是没银子,过不了关就是过不了关!”(朱秀海《乔家大院》,129)

(37) 鲁贵 (喜形于色)你看,来的不是?周家的人来了。(曹禺《曹禺选集·雷雨》,115)

(38) 大妈 我说什么来着?赵大爷也这么说不是?(老舍《老舍剧作全集·第二卷·龙须沟》,111)

二 弱断言功能

所谓断言是指说话人的观点和看法。Hooper(1975)专文讨论了“断言谓词”,并根据它们的句法语义特点把这类谓词分为肯定型和非肯定型谓词,肯定型又分为弱式断言和强式断言。诸如 appear、believe、expect、guess、think 等是肯定型弱式断言,诸如 admit、affirm、agree、answer、assert 等是肯定型强式断言,诸如 be conceivable、be likely、be possible、be probable 等是非肯定型断言。(韩玉书,1984)其实,说话人表达自己的观点和看法并不一定会带有上述谓词,断言程度的强弱也可能会借助其他句法手段。我们所讨论的“不是$_2$”构式就具有肯定型弱式断言的功能。一方面,“不是$_2$”强化了断言的真值性,另一方面“不是$_2$”又削弱了断言的口气,这跟“不是$_2$”的来源有关。例如:

(39) 若无“人生”佐味儿,任何内容的“对话”,似乎总有点儿不咸不淡的不是?(梁晓声《梁晓声作品自选集·表弟》,209)

(40) 张全义说:“你别多心。我……我不过是想抄下地址、电话,好跟他联系一下。不管怎么说,是老同学,也是好朋友;人家现在求得着咱们,咱们总得帮忙不是?”(陈建功、赵大年《皇城根》,154)

(41) 又错了不是,人家要学英语这不是进步?得用发展的观点看靴子,靴子不但不是人渣,人还是治安模范呐。(魏润身《血沁》,

248）

（42）徐芳蜜 淑菱，你说什么？啊，红海啊；小姐，乘早别怀疑我；我知道他是你的朋友，我不愿意见他。可是他去找我，我也不好意思不教他进去不是？（老舍《老舍剧作全集·第一卷·残雾》，71）

（43）你瞧，这于我即使不是不快，至少也有点无聊不是。（俞平伯《俞平伯散文杂论编·戒坛琐记》，429）

第四节 “不是$_2$”句和“不是……吗？”反问句的差异

一 关于“不是……吗？”反问句

“不是……吗？”反问句在形式上还有一些变体，包括“不是……么（嘛）？”“不是……？”“不……？”“不……吗（么、嘛）？”[①] 等，这些变体虽然形式稍有变化，但功能基本相同。“不是……吗？”反问句作为反问句的典型形式研究者众多，讨论的焦点主要集中在以下几个方面：

第一，“不是”的性质。郭继懋（1987）、张发明（1989）、王志（1992）、张兴（2000）都认为“不是”为反问语气副词。对此，胡德明（2008）指出，现代汉语中并不存在一个表提醒的反问语气副词“不是”，“不是”反问句中的“不是”是引述性否定标记，否定一个论断或已有的说法。

第二，是否有疑。郎大地（1989）认为重音在“不是”上，是询问句，不在“不是”上，是反问句。胡德明（2008）则持反对意见，认为重音在“不是”上，也可能是反问句，如“我为什么不能进去，我不是人？”齐沪扬、胡建锋（2010）认为“不是……吗？”反问句在一定条件

① 这里的“不……？”和“不……吗（么、嘛）？”是“不是……吗？”反问句中的“是”省略而来，凡是不能回补“是”的句子不能看作“不是……吗？”反问句的变体。例如“你不觉得羞耻吗？”加上“是”字就变成了“你不是觉得羞耻吗？”，已经改变了原句的意义，因此“你不觉得羞耻吗？”不是“不是……吗？”反问句。此外，“难道”和“不是”共同构成的反问句，我们也不看作“不是……吗？”反问句。

下也可以表示疑问，如“你不是从来不给总理送礼的吗?”

第三，语用功能。这方面的讨论比较多。郭继懋（1987）和王志（1992）认为“不是……吗?”反问句有“提醒”功能。胡德明（2008）认为“不是……吗?”反问句并不必然表示提醒，其提醒义的有无与强弱依赖于语境条件，提醒是这个格式在特定的语用条件下产生的会话含义，并不是它的固有语法意义。苏英霞（1998）认为“不是……吗?”反问句语用作用有三：a. 对已知信息在情理上相悖的行为或现象提出质疑；b. 为主题语义的表达提供理据或进行铺垫；c. 强调指出某行为的性质或所造成的后果。张兴（2000）认为“不是……吗?”反问句具有“表示发现”和“表示提醒”两种用法。齐沪扬、胡建锋（2010）认为“不是……吗?”反问句具有缘起、转换话题、加强语气三种基本用法。

要弄清楚“不是……吗?”反问句的以上三个问题，我们必须先了解“不是……吗?”反问句的种类和功能以及各类之间的关系。根据“不是”之后成分的性质，我们可将其分为“不是+NP?”和“不是+VP?”两大类。

（一）不是+NP 吗?

“不是+NP 吗?”中的“不是”位于主语之后，相当于否定判断，但已不是完全意义上的否定判断语词，加上反问语气后整个句子具有肯定的意思。这类句子大而话之都表示提醒功能，但提醒的意图不尽相同。我们根据说话人提醒的意图将“不是+NP 吗?”类分为下面几个小类。

1. “不是+NP 吗?”=是“NP”。此类“不是+NP 吗?”仅仅表示提醒功能，说话人的意图是为了吸引受话人注意某一命题。在语篇和话轮当中，这类提醒功能往往起到话题缘起和转换的功能。例如：

（44）白狗道：“唉！事情多着啦！小喜这东西，成个长生不老精了，你走时候人家不是阎锡山的突击队长吗?后来县里区里都成了中央军派来的人了，他们看见阎锡山的招牌不行了，春喜他们那一伙又跑回阎锡山那里去；小喜就入了中央军的不知道什么工作团，每天领着些无赖混鬼们捉暗八路，到处讹钱——谁有钱谁就是暗八路，花上钱就又不是了。这次中央军叫日军打散了，人家小喜又变了——又成了日军什么报导社的人了，仍然领着人家那一伙人，到处捉暗八路、讹钱，回到村里仍要到家去麻烦。爷爷说：‘你给她找个地方躲一躲吧！实在跟这些东西败兴也败不到底！'福顺昌老掌柜还在岭后住，我请他给找个地方，他说：'你送来吧！'我就是去送她去！"（赵树理《李家庄的变迁》，111）

（45）遥遥的望见后，便深深的疑讶了。这不是C君吗？七八年前，在北京时，她曾颠倒过我的梦魂。只是那种闲情，以经历年时之久而渐归黯淡。（俞平伯《俞平伯散文杂论编·芝田留梦记》，136）

（46）姜永泉好奇地站着等那人走过来。渐渐看出那人背着个白包袱，只顾埋头走路，没发现有人在注意自己。走到跟前，姜永泉认出是王柬芝的长工："这不是长锁叔吗？上哪去啦？"

"哦！是你。"王长锁略有些吃惊，接着笑笑说："唉，好冷啊！走亲戚才回来哩。"（冯德英《苦菜花》，76）

例（44）中的"不是+NP吗？"句是白狗对二妞的提醒，以唤起二妞的记忆，同时也起到了语篇缘起和转换的功能，从"小喜这东西，成个长生不老精了"转换到"二妞走后小喜的所作所为"。例（45）中作者除了提醒读者（隐含的受话人）"发现了C君"，也起到了话题缘起的功能。例（46）中姜永泉为了引起王长锁的注意力同样使用了"不是+NP吗？"形式，同时也使对话得以开始。

2. "不是+NP吗？" = "因为'是NP'，所以应该或不应该……"。此类"不是+NP吗？"句虽表示提醒功能，但说话人的意图却是为了提醒受话人"应该或不应该……"或提醒受话人注意"当事人①应该或不应该……"。这类提醒一般不具有话题缘起和转换的功能。例如：

（47）"写什么呢？"文博士拿下自来水笔，轻轻的敲着膝盖。

"写几句英文的，"她的嘴几乎挨到他的耳朵，"你不是美国的博士吗？"（老舍《文博士》，265）

（48）他只说了声，"好大哥，要是……"就忽然打住了。宝庆不喜欢琴珠。跟他说说，不提名道姓的行不行？

"要是什么？"宝庆接着问，"别瞒着我，咱俩不是朋友吗？"（老舍《鼓书艺人》，64）

---

① 说话人讨论的可以是受话人，也可以是他人，以作区分，他人我们称之为当事人。

(49)“陈升，大小姐回来没有？”他探着脖，想看桌上的日历：“今天不是礼拜天吗？”

“是礼拜，大小姐没回家，”陈升一边回答，一边倒茶。（老舍《月牙集·且说屋里》，208）

例（47）中六姑娘建议文博士写几句英文，然后又补充了一句“你不是美国的博士吗？”暗示文博士——是美国的博士就应该会写英文。例（48）中宝庆用“咱俩不是朋友吗？”来提醒小刘——是朋友的话就应该告诉我，而不应该隐瞒。例（49）中说话人包玉卿一开始问陈升大小姐回来没有，但忽然发现今天是礼拜天，觉得礼拜天大小姐应该是在家里的，所以又补充了一句“今天不是礼拜天吗？”

3.“不是+NP 吗？”＝“是 NP，为什么受话人或当事人偏离了‘是NP’”。在第一和第二小类中，说话人都是无疑而问，此类却表示问而有疑。说话人觉得受话人或当事人行为前后不一致或者不符合事实、事理而使用这类句子提请受话人注意，而这种提醒会迫使受话人对这种不一致作出一定的解释。这类提醒一般出现在会话当中，推进会话深入地发展。例如：

(50)“还不都在乎脾气，”他微微摇着头。“那时候咱俩还都是小孩子，所以我没对你说过；说真的那时节我自己也还没觉出来是怎回事。后来我才明白了，是我这两只眼睛作怪。”

“不是一双好好的眼睛吗？”我说。

“平日是好好的一对眼；不过，有时候犯病。”

“怎样犯病？”我开始怀疑莫非他有点精神病。（老舍《微神集·歪毛儿》，169）

(51)“你该记着点账！无论作什么事，请你记住，总要细心，不可马马虎虎！”

“我知道，那不是‘给’她的钱吗？何必记账呢？”长顺的鼻音加重了一些。

“给——她的？”亦陀非常的惊异，眨巴了好大半天的眼。“这个年月，你想想，谁肯白给谁一个钱呢？”（老舍《四世同堂》，878）

(52)“啥也没问题。老百姓只有一点不满意，说赵主任自己分得少。他们都问：‘赵主任不是穷棒子底子吗？咋能不分东西呢？’我说：在‘满洲国’，咱们哥俩是一样，都是马杓子吊起来当锣打，穷得叮哩当啷响。那时候，赵主任也不叫赵主任，叫赵——啥的，说出来可蠢。现下咱们穷人‘光复’了，赵主任当今，为大伙办公，为大伙是该屈己待人的，可是啥也不要，叫锁住跟锁住他妈还是穷得叮哩当啷响，也不像话，回头叫资本家看笑话。说咱们这四百人家的大屯子，连一个农会主任也养活不起。”老孙头说得屋里的人都笑了。(周立波《暴风骤雨》，201)

例（50）中说话人认为受话人明明有一双好好的眼睛而受话人却认为眼睛出现了问题，认为受话人所言不符合事实，于是用“不是+NP吗？”句提醒受话人，迫使受话人作出解释。有时说话人还附有明确的问句进行追问，如例（51—52）。例（51）中长顺认为那些钱是亦陀给的，不必记账，而亦陀却将那些钱记在账上，亦陀前后行为不一致，所以长顺用“不是+NP 吗？”句来提醒亦陀，并附加“何必记账呢？”加以追问，即使去掉追问句，意思也无多大改变。例（52）中老百姓认为赵主任是穷棒子弟子应该分东西却不分，有违事理，遂用“不是+NP 吗？”句表达一种疑问，其后的附加问句增强了这种疑问语气。

（二）不是+VP 吗？

“不是+VP 吗？”中的“不是”大多数处于主语之后，但也有处于主语之前的。“不是+VP 吗？”具有和“不是+NP 吗？”相同的功能。

1. “不是+VP 吗？” = “VP”。说话人使用此类“不是+VP 吗？”句是为了吸引受话人注意某一命题或论断，仅仅表示提醒功能。在语篇和话轮当中，这类提醒功能可以起到话题缘起和转换的功能。例如：

（53）铁锁仍接着道：“因为日本虽然宣布了投降，蒋介石却下命令不叫日本人把枪缴给我们，又下命令叫中央军渡过黄河来打八路军。阎锡山跟驻在山西的日军成了一气，又回到太原，把小喜他们那些伪军又编成他自己的军队，叫他们换一换臂章，仍驻在原地来消灭八路军。八路军第二次来的时候，不是跟大家说过永远不走了吗？可是现在人家中央军要来，阎锡山军也要来，又不叫日军缴枪，你看这……”（赵树理《李家庄的变迁》，128）

(54) 毛泽东游泳喜欢热闹，尤其喜欢和年轻小伙子姑娘们成群结伙地游。这时他便会精神抖擞，谈笑风生。他侧泳仰泳，自然轻松，一边游一边和年轻人聊天，兴致极高。

一天，他游到兴头上，旧话重提，忽然朝我喊："小徐，你不是游得好吗？我们比一比。"

"行啊，我们比速度。"我朝他靠近。(权延赤《红墙内外——毛泽东生活实录》，59)

(55) 五月节，晴明的青空。老赵三看这不像个五月节样；麦子没长起来，嗅不到麦香，家家门前没挂纸葫芦。他想这一切是变了！变得这样速！去年的五月节，清清明明的，就在眼前似的，孩子们不是捕蝴蝶吗？他不是喝酒吗？(萧红《生死场》，118)

例（53）中铁锁给大家带来了坏消息——蒋介石和阎锡山都要打八路军，铁锁提醒大家"八路军永远不走"的承诺将受到严重的挑战；从语篇的角度来说，铁锁先叙述蒋介石和阎锡山的作为，然后用"不是+VP吗?"形式说出八路军的承诺，也起到话题转换的作用。例（54）毛主席用"不是+VP吗?"形式开启和小徐的对话，也起到提醒的作用。例（55）作者用两个"不是+VP吗?"形式提醒读者，为读者提供了一个"捕捉蝴蝶""喝酒"的图画。

2. "不是+VP吗?" = "因为VP，所以应该或不应该……"。说话人使用此类形式暗示受话人应该或不应该做什么，一般不具有话题缘起和转换的功能。

(56) 叫什么呢？"天意"，"天来"，都不好。"天来"象当铺的字号；"天意"，不是酱园有个"老天义"吗？天——反正得有个天，"天官赐福"，字又太多了。哼，为什么不叫"天赐"呢？小名呢，"福官"！(老舍《牛天赐传》，8)

(57) "上面？那你可以建议呀！"汉斯热情地说，"我把这信息透露给你，你去建议，不是更能取得你们政府官员对你的信任吗?"(张贤亮《张贤亮小说自选集·浪漫的黑炮》，86)

(58) 玉梅说："就是那么样转法？姑姑去看看！"玉梅正要走，大胜说："我也去！"说着爬到炕边扭转身屁股朝前就往下溜。金生媳妇

抓住他说："你该睡了！你不是看过了吗?"（赵树理《三里湾》，14）

例（56）描写的是牛老太太给刚捡到的小宝宝起名字的情形，画线部分意为"因为酱园有个'老天义'，所以不应该再叫'天意'了"。例（57）画线部分是汉斯暗示赵信书应该去建议，因为他去建议更能博取政府官员对他的信任。例（58）画线部分意为"你看过了就不应该再去了"。

3. "不是+VP 吗?" = "VP，为什么受话人或当事人偏离了 VP"。"不是+VP 吗?"的前两个小类，说话人都是无疑而问，此类表示问而有疑。说话人觉得受话人或当事人行为前后不一致或者不符合事实、事理而使用这类句子提请受话人注意，而这种提醒会迫使受话人对这种不一致作出一定的解释。这类提醒一般出现在会话当中，推进会话深入地发展。

（59）小俊觉着奇怪："爹不是打场去了吗？怎么空手回来了？妈向来是不参加打场的，怎么跟爹相跟着回来？要说他们吵过架吧，妈的脸上怎么没有一点杀气？满喜一脸正经的样子跟着他们，又是来干什么?"（赵树理《三里湾》，182）

（60）春喜抢着道："你这么一说我想起办法来了，我们可以想法子跟他们拖。总动委会开会时候，我们就先把这问题提出来——先跟村长商量一下，就说我们要组织个租息调查委员会，来调查一下全村的租息关系，准备全村一律减租减息。铁锁他们都拿不起笔来，我们就故意弄上很详细整齐的表册慢慢来填，填完了就说还要往上报——这样磨来磨去，半年就过去了。"

小毛插嘴道："过了半年不是还得减吗?"（赵树理《李家庄的变迁》，79）

（61）孩子站在一边尖锐地嚷着："不是你摘下来叫我抱着送上车吗？不认账！"（萧红《生死场》，21）

（62）"生日就是生下来的那一天，比如仙坡是五月一号生的吧，每到五月一号我们就给她庆贺生日，明白不明白?"

"妹妹不是白胡子老仙送来的吗?"（老舍《小坡的生日》，180）

（63）顾客丙——"那家伙倒有味儿，到这儿来拗火柴。买一块钱不是能在家里拗一天了吗?"（穆时英《虚情·夜总会里的五个人》，59）

例（59）中“爹不是打场去了吗？”是小俊的自我提醒，但“本应在打场的爸爸突然空手回来了”却是一个疑问，小俊爸妈前后行为的不一致导致了小俊疑问的产生。例（60）中小毛用“过了半年不是还得减吗？”提醒并质问春喜，认为“拖好像也不是个好办法”。例（61）中受话人前后行为不一致，所以受话人提醒并质问受话人。例（62）中的小坡的妈妈先前曾告诉小坡“妹妹仙坡是白胡子老仙送来的”，所以当妈妈说仙坡是五月一号生的时候，小坡用“妹妹不是白胡子老仙送来的吗？”提醒并质问妈妈。例（63）顾客丙觉得当事人的行为不符合事理，所以用“买一块钱不是能在家里拗一天了吗？”来表达自己的疑问。

通过对“不是……吗？”反问句种类的梳理，我们认为：

第一，“不是”是焦点标记。“不是”用在陈述句和是非问中表示否定判断，是否定判断语词，但是“不是……吗？”反问句中的“不是”却不是完全意义的否定判断语词，应是焦点标记，来源于否定判断语词。我们不能把“不是+NP 吗？”中的“不是”看作完全意义的否定判断语词，因为说话人使用“不是+NP 吗？”表达的不是“是非”，而是一种肯定性的态度。焦点标记“不是”具有否定判断意味正是因为它来源于否定判断语词。我们也不能把“不是+VP 吗？”中的“不是”看作反问语气副词，一方面“不是+VP 吗？”中的“不是”仍然具有否定判断的意味，另一方面“不是+VP 吗？”句和“不是+NP 吗？”句具有相同的功能，底层结构也一样，把两种形式中的“不是”分别看成两种词性也似乎不妥。

第二，“不是……吗？”反问句可以无疑而问，也可以有疑而问，这一点在“不是……吗？”反问句的种类中得到充分的展示。

第三，“不是……吗？”反问句的基本功能是提醒。从语用功能（交际功能）的角度来看，“不是……吗？”反问句可以表达三种语用含义：a. “不是+NP/VP 吗？” = “是 NP/VP”。此类“不是+NP/VP 吗？”仅仅表示提醒功能，说话人的意图是为了吸引受话人注意某一命题。b. “不是+NP/VP 吗？” = “因为‘是 NP/VP’，所以应该或不应该……”。此类“不是+NP/VP 吗？”句虽表示提醒功能，但说话人的意图却是为了提醒受话人“应该或不应该……”或提醒受话人注意“当事人应该或不应该……”。c. “不是+NP/VP 吗？” = “‘是 NP/VP’，为什么受话人或当事人偏离了‘是 NP/VP’”。说话人觉得受话人或当事人行为前后不一致或者不符合事实、事理而使用这类句子提请受话人注意，而这种提醒会迫使受话人对这种不一致作出一定的解释。从语篇功能的角度来看，“不是……吗?”反问句有时具有语篇缘起和转换的功能。

第四，“不是……吗?”反问句的语气较同义的陈述句强烈。我们认为这有两方面的原因：一方面是“不是……吗?”形式本身的构造使然，“不是”否定意味较重，肯定的反问句也相当于一次否定，这两个“否定”相互抵消增加了语气；另一方面是反问句的性质使然，其实反问句就是说话人给受话人设定的思维路线①，这个思维路线暗含着说话人的态度和评价，也引导着受话人按照这个思路进行思考和推理，确保受话人得出相同的观点，而受话人沿着说话人的思维路线进行思考和推理确实得出了相同的观点，并觉得这个观点是自己的观点而不是别人强加给他的，至此说话人达到了目的，可见从对受话人的影响上看反问句比陈述句影响更大更强烈，语气也因此显得较为强烈。

二 “不是$_2$”句和“不是……吗?”反问句的差异

“不是$_2$”句和“不是……吗?”反问句的不同主要表现在以下几个方面：

（一）语音方面，主要表现在读音轻重和音节脱落两个方面的差异。在读音轻重上，“不是$_2$”中的“是”不管在任何时候都要轻读，“不是$_1$”中的“是”一般不轻读，可以重读也可以不重读。在音节脱落上，“不是$_1$”第二个音节有时可以脱落，“不是$_2$”的第二个音节绝不可脱落。例如：

（64）a. 新喜躺在床上说：“管他什么恩庆不恩庆，去抓过来吃；吃了给他钱不是!”（刘震云《刘震云精品文集·头人》，238）

b. 新喜躺在床上说：“管他什么恩庆不恩庆，去抓过来吃，*吃了给他钱不!”

（65）a. “受微伤的不都回来了吗！受重伤那就管不了，死就是啦!”（萧红《生死场》，111）

b. “受微伤的不是都回来了吗！受重伤那就管不了，死就是啦!”

① 关于“反问句就是说话人给受话人设定的思维路线”请参看常瑛华、兰成孝（2008）。

（64a）为“不是$_2$”，“是”读音较轻，不能脱落，脱落后句义改变，并且和前面的句义不和谐。（65a）是“不是$_1$”音节脱落的用例，变成（65b）后，句义不变。对比（64a）和（65b）就可发现：跟“不是$_1$”相比，“不是$_2$”的读音较轻。

（二）句法方面，主要表现在句法位置、句法形式选择和句法成分组合三个方面。

第一，句法位置不同。“不是$_2$”只能位于句末，其后没有任何语气词，表示陈述语气，反问意味可以忽略不计。“不是$_1$”用在反问句中，一般居于句首和句中，和“吗（么、嘛）”连用。这种差异都能在前文例子中见到，不再举例。“不是$_1$”也可居于句末，常见于口语，是由于说话人语急所致，不是常规表达式。例如：

（66）正想着，小鹅儿过来给大伙儿鞠了一躬：

各位老师，各位专家，各位同行，感谢大家的光临。为了心爱的戏剧事业，我不惜抛头颅，洒热血，勇往直前，倾囊而出，把所有值钱的东西都变卖了，才凑钱搭起了这么一台戏。现如今，我可是一无所有了，连一件像样能穿的衣服都没剩下啊，呜呜……

小鹅儿转过身去，情绪激动地捂脸痛哭。

老师和专家们一阵唏嘘。多么可贵的敬业精神！多么难得的优秀演员！难怪要排演镰刀鱼的戏，鱼不用穿衣服嘛不是。（徐坤《热狗》，251）

（67）“我哪敢忘了弟兄们哪！没办法吗不是，这些日子我都差点跑吐了血，想早回来也抽不出身哪。”小林又转身抽出蚊帐给王京东：“你要是不嫌弃，就留给你。”（徐坤《白话》，36）

居于句末的“不是$_1$”虽然是由于语急所致，但似乎和“不是$_2$”在一定程度上有些相像，到底二者是什么关系呢？我们后文再作进一步的分析。

第二，句法形式选择不同。“不是……吗？”反问句是问句形式，暗含着说话人的态度，用反问的方式表达出来交由受话人确认；而“不是$_2$”句尽管有问句的遗迹但可以看作陈述形式，说话人直接表述自己的观点，基本没有让受话人确认的意味，尽管有些用例还残留着这种意味，但并不明显。

第三，句法组合能力不同。“不是$_2$”居于句末，和NP的组合能力较差，和VP的组合能力相对自由；“不是$_1$”和“吗”构成框架结构，组合能力受到一定的限制。

从和NP的组合能力上看，“不是$_1$+NP吗?”用例比较丰富，但就我们看到的例子，NP和“不是$_2$”共现的例子极少，下面所举的例子是我们看到的唯一的用例。

(68)“唉，兄弟不是，我的腿今天骑车子摔了一下，请担待。”(曲波《林海雪原》，41)

从和VP的组合能力上看，“不是$_2$”比“不是……吗?”反问句自由。我们把例(1)和例(3)改为“不是……吗?”反问句就无法入手，有的句子可以入手但改变了原意，如例(2)、例(7)等。

(三)语用功能方面。“不是$_2$”是强调标记，“不是$_2$”句具有提醒和弱断言的功能。“不是$_1$”是焦点标记，“不是……吗?”反问句的基本功能是提醒。两种句式的提醒功能在内涵方面却有同有异，同少异多。

首先，“不是……吗?”反问句往往含有“应该或不应该……”和“为什么”等言外之意，而“不是$_2$”句没有“为什么”的言外之意，部分用例可以表达“应该或不应该……”的意思。“不是$_2$”句对事理的提醒功能就可以表达这一言外之意，比如：例(29)爱敬文老人对记者所说的话就是对群众体育健身运动的肯定，含有“应该提倡群众体育健身”的言外之意，例(30)侍者说“你平生呵佛骂祖，现在报应了不是?”，言外之意就是“不应该呵佛骂祖”，例(31—33)也都含有这种言外之意。

其次，“不是$_2$”句有弱断言的功能，“不是……吗?”反问句并不具备这样的功能。这跟说话人和受话人之间互动性的强弱有关。“不是……吗?”反问句互动性较强，因为说话人使用这种表达式意在影响受话人的判断，而“不是$_2$”句互动性较弱，说话人的目的并不是要影响受话人的判断，“不是$_2$”的作用是强化说话人断言的真值性，削弱断言的口气。

由上我们可以看到“不是$_2$”句和“不是$_1$……吗?”反问句在很多方面都存在着差异性，我们把两者的异同归纳为表5-1：

表 5-1　　不是$_1$与不是$_2$特征对比表

特征	区别	比较项	不是$_1$（焦点标记）	不是$_2$（强调标记）
语音	读音	轻	-	+
		正常	+	-
		重	+	-
	音节脱落		+	-
句法	句法位置	句首	+	-
		句中	+	-
		句末	+	+
	句法形式	问句	+	-
		陈述	-	+
	组合能力	NP	+	极少
		VP	+（相对受限）	+
语用功能	提醒功能	为什么	+	-
		应该/不应该	+	+
		无言外之意	+	+
	断言功能		-	+

第五节　“不是$_2$”句的来源

史金生（1997）认为“不是$_1$”出现得比较早，经常以“岂不是、可不是”等形式出现，“不是$_2$”出现得比较晚，在《红楼梦》后四十回有两例，另外还认为“不是$_1$”是由一般的否定词演化而来，“不是$_2$”所在的反问句是由正反问形式构成，由“是……不是”这一肯否相叠形式演化而来。太田辰夫（2003［1958］：358）认为“是……不是”疑问句中句末的“不是”还不能看作助词，“晴雯姐姐在这里呢不是？”中的“不是”放在句末，有补足语的作用，已经助词化了。根据他们的研究我们认为有两个问题还必须要搞清楚：第一，“不是$_1$”的产生早于“不是$_2$”，但史文并没有给出相应的产生年代，我们觉得有必要作进一步的查考；第二，关于“不是$_2$”的来源，史文认为由“是……不是”这一肯否相叠形式演化而来，太田先生并没有指明，仅仅指出“是……不是”疑问句中句末的“不是”还没有助词化，但是“不是$_2$”已经助词化了，基于“不是……吗？”反问句和“不是$_2$”句在功能上存在着共同之处，并且在形式方面有些“不是$_2$”句在不改变原义的情况下还能够转换为“不是……吗？”反问句，我们认为“不是$_2$”句是由“是……不是”这一肯否相叠形式演化而来的观点还有待进一步的确认。

一　“不是$_1$”和“不是$_2$”产生的年代

（一）“不是$_1$”的产生与发展

前文已提到“不是……吗？”形式只是“不是……吗？”反问句的典型形式，一些变体中的“吗”可能写作“么”“嘛”等，甚至没有句末语气词。通过对语料的排查我们发现用“不是$_1$”表反诘语气在隋唐五代时期就已经比较普遍，多以“岂不是、可不是”等形式出现。

就我们所看到的文献，隋代已有“岂不是”表反诘的用法，主要出现在汉文佛典中。① 例如：

（69）第五，不有有属有者，以不有为有，岂不是有耶？（隋·释吉藏《大乘玄论》，33）

（70）第七，不有有属亦有亦无者，既双明不有有，岂不是亦有

① 汪维辉（1998）指出了一些含有“不是”较早的用例，其中有两例和“岂”连用：

（1）师曰：“山居道士，乞食自存，正无所乏，何用殿卖贵身为供我也？子今成就智慧辩才，当转教化天下人民，为法灯明教作之功。岂不是报于我之恩！”（南朝梁·僧旻、宝唱《经律异相》，7）

（2）臣违离宫省二十余载，鞸韡戎务，役勤思苦，若得解带逍遥，鸣玉阙廷，参赞无为之契，豫闻曲成之化，虽实不敏，岂不是愿！（唐·房玄龄等《晋书·桓温传》，2575）

这两例是否就是判断词“不是”，汪维辉先生本人也持存疑的态度，汪文指出第1例“岂不是报于我之恩”出自《未曾有经》，此《未曾有经》当指南齐昙果译《未曾有因缘经》，其中作“岂不足报我之恩也”，因此第1例不一定可靠；汪文还说第2例“岂不是愿”可看作“岂不愿是”的倒装，由此可见这两例“岂不是”恐怕难以被认定为就是表反诘的“岂不是”。除了上面两例，我们在搜查语料时还见到一例：

（3）谨按《礼》：“继母如母，慈母如母。”谓继父之室，慈爱已皆有母道，故事之如母也，何有道路之人而定省！世间共传丁兰克木而事之，今此之事，岂不是似。（汉·应劭《风俗通义》，139）

这例也不能看作表反诘的“岂不是”，因为例中“岂不是似”也应当理解为“岂不似是”。

亦无耶？（隋·释吉藏《大乘玄论》，33）

（71）今明，何故说世谛，只为欲令识第一，岂不是真以俗为义？俗是真家之所以故，真以俗为义。何故说第一，只为欲令识世谛，岂不是俗以真为义？真是俗家之所以故，俗以真为义也。（隋·释吉藏《大乘玄论》，73）

（72）圆中当体理极称圆，亦有初心乃至四十一地，岂不是渐？妙觉究竟，岂不是圆？（隋·释智颢《摩诃止观》，33）

（73）众生如牛新生血乳未别，声闻如乳，缘觉如酪，菩萨如生熟酥，佛如醍醐，此譬岂不是别教五味意？（隋·释智颢《摩诃止观》，33）

（74）雪山有草名为忍辱，牛若食者即成醍醐，草喻正道，若能修正道即见佛性，此譬岂不是圆意？（隋·释智颢《摩诃止观》，33）

但是，我们在隋代文献中并未见到“可不是”的用法，唐五代时期，“岂不是”和“可不是”表反诘的用法都已经比较普遍了。例如：

（75）有功玉阶具奏，太后大怒，抗声谓有功曰：“若为唤作魁首？”有功对曰：“魁是大帅，首是原谋。”太后又曰：“余庆可不是魁首？”有功又对曰：“若是魁首，虺冲败日，并合伏诛。今赦后事彰，只是支党。”（唐·杜佑《通典》，4374）

（76）或有于人无信，不孝於家，不直于道，暴获荣禄者。天何从之？岂不是罔之生也幸而免。（《唐代墓志汇编续集》，966）

（77）使君礼拜，白言：“和尚说法，实不思议。弟子尚有少疑，欲问和尚。望意和尚大慈大悲，为弟子说。”大师言：“有疑即问，何须再三。”使君问：“法可不是西国第一祖达磨祖师宗旨？”大师言：“是。”（《敦煌坛经合校简注·六祖坛经》，167）

（78）问：只如目前虚空可不是境，岂无指境见心乎？师云：什么心教汝向境上见？设汝见得，只是个照境底心。如人以镜照面，纵然得见眉目分明，元来只是影像，何关汝事？（宋·赜藏主《古尊宿语录》，34）

（79）瞽叟唤言舜子：“阿耶见后院仓，三二年破碎；我儿若修得仓全，岂不是儿于家了事！”（《敦煌变文校注》，201）

（80）臣得重赏，由如衣锦夜行；特望天恩，放臣归国，还于故

里，岂不是大王慈恩？臣得见慈母酬恩，方乃知臣是子。（《敦煌变文校注》，234）

“岂不是”表反诘的用法在现代汉语中已经极少见到了，或者说极不常用，“可不是”表反诘的用法在现代汉语中也比较少用，但是它的新用法倒是比较常用，即可以独立使用表示一种“肯定”的态度。例如：

（81）辛楣先说这儿闷得很，没有玩儿的地方。范小姐说：“可不是么？我也觉得很少谈得来的人，待在这儿真闷！”（钱锺书《围城》，229）

（82）他两个看了一下男女老少不过百把人，连从前的一半也不够，冷元问道：“就这几个人了吗？”杨三奎道：“可不是嘛！跟你们走了一伙，中央军跟阎锡山那队伍杀了一伙，中央军又捉走一伙，日军杀了一伙，抓走一伙。逃出去多少？被人家逼死了多少？你想还能有多少？”（赵树理《李家庄的变迁》，115）

（83）在重庆，抽大烟不少花钱，地面上的地头蛇三天两头还来讹上俩钱，好也去弄点抽抽。可不是，要想白抽，最好的办法是讹那些有钱的，让他们掏腰包，这些人顶怕的就是坐牢。（老舍《鼓书艺人》，143）

“不是”产生①之后，多用于陈述句，逐渐地扩展到疑问句中，但也仅限于特指问句和“岂不是、可不是”反问句，“不是”反问句何时产生的呢？我们在唐五代的语料中找到一例，但因为和例（79）是异文关系，不一定可靠。

（84）高声唤言舜子：“阿耶厅前枯井，三二年来［无］水，汝若淘井出水，不是儿于家了事？”（《敦煌变文校注》，202）

五代时期，我们就看到了“不是”的是非问形式，所见仅一例——例（85）。北宋时期，“不是”的是非问形式也并不是太多。例如：

① 汪维辉（1998）发现“不是”在东汉佛经就已出现，汪维辉、胡波（2013）更进一步指出“至晚到中唐时期‘不是’已经在口语中基本取代了‘非’”。

（85）生以一诗一赋为非文章，抑不知一之少，便非文章耶？直诗赋不是文章耶？如诗赋非文章，三百篇可烧矣。（五代·王定保《唐摭言》，60）

（86）开成二年二月，文宗御紫宸殿，又谓宰臣郑覃、李固言、李石曰：“《顺宗实录》似未详实，史官韩愈不是当时屈人否？”石曰：“韩愈贞元末间为四门博士。”（《册府元龟》，6448）①

（87）保宗因问：“若是有兵，可言岁月否？”翁曰：“今不是隆安五年耶？”保宗曰：“是。”（《太平广记》，3858）

南宋时期，“不是”的是非问形式已经比较普遍，反问句形式②也已经比较多了，“不是”和“么”③ 连用的反问形式也能看到用例。例如：

---

① 我们在《册府元龟》中还发现一处异文：二年二月，帝御紫宸殿，谓宰臣郑覃、李固言、李石曰：“《顺宗实录》似未详实，史官韩愈不是当时人否？”石曰：“韩愈贞元末屈为四门博士。”（《册府元龟》，1139）

② 我们在《朱子语类》中还发现两类含有“不是”的问句：特指式反问句和“是……，不是……？”，这两类问句我们认为都与我们的讨论无涉。特指式反问句的用例为：

（1）问：“鬼神以祭祀而言。天地山川之属，分明是一气流通，而兼以理言之。人之先祖，则大概以理为主，而亦兼以气魄言之。若上古圣贤，则只是专以理言之否？”曰：“有是理，必有是气，不可分说。都是理，都是气。那个不是理？那个不是气？”（《朱子语类》，46）

（2）“明明德”乃是为己工夫。那个事不是分内事？明德在人，非是从外面请入来底。（《朱子语类》，261）

（3）自家极其诚敬，肃然如在其上，是甚物？那得不是伸？此便是神之着也。所以古人祭祀，燎以求诸阳，灌以求诸阴。（《朱子语类》，1546）

“是……，不是……？”的用例有：

（4）问：“‘孝弟是行仁之本’，则上面‘生’字恐著不得否？”曰：“亦是仁民爱物，都从亲亲上生去。孝弟也是仁，仁民爱物也是仁。只孝弟是初头事，从这里做起。”问：“‘为仁’，只是推行仁爱以及物，不是去做那仁否？”曰：“只是推行仁爱以及物，不是就这上求仁。如谢氏说‘就良心生来’，便是求仁。程子说，初看未晓，似闷人；看熟了，真攧扑不破！”（《朱子语类》，478）

（5）问：“‘不怨天，不尤人，下学而上达，知我者其天乎！’知，恐是与天契合，不是真有个知觉否？”先生曰：“又似知觉，又不似知觉，这里也难说。‘不怨天，不尤人’，圣人都不与己相干。圣人只是理会下学，而自然上达。下学是立脚只在这里，上达是见识自然超诣。到得后来，上达便只是这下学，元不相离。下学者，下学此事；上达者，上达此理。”（《朱子语类》，1139）

（6）问：“此君子莫只是轻说，不是指那成德者而言否？”曰：“‘君子而不仁者有矣夫’，他只是用这般现成句。”（《朱子语类》，1122）

（7）问：“‘言天下之至赜而不可恶’，此是说天下之事物如此，不是说卦上否？”曰：“卦亦如此，三百八十四爻是多少杂乱！”（《朱子语类》，1913）

③ “吗”来源于“VP+neg”式反复问中的“neg”——无，唐代虚化为语气词，唐代除了写为“无”外还写作“摩、磨”，宋以后写作“麽”，金元以后或写作“末”“嘛”，清中期以后逐渐写作“吗”。参看吴福祥（1997）、杨永龙（2003）。

(88) “率性之谓道”，只是随性去，皆是道。吕氏说以人行道。若然，则未行之前，便不是道乎？(《朱子语类》，1491)

(89) 又问：“‘以质而语其生之序’，不是相生否？只是阳变而助阴，故生水；阴合而阳盛，故生火；木金各从其类，故在左右。”(《朱子语类》，2370)

(90) 有僧请益云门，门曰：“汝体拜著。”僧礼拜起，门以拄杖桎之。僧退后。门曰：“汝不是患盲么？”复唤：“近前来。”僧近前，门曰：“汝不是患聋么？”门曰：“会么？”曰：“不会。”门曰：“汝不是患哑么？”僧于是有省。(宋·普济《五灯会元》，398)

(91) 问：“如何是报恩一句？”师曰：“道不是得么？”问：“十二时中思量不到处，如何行履？”师曰：“汝如今在甚么处？”问：“祖嗣西来，如何举唱？”师曰：“不违所请。”问：“如何是一句？”师曰：“我荅争似汝举。”问：“佛为一大事因缘出世，未审和尚出世如何？”师曰：“恰好。”曰：“恁么则大众有赖。”师曰：“莫错会。”(宋·普济《五灯会元》，590)

(92) 问：“南泉以手打膝云：‘这里即易。’又云‘这里即难。’”僧问云：“只如却手。岂不是举唱宗乘。”师便以手打膝云：“此不是举唱宗乘作么？”学云：“只如却手，意作么生？”师云：“汝自看。”(宋·赜藏主《古尊宿语录》，697)

(93) 郡王焦躁道：“又来胡说！秀秀被我打杀了，埋在后花园，你须也看见，如何又在那里？却不是取笑我？”(《京本通俗小说·碾玉观音》，13)

(94) 那万秀娘见苗忠刀举，生一个急计，一只手托住苗忠腕子道：“且住，你好没见识！你情知道我又不识这个大汉姓甚名谁，又不知道他是何等样人，不问事由背着我去，恰好走到这里，我便认得这里是焦吉庄上，故意教他行这路，特地来寻你。如今你倒坏了我，却不是错了！”(《宋元话本集·山亭儿》，134)

(95) 苗忠放下手里朴刀，右手换一把尖长靶短背厚刃薄八字尖刀，左手捽住万秀娘胸前衣裳，骂道：“你这个贱人，却不是叵耐你，几乎叫我吃这大汉坏了性命，你且吃我几刀！”(《宋元话本集·山亭儿》，134)

至此，我们知道“不是$_1$”最早见于隋代的文献，以“岂不是”形式出现，唐五代以后“岂不是”“可不是”同时使用，五代时期，“不是”的“是非问”形式才开始出现，北宋时期，“不是”的是非问形式还不是太多，南宋时期，“不是”的是非问形式已经比较普遍，反问句形式已经比较多了，并出现了“不是”和“么”连用表示反问的用例。

但，是否就此可以认为“不是……吗?”反问句来源于“岂不是”“可不是”呢？我们持否定态度。我们认为“不是……吗?”反问句应该来源于“不是”的是非问形式，而“岂不是”“可不是”表反诘的用法在一定程度上推进了“不是”反问句的发展。不管是“不是”的是非问形式还是反问句形式，两种形式的“预设”都相同，比如说“他不是张老师吗?”，询问是非的时候“预设”是“说话人认为他是张老师”，表示反问的时候“预设”也是“说话人认为他是张老师”，这可能是“不是”的是非问形式能够演变为反问句形式的非常重要的适宜条件。

根据上面的分析，我们把“不是……吗?”反问句的演变轨迹归纳为图 5-1：

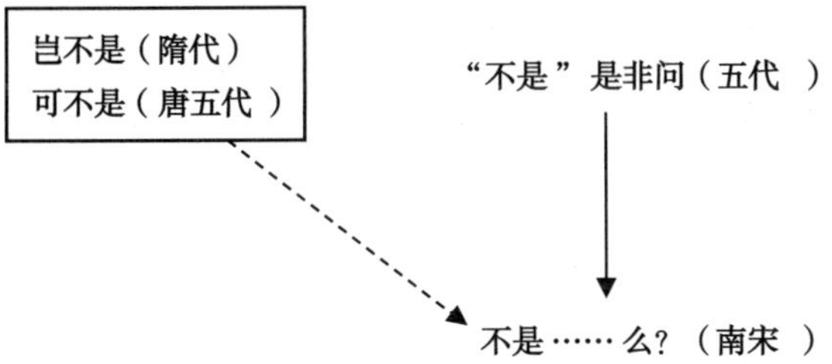

（实线为演变关系，虚线为影响关系）

图 5-1　“不是……吗?”反问句的来源

（二）“不是$_2$”的产生与发展

目前“不是$_2$”的最早用例见于《朱子语类》，仅一例。例如：

（96）曰：“它原头处都是善，因气偏，这性便偏了。然此处亦是性。如人浑身都是恻隐而无羞恶，都羞恶而无恻隐，这个便是恶德。这个唤做性邪不是？如墨子之心本是恻隐，孟子推其弊，到得无父处，这个便是‘恶亦不可不谓之性也’。”（《朱子语类》，71）

我们在《全元曲》中也仅找到一例。例如：

(97)(家童云)适才吃了饭，我在这船头上学打拳耍子。张千，我家那老头儿在那里？(张千云)在那里不是？(元·无名氏《冯玉兰夜月泣江舟》，《全元曲》，7009)

这种用法在明代的小说中已经非常普遍了。例如：

(98)老龙道："贤弟！不好说！有一个花果山甚么天生圣人，早间来认我做邻居，后来要求一件兵器，献钢叉嫌小，奉画戟嫌轻。将一块天河定底神珍铁，自己拿出手，丢了些解数。如今坐在宫中，又要索甚么披挂。我处无有，故响钟鸣鼓，请贤弟来。你们可有甚么披挂，送他一副，打发出门去罢了。"敖钦闻言，大怒道："我兄弟们，点起兵，拿他不是！"(明·吴承恩《西游记》，60)

(99)八戒道："哥啊，既是这般容易，你把师父背着，只消点点头，躬躬腰，跳过去罢了，何必苦苦的与他厮战？"行者道："你不会驾云？你把师父驮过去不是？"(明·吴承恩《西游记》，528)

(100)扑的往口里一丢，慌得那老祖上前扯住，一把揪着顶瓜皮，揝着拳头骂道："这泼猴若要咽下去，就直打杀了！"行者笑道："嘴脸！小家子样！那个吃你的哩！能值几个钱？虚多实少的，在这里不是？"(明·吴承恩《西游记》，970)

(101)那怪鼍闻此言，心中大怒道："我与你嫡亲的姑表，你倒反护他人？听你所言，就教把唐僧送出，天地间那里有这等容易事也！你便怕他，莫成我也怕他？他若有手段，敢来我水府门前，与我交战三合，我才与他师父，若敌不过我，就连他也拿来，一齐蒸熟，也没甚么亲人，也不去请客，自家关了门，教小的们唱唱舞舞，我坐在上面，自自在在，吃他娘不是！"(明·吴承恩《西游记》，1099)

(102)八戒呵呵大笑道："师父去得好快，不知在那里等我们哩。"忽见长老在树上，他又说："你看师父，等便罢了，却又有这般心肠，爬上树去，扯着藤儿打秋千耍子哩。"行者见了道："呆子，莫乱谈。师父吊在那里不是？你两个慢来，等我去看看。"(明·吴承恩《西游记》，1419)

(103)那罗刹不知，连张三次，叫："叔叔出来罢。"行者化原身，拿了扇子，叫道："我在此间不是？谢借了！谢借了！"拽开步，往前

便走，小的们连忙开了门，放他出洞。(明·吴承恩《西游记》，1511)

(104) 土地道：“大圣从那厢来?”行者道：“我自东土往西来的。”土地道：“大圣东来，可曾在那山岭上?”行者道：“正在那山岭上，我们行李马匹还都歇在那岭上不是!”(明·吴承恩《西游记》，1835)

(105) 行者方才转出，向如来叩头道：“佛爷，你今收了妖精，除了大害，只是没了我师父也。”大鹏咬着牙恨道：“泼猴头！寻这等狠人困我！你那老和尚几曾吃他？如今在那锦香亭铁柜里不是？”(明·吴承恩《西游记》，1986)

(106) 那呆子哭得昏头昏脑的，揩揩鼻涕眼泪道：“沙和尚，师父回家来显魂哩！在那里叫我们不是?”(明·吴承恩《西游记》，2207)

(107) 船到吴趋坊河下，桂迁先上岸，到施家门首一看，只见焕然一新，比往日更自齐整。心中有疑，这房子不知卖与何宅？收拾得恁般华美！问邻舍家：“旧时施小舍人今在何处?”邻舍道：“大宅里不是?”(明·冯梦龙《警世通言》，394)

(108) 月娘就恼了，说道：“你头里何不叫他连我踢不是？你没偏受用，谁偏受用？恁的贼不识高低货！我到不言语，你只顾嘴头子哗哩〔口薄〕喇的!”(明·兰陵笑笑生《金瓶梅词话》，219)

(109) 金莲道：“李大姐做证见，你敢和我拍手么？我说今日往他家去了。前日打了淫妇家，昨日李铭那忘八先来打探子儿。今日应二和姓谢的，大清早晨，勾使鬼勾了他去。我猜老虔婆和淫妇铺谋定计叫了去，不知怎的撮弄，陪着不是，还要回炉复帐，不知涎缠到多咱时候。有个来的成来不成，大姐姐还只顾等着他!”(明·兰陵笑笑生《金瓶梅词话》，273)

(110) 西门庆要便来回打房门首走，老婆在檐下叫道：“房里无人，爹进来坐坐不是!”(明·兰陵笑笑生《金瓶梅词话》，328)

(111) 春梅骂道：“贼见鬼小奴才儿！爹在间壁六娘房里不是，巴巴的跑来这里问!”(明·兰陵笑笑生《金瓶梅词话》，434)

(112) 又唤春梅过来：“你去外边再瞧瞧，你爹来了没有？快来回我话。”那春梅走去，良久回来，说道：“娘还认爹没来哩，爹来家不耐烦了，在六娘房里吃酒的不是?”(明·兰陵笑笑生《金瓶梅词话》，501)

(113) 坐了一回，李瓶儿说道：“咱进去罢，只怕他爹吃了饭出

来。”金莲道：“他出来不是？怕他么！”（明·兰陵笑笑生《金瓶梅词话》，528）

（114）西门庆笑道：“我那里叫他买丫头来？信那老淫妇哄你哩！”玉楼道：“你问大姐姐不是？丫头也领在这里，我不哄你。你不信，我叫出来你瞧。”（明·兰陵笑笑生《金瓶梅词话》，530）

（115）桂姐道：“姑夫，你真个回了？你哄我哩！”那陈敬济道：“你不信，瞧去不是！我不哄你。”刚言未罢，只见琴童抱进毡包来，说：“爹家来了！”（明·兰陵笑笑生《金瓶梅词话》，575）

（116）琴童道：“娘每还在妗子家吃酒哩，见天阴下雪，使我来家取皮袄来，都教包了去哩。”玉箫道：“皮袄在描金箱子里不是，叫小玉拿与你。”（明·兰陵笑笑生《金瓶梅词话》，605）

（117）李瓶儿只说他不来，和官哥在床上已睡下了。回过头来见是他，便道：“你在后边睡罢了，又来做甚么？孩子才睡的甜甜儿的。我这里不奈烦，又身上来了，不方便。你往别人屋里睡去不是，只来这里缠！”（明·兰陵笑笑生《金瓶梅词话》，664）

（118）大姐道：“他听见俺娘说不拘几时要对这话，他也就慌了。要是我，你两个当面锣对面鼓的对不是！”李瓶儿道：“我对的过他那嘴头子？只凭天罢了。他左右昼夜算计的只是俺娘儿两个，到明日终久吃他算计了一个去，才是了当。”（明·兰陵笑笑生《金瓶梅词话》，668）

（119）平安道：“头里姐夫在家时，他还在家来。落后姐夫往门外讨银子去了，他也不见了。”玳安道：“别要题，一定秫秫小厮在外边胡行乱走的，养老婆去了。”正在急唣之间，只见陈敬济与书童两个，叠骑骡子才来，被玳安骂了几句，教他写了官衔手本，打发送礼人去了。玳安道：“贼秫秫小厮，仰搧着挣了合蓬着去。爹不在，家里不看，跟着人养老婆儿去了。爹又没使你和姐夫门外讨银子，你平白跟了去做甚么！看我对爹说不说！”书童道：“你说不是，我怕你？你不说就是我的儿。”（明·兰陵笑笑生《金瓶梅词话》，683）

（120）月娘便道：“李大姐，他叫你，你和他去不是。省的急的他在这里恁有刮划没是处的。”（明·兰陵笑笑生《金瓶梅词话》，684）

（121）陈敬济出来，看见二人，说道：“早是我没曾骂出来，原

是五娘、六娘来了。请进来坐。”金莲道：“你好胆子，骂不是!”（明·兰陵笑笑生《金瓶梅词话》，684）

（122）那妇人瞅了一眼，说道：“好个没廉耻冤家，你成日和书童儿小厮干的不值了，又缠起我来了，你和那奴才干去不是!”（明·兰陵笑笑生《金瓶梅词话》，687）

（123）桂姐道：“白眉赤眼，你看见来?”伯爵道：“我没看见，在乐星堂儿里不是?”（明·兰陵笑笑生《金瓶梅词话》，697）

（124）平安道：“二位娘不该与他这许多东西，被这老油嘴设智诓的去了。他妈妈子是个媒人，昨日打这街上走过去不是，几时在家不好来?”（明·兰陵笑笑生《金瓶梅词话》，802）

（125）金莲道：“你看这老婆子这等张嘴！俺猫在屋里好好儿的卧着不是。你每怎的把孩子唬了，没的赖人起来。爪儿只拣软处捏，俺每这屋里是好缠的!”（明·兰陵笑笑生《金瓶梅词话》，813）

（126）那僧人慌了，颤笃笃的道：“头在你家上三家铺架上不是？休要来缠我!”（明·凌濛初《二刻拍案惊奇》，556）

至此，我们知道“不是$_2$”最早出现在南宋时期，元代时期用例不多，明代开始已经非常普遍了。

二 “不是$_2$”句的来源

史金生（1997）认为“不是$_2$”句是由“是……不是”这一肯否相叠形式演化而来，太田辰夫（2003［1958］：358）并没有指明，仅仅指出“是……不是”疑问句中句末的“不是”还没有助词化，但是“不是$_2$”已经助词化了。傅惠钧（2001）推测《祖堂集》中的“是……岂不是?”省略“是”便成了“VP 岂不是”，“岂”进一步省略便成了表反问的“VP 不是”了。

我们认为，“不是$_2$”并不来源于“是……不是”肯否相叠形式①。从逻辑上看，首先，“是……不是”形式询问是非的语气较一般的是非问强烈，演变为反问句的可能性极小，如“他是老师不是?”“他是吃饭不是?”，说话人表达一种强烈的疑问诉求，要求对方能够给予明确的答复；

① 严格说来，这种形式是正反问形式，是“是”和“不是”的正反，跟“是非问”的“询问是非”很接近，容易和一般的“是非问”形式相混淆。

其次，说话人使用“不是$_2$”心中已有明确的看法，这点在“是……不是”肯否相叠形式中并没有得到体现，反而在“不是”的是非问和反问句形式中存在这样的预设；最后，“是……不是”肯否相叠形式也有自己的省略格式，并且使用非常广泛，即“是……不”形式。从历史文献的用例来看，很难找到令人信服的“模棱两可”的中间状态。邵敬敏（1996：119，2014：167）也指出“‘VP不是？’已经不是正反问的删略格式，而应为是非问的反问用法”。

我们也不认为傅文的推测正确。“是……岂不是？”格式本已省略“岂不是”后面的宾语，与其说是“VP岂不是”中的“岂”省略变成了表反问的“VP不是”，不如说是是非问中“不是”后面宾语的省略，促成了“不是$_2$”的产生。我们认为不止于此，“不是”反问句中的“不是”可以移位于句末也是促成“不是$_2$”产生的一个重要条件。① 见于《朱子语类》中的“VP不是”用例——例（96）就可以复位：

（96’）曰：“它原头处都是善，因气偏，这性便偏了。然此处亦是性。如人浑身都是恻隐而无羞恶，都羞恶而无恻隐，这个便是恶德。这个不是唤做性邪？如墨子之心本是恻隐，孟子推其弊，到得无父处，这个便是‘恶亦不可不谓之性也’。”

---

① 王世凯、张亮（2017）同意史金生（1997）所认为的“‘不是$_2$’句是由‘是……不是’这一肯否相叠形式演化而来的”这一观点，并指出三个原因：第一，“是X不是”正反问框架前一个“是”由判断标记转化为强调标记或消失导致“是X不是”正反问框架的消解；第二，“不是$_2$”句尾化；第三，“不是$_2$”不再表示否定判断，不能进入“是X不是”正反问框架。这三个原因有一定的道理，但都还需要补充更多的确证。首先看第一个原因，王世凯、张亮（2017）认为前一个“是”“消失”致使“不是$_2$”产生，但王世凯、张亮（2017）只是给出了“不是$_2$”的用例，并没有证明这些用例确实是前一个“是”“消失”使然；王世凯、张亮（2017）认为前一个“是”由判断标记转化为强调标记致使“不是$_2$”产生，给出的用例来自《儿女英雄传》，这两个用例是“瞧瞧，是应了我的话了不是？”和“听听，果然应了我的话了不是？”。表面上看，这两个用例十分具有说服力，但这两个用例是清代的语料，根据我们罗列在文中的用例，“不是$_2$”在《朱子语类》中就已萌芽，到明代时已经十分成熟，那么“瞧瞧，是应了我的话了不是？”这个用例所反映的句法现象，到底是判断标记转化为了强调标记，还是在“不是$_2$”句中加上了强调标记呢？其次看第二个原因，句尾化是“不是$_2$”产生的基础，这一点毋庸置疑，但“是X不是”正反问框架并不是“不是$_2$”句尾化的唯一语境，因此“是X不是”正反问框架并不必然生成“不是$_2$”。最后看第三个原因，王世凯、张亮（2017）所举出的《儿女英雄传》的两个用例恰恰说明“不是$_2$”在一定语境中是可以进入“是X不是”正反问框架的。

例（97）也可以复位为：

（97’）（家童云）适才吃了饭，我在这船头上学打拳要子。张千，我家那老头儿在那里？（张千云）不是在那里？

元明时期，是非问中“不是”后面宾语省略表示反问的用例非常普遍。例如：

（127）（媒婆云）你道不曾受他花红酒礼，那彭大公将来的不是？（元·王晔《桃花女破法嫁周公》，《全元曲》，4775）

（128）（六儿上，云）来到这围场山。儿的不是？爷，家里有亲眷来看你哩。（元·李直夫《便宜行事虎头牌》，《全元曲》，1791）

（129）李万等得不耐烦，肚里又饥，不免问老门公道：“你说老爷留饭的官人，如何只管坐了去，不见出来？”老门公道：“方才出去的不是？”（明·冯梦龙《古今小说》，628）

（130）木叉道：“不是他是谁？”怪物撇了钉钯，纳头下礼道：“老兄，菩萨在那里？累烦你引见一引见。”木叉仰面指道：“那不是？”怪物朝上磕头，厉声高叫道：“菩萨，恕罪，恕罪。”（明·吴承恩《西游记》，183）

（131）三藏道：“多蒙老施主不叱之恩。我一行三众。”老者道：“那一众在那里？”行者指着道：“这老儿眼花，那绿荫下站的不是？”（明·吴承恩《西游记》，470）

（132）呆子忽抬头，见没了人家，慌得一毂辘爬将起来道：“我的马哩？”行者道：“树上拴的不是？”“行李呢？”行者道：“你头边放的不是？”（明·吴承恩《西游记》，503）

（133）悟净道：“取经人却在那里？”木叉用手指道：“那东岸上坐的不是？”（明·吴承恩《西游记》，539）

（134）不多时，到了莲花洞口，那毫毛变的小妖，俱在前道：“开门！开门！”内有把门的小妖，开了门道：“巴山虎、倚海龙来了？”毫毛道：“来了。”“你们请的奶奶呢？”毫毛用手指道：“那轿内的不是？”（明·吴承恩《西游记》，845）

（135）行者道：“未曾拿住妖邪，如何救得师父？”菩萨道：“这篮儿里不是？”（明·吴承恩《西游记》，1252）

（136）老者又问：“令师在那条路上？”行者道：“那南首大路上立的不是！”老者教：“请来，请来。”（明·吴承恩《西游记》，1491）

（137）行者看见，笑道：“八戒，老牛去了。”那呆子漠然不知，土地亦不能晓，一个个东张西觑，只在积雷山前后乱找。行者指道：“那空中飞的不是？”八戒道：“那是一只天鹅。”行者道：“正是老牛变的。”（明·吴承恩《西游记》，1554）

（138）行者听了一会言谈，却就学语学话，问道：“驸马爷爷拿来的那长嘴和尚，这会死了不曾？”众精道：“不曾死，缚在那西廊下哼的不是？”（明·吴承恩《西游记》，1604）

（139）妖精道：“孙悟空在那里？”三藏道：“在你肚里哩，却才吃的那个红桃子不是？”（明·吴承恩《西游记》，2110）

（140）那怪左胁下挟着一个彩漆的请书匣儿，迎着行者三人叫道：“古怪刁钻，你两个来了？买了几口猪羊？”行者道：“这赶的不是？”（明·吴承恩《西游记》，2270）

（141）当下蒯三问道：“他怎么弄死了人？”女童道：“与东房这些淫妇，日夜轮流快活，将一个赫监生断送了。”蒯三道：“如今在那里？”女童道：“东房后园大柏树下埋的不是？”（明·冯梦龙《醒世恒言》，237）

（142）员外道：“谁是孩儿？”小梅指着儿子道：“这个不是？”员外又惊又喜道：“这个就是你所生的孩儿？一向怎么说？敢是梦里么？”（明·凌濛初《拍案惊奇》，1658）

至此，我们认为“不是$_2$”应该来源于否定判断语词“不是”，因为不管是移位的“不是”还是省略的宾语前面的“不是”都是否定判断语词，但在演变过程中受到了“不是$_1$”的强势影响，在“不是$_2$”产生初期，还存有一定的反问语气，当反问语气逐渐消失，就发展为了陈述语气，在这个主观化的过程中，“不是$_2$”的语气功能逐渐扩大，有了“吧”和“是不是”的部分功能。

第六节 小结

通过前文的分析和梳理，我们认为：

第一，“不是$_1$”是焦点标记，“不是……吗？”反问句可以无疑而问，也可以有疑而问，其基本功能是提醒。从语用功能（交际功能）的角度来看，“不是……吗？”反问句可以表达三种语用含义：a. “不是+NP/VP 吗？”＝“是 NP/VP”。此类“不是+NP/VP 吗？”仅仅表示提醒功能，说话人的意图是为了吸引受话人注意某一命题。b. “不是+NP/VP 吗？”＝“因为‘是 NP/VP’，所以应该或不应该……”。此类“不是+NP/VP 吗？”句虽表示提醒功能，但说话人的意图却是为了提醒受话人“应该或不应该……”或提醒受话人注意“当事人应该或不应该……”。c. “不是+NP/VP 吗？”＝“‘是 NP/VP’，为什么受话人或当事人偏离了‘是 NP/VP’”。说话人觉得受话人或当事人行为前后不一致或者不符合事实、事理而使用这类句子提请受话人注意，这种提醒会迫使受话人对这种不一致作出一定的解释。从语篇功能的角度来看，“不是……吗？”反问句有时具有语篇缘起和转换的功能。“不是$_1$”最早见于隋代的文献，以“岂不是”形式出现，唐五代以后“岂不是”“可不是”同时使用，五代时期，“不是”的“是非问”形式才开始出现，北宋时期，“不是”的是非问形式还不是太多，南宋时期，“不是”是非问形式已经比较普遍，反问句形式已经比较多了，并出现了“不是”和“么”连用表示反问的用例。“不是……吗？”反问句应该来源于“不是”的是非问形式，而“岂不是”“可不是”表反诘的用法在一定程度上推进了“不是”反问句的发展。

第二，“不是$_2$”的基本功能是强调，目的就是要突显居于其前的成分，使其成为焦点信息。因为居于“不是$_2$”前的成分性质不尽相同，所以“不是$_2$”句具有提醒和弱断言两种功能。“不是$_2$”句的提醒功能体现在“说话人通过强调来提请受话人注意某种事实、事理或某种预期的实现”，“不是$_2$”句的弱断言功能主要体现在对说话人断言真值的强化和断言口气的削弱。“不是$_2$”应该是来源于否定判断语词“不是”，因为不管是移位的“不是”还是省略的宾语前面的“不是”都是否定判断语词，但在演变过程中受到了“不是$_1$”的强势影响，在“不是$_2$”产生初期，还存有一定的反问语气，当反问语气逐渐消失，就发展为了陈述语气，在这个主观化的过程中，“不是$_2$”的语气功能逐渐扩大，有了“吧”和“是不是”的部分功能。

第六章

“才怪”的相关构式[①]

“P 才怪”是现代汉语常用的口语构式，句法结构比较特殊，还没有引起研究者足够的重视，我们将从多个角度对“P 才怪”构式进行考察和分析，本章结构为：第一节主要区分两个同形异指结构；第二节将考察“P 才怪”构式的句法功能和句法特征；第三节主要探讨它的语用功能；第四节尝试从历时的角度勾勒它的演变过程；第五节是小结。

第一节　导言

“P 才怪”是现代汉语中常闻习见的表达式，往往表现为“命题（表示为‘P’）+才怪”形式，而意思却是“非 P”。例如：

(1) 没想到我不问则已，一问他就变了脸色，哼了哼鼻子，说：“谁知道她的行踪呢，她一向是独往独来惯了的。她以为自己多么清高呢，以为自己是陶渊明，别人都是庸俗不堪的蠢货。其实她这种人我见得多了，念了几年大学，自以为了不起，众人皆醉我独醒，还想改造社会呢！哼！不栽跟头才怪呢！”（白帆《女大学生综合症》，网络小说）

(2) 他在心里说：哼！天下光棍没忧愁！一个人饱了全家都饱了。你能说争气话哩！叫你也有个儿子看看吧！把你愁不死才怪哩！小时候急得大不了，大了又急得成不了事；更不要说给娘老子闯下一河滩乱子了！（路遥《路遥·人生》，239）

(3) 不过，她总在暗笑金枝虽然是歌星，却不懂得“到什么山上唱什么歌”的道理，你是演员，千人瞅万人瞧，你穿得再花哨，也是应该

---

① 本章初稿完成时间为 2010 年 12 月 20 日，成书时有所修改。

的。而我是医生，又是结了婚的人，年龄也摆在那儿，要是也穿成个“千人瞧”，人家不说你有病才怪！（陈建功、赵大年《皇城根》，105）

除了“P才怪”，现代汉语还有“NP才怪”，意为“很奇怪”。例如：

（4）“今天上午有你好瞧的。”他说完要走，“这个门诊才怪呐，夜里一忙白天准忙，恐怕是有魔鬼。”他的话音还没落定，一个哎哟哎哟叫着的中年妇女被架了进来。“你看，来了，悠着点，再见。”（皮皮《比如女人》，102）

（5）“可不是他还是谁，”如意珠剔着牙齿说道：“提起这件事来，才怪呢！那个小刁货平常一提到男人她就皱眉头，不晓得有好多阔佬儿金山银山堆在她面前要讨她做小，她连眼角都不扫一下，全给打了回去。可是她对这个小伙子，一见面，就着了迷，我敢打赌，她和他总共见过不过五六次罢咧，怎样就亲热得像小两口子似的了？尤其最近这几天那个小伙子竟是夜夜来接她呢，我在后门碰见他几次，他一看有人出来，就躲躲藏藏慌得什么似的，我死命盯过他几眼，长得蛮体面呢——我猜他今晚又来看戏了——”（白先勇《白先勇短篇小说选·玉卿嫂》，246）

（6）“不错，时间倒并不重要，随后发生的事儿才怪呢。你会认为我相信迷信吧——从气质来看，我是有些迷信，而且一直如此。不过，这回倒是真的——我现在说的都是我听到的，至少这一点是真的。”（夏洛蒂·勃朗特《简·爱》，507）

为示区别，我们把“NP才怪”中的“才怪”称之为“才怪$_1$”，把“P才怪”中的“才怪”称之为“才怪$_2$”。例（1—3）都是“才怪$_2$”的表现形式，例（4—6）都是“才怪$_1$”的表现形式。我们下面主要探讨“才怪$_2$”的句法特点、演变轨迹及相关问题。

第二节 “才怪$_2$”的句法功能和句法特征

一 “才怪$_2$”的句法功能

“才怪$_2$”在句法上具有否定的功能，根据其表现形式，可分为四种类型：句内否定①、句外否定、话语否定和修辞否定。

第一，句内否定。句内否定是“才怪$_2$”在现代汉语中的常规类型，P和“才怪$_2$”组成一个小句，中间没有间隔，“才怪$_2$”居于句末，表现形式为“P才怪$_2$”。例如：

(7) 可是话又说回来，时过境迁了，现在捧俩蛐蛐儿罐找谁去斗，不让人笑掉大牙才怪呐。(魏润身《血沁》，267)

(8) “如果我的新郎在婚礼那日失踪，我不杀了他才怪。”雅芝“嗤嗤”地笑。(亦舒《香雪海》，211)

(9) 迷们问高底鞋，新学者问裤子，一样的作用。青年学者是带些女性的，讲究清洁漂亮时髦，老学者讲究直擒女人的那个，新学者讲究献媚。你等着看，过几天青年学者要不都穿上裤子才怪。(老舍《猫城记》，122)

我们把句内否定类型看作“P才怪$_2$”构式的标准式，“才怪$_2$”在这种格式中已经高度语法化为一个否定标记，或者说“才怪$_2$”已经失去了作为紧缩复句正句的能力，话语否定和修辞否定也能充分地体现这一点。

第二，句外否定。句外否定指“才怪$_2$”和P不在一个小句内，中间有逗号或者指示代词隔开，命题在前句，“才怪$_2$”居后句，前句和后句合为一个复句，表现形式为“P那才怪$_2$”或“P，（那）才怪$_2$”。例如：

(10) 摔跤，这可是牧人心目中的一件大事！似有一股神奇的魔力，千百年来总吸引着无数的摔跤迷。就拿几十年后的今天说，每当转播蒙古式摔跤，草原上的家庭主妇就得赶紧护住电视机，以防男人们激动至极一拳砸下！更何况，当时也只有赛马、射箭、摔跤这样的项目，人们能不为此发狂那才怪呢！(冯苓植《雪驹》，210)

(11) “那就是你们除了‘性格不合’还有其他的原因。”女审判员颇为自信地说，“光这一条要调解不成那才怪了呢。”(王朔《王朔

① 本章所提到的“句”的概念皆指“小句”。

文集·矫情卷·人莫予毒》，486）

（12）“我想问问你们根据什么标准打分？”

“印象。”大夫说。“我们全凭印象打分。你认为不公平吗？”

“不不，我认为再公平也没有了，要不凭印象那才怪呢。”（王朔《王朔文集·谐谑卷·千万别把我当人》，326）

（13）金钱与美人这两关，谁也逃不过。你们看看这是一幅唐朝的古画，这几位宫女画得多美丽！谁见了能不动心呢？干部跳舞当然找最漂亮的舞女跳。有了金钱和美人，你要干部做啥，他不肯，才怪哩。（周而复《上海的早晨·第一部》，434）

（14）“云翁！云翁！您听我说！就是给咱们每人一百亩地，自耕自种，咱们有办法没有？”

“由我这儿说，没有！甭说我拿不动锄头，就是拿得动，我要不把大拇脚趾头锄掉了，才怪！”（老舍《正红旗下》，37）

（15）镇食品站的站长黄帽子上去说：“你当个镇长，专搞特殊化，回回买肉，精的不要，肥的不要，专要猪头肉。镇上一个月才供应几头猪？一头猪有几两猪头肉？你回回只要猪头肉，别个吃什么？要是让你这样的人篡党夺权的阴谋得逞，劳动人民不重吃二遍苦，重受二茬罪，才怪呢。”（陈世旭《将军镇》，206）

（16）我不知道我的老婆独自一个人的时候在干些什么，可是我敢说，如果我碰到了一个可人的小妞，不去跟她乐一下子，倒还把自己的老婆记挂在心里，那才怪呢。（卜迦丘《十日谈》，128）

（17）“我怕日本人？”老人说，“等他们过来叫你看看吧！我不敢当农会主任？这不是说，五龙堂的农会要不是我领导，那才怪哩！”（孙犁《风云初记》，75）

（18）大赤包没回答他们，气派极大的坐在沙发上，吸着一支香烟。把香烟吸完，她才开口：“哼！你们倒仿佛都受了委屈！要不是我，你们也会出得来，那才怪呢！我的腿，为你们，都跑细了，你们好象连个谢字都不会说！”（老舍《四世同堂》，919）

从上面的例子，我们可以看到，虽然“才怪$_2$”也有否定的功能，但因为被逗号或远指代词“那”隔开，整个句子看起来像个复句，还不能够说“才怪$_2$”是个完全的否定标记，这也是我们为什么把“句外否定”

单列为一个类型的原因。但我们认为这种类型反映了“P 才怪$_2$”构式语法化过程的语形滞留现象①，这是语法化过程的必然现象。

第三，话语否定。话语否定主要是指在会话语境（context of situation）中“才怪$_2$”独立使用对前面话语所含的命题进行否定，有自述自答和 A 述 B 答两种类型。自述自答的表现形式为“P？（那）才怪$_2$”。例如：

（19）人生就是一场马拉松？才怪！（网文标题）

（20）破风筝 甭管怎么说吧，反正我有良心。我不能卖了珍珠，也不能错待了你，放心！（想了想）你等着，大姑娘，只要我一成上班子，钞票就得刷刷的往里流。（眉飞色舞）好吗，十年的工夫，我跑过汉口，重庆，成都，昆明，桂林，到处唱抗战的新词，谁不知道破风筝！一成上班子，我跟你妹妹一唱新词，就凭北平的老角儿们，能跟我们比吗？才怪！我跟你妹妹一红，大把的进钞票，我必定找人来帮忙，不能再教你吃苦受累！好姑娘，爸爸不说瞎话。（回头叫）珠子！珍珠！来帮帮姐姐来！（老舍《老舍剧作全集·第二卷·方珍珠》，6）

（21）不然，远道归来，恰当日啣半山，残照红于榴花，驱马过三家村边，酒旗飘处，斜睨着“闻香下马”那么几个斗方大字，你不馋得口流涎么？才怪！鞭子垂在身边，摇摆着，狗咬也不怕。（吴伯箫《吴伯箫散文选·马》，9）

（22）白花蛇 我这不是听说您回来，马上来看您吗？

方太太 你来看我？那才怪！（老舍《老舍剧作全集·第二卷·方珍珠》，11）

A 述 B 答的表现形式为“A：P；B：（那）才怪$_2$”。例如：

（23）她红了红脸。“我不是故意的……”

“我听你这句话不知道第几遍了。”他无奈的盯着她。“下次要是再这样，我干脆整天跟着你，随时救驾算了。”

“没有下次了。”她慎重宣言。

① 关于语形滞留请参看本书第 31 页“滞后原则”。

才怪。但他并没有说出口。这个小迷糊命中注定要靠他保护她一辈子的，怎么可能不会再犯呢？（于晴《红苹果之恋》，99）

（24）南孙好奇，“谁？”

“你也认识。”

“才怪，我的朋友都住岸上，脚踏实地。”（亦舒《流金岁月》，75）

（25）“关永实，你会后悔——”

“才怪呢，”小关笑，“我没有空为那么多闲事担忧。”（亦舒《紫微愿》，111）

（26）“谢谢，免了！我像妹妹一样，还未成长。”

“那才怪呢！贵庚？你可能爱上诗诗表妹？”（岑凯伦《蜜糖儿》，6）

（27）“华珍不是给你说了，我无论如何也得辞谢你们的盛意。”

“为的是什么？”

“剧本跟演员的问题！”

“那才怪。多有意义的剧本，道出我们这一代的心声，外国留学生盼望早日学成回去中国人的社会服务，字字真情，句句激昂……”他演说式的昂着头，挺起胸，差点没喷了若文满托盆的口沫，“至于演员方面……”（梁凤仪《弄雪·相忆深》，202）

（28）方太太　你少搭碴儿！珍珠，你今天拿的份儿呢？

方珍珠　爸爸拿着呢。

方太太　那才怪！你跟那老不要脸的串通一气，进一千，硬说五百！解开衣裳，我看看！（老舍《老舍剧作全集·第二卷·方珍珠》，61）

话语否定的显著特征就是“（那）才怪$_2$”独立使用，我们只有看到受话人的命题，才能明白说话人所要否定的对象，比如说例（19）否定是“人生就是一场马拉松”，例（20）否定的是“能跟我们比”，例（21）否定的是“你不馋得口流涎”，例（22）否定的是“你来看我”，例（23）否定的是“没有下次了”，例（24）否定的是“我也认识”，例（25）否定的是“我会后悔”，例（26）否定的是“还未成长”，例（27）否定的是“为的是剧本和演员的关系”，例（28）否定的是“爸爸拿着呢”，这些否定的对象都必须在会话前文中寻找。

需要注意的是，话语否定中的“才怪$_2$”前都可以把否定对象补充进去，比如：

（19’）人生就是一场马拉松？［人生就是一场马拉松］才怪！

（26’）“谢谢，免了！我像妹妹一样，还未成长。”

“［你像妹妹一样，还未成长，］那才怪呢！贵庚？你可能爱上诗诗表妹？”

例（19）变换成例（19’），例（26）变换成例（26’），原义都不变，但例（19’）不是话语否定而是句内否定，例（26’）也不是话语否定，而是句外否定。凡是能够在小句内找到否定的对象，都是句内否定；凡是被逗号或远指代词“那”隔开的都是句外否定。

第四，修辞否定。“才怪$_2$”的这种使用类型，主要是修辞上的选择，我们称这种使用类型为“才怪$_2$”的修辞否定功能。尽管是修辞上的选择，但总要在语言的线性顺序上表现出来，体现一定的句法规则，因此我们也把此类看作其句法表现的一种。例如：

（29）“唔，”小老头道：“他们是最先知道要托运黄金的人，可是，他们自己的钱已经用不完了，怎么还要劫镖呢？”

小老太婆笑了。她说：“你现在有钱吗？”

“有。”

“可以用多久？”

“可以用到我死也用不完。”

“那假如再有一百万黄金放在你面前，你还要吗？”

“我不要，”小老头说：“才怪。”

“所以呀，谁不想拥有更多的财富？”（古龙《古龙作品全集·剑神一笑》，181）

（30）“有我看着你，谅你也不敢吃得太快，你敢吗？”

“敢——才怪！”（于晴《红苹果之恋》，61）

修辞否定一般是在会话语境中使用，说话人先说出命题P，作短暂的停顿再说出“才怪$_2$”，目的是故意让受话人感到“意外”。“意外”有两种情况：先意外和后意外。例（29—30）都是表达“先意外”的情况。“先意外”是指命题P往往是受话人意料之外或不期望的答案，说话人故意使受话人感到意外，然后再说出“才怪$_2$”，最后使得符合受话人的预期；“后意外”是指命题P是受话人意料之中或期望的答案，“才怪$_2$”说出后却会让受话人觉得意外。“后意外”的情况我们在语料库中没有看到用例，网络上倒是有很多例子。我们来看一个网络博客①上的例子：

（31）A：今天，你的作业做完了吗？
　　　B：我做完了……才怪！

妈妈问女儿作业做完了没有，女儿先是给出了一个让妈妈高兴的答案，然后又说出“才怪”，让妈妈倍感意外和愤怒。

这四种否定功能，在使用中是如何分布的呢？我们来看看下面表6-1、图6-1。

表6-1　“才怪$_2$”句法功能类型定量统计

次数 / 作品	特征	句法功能			
		句内否定	句外否定	话语否定	修辞否定
于　晴	红苹果之恋	3	0	1	1
古　龙	小李飞刀	4	0	0	0
	英雄无泪	1	0	0	0
	陆小凤传奇	5	0	0	1
朱邦复	巴西狂欢节	1	0	0	0
琼　瑶	月朦胧鸟朦胧	1	0	0	0
	烟锁重楼	1	0	0	0
	鬼丈夫	1	0	0	0
白先勇	玉卿嫂	1	0	0	0
刘　流	烈火金刚	2	0	0	0
周而复	上海的早晨	11	1	0	0
路　遥	人生	3	0	0	0

① 网址为http：//www. diarybooks. com/article/2007/5/21/1587228. html。

续表

次数 特征 作品		句法功能			
		句内否定	句外否定	话语否定	修辞否定
陈建功	皇城根	7	0	0	0
亦　舒	紫薇愿	1	0	5	0
	香雪海	2	0	0	0
	七姐妹	1	0	0	0
	异乡人	1	0	0	0
	流金岁月	0	0	1	0
岑凯伦	合家欢	1	0	0	0
	蜜糖儿	2	0	1	0
	还你前生债	7	0	0	0
金　庸	神雕侠侣	3	0	0	0
	雪山飞狐	1	0	0	0
老　舍	正红旗下	0	1	0	0
	茶馆	1	0	0	0
	龙须沟	1	0	0	0
	方珍珠	3	2	3	0
	女店员	2	0	0	0
	四世同堂	8	4	1	0
	骆驼祥子	3	0	0	0
	二马	3	0	0	0
	离婚	1	0	0	0
	蜕	1	0	0	0
	老张的哲学	2	0	0	0
	赵子曰	3	1	0	0
	小坡的生日	2	0	0	0
	牛天赐传	1	0	0	0
	文博士	2	0	0	0
	猫城记	2	1	0	0
总计		95	10	12	2

从表6-1、图6-1中，我们可以清晰地看到，在“才怪$_2$”的功能类型中，句内否定用例最多，话语否定其次，句外否定相对较少，修辞否定

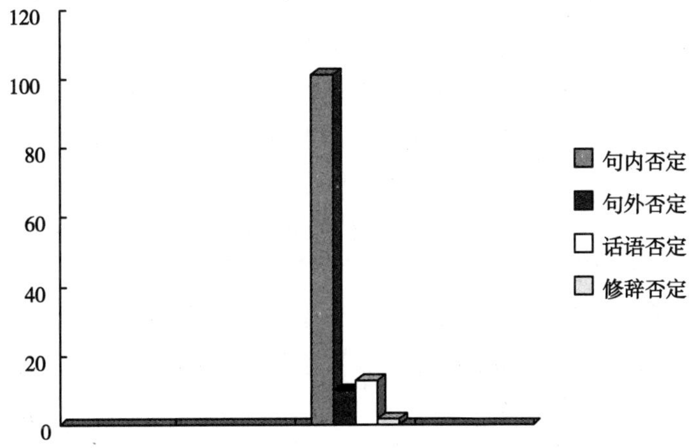

图 6-1 “才怪$_2$”句法功能类型定量统计

最少。这说明了，句内否定最为常用，话语否定次之，句外否定相对较少，修辞否定相对来说最不常用。从共时平面上看，我们未尝不可把句外否定、话语否定和修辞否定看作句内否定的变体，但从历时角度来看，句外否定应该是先于句内否定的，但二者之间到底存在什么样的关系？我们后文还会作进一步的探讨。在下文中，我们先对“才怪$_2$”的句法特征作深入的考察。

二 “才怪$_2$”的句法特征

只能用于陈述句句末否定其前的命题是“才怪$_2$”非常显著的句法特征，除此之外它还有其他一些特征。我们尝试从“P 才怪$_2$”构式内部、上下文以及它与相关句法范畴的关系三个方面进行考察。

(一)“P 才怪$_2$”构式内部

“P 才怪$_2$”是“才怪$_2$”最常见的使用形式，根据 P 是否为肯定命题，我们可将“P 才怪$_2$”分为“肯定命题+才怪$_2$”和“否定命题+才怪$_2$”两类。经过考察，我们发现在“P”与“才怪$_2$”共现的语料中 P 为否定命题的用例远比 P 为肯定命题的用例多，如前文例（1—3）和例（7—18）都是 P 为否定命题的用例，表 6-2 和图 6-2 中的数据也能够说明这一点。

为什么“否定命题”更易与“才怪$_2$”共现呢？我们认为这是因为否

定和假设相通，都属于非现实范畴（irrealis）[①]（沈家煊，1999b：105）。现实（realis）和非现实是人们对可能世界（possible world）[②]的一种认识，“非现实表达那些存在于说话人思维领域的行为（actions）或状态（states），不能直接感知（direct perception），而需在想象（imagination）中了解；现实表达那些已经实现（actualized）、已经发生（having occurred）或实际正在发生（acctually occurring）的事件”（Mithun，1995：368）。假设和否定都属于非现实范畴，它们具有天然的亲和力。而“P 才怪$_2$”构式就是从假设复句缩约而来（详见本章第四节），与假设同属非现实范畴的否定更易充当假设条件就是理所当然的事了。

（二）上下文（co-text）

“P 才怪$_2$”虽然是个小句，但在一般情况下并不能孤立使用，如果孤立使用，受话人就不能完全识解“P 才怪$_2$”的意义。我们来看下面三个例子：

（32）他去上海才怪。

（33）他没有去上海。

（34）他不会去上海。

当然，仅仅从字面上看，我们知道“才怪”是对“他去上海”的否定，但到底是表达“他没有去上海”还是“他不会去上海”我们却无法获知。从我们的语感来看，例（33）和例（34）都是完整的句子，而例（32）如果缺乏一定的语境就无法表达确切的意义。如果我们把例（32）加上一定的语境，即可语顺义安。

（32a）如果不是我的面子，他去上海才怪。

（32b）A：他去哪里？

B：他告诉我他去上海。

---

① 此思路承蒙龚波博士相告，谨致谢忱！丁婵婵（2014）认为“‘才怪’作为一个后置标记，实现了否定的功能，是一个有标记项，受‘关联标记模式’的制约，这样‘才怪’与否定性谓语结构搭配是最自然的搭配，属于无标记配对”。

② 还有一对概念是事实（reality）和非事实（unreality），它们是基于对现实世界（real world）认识的分类，现实世界和可能世界的异同请参看贾玉树（2009：39—54）。

A：他去上海才怪，我昨天看见他桌子上有张机票，是飞往北京的。

可见，“P 才怪$_2$”是一个对语境（context）敏感的构式①，如果把“P 才怪$_2$”所表达的意义用 f（p）表示，P_C表示命题 P 成立的语境，那么 f（P）=（P 才怪$_2$）×P_C。例（32a）是上下文语境的解读，例（32b）是会话语境的解读。②

在会话中使用“P 才怪$_2$”，不管会话语境如何变换，“P 才怪$_2$”总是针对受话人，否定受话人的观点，这一点比较容易理解，我们就不作重点考察。下面我们来看看“P 才怪$_2$”小句上下文语境对“P 才怪$_2$”构式语义完整性表达的贡献。

经过考察，“P 才怪$_2$”小句在具体的语篇中总是和“致使条件”一起使用，充当结论句，致使条件和“P 才怪$_2$”小句之间的关系类型有两种：假设条件关系和因果条件关系。假设条件关系多以“如果”类词语（包括如果、要、若、假如等）引导，有些虽然没有引导词，往往可以补出。因果条件关系一般没有引导词，但也可以根据前后小句的语义关系补出关联词。例如③：

（35）苏铃把冰袋压在东尼的手背上：“刚才为什么不走？若我有气力把花瓶掷向你，你不死才怪。”（岑凯伦《还你前生债》，189）

（36）“跳不跳的不一定非得叫你看见！”李东山斜了贾正一眼。“你要这么噎搡我，我叫你看这个玩艺才怪呢！”（冯志《敌后武

① 马宁（2013）认为“才怪”语用否定的成因主要与言语交际的“回声作用”有密切关系。

② 上下文语境和会话语境并不是对立的，有时会话语境会包含上下文语境。例如：

甲：小王当上了局长。

乙：如果不是他岳丈的关系，他能当上局长才怪。

该例整个语境是个会话语境，“如果不是他岳丈的关系”和“他能当上局长才怪”又是上下文关系，是一种上下文语境。

此外，会话语境和话语否定两个概念不可混淆，“才怪$_2$”的四种否定类型都可以在会话语境中出现，话语否定和修辞否定必须出现在会话语境中，句内否定和句外否定则不一定。

③ [ ] 内是补出来的关联词。

工队》，395)

(37) 如果附近是公厕，或是放上个垃圾箱，雪糕吃得下才怪，除非饿极。(岑凯伦《还你前生债》，151)

(38) 若她是他以前的女朋友，一定从此绝交，但从没有一个女孩子胆敢像苏铃那样待他，否则不一脚把她们踢死才怪。(岑凯伦《还你前生债》，203)

(39) 赵得宝的声音唤起了陶阿毛的注意，他这才发现赵得宝站在他旁边在和他讲话哩。他收回了眼光，望着赵得宝，说："今天幸亏你，得宝哥，不然[1]她肯走才怪哩，谢谢你。"陶阿毛亲热地碰一碰他的胳臂。(周而复《上海的早晨·第一部》，70)

(40) 等我妈一跨出大门，我马上就在客厅蹦跳起来，大呼小叫，要称王了。胖子大娘很不受用。吆喝着我道："你妈才出门，你就狂得这般模样，回头［**如果**］闯了祸，看我不抖出来才怪!"(白先勇《白先勇短篇小说选·玉卿嫂》，244)

(41) 不愧是交警，手不忙，脚不乱，马路上练就的功夫，活学活用，立即运用到人际关系上来，一百八十度的大转弯！非同凡响，［**如果**］放到常人身上，不摔个大跟头才怪哩。(陆步轩《屠夫看世界》，10)

(42) 时间缓慢地流逝。邵卓生喃喃地说："天快亮了!"灵珊直跳了起来，糟糕！［**因为**］自己竟出来了一整夜，连电话都没有打回家，爸爸妈妈不急死才怪！还有韦鹏飞！(琼瑶《月朦胧鸟朦胧》，178)

---

① 黎锦熙（1924：274）认为"否则""不然"（下统称"否则"类）是"相消的连词"，构成选择复句，还指出："相消的复句，若在上句加一假设连词，即可变为假设的复句；但就实质比较，这种语势实在比假设句急促些，在国语的习惯上应自列为一种。又例三以下各句不像选择句，可是就图解和连词上细看，实在和选择句是一类的性质，不过下句涉及因果关系罢了。"可见，黎先生虽把"否则"类复句看作选择复句，但认为这类复句的下句涉及因果关系，上句如加上假设连词也可变为假设复句。这样说来，"否则"类复句实在是比较特殊的一类，到底归于哪类复句比较合适呢？王力（1954［1944b］：118）认为"否则"复句为申说式复合句，因为"否"字含有"若不如此"之意，所以这类复合句实则是包含着一个条件式。丁声树等（1961：139）认为"否则"复句是一种特殊的条件句，"否则"相当于口语中的"要不然"。吕叔湘（1982［1944］：423）更为明确地指出"否则"复句是一种假设句。我们持和吕叔湘先生相同的观点。

(43)“我早在报上看见了!”赵子曰回答:“可是［**因为**］只在他家教了三天半的书，他要记得我才怪；再说那个家伙不可靠！我说端翁！拿上你的大烟袋呀!”(老舍《赵子曰》，342)

(44)［**因为**］这么丰满体面的肚子，要不是双胎才怪呢！子孙娘娘有灵，赏给一对白胖小子吧！(老舍《微神集·抱孙》，189)

在这两种关系类型中，假设条件关系比因果条件关系更为常用，我们来看下面的数据比较（见表6-2）。

表6-2　“P才怪$_2$”组合特征定量统计

次数 \ 特征 作品		组合特征			
		构式内部		上下文	
		P为否定命题	P为肯定命题	假设条件关系	因果条件关系
于晴	红苹果之恋	4	1	2	0
古龙	小李飞刀	3	1	3	1
	英雄无泪	1	0	1	0
	陆小凤传奇	6	0	4	0
朱邦复	巴西狂欢节	1	0	1	0
琼瑶	月朦胧鸟朦胧	1	0	0	1
	烟锁重楼	1	0	1	0
	鬼丈夫	0	1	1	0
白先勇	玉卿嫂	1	0	1	0
刘流	烈火金刚	2	0	2	0
周而复	上海的早晨	11	1	10	2
路遥	人生	3	0	3	0
陈建功	皇城根	7	0	5	2
亦舒	紫薇愿	1	5	1	0
	香雪海	2	0	2	0
	七姐妹	0	1	0	0
	异乡人	1	0	1	0
	流金岁月	0	1	0	0
岑凯伦	合家欢	1	0	1	0
	蜜糖儿	2	1	1	1
	还你前生债	4	3	3	3

续表

次数 特征 作品		组合特征			
		构式内部		上下文	
		P 为否定命题	P 为肯定命题	假设条件关系	因果条件关系
金 庸	神雕侠侣	3	0	3	0
	雪山飞狐	1	0	1	0
老 舍	正红旗下	1	0	1	0
	茶馆	0	1	1	0
	龙须沟	1	0	1	0
	方珍珠	3	5	4	0
	女店员	2	0	2	0
	四世同堂	8	5	6	2
	骆驼祥子	3	0	3	0
	二马	0	3	1	0
	离婚	1	0	1	0
	蜕	0	1	0	0
	老张的哲学	1	1	2	0
	赵子曰	3	1	3	1
	小坡的生日	2	0	2	0
	牛天赐传	1	0	0	0
	文博士	0	2	2	0
	猫城记	2	1	0	2
总计		84	35	76	15

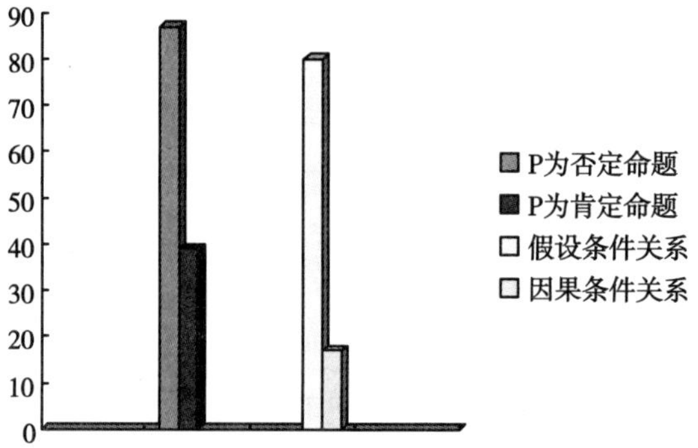

图 6-2 “P 才怪$_2$” 组合特征定量统计

从表 6-2 和图 6-2 可知，从“P 才怪$_2$”构式内部考察，P 为否定命题比 P 为肯定命题更为普遍；从“P 才怪$_2$”与前文关系来看，假设条件更易与“P 才怪$_2$”构式组合。

（三）“P 才怪$_2$”与相关范畴

1. “P 才怪$_2$”与时

时（tense），在文献中又叫“时制”（陈平，1988；龚千炎，1995；李铁根，1999），是“观察事件的时间构成的方式”①。关于现代汉语是否有时范畴，学界有两种观点：一种认为现代汉语没有表达时意义的形态，因此没有时范畴，如高名凯（1986［1948］：186）、龚千炎（1991，1994，1995）、戴耀晶（1997：6）等；另一种认为现代汉语存在时范畴，词汇手段和语法形式等都可以表达时意义，陈平（1988）、张济卿（1996，1998）、左思民（2001）、孙英杰（2006）都认为现代汉语的时是相对时，李铁根（1999：15）认为绝对时和相对时在现代汉语都有所反映。我们下面拟根据李铁根（1999）来看“P 才怪$_2$”与时之间的关系。

李铁根（1999）认为，绝对时（absolute tense）是指事件发生时间（event time）与说话时间（speech time）之间的关系，相对时（relative tense）是指事件发生时间与说话时间之外的某个参照时间（reference time）之间的关系。在此基础上李书认为现代汉语的“时”有如下特点：

a. 汉语的绝对时包括已然（相当于过去时和现在时）和未然（相当于将来时）。例如：

（45）你说什么来着？（已然）

（46）咱们商量商量。（未然）

（47）a. 小王和小赵都去了北京。（已然）

b. 小王和小赵都去北京。（未然）

（48）a. 里屋睡着客人。（已然）

b. 里屋睡客人。（未然）

（49）a. 我说过他几句。（已然）

① 参见戴耀晶（1997：5）。

b. 我说他几句。(未然)

从上面我们可以看到，助词（来着、着、了、过）、动词重叠等语法形式都可以用来表达绝对时意义。

b. 相对时包括同时和异时，异时又可分为前时（事件在参照事件之前发生）和后时（事件在参照事件之后发生）。例如：

(50) 1960 年以前，我只去过一次北京。(前时)

(51) 1985—1987 年期间，他正读着夜大。(同时)

(52) 我到他家里的时候，他正和孩子一起看电视。(后时)

c. 绝对时和相对时混合。例如：

(53) 昨天我下了课去你家，可你不在。(已然)

(54) 明天我下了课去你家。(未然)

在例（53）和例（54）中已然和未然并不是由“了”决定的，而是由“昨天”和“明天”决定的，而“了”则表示的是相对时意义，因为“下了课”总是在“去你家”之前发生。这两例都是绝对时包含相对时的情况。

下面我们来看看“P 才怪$_2$”构式与时之间的关系。因为“P 才怪$_2$”构式和上下文语境以及会话语境紧密相连，因此我们拟分别考察“P 才怪$_2$”构式在这两种语境中和时的关系。

首先来看会话语境中的“P 才怪$_2$”构式与时的关系。

(55) A：里屋睡着客人。

B：里屋睡着客人才怪，我进去看看。

A：我会让你进来才怪。

B：如果你不让我进去，我再理你才怪。

A：信你才怪。

在例（55）会话中，A 所说“里屋睡着客人”表示绝对时的已然义，B 所说“里屋睡着客人才怪”是对已然义的否定，A 所说“我会让你进来才怪”表示绝对时的未然义，是对 B 所说“我进去看看”未然义的否定。以上两次否定都是对受话人话语命题的直接否定。B 所说“如果你不让我进去，我再理你才怪”不是对受话人话语命题的直接否定，考察它需从两句的关系考察，我们后文再论。A 所说“信你才怪”也不是对受话人话语命题的直接否定，表示绝对时的未然义。我们再看下面的例子：

（56）A：1960 年以前我只去过一次北京。
B：你只去过一次北京才怪呢。
A：真的，1959 年 7 月，我去北京出差。我出差回来，小王就当上了局长。

在例（56）中，A 所说“1960 年以前我只去过一次北京”表示相对时的前时义，B 所说“1960 年以前你只去过一次北京才怪呢”是对 A 所说“1960 年以前我只去过一次北京”的直接否定，也表示相对时的前时义，A 所说“1959 年 7 月，我去北京出差”表示的是相对时的同时义，不是对 B 所说“1960 年以前你只去过一次北京才怪呢”的直接否定，A 所说“我出差回来，小王就当上了局长”表示相对时的后时义。

由上可知，会话语境在不包含上下文语境的情况下，“P 才怪$_2$”构式在表示绝对时意义时，其时意义跟受话人话语表示的时意义有关：如果是对受话人话语命题的直接否定，说话人使用“P 才怪$_2$”构式表示的时意义跟受话人话语表示的时意义一致；如果不是对受话人话语命题的直接否定，说话人使用的“P 才怪$_2$”构式表示未然义。在表示相对时意义时，“P 才怪$_2$”构式所表示的时意义由参照时间决定。

其次来看上下文语境中的“P 才怪$_2$”构式与时的关系。

考察上下文语境中的“P 才怪$_2$”构式，其实就是考察假设条件关系句和因果条件关系句中的“P 才怪$_2$”构式所表示的时意义。我们把前文例（35—44）都补上标记时间概念的词语（［ ］内为补充成分），表示如下：

（35’）若我［**刚才**］有气力把花瓶掷向你，你［**刚才**］不死才怪。

(36') 你**要**[**再**] 这么噎搡我，我 [**会**] 叫你看这个玩艺才怪呢！

(37') **如果**[**现在**] 附近是公厕，或是放上个垃圾箱，雪糕 [**会**] 吃得下才怪，除非饿极。

(38') 若她是他以前的女朋友，一定从此绝交，但 [**那时**] 从没有一个女孩子胆敢像苏铃那样待他，**否则**[**那时**] 不一脚把她们踢死才怪。

(39') 今天幸亏你，得宝哥，**不然**她 [**今天**] 肯走才怪哩，谢谢你。

(40') 你妈才出门，你就狂得这般模样，回头 [**你要**] 闯了祸，[**等你妈回来**] 看我不抖出来才怪！

(41') 不愧是交警，手不忙，脚不乱，马路上练就的功夫，活学活用，立即运用到人际关系上来，一百八十度的大转弯！非同凡响，[**如果刚才**] 放到常人身上，[**刚才**] 不摔个大跟头才怪哩。

(42') 糟糕！自己竟出来了一整夜，[**昨天**] 连电话都没有打回家，爸爸妈妈 [**现在**] 不急死才怪！

(43') 可是 [**那时**] 只在他家教了三天半的书，他 [**现在**] 要记得我才怪；再说那个家伙不可靠！

(44') [**现在**] 这么丰满体面的肚子，[**将来**] 要不是双胎才怪呢！

从补充上的标记时间概念的词语我们可以知道上述用例偏句和正句的绝对时意义，例（35'）是反事实条件句（或叫虚拟条件句），偏句和正句都表示已然义，例（36'）偏句和正句都表示未然义，例（37'）是反事实条件句，偏句表示已然义，正句表示未然义，例（38'）偏句和正句都表示已然义，例（39'）偏句和正句都表示已然义，例（40'）偏句和正句都表示未然义，例（41'）偏句和正句都表示已然义，例（42'）偏句和正句都表示已然义，例（43'）偏句和正句都表示已然义，例（44'）偏句表示已然义，正句表示未然义。

由上可知，上下文语境中的“P 才怪$_2$”构式表示的绝对时意义并无一致的规律，有的表示已然义，有的表示未然义。但我们发现，不管“P

才怪$_2$”构式表示已然义还是表示未然义都是以偏句的时意义为参照时间而获得的，从这个意义上说，例（35’—44’）中的“P才怪$_2$”构式表示的都是相对于偏句时意义的后时义。因此，我们认为“P才怪$_2$”构式在上下文语境中的时意义为相对时的后时义。

至此，可能有人会认为：所有的假设条件句和因果条件句表示的都是相对时的后时义，我们不能把这种时意义归结为“P才怪$_2$”构式本身的时意义。该看法很有道理，但是我们不要忘记：除了用于会话语境中，“P才怪$_2$”构式本身专用于假设条件句和因果条件句中，从这两种条件关系中总结“P才怪$_2$”构式表示的时意义是理所当然的；更为重要的是，具体的语料显示不少用例只出现了结论句“P才怪$_2$”，条件偏句却不出现，需要在上下文语境中捕捉，但“P才怪$_2$”构式依然表示相对时的后时义。例如：

(57) 他想，应当就在此时此地吻她。不知道她是不是正巴望他这么做呢。但毕竟事先没有半点儿表示，怎能这么冒冒失失呢。[**如果冒冒失失地吻她**] <u>她不以为自己疯了才怪哩</u>，也许会赏自己一个耳刮子，说不定还会到他大伯面前去告状。(《人生的枷锁》，192)

(58) 范登高老婆说：“[**假如有翼他爹知道了你这个建议**] <u>你这个建议要不把有翼他爹气死才怪哩</u>！人家就是怕有翼的翅膀长硬了，才半路把他从学校叫回来。人家常说：‘四个孩子飞了一对了，再不能让这一个也飞了！’你如今建议要人家分家，不是又给人家弄飞了吗？”灵芝说：“飞了自然合算！要不早一点飞出来，再跟着他爬几年，就锻炼成个只会爬的了！”(赵树理《三里湾》，48)

(59) 怎么好叫你亲手服侍？[**如果赵三知道了**] <u>赵三不揍我才怪</u>。(亦舒《香雪海》，211)

例（57—59）“中括号”内的粗体黑字是我们补出来的条件偏句，这些条件都没有出现，但是“P才怪$_2$”构式依然表示相对时的后时义，当然，“P才怪$_2$”构式的时意义是以条件偏句的时意义为参照点的，但我们也不得不承认，缺失条件偏句的“P才怪$_2$”构式在一定程度上也能够独立表示规约化的“相对时的后时义”，从这个意义上说上下文语境中的“P 才怪$_2$”构式本身的时意义是“相对时的后时义”也未尝不可。

2. “P 才怪$_2$”与体

体（aspect），在文献中又被称为“情貌”（王力，1954［1943］：311；王力，1954［1944b］：282）、“动相”（吕叔湘，1982［1944］：227）、“动态”（赵元任，1979［1968］：125）、“时态”（陈平，1988；龚千炎，1995）、“动态范畴”（胡明扬，1996）、“动貌”（杨素英，2000）、“体貌”（饶长溶，1996；陈前瑞，2003）。戴耀晶（1997）定义“体”为“观察时间进程中的事件构成的方式”①，并把现代汉语里表示体意义的形态形式分为两大类六小类②：

第一大类是完整体，指句子表达一个完整的不予分解的事件。分为以下三个小类：

a. 现实体（了），表达现实的完整事件，包括追忆的现实和拟想的现实；

b. 经历体（过），表达经验历程上的完整事件；

c. 短时体（动词重叠），表达短时的完整事件。

第二大类是非完整体，指句子表达一个非完整的可分解的事件。分为以下三小类：

d. 持续体（着），指明事件在持续之中；

e. 起始体（起来），指明事件起始并将持续；

f. 继续体（下去），指明事件到达某中间点后还将继续持续。

我们下面主要根据戴耀晶（1997）建立的现代汉语的体系统来考察“P 才怪$_2$”与体标记共现是否有句法限制。下面是“P 才怪$_2$”与现代汉语现实体标记“了”、经历体标记“过”、持续体标记“着”、起始体标记“起来”共现的用例：

① 参见戴耀晶（1997：5）。

② 参见戴耀晶（1997：30—31）。

(60) 哼！要交给你办，你还不白白的把女儿给了他？他一高兴，要不把女儿卖了才怪！(老舍《四世同堂》，755)

(61) 他们下狱，有钱打点，受不了罪；你呀，我的好兄弟，手里没硬的，准拴在尿桶上！这还算小事，碰巧了他们花钱一运动，闹个几年徒刑；官面上交待不下去，要不把你垫了背才怪。(老舍《骆驼祥子》，97)

(62) 字学家收了半片迷叶，咬着牙说："少给我半片！你等着，我不偷了你的老婆才怪！"(老舍《猫城记》，120)

(63) "他没想过才怪呢。"史佩德快活地说，"他上这儿来的时候，已经一心以为抓住我的把柄了，虽然你知道我一直都在捉弄古特曼。"(哈梅特《马耳他黑鹰》，240)

(64) 像H医院的太平间从未有过一块完整玻璃，不得已只好把临街一面的玻璃全都用板条钉上，这样太平间不透着阴森才怪。(《报刊精选》1994年第1期)

(65) 严厉的父亲板起脸来教诲，不让我有申辩的机会；慈祥的母亲笑着询问，以至于你不顺着她的心意才怪哩！(《人民日报》1994年第3季度)

(66) 售货员也没好脸子，店少货少，大家又抢，售货员一天接待数百上千人，累得腰酸腿疼，还没东西可卖。顾客再说一两句不中听的，不吵起来才怪呢，不抄家伙就算够"安定团结"了。(《人民日报》1996年11月)

(67) 不过，他并没有把这疑惑表露出来，甚至还摆出一副幽默的样子，对妻子说："你看你看，要是赶上个醋劲儿大的丈夫，不跟你打起来才怪！"(陈建功，赵大年《皇城根》，155)

(68) 金一趟派杨妈过去把金秀召过来问了几句，金秀把老爷子给搪塞了。她要是将金枝的话原原本本报告了，老爷子不跳起来才怪。(陈建功、赵大年《皇城根》，181)

从以上用例我们可以看到，"才怪$_2$"与现代汉语现实体标记"了"、经历体标记"过"、持续体标记"着"、起始体标记"起来"共现都没有特殊的句法要求，虽然所见语料没有包含短时体标记和继续体标记与"P才怪$_2$"共现的用例，但是生活中的用例倒是不少，略举两例：

（69）他见到你时不亲亲、抱抱你才怪，他就这习惯。

（70）你这样鼓动他，他明天不从楼上跳下去才怪呢。

可见，现代汉语体标记均可在“P 才怪$_2$”构式中使用，并无特殊的句法要求，也不会影响“才怪$_2$”否定功能的发挥。

3. “P 才怪$_2$”与态

态（voice），句中主语和动词之间或具有动词功能的词与宾语之间所生之关系，一般分为主动态（active）和被动态（passive）。（高名凯，1986［1948］：200）现代汉语中主动态一般没有显性的语法标记，被动态一般含有“被”“叫”“让”等语法标记。通过观察发现，“才怪$_2$”不仅可以和主动态共现，还可与被动态共现。前文例（7）就是“才怪$_2$”与被动态共现的用例，其他用例基本都可看作“才怪$_2$”与主动态共现的用例。“才怪$_2$”与被动态共现的用例还有：

（71）马秀真道：“那倒一点也不错，谁若娶了她这种尖嘴滑舌的女人，不被她吵死才怪！”（古龙《古龙作品全集·金鹏王朝》，133）

（72）陆小凤道：“我若在这种地方呆上三天，不被闷死才怪。”（古龙《古龙作品全集·金鹏王朝》，216）

（73）售票员是个脸儿红扑扑的、口齿伶俐而且嗓音响亮的小姑娘。在陈杲的边远小镇，这样的姑娘不被选到文工团去报幕才怪。（王蒙《王蒙小说精选·夜的眼》，46）

第三节 “P 才怪$_2$”的语用功能

现代汉语中具有否定功能的词语较多，典型的有“不”“没（有）”“别”等。“才怪$_2$”的句法功能也是否定，我们在前文已经总结出了它的一些句法特征，从上述特征我们可以看到“才怪$_2$”和“不”“没（有）”“别”在句法上的差别，但句法反映的只是语言符号的线性组合特征，无法告诉我们不同线性组合的语用差别，因此我们有必要进一步刻画“才怪$_2$”

的语用功能①，探讨“才怪$_2$”与其他否定标记共存的理据性。

一 反预期信息/预期信息和反预期标记/预期标记

据 Dahl（1998）、吴福祥（2004b），在现实的言语行为中，语言成分的信息地位往往存在差别，从言谈事件参与者预期（expectation）的角度看，话语成分所传达的信息可分为“预期信息”“反预期（counter-expectation）信息”和“中性（neutral）信息”三种。预期体现的是言谈事件参与者的预测、期望和断言，与言谈事件参与者预期或预期参照点一致的信息是预期信息，不一致则为反预期信息，不被预期的信息就是中性信息。例如：

（74）A. 小张怎么还没有到？
B. a. 已经到了，出去接电话了。
b. 他一向没有早到的习惯。
c. 外面在下雨。

（74B-a）所提供的信息跟受话人 A 的预期相反，体现的就是受话人反预

① 吕叔湘（1999［1980］：108）认为“才”在“他不知道才怪呢！”中“主要强调程度高”。刘丹（2007）认为“才怪$_2$”“用在句末，用来标记肯定、必然的语气”。李宗江、王慧兰（2011：475）认为“才怪$_2$”“表示确信，用于以下两种句子末尾：1. 用于一个假设的小句之后，表示确信这一假设的情况不会发生……2. 构成‘不……才怪（呢）’的句式，表示确信某一事实定会发生”。马宁（2013）认为“才怪$_2$”“否定性语义的产生与‘才’的负向强调和‘怪’的语义有关……属于有标记的强性否定”。黄培培（2013）认为“才怪$_2$”是通过隐形的语用推理过程表达委婉的否定。李孟霞（2014）认为“才怪$_2$”“带有明显的主观感情色彩，具有强烈的主观性，表达对说话主体即说话人所表述内容的一种不认同、不赞许之情，表示主观否定推断，与语气强硬的‘不’‘不会’‘不可能’相比，显得更加委婉”。丁婵婵（2014）认为“‘才’的辩驳意义给句子创造了一定的语境意义，同时这个语境意义被‘才怪’在使用中不断吸收，随着这种语境义吸收的经常化，‘才怪’逐渐有了表示辩驳的意义”，并指出“‘才怪’在一定程度上沿袭了‘才’的强势辩驳预期，因此其语气量级相对比较高，是一种礼貌级别偏低的否定表达式”。辛慧（2017a）认为“语气标记‘才怪’，标记说话者的自我态度及认知情感方式，其标记说话者强调性的否定态度是一种强项否定，从说话者的主观情感来看，在表达否定性评价态度的同时还兼具说话者极强的强调性语气”。辛慧（2017b）认为“语气标记‘才怪’主要标记强调说话者的否定性态度，是一种强否定性主观语用标记”。

期信息，（74B-b）所提供的信息是说话人和受话人的共同经验，表达的是预期信息，（74B-c）所提供的信息不在预期内容之内，表达的是中性信息。

在三种信息当中，中性信息是基本的类，反预期信息和预期信息是中性信息朝不同方向的延伸，反预期信息信息量最大，中性信息次之，预期信息的信息量最低。信息量大语言编码形式就相对复杂，信息量少语言编码形式就相对简单，往往伴随着语音弱化、不被重读等。

Heine 等（1991：192）认为在常规情景和非常规情景下人们的表达形式是存在着差别的，在常规情景下，言语表达形式不被标记（unmarked），在非常规情景下，言语表达形式往往含有标记（marked），预期和常规情景相连，反预期则和非常规情景相连，因此预期不需标记，反预期则需标记。时贤们把专门标示反预期信息的语言形式叫作反预期标记（counter-expectation markers），如“竟/竟然/居然”（陈振宇，2010）、“反而/甚至”（袁毓林，2008）、“还”（武果，2009；唐敏，2009）、“别看”（刘炎，2009）等都是反预期标记，除了反预期标记还有反预期结构式，如“X 不比 Y · Z”（吴福祥，2004b）等。

其实，语言中不仅存在着专门标示反预期信息的反预期标记，也存在着专门标示预期信息的语言形式，即预期标记（expectation markers）。预期标记还没有引起研究者足够的重视。预期标记有哪些属性呢？我们可以从反预期标记的属性谈起。

Heine 等（1991：192）认为反预期标记有如下两个属性：

a. 反预期标记隐含着所断言（what is asserted）与预设（presupposed）、预期（expected）或常规（norm）之间的对比；

b. 所断言和预设、预期或常规相悖，反预期标记的功能就是使二者相连。

Traugott（1999：179）把反预期标记所标记的反预期信息作如下总结：

话语 U_2 非话语 U_1 所预期

与反预期标记的属性相类，我们可以把预期标记的属性归纳如下，即：

a. 预期标记隐含着所断言与预设、预期或常规之间的对比；

b. 所断言和预设、预期或常规相合，预期标记的功能就是使二者相连。

当然，我们也可以像 Traugott（1999：179）那样对预期标记作一总结：

话语 U_2 为话语 U_1 所预期

但需要说明的是 U_1 不一定是语言编码形式，可能仅仅是 U_2 的预设，也可能是社会常规知识；U_1 也不一定是命题形式，可以从相关语句推出。

至于哪些语言形式是预期标记还需要进一步的挖掘，这方面的研究还十分欠缺，邱闯仙（2010）即是一例。其文论证了汉语中的“瞧”是个预期标记。但我们认为“瞧”并非专门的预期标记，它的基本作用就是引导受话人注意下面将要讲述的话语内容。例如①：

（75）“瞧，包装都没有开封，很好的日本东西。”老林拍着包装纸箱夸耀说，“要不要打开看？”（王朔《王朔文集·挚情卷·橡皮人》，69）

（76）“下回公安局有事我可找你们。”

“瞧，一碗面条吃出毛病来了吧。”

“吓的，跟你们说着玩呢，咱公安局有哥们儿。”（王朔《王朔文集·挚情卷·玩儿的就是心跳》，230）

我们可以从上例看出，“瞧”本身并不隐含所断言和预设、预期或者常规之间的对比，不能算是预期标记。除了可以引导受话人的注意力，“瞧”在具体的语境中还可以辅助表达“推测”“赞扬”“责怪”等意义。例如：

① 邱闯仙（2010）也使用了例（75—80）。

(77) 我斜眼看燕生。“瞧吧，过会儿他就会来告诉你，你的通行证没办下来。”(王朔《王朔文集·挚情卷·橡皮人》，20)

(78) “醒了?”她快活地说，直起腰回过头美滋滋地对我说：“瞧我，把这间屋子全刷完了。”(王朔《王朔文集·纯情卷·永失我爱》，66)

(79) 有话别不敢直说，憋在心里再憋坏了。瞧人潘佑军，多男子汉，敢作敢当。(王朔《王朔文集·纯情卷·过把瘾就死》，373)

(80) 还不脏! 瞧你这一头一脸土，钻了哪儿灰土堆儿了? (王朔《王朔文集·矫情卷·我是你爸爸》，174)

例 (77) 表达“推测”，例 (78-79) 表达“赞扬”，例 (80) 表达“责怪”，但这些意义都来自上下文，并不是“瞧”本身的含义，或者说还没有内化为“瞧”自身的含义，这些用例中的“瞧”还保留着“引导受话人注意力”的作用，但显然已经有所弱化。由上我们可以把“瞧”的发展路径作如下总结：

视觉动词 ——→ 引导受话人注意力 ——→ 辅助表达“推测”“赞扬”“责怪”等含义

通过上述论证，我们可以知道“瞧”并非预期标记，下面我们略举一例现代汉语中的预期标记，即“我说什么来着①”②。“我说什么来

① 陈前瑞 (2006) 认为，目前为止所见“来着”的最早用例来自《满汉成语对待》，“来着”首先是受满语影响的一种表过去时间的完成体标记，后来进一步发展出情态的用法。祖生利 (2013) 认为“清代旗人汉语里习用的句末时体助词‘来着’，主要是对应满语特殊动词 bi-的陈述式过去时终止形 bi-he 及由其构成的相关时体构式的结果。这与元代蒙式汉语里主要对应于中古蒙古语特殊动词 a-/bü- (有、是、在、存在) 陈述式过去时终止形的句末时体助词‘有来’性质是完全一样的……清代旗人汉语的‘来着’和元代蒙式汉语的‘有来’都是对应阿尔泰语言这种特殊动词过去时范畴的结果”。

② 吕为光 (2011)，朱红、关黑拽 (2016) 亦持此说。吕为光 (2011) 进一步认为“我说什么来着”与其他具有同样功能的形式之间的不同之处体现在“我说什么来着”具有“a. 提醒，强调语气很强……b. 互动性……c. 责怪语气……”的语用价值。朱红、关黑拽 (2016) 进一步认为“预期信息标记‘我说什么来着’有‘预期回顾’‘预期植入’两种不同的使用模式”。

着”① 在我们的口语中经常使用，例如：

(81) 这让孙毛旦抓住了话头，拍着巴掌说：“当初我说什么来着？屎根不懂事，要当兵，什么兵不能当，偏要当个八路军，跟一群泥腿混到一起！八路军是干什么的？整天尽想着吃大户。咱们家就是大户，他当了八路军，这不是自己跟自己过不去么！”（刘震云《故乡天下黄花》，99）

(82) 松儿大爷一半满意，一半慨叹的说：“我说什么来着？出不了三四年，夏家连块土坯也落不下！应验了吧？县里，二三百亩地还不是白填进去！”（老舍《微神集·柳屯的》，71）

(83) 我说什么来着，无聊的下一步就意味着堕落。（王朔《王朔文集·谐谑卷·顽主》，54）

(84) 起明：我说什么来着。你就是一学医的，想象力贫乏。（电视剧《北京人在纽约》，第5集）

(85) 赵老 龙须沟啊，不是坏地方！

大妈 我说什么来着？赵大爷也这么说不是？（老舍《老舍剧作全集·第二卷·龙须沟》，111）

(86)“倒不觉得怎么的，”马威说：“父亲可是始终没起来。”

“我说什么来着？马先生！你还说不饿！马威，再去给你父亲要杯啤酒，啊，也再给我来一杯，爱喝着玩儿。马先生，我已经给你们找好了房，回来我带你们去，你得好好的歇一歇！”（老舍《二马》，22）

(87) 天赐反倒笑了：“虎爷，我说什么来着？别的少说，咱们找房吧。”（老舍《牛天赐传》，188）

从以上用例我们可以看出，“我说什么来着”隐含着所断言和预设、预期或常规的对比，并使得二者发生联系，强调预期得以实现。“我说什

① “我说什么来着”必须是单独成句，有时前面附有时间词，如例（81），像下面的情况我们不能称之为“我说什么来着”构式：

唉，你们猜，我家老头子在枕头边跟我说什么来着？他说崽女们的话应给我们启发，今后工作上的事过得去就行。（胡辛《四个四十岁的女人》，《妇女小说选》，484）

么来着”作为预期标记式主要有以下几种情形：

第一种情形是预期和断言都出现或隐含在“我说什么来着”之后，表现形式为“我说什么来着+预期/常规+断言”。比如说例（81）预期是“孙毛旦以前曾说八路专门吃大户”，共享的常规知识是“屎根家就是大户”，断言是“现在屎根当了八路军的连长，肯定得拿自己开刀”；例（82）预期是“出不了三四年，夏家连块土坯也落不下”，断言是“应验了吧”。

第二种情形是预期出现或隐含在“我说什么来着”之后，断言隐含在语境当中，也可以说成是断言和预期重合，表现形式为“我说什么来着+预期/断言”。例（83—84）属于此类。

第三种情形是预期出现或隐含在前文之中，断言出现或隐含在“我说什么来着”之后，表现形式为“预期+我说什么来着+断言”。例（85—86）属于此类。

第四种情形是预期出现或隐含在前文之中，断言不出现，表现形式为“预期+我说什么来着”。例（87）属于此类。

以上我们介绍了“反预期信息/预期信息”和“反预期信息标记/预期信息标记”两对概念，下面我们来看看他们和情态的关系。

二 推断（deductive）和反预期标记/预期标记

Palmer（2001：24）把认识情态（epistemic modality）分为三种类型：推测（speculative）、推断（deductive）和假设（assumptive）。推测表达不确定性（uncertainty），推断是可获得证据支持的推理（inference），假设是可获得常识（what is generally known）支持的推理。这三种类型并不是每种语言都有，在英语中，这三种类型都有，Palmer（2001：25）给出下面三个例子，分别表达推测、推断和假设。

（88）John may be in his office.

（89）John must be in his office.

（90）John'll be in his office.

例（88）表示推测情态，表达的是可能性，例（89）表示推断情态，表达的是唯一可能性，或称必然性，例（90）表示假设情态，表达的是合理性。

陈振宇（2010）认为汉语中也有这三种类型的表现，如下所示：

(91) 明天一定下雨。(推断)
(92) 明天可能下雨。(推测)
(93) 明天会下雨。(假设)

目前，人们在研究情态方面较多关注典型的情态词语，如情态动词、情态副词、语气助词等（彭利贞，2005、2007；徐晶凝，2008）。其实，不仅词语可以表达情态，构式也可以表达情态，陈振宇（2010）就指出了四种现代汉语推测情态表达式：

a. “难道”类，如“难道、岂、未必、不成”等；

b. “不会”类，如“不是、不能、不会、该不是、该不会、不可能、不（应）该、不得”等；

c. “别”类，如“莫、莫是、莫不是、莫非、别、别是、别不是、不要”等；

d. “怕”类，如“怕、怕是、怕不是、只怕、恐怕、恐”等。

可以预见，随着研究的深入更多的情态表达式会被逐渐挖掘出来，此处就不作深入的介绍。下面我们主要说明反预期标记和情态的关系。反预期标记和情态的关系主要表现为反预期标记在标示反预期信息的同时还可以表达特定的情态。以“别不是XP”为例。“别不是XP”不仅可以表达推测情态，同时也是一个反预期标记式。例如：

(94) 高自萍第二次被女佣人叫醒时，他打了个哈欠，看了看外面的天色，天色与他的心情一样的阴沉灰暗。他想：“什么急事要我马上离开，这样晚的时光，到哪里去，别不是她听错了！这个女乡下佬！”（李英儒《野火春风斗古城》，384）

例（94）“别不是XP”隐含着所断言和预期、常规的对比，“女佣人叫他马上离开应该是有急事”是预期信息，“应该没有什么急事，可能是她听错了”是断言，“别不是”后的断言提供了和预期信息相反的信息，由此可知“别不是 XP”是个反预期标记式。按照 Palmer（2001：24）的分类，“别不是 XP”表达的是一种可能性，属于推测情态。我们把类似于“别不是 XP”这样的既表达推测情态又是反预期标记的构式称之为推测性反预期标记式。从逻辑上讲，当然还存在着推测性预期标记式、推断性反预期标记式、推断性预期标记式等等。我们认为，“P 才怪$_2$”构式就是一个推断性反预期标记式。

三 “P 才怪$_2$”是推断性反预期标记式

情态是说话人对命题真值或事件现实性的主观态度（彭利贞，2005：23；彭利贞，2007：41），但情态并不都能够从语形上看出，需要从语义上加以解读，为了清楚地认识“P 才怪$_2$”所表示的情态，我们拿本章例（1—3）作如下分析：

（1’）不栽跟头才怪＝［**肯定不**］不栽跟头＝**肯定**栽跟头

（2’）把你愁不死才怪＝［**肯定不**］把你愁不死＝**肯定**把你愁死

（3’）要是也穿成个“千人瞧”人家不说你有病才怪
＝要是也穿成个“千人瞧”人家［**肯定不**］不说你有病
＝要是也穿成个“千人瞧”人家**肯定**说你有病

从上述变换我们可以看到，“才怪$_2$”作语义解读时必须使用表示必然性的情态算子“肯定”，即“P 才怪$_2$”＝“肯定不 P”，由此可知“P 才怪$_2$”是个表示必然性的构式。前文已述，必然性是推断情态的特征，“P 才怪$_2$”表示必然性，应当是个推断情态表达式。

“P 才怪$_2$”不仅可以表示推断情态，还是个反预期标记式[①]。“P 才怪$_2$”作为反预期标记式，表现有二：第一，跟受话人的预期相反；第二，跟说话人的预设相反。

---

① 李孟霞（2014）、丁婵婵（2014）亦持此说。李孟霞（2014）认为“‘（X）才怪’是一个表达反预期信息的结构”。丁婵婵（2014）认为：“从‘才怪’具体使用情况来看，它表示说话人所陈述的是与听话人的预期或是社会预期或是自我预期相反，‘才怪’在表达反预期信息类别方面具有标记作用……‘才怪’所否定的时间往往是未然时间，也就是预期会发生的事件，正因为如此，‘才怪’具有反预期信息表达的作用。”

(一) 跟受话人的预期相反

在这类中，受话人首先说出了预期信息，说话人使用“(P) 才怪$_2$”回答，因为“才怪$_2$”的句法功能是否定，因此说话人使用“(P) 才怪$_2$”作答时提供的总是反预期信息。话语否定是这类反预期信息的典型形式，当然话语否定中的“P 才怪$_2$”都是省略命题“P”的。拿例 (24) 来说。锁锁说“你也认识”，南孙只用“才怪$_2$”作答，否定了锁锁提供的预期信息，提供了一个反预期信息，南孙的回答可补充为“我也认识才怪”。话语否定的其他用例都可作如是分析，不赘述。

此处需要说明两点：第一，当自述自答时说话人含有受话人身份；第二，话语否定中受话人提出的预期信息都是以命题形式出现的，我们从例 (19—28) 可以清晰地看到这一点，不是话语否定但预期信息为命题形式的用例也是大量存在的，如前文例 (32b)，需要注意的是受话人提出的预期信息不一定都是以命题形式出现，有的需要从对话语境中推理出来。例如：

(95) 啪！啪！啪！侯老奎脸上一连挨了尹麻子几个耳光，“别他妈装洋蒜，老实讲，地洞在哪里?”

“啥地洞? 咱磨房咋会有地洞?”

“哼哼，没地洞，干你们这行没地洞才怪哩！给我扒!”(李晓明《平原枪声》，557)

(96) “臭娘们，你胆子真不小，还敢把大门插住!”

“准他妈藏的有八路，交出来!”

“不交就挑了你这个臭娘们!”

接着就把云秀押到屋里。伪军大队长胡二皮看见炕边有双男人鞋，指着云秀问道：“你把这个男八路藏到哪里去了?”

“那是俺哥哥的鞋。”云秀坦然地答道。

“你哥哥上哪去了?”

“俺娘送他进城看病去了。”

“为什么不把鞋穿走?”

“用床抬去的，穿鞋干啥?”

“嗯！……”这句话反问的胡二皮答不上来，“好个刁滑的娘们，一定是受过八路训练的。”说着，抓住云秀的头发，按在墙上碰。

云秀被碰得头昏眼花，为了迷惑敌人，索性大哭大叫起来。

胡二皮的手大概累酸了，把云秀丢在一边，像个狗似的，用鼻子到处嗅着，忽然叫道："没有八路才怪哩，这是哪里来的血腥气？搜！"（李晓明《平原枪声》，314）

上述例（95）侯老奎反问尹麻子说："啥地洞？咱磨房咋会有地洞？"言外之意就是"没有地洞"，"没有地洞"才是预期信息，尹麻子悟出"言外之意"，然后又反问"干你们这行没地洞才怪哩"，实则是否定了预期信息，提供了一个反预期信息。可见，预期信息可以是一种会话含义。

例（96）中的预期信息也是言外之意，但对预期信息的推理要比例（95）复杂。云秀在对话中始终没有涉及"八路"二字，整个对话大半是在谈论鞋子究竟是谁的，胡二皮认为是八路的，云秀说是她哥哥的，云秀坚称鞋子是她哥哥的言外之意就是"没有八路"，胡二皮悟出"言外之意"，然后反问"没有八路才怪哩"，否定了"没有八路"这个预期信息，提供了一个反预期信息。

（二）跟说话人的预设相反

预设（presupposition）最早由 Frege 提出（Frege，1952［1892］），Frege 认为当人们断言（asserted）时总会存在一个预设，即所使用的专名（proper names）有所指（reference）。比如说断言"Kepler died in misery"就已经预设"存在 Kepler 这个人"，如果不存在 Kepler 这个人，断言必为假。

Russell（1905）认为 Frege 的专名概念过于宽泛，应当把专名和摹状词（description）区别开来，专名是简单的符号，必须有指称对象，它的指称意义不因其他词而转移，摹状词并不指称对象，它的意义是从被描述的某些属性中推导出来。比如"the round square is round"，虽然摹状词"the round square"没有指称，但可以推导出意义，整个论断为真。也就是说，预设不存在，论断也可为真。

Strawson（1950）批评 Russell 混淆了词句（expression/sentence）和词句的使用，他认为词句本身没有指称，但可以使用它们指称对象，结合特定的语境可以判断真假。比如说"the present King of France is wise"，这句话脱离了语境无所谓真假。他还指出 Frege 只是说"预设"某物存在，并不"断言"他存在与否，Russell 混淆了预设和断言。

Frege、Russell、Strawson 所讨论的预设是以真值为基础的，这种预设被后来的研究者称为语义预设（semantic presuppositon）。Stalnaker（1970，1973）又提出了“语用预设”（pragmatic presupposition）的概念，认为预设是说话人接受某一事物为真的态度，即说话人在某特定的语境中预设 P，并想当然地认为并相信受话人也认为 P 为真。

Keenan（1971）明确把预设分为语义预设和语用预设，认为语义预设是指句子 S 预设 P，当且仅当 S 和 S 的否定命题都逻辑上蕴含（logically implies）P；语用预设是指说话人预设句子 S，并想当然地认为同时相信受话人也认为 P 为真。

Jackendoff（1974［1972］：229—278）认为预设就是共有的知识（background knowledge）。

Kattunen（1973）认为语用预设必须在句子被恰当表达的语言环境（linguisitic contexts）中才能得以确定。

Grice（1981）认为预设不是共知信息，而是无争议的信息（non-controversial）。Barbara（2000）在其基础上进一步指出这种无争议的信息受话人不一定预先知道，但可以从话语中推导出来。

Caffi（1993）认为语用预设不是共有知识，而是说话者给定并认为是共有知识，或者是假定（assumed）为共有知识，因此而显得是确凿无疑的（irrefutable）；语用预设关涉到预期（expectations）、渴望（desires）、兴趣（interests）、主张（claims）、对世界的态度（attitudes toward the world）、恐惧（fears）等个人的情感；语用预设可能是一种欺诈（bluff）①。

由上可知，语义预设是逻辑预设，以真值为基础；语用预设是说话人预设，是说话人在特定的语境下假定的共知信息。

基于上文对预设的认识，我们下面来看看“P 才怪$_2$”构式所含的预设。“P 才怪$_2$”构式中的“才怪$_2$”是整个构式的预设触发语（trigger）。但凡使用“才怪$_2$”就会预设某个命题存在。这个命题的真假似乎不是重

① Schmid（2001）论证了“N-be-that-clause”构式中的 N 是如何触发预设的，并指出这个构式有两种预设：一是说话人期望受话人注意由抽象名词 N 引出的专门信息“that clause”；二是说话人假定抽象名词引出的内容是被受话人认可的共有知识。第二种预设是可以表现出欺诈性质的语用预设。如想详细了解语用预设的欺诈现象请参看此文。

要的方面，预设的存在好像是为“才怪$_2$”的使用提供适宜的语境，因此我们认为“才怪$_2$”所触发的预设应当是语用预设。请看下面两例：

(97) 叔叔见啥都要，有十石粮食，他不要才怪哩。(周而复《上海的早晨·第一部》，175)

(98) 当然累，上的士高疯狂，半夜三更才回家，有精神才怪。(岑凯伦《还你前生债》，26)

在上面两例中，例(97)的预设是假定命题“他不要”成立，例(98)的预设是假定命题“有精神”成立，从这两例我们可以看出，说话人使用“P才怪$_2$”构式时总需预设P成立，并且命题P也都是说话人假定的信息，“才怪$_2$”所触发的预设应当是语用预设。我们还看到有的命题P自身就带有假定性的标志词，如“要”“若”等。例如：

(99) 姑且不论他是否能够做到，一千三百多本可重新被吸纳为工人的人，**要**不恨死他才怪呢！另外一千七百多人也并没从中获得丝毫利益，因而也未必会感激他。(梁晓声《荒原作证·钳工王》，168)

(100) 林仙儿目中露出了狠毒之意，冷笑道：“他凭什么吃醋？……想不到这种自命不凡的世家子弟，也会做这种不要脸的事，以后我**若**再理他才怪。”(古龙《古龙作品全集·多情剑客无情剑》，109)

根据上面的分析，我们知道假定命题P成立是“P才怪$_2$”构式的语用预设，而“P才怪$_2$”构式所表达的含义总与这个预设相反，体现了“P才怪$_2$”构式反预期标记式的功能。

需要说明的是话语否定和例(32b)类用例既有受话人的预期，也含有说话人的预设，但此两类中受话人的预期信息比说话人的预设优先表达，且受话人的预期信息为显性信息，说话人的预设为隐性信息，因此我们还是把上述两类列为“与受话人的预期相反”一类。

根据上文的分析我们知道，“P才怪$_2$”构式的语用功能是表达推断性情态和标示反预期信息，现代汉语中的否定词“没(有)”“不”“别”

等都没有这种语用功能：一般而言，“没（有）”主要用于客观陈述，“不”主要用于主观意愿，“别”主要表示禁止或劝阻①，可见，“才怪$_2$”之所以能够和它们共存主要得益于“P 才怪$_2$”构式独特的语用价值。

第四节 “才怪$_2$”的来源

含有“才”的固定格式有“才好”“才行”“才是”“才对”“才怪”等，前彦时贤都略有论及，如：黎锦熙（1924：177）认为“才好”“才对”“才是”“才行”是表事效的主观的性态副词②，专用在语句后面，是由复句缩约而成；太田辰夫（2003［1958］：357）认为“才好”“才是”原来作句子的述语，后来虚化为表示强调的准句末助词；吕叔湘（1999［1980］：108）认为“才怪$_2$”表示“强调确定语气”；张谊生（2000：116）认为“才怪”中的“才”表示推断必然的语气。受他们的启发，我们认为：第一，“才好”“才行”“才是”“才对”“才怪”都是评注性准句末副词；第二，他们的虚化路径一致，都是从复句缩约而来。下面我们将重点考察“才怪”是如何从复句缩约而来，演变过程中受到哪些因素的影响等问题。

一 “才怪$_2$”与“怪”之“奇怪”义

“才怪$_2$”出现时间较晚，从所见用例来看，最早出现在民国时期的小说当中，用例较少。例如：

（101）尤龙心说：我要不把你这巴掌给震坏了，那才怪呐！哪知道老侠石宝奎单掌开碑击石如粉，这是气功啊！打肾眼一提这口气上来，运在掌心，“啪！”硬把三尺鬼尤龙的脑门给砸塌了，结果倒地身亡。（常杰淼《雍正剑侠图》，1292）

（102）大家都想，这四个人一块走，不出事才怪呢！（常杰淼《雍正剑侠图》，576）

---

① 参见吕叔湘（1999［1980］：83，383）。

② 所谓主观的性态副词是指从说话者的主观方面，认定或揣度某种动作的性态（黎锦熙，1924：175）。

有人认为“才怪$_2$”是从“才奇怪”的形式缩约而来（王曼，2010；李爱菊，2010），不确。首先，“怪”本身就有“奇怪”义，先秦已见，例如：

（103）子墨子南游使卫，关中载书甚多。弦唐子见而怪之，曰：“吾夫子教公尚过曰：‘揣曲直而已。’今夫子载书甚多，何有也？”（《墨子》，407）

（104）楚合诸侯，陈侯病不能往，使敦洽雠麋往谢焉。楚王怪其名而先见之。（《吕氏春秋》，816）

（105）夫种麦而得麦，种稷而得稷，人不怪也。（《吕氏春秋》，1270）

（106）景公之时，雨雪三日而不霁。公被狐白之裘，坐堂侧陛。晏子入见，立有间，公曰：“怪哉！雨雪三日而天不寒。”（《晏子春秋》，74）

而“奇”“怪”两字在先秦文献中连用多指奇异怪诞的事物。例如：

（107）故曰：以其极赏，以赐无功，虚其府库，以备车马衣裘奇怪，苦其役徒，以治宫室观乐，死又厚为棺椁，多为衣裘。（《墨子》，27）

（108）是以羽旄不求而至，竹箭有余于国，奇怪时来，珍异物聚。（战国·管仲《管子》，402）

汉代文献逐渐看到“奇”“怪”连用作修饰语，形容事物的奇异怪诞。[①] 例如：

（109）《尚书》曰：“击石拊石，百兽率舞。”此虽奇怪，然尚可信。（王充《论衡》，111）

---

① 我们还发现一例，其中“奇怪”不是名词，是形容词的意动用法。如下：

孟孙还，喜谓余曰：“仲翁盛称子德，子乃此邪！”余应曰：“与仆游四五岁，不吾见称。今闻仲翁一言而奇怪之。若有人毁余，子亦信之！吾畏子也。”（东汉·桓谭《新论》，16）

(110) 世见其书深冥奇怪；又观八公之传，似若有效，则传称淮南王仙而升天，失其实也。(王充《论衡》，148)

(111) 子可谓戴盆以仰望，不睹七曜之炳粲；暂引领于大川，不知重渊之奇怪也。(东晋·葛洪《抱朴子·内篇》，140)

(112) 鲍生曰：“人君采难得之宝，聚奇怪之物，饰无益之用，厌无已之求。”(东晋·葛洪《抱朴子·外篇》，553)

汉代前后相当长的一段时间内，“奇怪”不管是名词还是形容词，多是描述事物客观上的奇异怪诞，在宋代的文献中，我们逐渐看到“奇怪”开始含有“主观上觉得某事物不同寻常”义，即前文所说的“奇怪”义。例如：

(113) 端高自称誉，吐语奇怪，逸人也。(宋·惠洪《禅林僧宝传》，133)

(114) 陆大夫向师道：“肇法师也甚奇怪，解道天地与我同根，万物与我一体。”师指庭前牡丹花曰：“大夫！时人见此一株花如梦相似。”(宋·普济《五灯会元》，141)

(115) 人定亥，门前明月谁人爱。向里唯愁卧去时，勿个衣裳着甚盖。刘维那，赵五戒，口头说善甚奇怪。任你山僧囊罄空，问着都缘总不会。(宋·赜藏主《古尊宿语录》，251)

这种意义的使用在宋代以后逐渐增多，且逐渐占据优势地位，“事物客观上的奇异怪诞”义反而很少使用“奇怪”二字表示了。可见，“奇怪”表“奇怪”义远晚于“怪”表“奇怪”义。

其次，“才奇怪”共现的用例较少，我们发现较早的有下面两例。例如：

(116) 我心中暗想，我伯父是甚么意思，家里的人，一概不招接，真是莫明其用心之所在；还要叫我不要理他，这才奇怪呢！(清·吴趼人《二十年目睹之怪现状》，251)

(117) 邱奎道：“不是这样说法，我因为你不曾离着咱家，所以才奇怪的呢。而且还有一层，家中的十万银子，就作为遇骗，这柜里

面的几万银子就便被人抢，还要挑上几十担，怎样无影无形的就不见呢？”（清·郭小亭、坑馀生《续济公传·下》，497）

上面两例的“才奇怪”跟我们所谈的“才怪$_2$”相差甚远，语用频率也不高，从“才奇怪”缩约为“才怪$_2$”可能性不大。

再次，跟“才怪$_2$”相类的几个固定格式，如“才行”“才对”“才好”等，都是从“才”跟单音节词“行、对、好”连用发展而来，并非相关词语的缩约形式，并且也很难找到“才行”“才对”“才好”缩约的源形式。

根据以上分析，我们认为“才怪$_2$”不是“才奇怪”的缩约形式，“怪”本身就含有“奇怪”义，先秦已见，“才怪$_2$”如何从“才奇怪”义发展出否定功能应当跟主观化（subjectivisation）有关。下文将详细分析。

二 “才怪$_2$”的主观化

谈及主观化，必须先了解主观性（subjectivity），所谓主观性是指话语中多多少少总会含有说话人“自我”的表现成分，而主观化就是为表现这种主观性而采用相应的结构形式或经历相应的演变过程（Lyons，1977：739；Finegan，1995；沈家煊，2001）。

关涉到历时演变过程中的主观化，Traugott（1989，1995）曾有较为细致的阐述。Traugott（1989）认为主观化其实是一种语用—语义过程，在这个过程中，意义变得越来越依赖于说话人对命题的主观信念和态度。Traugott（1995）又指出语法化中的主观化广义上说就是一个语法上可识别的表达式在表达说话人对所言内容的信念和态度方面的演变过程，这个过程是个渐变的过程，一开始形式或构式表达的是具体的、词汇性的、客观的意义，在特定的句法环境中经过不断地重复使用后逐渐变得可以适用于抽象的、语用的、人际间的、说话人为主的语境。

Traugott（1995）还指出，语法化中的主观化并不局限于某一个方面，而是下面某几个方面同时进行：

a. 命题功能发展为话语功能

b. 客观意义发展为主观意义

c. 非认识情态发展为认识情态
d. 非句法主语发展为句法主语
e. 句法主语发展为言谈主语
f. 自由形式发展为黏着形式

“P 才怪$_2$”构式是由复句缩约而来，演变过程一直伴随着主观化，也可以说，“P 才怪$_2$”构式的历时演变过程就是主观化的过程。从语形来说，“P 才怪$_2$”构式经历了以下演变过程：

（如果）P，（那）才怪>句外否定>句内否定>话语否定（修辞否定）

在整个演变过程中，句外否定是演变的第一阶段，在语形上还保留着源句的特征，在语义上也可作两种分析，但在今天的语境下，把句外否定当作源句分析需要付出更多的努力，也就是说，句外否定之所以能够作两种分析是因为它是演变的第一阶段（过渡阶段），但随着主观化的深入，“才怪”主观意义增加，述题功能消逝，句外否定因“才怪”语义的变化而获得新的解读，随着“才怪$_2$”的成熟这种解读已经成为句外否定的优势意义。因此，从历时的角度来看，句外否定是重新分析的阶段，从共时的角度来看，句外否定是“才怪$_2$”使用类型的一种。

语形变化只是“P 才怪$_2$”演变的表层现象，深层的原因是语义的演变，我们可以从下面几个方面加以了解。

第一，“才怪$_2$”从命题功能发展为话语功能，从客观意义发展为主观意义。

“才怪$_2$”演变的四个阶段，我们分别按照命题功能和话语功能的强弱排列如下（“>”左侧为强项）：

命题功能：源句①>句外否定>句内否定>话语否定（修辞否定）
话语功能：话语否定（修辞否定）>句内否定>句外否定>源句

① 源句就是“P 才怪 2”来源形式，即“（如果）P，（那）才怪”。

在源句中，“才怪”的述语功能还比较强，强调的是“某行为比较奇怪”，命题功能比较强。因为“才怪$_2$”的演变是个主观化的过程，变化的主要是说话人对命题的信念和态度，因此我们无法从形式上断定哪些早期的用例中的“才怪$_2$”还在完全行使述语的功能。我们姑且拿例（101）来分析。

例（101）中尤龙心说：“我要不把你这巴掌给震坏了，那才怪呐!”当然我们用今天的语感来理解，说话人表达的就是“我肯定会把你这巴掌震坏”，这种意思的获得受话人无须去作语用上的推理，或者说“才怪$_2$”的否定功能已经是一种默认意义（default meaning）[①]。但在源句中，这种意义必须经过语用推理才能获得：

字面意义 A：我要不把你这巴掌给震坏了，那才是奇怪的事情。
默认意义 B：说话人不会让这件奇怪的事情发生。
推导出：
话语意义 C：我会把你这巴掌震坏。

这个推理过程可表述为 $A \cup B \longrightarrow C$。由于源句不断地重复使用，这个需要语用推理才能得出的意义逐渐规约化为一种默认意义，“才怪$_2$”的命题功能也逐渐发展为话语功能。这一点在话语否定和修辞否定中体现得更为突出。

第二，从自由形式发展为黏着形式，从非认识情态发展为认识情态。

“才怪$_2$”在源句中是复句的正句，具有述语功能，随着主观化的进行，述语功能逐渐弱化、消逝，述语功能消逝也就失去了独立自主的能力，只能依附别的句法成分发挥自己的效用，成为黏着形式。

源句也表示认识情态，但这种认识情态并不来自句中的“才怪”，而是来自整个句子。在“P 才怪$_2$”构式中，“才怪$_2$”表达的是一种推断性认识情态，前文已有论证。“才怪”从非认识情态标记发展为认识情态标记正是主观化的产物。

以上只是从线性发展的角度来看的，其实“P 才怪$_2$”构式的演变过程还伴随着另外一个演变层次，即从“才怪$_1$”到“才怪$_2$”的演变。源

① 关于默认意义请参看 Jaszczolt（2005）。

句中的“才怪”是“才怪$_1$”意义深化的产物，“才怪$_1$”主要是用来说明事物的性质，而源句中的“才怪”主要是用来说明事件的性质。而“才怪$_2$”则是被说话人用来评说事件的性质，这个演变过程同样是主观化的过程，和“P才怪$_2$”构式的线性演变过程是同时进行的，它们是互相支持、互相影响的两个演变层次。我们把从“才怪$_1$”到“才怪$_2$”的演变过程总结如下：

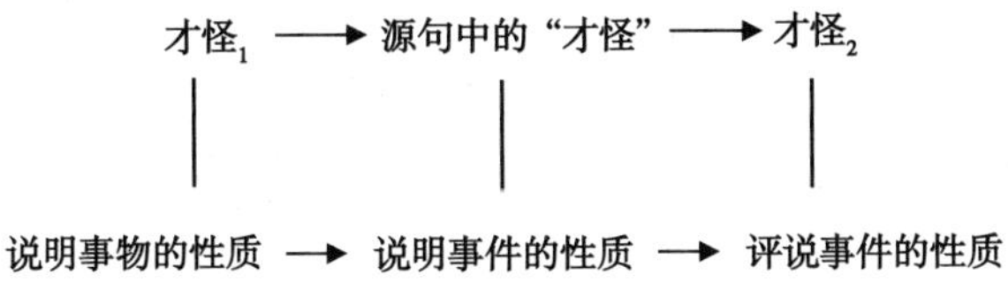

由上可知，“P才怪$_2$”构式的演变不是单一层次的演变，而是分为两个层次：第一个层次是“P才怪$_2$”构式的整体演变，这个演变不仅仅是语形上的缩约，还伴随着性质上的变化，语形上主要表现为结构的紧缩，“才怪$_2$”必须依附前面的语言成分，性质上主要是“才怪$_2$”从命题功能发展为话语功能，从客观意义发展为主观意义，从自由形式发展为黏着形式，从非认识情态发展为认识情态；第二个层次是“才怪”意义的演变，从“说明事物的性质”发展为“说明事件的性质”，再发展为“评说事件的性质”。

第五节 小结

经过本章的分析和论证，我们的见解如下：

第一，“P才怪$_2$”的内涵和使用类型。“P才怪$_2$” = “非P”，“才怪$_2$”在句法上具有否定的功能，根据其表现形式，可分为四种使用类型：句内否定、句外否定、话语否定和修辞否定。四种否定类型中，句内否定最为常见，话语否定次之，句外否定相对较少，修辞否定最少。

第二，“P才怪$_2$”内部构造特征。根据P是否为肯定命题，我们可将“P才怪$_2$”分为“肯定命题+才怪$_2$”和“否定命题+才怪$_2$”。P为否定命题远比P为肯定命题常用，之所以会如此，可能是因为否定和假设都属于非现实范畴所致。

第三，“P 才怪$_2$”与语境。“P 才怪$_2$”是一个对语境（context）敏感的构式，在会话中使用“P 才怪$_2$”，不管会话语境如何变换，“P 才怪$_2$”总是针对受话人，否定受话人的观点；在上下文语境中，“P 才怪$_2$”小句在具体的语篇中总是和“致使条件”一起使用，充当结论句，致使条件和“P 才怪$_2$”小句之间的关系类型有两种：假设条件关系和因果条件关系。假设条件更易与“P 才怪$_2$”构式组合。

第四，“P 才怪$_2$”与时范畴。会话语境在不包含上下文语境的情况下，“P 才怪$_2$”构式在表示绝对时意义时，其时意义跟受话人话语表示的时意义有关：如果是对受话人话语命题的直接否定，说话人使用“P 才怪$_2$”构式表示的时意义跟受话人话语表示的时意义一致；如果不是对受话人话语命题的直接否定，说话人使用的“P 才怪$_2$”构式表示未然义。在表示相对时意义时，“P 才怪$_2$”构式所表示的时意义由参照时间决定。

上下文语境中的“P 才怪$_2$”构式表示的绝对时意义并无一致的规律，有的表示已然义，有的表示未然义，但我们发现，不管“P 才怪$_2$”构式表示已然义还是表示未然义都是以偏句的时意义为参照时间而获得的，从这个意义上说，“P 才怪$_2$”构式在上下文语境中的时意义都是相对时的后时义。

第五，“P 才怪$_2$”与体范畴。“才怪$_2$”与现代汉语现实体标记“了”、经历体标记“过”、持续体标记“着”、起始体标记“起来”共现都没有特殊的句法要求。

第六，“P 才怪$_2$”与态范畴。“才怪$_2$”不仅可以和主动态共现，还可与被动态共现。

第七，“P 才怪$_2$”的语用功能。“P 才怪$_2$”不仅可以表示推断情态，还是个反预期标记式。“P 才怪$_2$”作为反预期标记式，表现有二：a. 跟受话人的预期相反；b. 跟说话人的预设相反。

第八，“P 才怪$_2$”的来源。“才怪$_2$”是评注性准句末副词，“P 才怪$_2$”是从复句缩约而来，它的历时演变过程就是主观化的过程。“P 才怪$_2$”构式的演变分为两个层次：第一个层次是“P 才怪$_2$”构式的整体演变，这个演变不仅仅是语形上的缩约，还伴随着性质上的变化，语形上主要表现为结构的紧缩，“才怪$_2$”必须依附前面的语言成分，性质上主要是“才怪$_2$”从命题功能发展为话语功能，从客观意义发展为主观意义，从自由形式发展为黏着形式，从非认识情态发展为认识情态；第二个层次是“才怪”意义的演变，从“说明事物的性质”发展为“说明事件的性质”，再发展为“评说事件的性质”。这两个层次互为依托，互相支持。

第七章

“X 说”的相关构式[①]

“X 说”构式，在现代汉语中表现形式很多，功能各不相同，研究者多有论及，但还存在着“看法不一致”和“论证不深入”两个方面的问题，本章选择“X 说”构式中四个特别的构式进行了深入的分析和探讨。本章结构为：第一节是导言；第二节探讨“我说”构式；第三节讨论“我跟你说”构式；第四节分析“不说”构式；第五节论证“要不说”构式；第六节为小结。

第一节 导言

说（shuō）[②]，《现代汉语词典》（第 7 版）第 1232 页列出六个义项：

①动 用话来表达意思：我不会唱歌，只～了个笑话。

②动 解释：一～就明白。

③言论；主张：学～｜著书立～｜有此一～

④动 责备；批评：挨～了｜爸爸～了他几句。

⑤动 指说合；介绍：～婆家

⑥动 意思上指：他这番话是～谁呢？

---

① 本章初稿写于 2011 年 1 月，成书时有所修改。

② 以下“说”字如不作特殊说明皆是说（shuō）。

本章主要讨论表达“言述”义的“说”①，即上述所列第一个义项。“说”表“言述”义早见于先秦文献，如：“咸其辅颊舌，滕口说也。”（《易·咸·象传》）但这种用法并不多见②，东汉以后“说”表“言述”义才变得比较普遍（汪维辉，2017［2000］：177），在现代汉语中，表达“言述”义基本都使用“说”字，“言述”义也已经是“说”的基本义了。③

语言的使用和发展都和“口”有着密切的关系，不张口说话也就无所谓语言，张口则非言即述，这也就使得表“言述”义的“说”在现代汉语中使用频率极高，由于使用高频，现代汉语中逐渐出现了一些含有“说”语素的固定格式，用法都比较特殊，我们把它们称之为“X说”构式。

“X说”构式大抵可分为两种：肯定式和否定式。肯定式包括“我说”“我跟你说”“再说”等，否定式包括“别说”“要不说”“不说”等。这些构式我们每天都在使用，但它们到底表达哪些意义，与其他成分共现有无句法限制，是如何形成的，相互之间有无联系，这些问题都值得我们作深入的研究和探讨。

上述所列六个构式中，目前对“别说”和“再说”的研究较为深入，研究结论也比较令人信服④，因此我们下面将主要探讨“我说”“我跟你说”“不说”“要不说”以及相关的问题。

---

① “言述”义包括汪维辉（2017［2000］：163）所言“叙说；说话”义和“说道”义，这两种意义我们不作区分。

② 不多见的原因我们认为有二：第一，“说”表“言述”义只是处于萌芽状态。《说文·言部》：“说，释也。”“解释；劝说”是“说”当时的基本义，处于强势地位；第二，表“言述”义在上古主要使用“言、云、曰、道、谓”等词语，这些词语在当时比较强势。

③ 关于“说”表“言述”义的演变，请参看汪维辉（2017［2000］：161—177）、黄金贵（1995：524—527）、王凤阳（1993：754—757）、蒋绍愚（1989）。

④ 如想详细了解“别说”构式的相关问题，请参考丁力（1999），董秀芳（2003b），简丽（2005），韩蕾、刘焱（2007），刘永华、高建平（2007），王健（2008），徐静（2009），尹海良（2009b，c），侯瑞芬（2009），杨飞（2012），仇立颖（2012），孙洪威（2013），黄伟（2013），王森（2013），刘欣朋（2014），李宗江（2014a），王秀廷（2015），周莉（2012，2013a，2013b，2014a，2014b，2017，2018）等。关于“再说”，请参看白荃（1993），郑贵友（2001），芜崧（2002），周威兵（2005），余诗隽、柳春燕（2006），李宗江（2006），罗耀华、牛利（2009），胡斌彬、俞理明（2010），魏慧萍（2010），张金圈、刘清平（2011），易正中、王立杰（2011），张爱玲（2011），钟玲（2013），单宝顺（2014），楼荷英、冷荟姣（2016）。

第二节 “我说”

一 诸家说法

关于“我说”，时贤们虽早有留意，但多是在论及相关问题时稍加笔墨，指出它的特殊一面。所见最早的论述是孟琮（1982），该文指出：“我说”常用于引起话头儿，让对方注意，其后往往有听话人的称名或人称代词，有时“我说”后还有语气词“嘿”；其后没有称名、人称代词时起呼语作用。

其后，刘月华（1986）指出“我说”的作用主要是引出一种看法，表现有二：第一，引出说话人的建议，用的是商量的语气，比较委婉；第二，引出说话人对正在发生的事或正在讨论的问题的一种看法，表明说话人的态度，有“依我说”的意思，语气很不委婉，甚至有训诫的意味。

相隔近 20 年后，董秀芳（2003b）在谈论“X 说”结构时又提及“我说”。该文认为“我说”是个语气词，作用比较复杂，有时是提醒听话人注意，有时是要发表意见，有时是开启一个新的谈话，有时插入到别人正在进行的谈话中，有时用于引进不同于对方意见的话语，带有辩解语气，有时又表示一种恍然大悟的语气。董文指出“我说”的几种作用，很有见地，但可惜的是并未进行深入的研究，存留的很多问题都不得而知。此外，董文认为“我说”是个语气词也还缺乏必要的论证。

对“我说”着力较多的文献主要有谢芷欣（2004），刘嵚（2008），鲁文霞（2008），尹海良（2009a），李宗江（2010），李丽群（2010），张先亮、倪妙静（2015），陈家隽（2016）。[①]

谢芷欣（2004）指出现代汉语中存在三种“我说”：第一类“我说”用作句首的插入语，类似发语词，如“我说牛群啊，你这么做可就不对啦”；第二类“我说”表示说话人“我”言语表达意思，如“我说：‘暑假去北京吗’”；第三类“我说”是指“我”对某事的思考活动，如“我说你怎么没来上课，原来是感冒了”。然后从语音、语义、句法、人

---

① 相关研究还有耿小敏（2006）、李小玲（2008）、王静（2010）、邱沉香（2010）、李鑫（2013）、王珍（2014）、司罗红（2016a）、陶垠霖（2018）等，兹不赘述。

称替换四个方面区分了这三类“我说”：语音上，第一类中的“说”发音较轻，尾音比较模糊，“我说”呈降调，语速较快，与句子主体部分之间的停顿可有可无，第二类“我说”语调平缓，语速适中，没有明显的轻重音，需要停顿，第三类中的“说”读重音，“我说”呈升调，没有停顿；语义上，第一类中的“说”含有［-持续性］特征，第二类含有［+持续性］特征，第三类意为“想；思考”；句法上，第一类是插入语，第二类和第三类是主谓关系；人称替换上，第二人称在第一、二类中替换都可成句，不能在第三类中替换，第三人称在第二类中可以成句，但无法在第一、三类中替换。可见，谢文只从共时方面对三类“我说”进行了区分，但观点都还有进一步商榷的必要，比如说［持续性］应该是［动作性］，第三类的“说”并非“想；思考”义，人称替换后有些句子虽能成立但句义已发生变化，等等。

刘嵚（2008）认为“我说”有三种意义：“行为”义、“认知”义和“篇章”义。表“行为”义时“我说”不可被删除，若删除会改变句子的真值语义，其中“说”动作性很强，具有动词的基本特点，如：可以被副词修饰，可添加时体标记或补语，可重叠为“说说”“说了说”，“说”可被直接否定。表“认知”义时“我说”可被删除，不影响句子的真值语义，两个字形成紧密的形式，中间不能插入其他修饰成分，表认知的“依我说、依着我说、教我说、叫我说”等都是从表“认知”义的“我说”演变而来。表“篇章”义时，“我说”是话语标记，“说”不再表达具体的语义，只是与人称代词“我”紧密结合，构成一个语言单位，在句中起评价整个命题或调控会话的作用，两字之间不能添加副词、时体标记或补语，也不能带有具有显著认知义特点的“依、依着、教、叫、要、照”等，删除后不改变句子的真值语义，和“呢、啊、呀”共现时语义体现为“认知”义。刘文还给出“我说”的演变轨迹（如图7-1所示）：

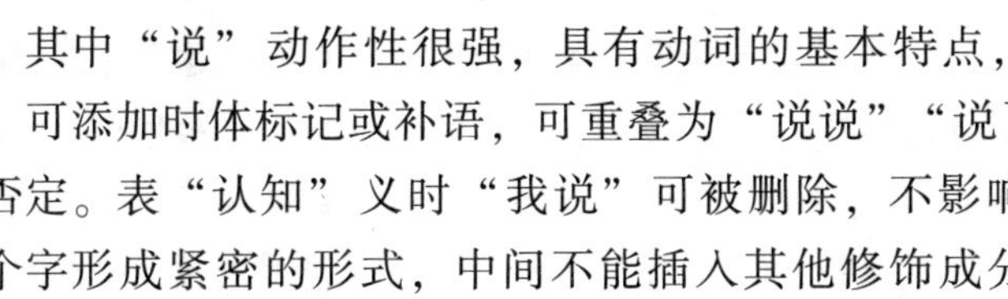

图7-1　“我说”的演变路径（刘嵚，2008）

从图7-1中我们可以看到，刘文把“我说”的各种功能都归纳到

“行为”“认知”“篇章”三种语义之中，宏观上梳理了“我说”的线性演变关系，很受启发，但将各种“我说”都看作一种线性演变关系是否过于理想？“行为”“认知”“篇章”三种语义具体是如何一步一步衍生的？三义内部还存在不存在差异？这些微观的问题，刘文虽有涉及，但并不深入，实为遗憾。

鲁文霞（2008）主要对她所认为“不被词典义项涵盖”的四类“我说”结构进行了语用分析：“（一）‘我说你们还是到我家住去’类……使用模式为：我说+陈述句/祈使句……位置不固定，既可以出现在话轮的开始，也可以出现在话轮的中间，还可以出现在话轮的末尾……用于表示说话人的建议、劝告或者观点。（二）‘我说以前没见过你呢’类……此类‘我说’结构是含有会话含意的固定短语，末尾常接语气助词。可以进入结构的语气助词有两个，一个是‘呢’，一个是‘嘛’……（我说……呢）表示原来对某事感到奇怪，现在找到了原因或者明白了真相……使用模式有两种：（1）我说+特指问句/陈述句+（呢）；（2）我说（的）呢……位置灵活，既可以出现在话轮的开始，也可以出现在话轮当中，还可以出现在话轮的结尾……说话人通过‘我说……（呢）’或者‘我说（的）呢’结构让听话人理解自己话语的会话含意，其语用功能是一种陈述功能……（我说……嘛）表示觉得出现的情况反常，可能有特殊原因。当得知原因或者真相后，自己的感觉得到了证实……使用模式有两种（1）我说+陈述句+嘛；（2）我说嘛……可以出现在话轮中间，还可以出现在话轮结尾，但不可以出现在话轮的开始，之前必须有关于反常情况的解释……说话人通过‘我说……嘛’或者‘我说嘛’结构让听话人理解自己话语的会话含意，其语用功能是一种陈述功能……（三）‘我说你快点儿’类……此类‘我说’结构体现说话人说话时的情感是不满或愤怒的……使用模式为：我说+陈述句/祈使句/感叹句/疑问句/反问句。‘我说’之后可以有停顿……位置灵活，可以出现在话轮的开始，也可以出现在话轮当中，还可以出现在话轮的结尾……此类‘我说’结构用来向听话人传递说话人的情感态度，向听话人明示说话人此时是不满的甚至是愤怒的……（四）‘我说阿华，你看上去很孤单呢？’‘我说，你的头发怎么那么难看啊？’类……使用模式为：我说+陈述句/祈使句/感叹句/疑问句。‘我说’之后常常伴有停顿……可以出现在话轮的开始，也可以出现在话轮当中，还可以出现在话轮的结尾……此类‘我说’结构用于提示听话人，说话人将要开始谈话或者转换话题或者打断听话人的谈话。”

尹海良（2009a）根据语用功能的不同将“我说”分为三类：“我说啊”（该文记为“我说$_1$”）、“我说嘛”（该文记为“我说$_2$”）、“我说呢”（该文记为“我说$_3$”），三者核心语用功能依次为“引发插话功能”“确认功能”和“恍悟功能”。“我说$_1$”的变体有“让我说”“叫我说”“要我说”“依我说”“我说啊”和“我说”；“我说$_2$”的变体有“我说是吧”“我说吧”“我就说嘛”和“我说嘛”；“我说$_3$”的变体有“我说呢”和“我说哪”。尹文为我们介绍了含有“说”语素的三类功能，并按照功能将它们分类，一目了然，但尹文将这些具有相同功能的形式都看作某个形式的变体值得斟酌，变体顾名思义就是具有相同来源，但尹文所言的那些变体形式仅从字形上看显然不是“亲属关系”。

李宗江（2010）批评了刘嵚（2008）的观点，认为刘文“分析存在的最大问题就是无法解释源结构与话语标记功能之间的关系，即不好说明何以‘我+认知动词’的结构会起到提醒对方注意的作用……也无法解释‘我说’后句类的特点。作为话语标记的‘我说’，其后既可以接陈述句，也可以接祈使句和疑问句……而‘我说’如果来源于‘我+认知动词’的结构，那么就无法解释其后是怎么接上这两类句类的，因为这个结构后面是不可能接祈使句和疑问句的”。鉴于上述两个问题无法得到圆满的解释，李文另辟蹊径，认为话语标记的“我说”是直接从表示言说意义的“我说”演变而来，话语标记的“我说”具有提醒的功能，主要是语境赋予的，李文是这样表述的：

> 说话人通过使用由听说动词构成的短语，告诉别人自己要说什么，或者是让别人听自己说什么，都是表示要给对方提供消息，人们对别人提供消息总是感兴趣的，因而这些话语标记能够起到引起对方注意的作用。所以我们认为“我说”类词语变为话语标记的动因是语境，换句话说，只要是在需要提醒对方注意的语境中，这些短语就起着提醒对方注意的语用功能，并不需要经过“说”由言说义动词演变为认知义动词后才变成话语标记。

李文虽然规避了他指出的刘文无法解释的问题，但他提出的看法显然不能让人心悦诚服，因为“给对方提供消息”并不一定使用“我说”开启话题，既然消息本身就能提醒对方，为什么一定要出现“我说”这个“羡余”成分？

李丽群（2010）指出了话题标记“我说”的语用功能和出现的语用环境。语用功能主要表现在篇章功能和人际功能两个方面，篇章功能体现在话轮的衔接和话题的引入，人际功能主要体现在带有较强的主观意义和提醒对方注意。出现的语用环境主要包括宣告型语境、建议型语境、不满型语境、疑惑型语境和释因型语境。

张先亮、倪妙静（2015）对“我说呢”进行了深入的探讨，认为：第一，“我说呢”有三种话语语义框架形式：中置式（存疑+我说呢+释疑）、前置式（释疑+我说呢+存疑）和后置式（存疑+释疑+我说呢）；第二，“我说呢”具有话轮转换、话轮起始、维持会话连贯三种语篇功能；第三，“我说呢”的用法极有可能是从“我说+疑问小句+呢”演变而来，演变机制是语言的经济原则。

陈家隽（2016）在对“我说”目标串进行韵律实验以及历时语料分析的基础上认为“话语标记是从句子语法中增补化而来的即时性附加语，形式上可能为短语、小句，它们句法独立、语音分隔、语义具有非限定性、结构组成上参照句子语法中的规则，而不是句子语法范畴里的某些用法”，“句子语法范畴中的‘我说’音高突显的是表言说动作的概念义，随着增补化进程，‘我说’没有明显的降类特征，出现位置更为灵活，语义发生了‘重新定义’而非弱化，形成了音高突显于‘听’的‘（你）听我说’等即时性附加语形式，这一增补化过程与语法化区别显著。增补化后，从即时性到‘要我说’等构成性附加语再到话语标记的演变，体现了语音融蚀特征明显的语法化过程。作为附加语的三种目标串表现出韵律自足的共性特征，突显不同的程序义，反映说话人的语用意图”。

从上述回顾可以看到，研究者对“我说”的研究越来越深入，达成了一定的共识，比如说“我说”具有“提醒受话人注意”的功能等，但我们也注意到既往的研究还存在着以下几个问题：

第一，“我说”的范围界定不明确。大家虽然都以“我说”为题，但讨论的对象却并不一致，这一点通过对比研究文献即可发现。

第二，对“我说”的功能认识不清。有两方面的原因：一是范围界定不明确必然导致对功能认识不明晰；二是共时描写有待更加细致、充分。

第三，历时研究亟待加强。刘嵚（2008）、李宗江（2010）、陈家隽（2016）等都对“我说”的演变进行了研究，颇具启发性，但仍未在研究结论上产生共鸣，有进一步探讨的必要。

有鉴于此，我们拟在共时和历时两个方面对“我说”进行探讨，共时探讨它的功能，历时刻画它的演变轨迹。

二 同形异指式及其功能

（一）我说$_1$及其功能

“我说”是由人称代词“我”和动作行为动词“说”组合，最基本的关系是主谓关系，其后一定要跟有宾语、补语。“我”起区别性作用，即区别话语是“你”说的，还是“我”说的，还是“他”说的，记为[+区别]。例如①：

（1）女人的态度便愈加激烈起来，她冲章妩、也冲渐渐围拢来的一些顾客说大家伙儿听听，她欺负了我的孩子还嫌我抓她的袖子！你也知道让人抓着袖子不好受啊，你压我们孩子的手我们孩子就好受吗？我说了这么半天你连句道歉的话都没有，你不是白活了这么大岁数又是什么呀你？（铁凝《大浴女》，327）

（2）朱老头叹气了：“达伟呀，有些话我说了请你别见怪。你爷爷当初做了一件蠢事，就是把那个万青皮弄进来。你妈是个没用的人，你爸又在海外，当时你年纪小，万青田就想一手遮天，遮也遮不住，许家的事就是谁也不做主，谁也做不了主；许家的房子就成了公

① 在甄别语料时需特别注意，有些用例中的“我说”是对语境的一种补充，在实际会话中并不被说出，此类用例不能作为明证。例如：

（1）我们俩都半天没言语。后来还是我说了：“松儿大爷，他们老公母俩和夏大嫂不会联合起来跟她干吗?”（老舍《微神集·柳屯的》，60）

（2）我说：“我正在奇怪，你老人家怎会有工夫。全世界的报纸，都在讲战争。在这个时候，你老人家该忙着屠杀和侵略，施展你的破坏艺术，怎会忙里偷闲来找我谈天。”（钱锺书《钱锺书散文精选·魔鬼夜访钱锺书先生》，5）

例（1）和例（2）有下划线的部分都是语境隐含的内容，是作者在撰写作品时补充进去的。尽管此类用例不能作为明证，但可以从侧面反映出人称代词“我”“你”“他”的区别性作用，作者就是为了区别己方和对方才一定要把人称代词补充进去。

产，谁有本事弄到手就等于是谁的，勾心斗角了几十年。”（陆文夫《人之窝》，239）

（3）他往下说：“你们都是青年同志，所以我说得很坦白，很不客气。大家都要做抗战工作，没有什么客气可讲。我想你们诸位青年同志一定会接受我的意见。我很感激你们。好了，抱歉得很，我要先走一步。”（张天翼《张天翼小说选集·华威先生》，166）

由以上用例可看到，“我”称代某人，使用“我”表示是“我”在发表看法，而不是其他人，这就是“我”的区别性功能。“我”和动作行为动词“说”组合呈现出下面几个特性：第一，“我”和“说”是两个独立的词，由于表达的需要临时组合在了一起，在不同的语境中都可被替换，比如说我们可以说“你说”“他说”“小王说”等，也可以说“我想”“我看”“我吃”等；第二，“我”和“说”之间可以插入其他成分，比如“我慢慢地说”“我沮丧地说”等；第三，“说”后不能为空，必须跟有宾语、补语或时体标记。我们把这种仅仅表示［+区别］特征的“我说”记为“我说$_1$”。

（二）我说$_2$及其功能

“我说$_2$”和“我说$_1$”在句法关系上并无不同，都是主谓关系，在功能上也都具有［+区别］特征，不同的是“我说$_2$”所使用的语境是引述语境，即引述自己曾经所说的话。例如：

（4）“可是我当然不会赶你出去的，因为……”她眨了眨眼：“因为我喜欢你。”

傅红雪只有听着！

——你可以不喜欢别人，却没法子不让别人喜欢你。

可是这位倪二小姐已经改变了主意：“我说我喜欢你，其实是假的。”（古龙《古龙作品全集·天涯·明月·刀》，63）

（5）“闺女，你真是没出门。你哥一回来，就当上民兵队长啦！你德秋哥，不是上区里工作了吗？水山顶上他的缺。唉，这孩子从小就性急，我说他身子还不大好，歇憩几天再说吧，你振德叔也这末对他，可他不听！唉，婀子，你水山哥是个愣头青，没闲着的时候。可也难说，那傻东西，精神也旺，和他爹一样……”母亲一面夸奖一面

埋怨，埋怨里面含着夸奖，夸奖里面带着埋怨。（冯德英《迎春花》，203）

从上两例我们也可以看到，例中“我说”主要用于引述自己曾经说过的话，这种引述仅是一种陈述，并不带有个人的主观感情。引述时说话人为了区别话语所有权也必须得加上“我说”。因此，相对于“$我说_1$”来说，“$我说_2$”具有［+区别］和［+引述］两个语义特征。

“$我说_2$”虽然和“$我说_1$”句法关系相同，但并不能像“$我说_1$”那样在句法组合上比较灵活：“$我说_2$”两字之间只能插入“曾经、过去、那时、刚才”等表示过去时的词语；“$我说_2$”后面是宾语，不能是补语；如果后面有时体标记那一定是“了”；“$我说_2$”也可被替换，“我”可被替换成其他代词，“说”只能替换为“讲”等可以起引述作用的动词。

（三）$我说_3$及其功能

“$我说_3$”句法关系依然是主谓关系，主要具有［+区别］、［+强调］、［+引述］和［+主观感情］四个语义特征。例如：

（6）“怎样告诉你来着？我说我的头厉害，你偏不信，看看！”小坡很后悔这样把大脑袋碰碎。（老舍《小坡的生日》，202）

（7）天赐借笔给老师写下住址。老师已是五十多的人，眼已有点花，掏出大水晶墨镜看了看：“我说你有聪明，看这笔字，我要不给你找个文墨事儿作，我是个屌！”（老舍《牛天赐传》，204）

（8）“当然难办了！”绍谦嚷着：“我说叫我爹去提亲，你说要我慢慢来，说什么你会支持我，结果我这水磨功夫磨得慢极了，你的支持也不见什么效果……假若你去广州，青青当然跟著你这哥哥去！那么，我要怎么办？”（琼瑶《青青河边草》，90）

（9）“我的好四爷，”宝庆神气起来了，“您想我方宝庆能骗您吗？我说能干起来，就能干起来。”（老舍《鼓书艺人》，24）

（10）水山甩着胳膊说：“我说没事就没事，我身子好好的……”（冯德英《迎春花》，43）

上述用例中的“我说”跟“$我说_2$”差不多，所不同的是上述用例都带有一定的主观感情，如例（6）带有炫耀的语气，例（7）含有褒扬的意思，例（8）含有埋怨、责怪的语气，例（9—10）都表明一种坚决的态度。这些感情色彩都是对“我”曾经所说的话的回应，例（6）中对方不相信小坡的脑袋比较厉害，小坡就证明给对方看，事实证明小坡的头确实厉害，在这种语境下，小坡引述“前言”就带有炫耀的意思了，例（7）中老师曾说天赐聪明，看过天赐写的字后认为自己的看法没有错，此处引述“前言”就带有褒扬的意思了，例（8）中绍谦曾说叫他爹去提亲，世纬让他不要着急，但是现在青青如跟世纬一起去广州，绍谦就不能提亲了，此处绍谦引述“前言”含有埋怨、责怪的意味。例（9—10）说话人都认为自己的观点正确，比如例（9）宝庆认为“一定能干起来”，例（10）水山认为自己“没事”，虽然这些观点都不能被证明是正确的，但他们都十分肯定地认为自己的观点正确。

因此，“我说”在下面两种情况下都具有［+主观感情］、［+强调］、［+引述］和［+区别］的语义特征：第一，说话人曾经所说的话被证明是正确的，此种情况下，说话人引述“前言”就带有赞扬、炫耀、埋怨等感情色彩，另外，引述自己的话也就是再次发表自己的观点，有强调意味；第二，说话人坚信自己所说过的话是正确的，此种情况下，引述“前言”具有强调作用，也表明自己的坚决态度。

“我说$_3$”在句法上也有限制，虽然“我”起到区别性的作用，但如果替换成其他代词就不能表达上述所说的四种语义特征，“说”一般不能被替换，个别用例可替换为“讲”等，“我说$_3$”中间也可插入表过去时的词语，“我说$_3$”后是引述性宾语，不跟补语，可以跟时体标记“了”。

（四）我说$_4$及其功能

“我说$_4$”具有［+主观感情］、［+强调］、［-引述］和［+区别］的语义特征。例如：

（11）外面落着毛毛雨。忽然二里半的家屋吵叫起来！傻婆娘一向生孩子是闹惯了的，她大声哭，她怨恨男人：“我说再不要孩子啦！没有心肝的，这不都是你的吗？我算死在你身上！”（萧红《生死场》，56）

（12）给阿贵这么一说，汤富海用手按着眉头，仔细再向那边一看，他站下来说：“那个小子回来哩！”

“可不是么。”

“我说他不敢不回来。再不回来，他以后别想再请假出去了。”（周而复《上海的早晨·第四部》，173）

（13）冯大人，我说，很爱面子。当我们去见他交涉饭食的时候，他细细看了看我们。看了半天，他摇了摇头，自言自语的说：“这可不行！”我以为他是说我们四个人不行呢，敢情不是。他登时要笔墨，写了个条子：“拿这个见总队长去，教他三天内都办好！”把条子拿下来，我们看了看，原来是教队长给我们换制服：我们平常的制服是斜纹布的，冯大人现在教换呢子的；袖口，裤缝，和帽箍，一律要安金绦子。靴子也换，要过膝的马靴。枪要换上马枪，还另外给一人一把手枪。看完这个条子，连我们自己都觉得不合适：长官们才能穿呢衣，镶金绦，我们四个是巡警，怎能平白无故的穿上这一套呢？自然，我们不能去教冯大人收回条子去，可是我们也怪不好意思去见总队长。总队长要是不敢违抗冯大人，他满可以对我们四个人发发脾气呀！（老舍《月牙集·我这一辈子》，175）

（14）“我说你傻呢，你把你玉卿嫂收起来，不给满叔看见不就行了。”胖子大娘咯咯咯地笑着教我道。（白先勇《白先勇短篇小说选·玉卿嫂》，220）

（15）牛仔裤忿然道：“我说那些人简直没名堂！显哪门子洋盘？有派的打一条金戒指银项链把女朋友拴起。五分钱硬币算个卵！除非有以前的孙大头袁大头还差不多。哼，都是些黄泥巴地头长出来的洋葱！”（张勤《旅途匆匆》，《一九八七年短篇小说选》，512）

“我说”可以删除，删除后不影响语义，加上“我说”后语气得以加强，比如例（11—15）语气都显得更加坚决、肯定，从这个意义上说“我说$_4$”带有“自我肯定”的主观情感。

“我说$_4$”格式比较固定，中间不能插入任何成分，其后不能跟补语和时体标记，后跟成分一般是一个断言。

（五）我说$_5$及其功能

“我说$_5$”在现代汉语中比较多见，通常以插入语的形式出现，主要起到提醒受话人注意说话人即将说话，删除后不影响句义，“我说$_5$”中间不能插入任何语言成分，其后也不能跟补语和时体标记。表现形式有以下几种：

1. “我说”单用，即“我说”和后面的话之间有语音上的停顿，在书面上有逗号隔开。例如：

（16）“我说，老李，你这么着就不对了！”马威有点真急了。（老舍《二马》，166）

（17）“我说，咱们也得去看，今年的马戏顶好啦！”

“咱们？”马威心中盘算：“不用‘马先生’了？有点奇怪！”（老舍《二马》，178）

（18）老程笑了：“没错儿！我说，你不冷呀？”（老舍《骆驼祥子》，108）

（19）旁边那复员军人把话接过去对业务员说：“哎，我说，这同志劝你，也是为你好。虽然这姑娘跟你，是你的人，可你们俩不是还没说定吗？我们不认识她，也不认识你，为什么管这事，是看这姑娘可怜。你要是明白人，就懂得我们这些话不仅为这姑娘好，也是为你好。对吧！”（冯骥才《一百个人的十年·失踪的少女》，174）

（20）青年们正在议论着，罗大方忽然跳到桌子边，击了一下桌子说道：“嘿，诸位！我说，光研究理论还是不行，现在咱们商量怎么做点实际有益的工作吧！”（杨沫《青春之歌》，109）

从上述用例可以发现，“我说”停顿后有时有受话人的“称名或人称代词”，如例（16），“称名或人称代词”也可以在“我说”之前，如例（20），“我说”前有时还会出现语气词“唉、喂、嘿”等，这些语气词也起到吸引受话人注意力的作用，如例（19—20）。

2. “我说”+称名或人称代词，两者构成一个插入语使用，“我说”和“称名或人称代词”之间无语音上的停顿。例如：

（21）那个全秃的亮头皮的妇人在对面的长炕上类似尖巧的呼叫，她一面走到 金枝头顶，好像要去抽拔金枝的头发。弄着她的胖手指：“唉呀！我说**小寡妇**，你的好运气来了！那是又来财又开心。”（萧红《生死场》，102）

（22）玉梅说：“为了多打粮食呀！我说**申伯伯**！你怎么不参加我们的合作社？难道你不愿意多打粮食吗？”（赵树理《三里湾》，

10）

（23）辛楣道，“我说**唐晓芙**，你的意中人，她不是黄毛丫头么?”（钱锺书《围城》，124）

（24）“不！谢谢！还是那句话，吃一回就想吃第二回，太贵，吃不起！我说**老马**，你应当上乡下歇一个礼拜去，散逛散逛。好在我还在这儿几天，你正好走。”（老舍《二马》，150）

此类中的“称名或人称代词”不能理解为“我说”的宾语，后面的“称名或人称代词”是对受话人的称呼，“我说”主要起到吸引受话人注意力的作用，两者紧连着使用当是语急所致。我们可以把例（21）说成“我说，小寡妇，你的好运气来了”，也可以把例（16）说成“我说老李，你这么着就不对了”。

另外，如果后面的“称名或人称代词”是“我说”的宾语，“我说”删除后会严重影响句义，但事实上，“我说”删除与否对句义并无大的影响。例如：

（22’）玉梅说：“为了多打粮食呀。申伯伯！你怎么不参加我们的合作社？难道你不愿意多打粮食吗?”

（23’）辛楣道，“唐晓芙，你的意中人，她不是黄毛丫头么?”

（24’）“不！谢谢！还是那句话，吃一回就想吃第二回，太贵，吃不起！老马，你应当上乡下歇一个礼拜去，散逛散逛。好在我还在这儿几天，你正好走。”

从上面可以看到，例（22—24）中的“我说”删除后并不影响句义的表达，所差仅是语气的强弱。

3.“我说”+小句。“我说”后直接加一个句子，陈述句、反问句、祈使句等都可，“我说”与“小句”之间没有语音停顿，也无语气词。例如：

（25）我们那时候的做法是在党和国家的政治生活极不正常的条件下，才勉强说得过去。我说你还是多宣传今天的先进人物，还有就是帮秋雪湖的群众把两个文明搞上去。（石言《秋雪湖之恋》，《友

情·中国篇》，187）

（26）调度员也吃着陈皮梅。她一边嚼着一边问夏小丽：“嘿，我说你打算哪天来上班啊？”（刘心武《公关汽车咏叹调》，《新小说在1985年》，569）

（27）“我说你这人怎么跟女的似的？她说一句你非得跟一句，什么大不了的原则问题？认个错又不会杀你头，跟自个老婆逞那份强干吗？”贾玲板着脸训我，“没见过你这样当丈夫的。”（王朔《王朔文集·纯情卷·过把瘾就死》，335）

（28）看着窗台上那被风吹的哗哗乱响的《第二性女人》和《查太莱夫人的情人》，我忍不住说道：“其实啊，我觉得在这个世界上，人不能太聪明，也不能看太多的书，那些尼采、萨特、弗罗伊德之类的书也不能太相信，一个人要想过得快乐啊，就不要有独立的思考，不要有太认真的是非观念，人云亦云就好。我说你还是把那些书都扔进废纸堆，跳出政治的漩涡，重新振作起来，睁大眼睛，找个好婆家吧。”（白帆《女大学生综合症》，网络小说）

（29）“哈哈哈！”她大笑起来，“我说哪里是你在炒藕呀，完全是藕把你炒了。哈哈哈，笑死人。”（莫怀戚《透支时代》，74）

跟第二类相似，这类中“我说”后的小句依然不能看作“我说”的宾语，我们把上述用例用逗号隔开或者把“我说”删除都不影响句义的表达。

4.“我说”+语气词，两者构成一个插入语使用，语气词主要是“呀、啊”两个。例如：

（30）她那大而圆的眼睛稍稍眯起，细细的眉毛轻轻地皱着，听完了，叹了一口气道：“国耻自然是国耻。谁没有过慷慨激昂的时候？可是，既然是国耻，就该由国家来负责。几个人瞎嚷嚷有什么意思？我说呀，我们三妹的那个李民天就是有点不安分。”（欧阳山《苦斗》，27）

（31）老蒋正自没趣，看见大班的客人们走了，就摇着蒲扇拐到这里来，他放轻脚步走到田大瞎子身边说：“我说呀，老天爷也瞎眼，这么热天，他还不下场雨叫你老人家凉快凉快！”（孙犁《风云初

记》，10）

（32）“我说啊，你也太惯着你的小黄了，谁家的老婆打工不是自己开车啊？她还得请个司机。”小张又不高兴了。（白帆《那方方的博士帽》，网络小说）

（33）“我说啊，你这人总是不实际。如今人人自顾不暇，谁还有心思写什么东西呢？再说，写东西有什么好处呢？既不能当饭吃，又不能换绿卡。”（白帆《那方方的博士帽》，网络小说）

5.“我说”+称名或人称代词+语气词，三者构成一个插入语使用，后面跟一个句子。语气词一般只是“啊”或“呀”。例如：

（34）赵振江虽然两处受了伤，好在只是流血过多，伤势并不严重，经过这几天的休养，已经能下地走动了；这时他恰好和老孟在一起说话，二虎一进门，就气呼呼地打断他们的话说道：“我说大队长的病啊，都是叫杨大王八气的，咱们不要在这里等大队长的病好啦，干脆马上把肖家镇炮楼拿下来，我管保大队长的病能好利落。”（李晓明《平原枪声》，516）

（35）“喂！我说那位姑娘啊，您是怎么回事呵？”脚夫急了，又向山上大声吆喝着，这才惊醒了女学生，她揉揉眼睛茫然地笑了一下，快步跑下了山岗。（杨沫《青春之歌》，4）

（36）“我说你呀，也不要太和自己过不去。现在你的所作所为也还是绿叶精神噢。”憨大姐居然来了点文学色彩的词语。（胡辛《四个四十岁的女人》，《妇女小说选》，491）

（37）钱三文说：还是二嫂子心里亮堂！这位顾先生呀！哎，我说老顾呀老顾！过去在集上只听说你们顾家三兄弟是好人，今天见了面，才知道是名不虚传呀！（戴厚英《流泪的淮河》，287）

6.“我说”+语气词+称名或人称代词，三者构成一个插入语使用，后面跟有一个句子，这种情况比较少见，我们仅在语料库中找到一例。如下：

（38）而四哥与斑虎说话是另一种腔调：“我说啊伙计，遇上事要沉住气，先莫要闷愁。你这么琢磨，天大的难事，咱一咬牙也就过去了……我没事了就抽着烟寻思，寻思这些年的事儿，古怪的世道，嘿，也罢！就是这么硬挺着，他们又能怎么？伙计，什么也不用怕，硬挺着……”（张炜《柏慧》，122）

“我说$_5$”在句法表现形式上大致有以上六类，除最后一类较少使用外，其他五类都比较常见，第四类可以看作第一类的变体，第五类和第六类可以看作第二类的变体，不同的是第四、五、六类语气较为缓和。

尽管“我说$_5$”也有区别性的特征，但已经不是它主要的特征了，“我说$_5$”也并不一定带有说话人的主观感情，有的仅仅起到吸引受话人注意力的作用，比如例（21—24），有的因为上下文的关系，语气上也沾染了说话人的情绪，比如例（32）带有不满的口气，例（36）含有责怪、训诫的意味等。因此我们把“我说$_5$”的语义特征标记为［+提醒］、［+区别］、［±主观情感］。

（六）我说$_6$及其功能

“我说$_6$”主要功能是表示醒悟义，“我说$_6$”是插入语，有时后面跟有语气词“呢”。后面不跟语气词时“我说$_6$”直接加小句，中间无语音停顿。后面跟有语气词“呢”时，表现形式有二：一是“我说呢”单独使用，仅仅表示“醒悟”义，醒悟的原因隐含于上下文之中；二是“我说呢”加小句，“我说呢”和小句之间有语音停顿，在书面上往往体现为两者之间有标点符号隔开。我们根据“我说$_6$”后续句的性质将“我说$_6$”分为以下几种使用类型：

1. “我说/我说呢”+求因句，即“我说/我说呢”的后续句往往表示的是说话人存疑的事情。例如：

（39）他正又握住玉梅的手腕去教，忽听得后面有人说：“握着手教哩！我说玉梅写字为什么长进得那么快！”（赵树理《三里湾》，4）

（40）这家伙油渍麻花一身烧鸡味儿，一进门儿就馋眯眯地盯着她说：“哟嗬！我说大哥怎么难得请弟兄们进屋呢，赶情大嫂子越关着越象月里嫦娥了！”（冯苓植《狐幻·猫腻》，144）

（41）我说呢，我在台上还纳闷呢，梦蝶怎么换模样了，我记错

了？别露怯。(王朔《王朔文集·谐谑卷·顽主》，27)

(42) 朱瑞芳跟着她的视线望过去，勃然大怒地说：“好哇，我说为啥看不见他，原来在那里谈恋爱哩。”(周而复《上海的早晨·第一部》，410)

(43) “……在分区，出发前队长不是说，上级要咱们当先遣部队急速回来吗？当时我捉摸，武工队什么时候都是先遣部队，队长不说，谁心里也像个明镜，哪知，这是四扇屏里卷灶王——画（话）里有画（话）。我说咱们队长这些天对情报抓得那么紧呢，三天两头派人进据点侦察，有时还亲自出马，闹半天是在做准备，准备撒大网，逮些大鱼吃！听说，昨天夜里咱们的老参谋长就带领着主力部队驻防在于八、万安、杨各庄啦，估计今天会赶来。他们一来，还不把这弯子敌人打个野鸡不下蛋！扫他个净光净……”(冯志《敌后武工队》，355)

从上述用例可以看到，“我说/我说呢”的后续句里面往往含有“为什么”“怎么”“为啥”等表示疑问的词语，如例（39—42），也有些用例不含这些表示疑问的词语但也可以表示一种说话人的疑问，如例(43)。

2. “我说呢”+原因句，即“我说”的后续句表示说话人醒悟的原因。例如：

(44) 我说呢，原来它是叫“成人痘”。(网络资料)

(45) 哦，我说呢，原来笨笨是伟大首都北京的呀！哈哈。(网络资料)

例（44）中说话人对脸上长青春痘感到不解，后来明白了这是青春期必经的阶段，心中也就不再懊恼了，例（45）也可作如是分析。其实原因句不仅可以用在“我说呢”之后，也可以用在它的前面。例如：

(46) 玉流苏冷哼一声：“你是看人家等级高装备好动心了吧？我说呢，这才认识几天呀，说结婚就结婚。”（清旋《天降宠爱》，

131）

也可把例（44-45）语序颠倒，句义不变。例如：

（44’）原来它是叫“成人痘”，我说呢。

（45’）哦，原来笨笨是伟大首都北京的呀！我说呢，哈哈。

3. “我说呢”+评论句，即“我说呢”的后续句既不是说话人的疑问也不是说话人醒悟的原因，是说话人醒悟后的评论。例如：

（47）“是嚜！我说呢，你怎么也不象是初次上阵！”耿忠觉得华静的话，证明了自己的眼力准确，自得地大声地说。（吴强《红日》，319）

（48）老关听到情况是这样，就松了一口气，说：“我说呢，堂堂一个国家干部，你也不至于卖鸭子！既然是闹着玩，这事就算了，以后别这么闹就是了！”（刘震云《刘震云精品文集·一地鸡毛》，67）

例（47）中耿忠明白事情的原委后作出“你怎么也不象是初次上阵”的评论，以显示自己眼力准确；例（48）中老关听罢小林的解释后知道自己误解了小林，所以就说了“堂堂的国家干部，你也不至于卖鸭子”这样的话以缓和紧张的气氛。

4. “我说呢”单用。例如：

（49）“罗四姐！”古应春笑道：“你不要上她的当，她是故意逗你。洋大夫倒是洋大夫，不过是个女的。”

“我说呢！”罗四姐舒了口气，“洋人那只长满黑毛、好比熊掌样的手，摸到你肚皮上，你会不怕？”（高阳《灯火楼台》，178）

“我说$_6$”大抵就有上述四种使用类型，虽表现形式有细微差异，但都表示醒悟义，我们将它的语义特征标记为［+醒悟］、［+区别］。

根据功能的差异，我们将现代汉语中的“我说”分为上述六大类，已分别记为“我说$_1$”“我说$_2$”“我说$_3$”“我说$_4$”“我说$_5$”和“我说$_6$”，下面我们根据语义特征对比如下（见表7-1）：

表7-1 “我说”六种类型的语义特征对比

特征 义素 比较项	区别	引述	强调	主观感情	提醒	醒悟
我说$_1$	+	-	-	-	-	-
我说$_2$	+	+	-	-	-	-
我说$_3$	+	+	+	+	-	-
我说$_4$	+	-	+	+	-	-
我说$_5$	+	-	-	±	+	-
我说$_6$	+	-	-	-	-	+

三 “我说”的历史发展和历时演变

（一）“我说”的历史发展

“我说$_1$”中，“我”是人称代词作主语，“说”表“言述”义，最早大约出现在魏晋南北朝时期的佛典中。例如：

（50）故彼经偈云：十八及二本，悉从大乘出。无是亦无非，我说未来起。（《高僧传》，442）

（51）圣弟子如是观者，于色解脱，于受、想、行、识解脱，我说是等为解脱生老病死、忧悲苦恼。（刘宋·求那跋陀罗《杂阿含经》，2）

（52）若比丘离四念处者，则离如实圣法；离如实圣法者，则离圣道；离圣道者，则离甘露法；离甘露法者，不得脱生老病死、忧悲恼苦，我说彼于苦不得解脱。若比丘不离四念处者，得不离圣如实法；不离圣如实者，则不离圣道；不离圣道者，则不离甘露法；不离甘露法者，得脱生老病死、忧悲恼苦，我说彼人解脱众苦。（刘宋·求那跋陀罗《杂阿含经》，171）

使用于引述语境的“我说$_2$”大约出现在元代。例如：

（53）［净］我学生头一年在那里，半句也不省，后来就省得了。一日在船上，只见岸上一簇人在那里啼哭，我问那门子，那些人为何啼哭？那门子说：没有了个脸。我说：打官话说来。他说道：没有了个儿子，在那里啼哭。我方才晓得脸是儿子。（元·柯丹邱《王十朋荆钗记》，121）

（54）［丑］我把你这狗骨头。我在此半日，你才来见我。到说老爷见坊正，我倒来见你么？［净］不是这等说，不曾分得句读。我说老爷见，小人是坊正。只少小人是三个字。（元·施惠《幽闺记》，11）

（55）［末指丑欲下。丑］老不死。［末转身上］你骂我老不死？［丑］我说你牛一般健，老了不死的。（元·施惠《幽闺记》，57）

（56）（周舍同外旦上，云）自家周舍是也。我骑马一世，驴背上失了一脚。我为娶这妇人呵，整整磨了半截舌头，才成得事。如今着这妇人上了轿，我骑了马，离了汴京，来到郑州。让他轿子在头里走，怕那一般的舍人说："周舍娶了宋引章。"被人笑话。则见那轿子一晃一晃的，我向前打那抬轿的小厮，道："你这等欺我！"举起鞭子就打。问他道："你走便走，晃怎么？"那小厮道："不干我事，奶奶在里边不知做甚么？"我揭起轿帘一看，则见他精赤条条的，在里面打筋斗。来到家中，我说："你套一床被我盖。"我到房里，只见被子倒高似床，我便叫："那妇人在那里？"则听的被子里答应道："周舍，我在被子里面哩。"我道："在被子里面做什么？"他道："我套绵子，把我翻在里头了。"我拿起棍来，恰待要打，他道："周舍，打我不打紧，休打了隔壁王婆婆。"我道："好也，把邻舍都翻在被里面！"（关汉卿《赵盼儿风月救风尘》，《全元曲》，118）

"我说$_3$"较早的用例出现在元代的文献当中。例如：

（57）（生转介。净）兄弟，大哥着恼了，我每说了罢。（丑）不要说！就说来大哥也不信的。（生）说那里话！兄弟之言，岂有不信之理！（净、丑）说出来不是我每弟兄身上的事，却是大哥身上的事。（生）怎么倒是我身上的事？且说来。（净、丑照前白说介。生）岂有此理！我兄弟是读书之人，那有此话！（丑）阿哥如何？我说大

哥是不信你我的。（元·徐畛《杀狗记》，20）

（58）（段志贤云）三将军你不知，如今军师见你把敬德下在牢里，亲自赶唐元帅去了。（元吉云）不妨事。便唐元帅回来问我时，我自有话说。（正末同徐茂公上，云）可早来到营门首也。左右接了马者。（徐茂公云）报复去，你说唐元帅同军师下马也。（卒子云）喏，有唐元帅同军师下马也。（段志贤云）如何？我说军师赶元帅去了也。（元吉云）不妨事，我接待去。（元·关汉卿《尉迟恭单鞭夺槊》，《全元曲》，510）

（59）【石榴花】俺只见云涛雪浪接天隅，这的是海阔洞庭湖。（梢公云）我说不载，不载，您强要上这船来，还不开的半里，早风起了。你看泼天也似的大浪，可不苦也！（元·郑廷玉《楚昭王疏者下船》，《全元曲》，1145）

（60）（正末云）老王，我的儿，你再认去。（王林云）哥，我说不是他，就不是他了，教我再认怎的？（元·康进之《梁山泊李逵负荆》，《全元曲》，3258）

和“我说$_3$”相同，“我说$_4$”“我说$_5$”较早的用例也都出现在元代的文献当中。“我说$_4$”的用例有：

（61）（费无忌云）嗨，这弟子孩儿跌了我这一交，他去了么？（卒子云）去了也。（费无忌云）我说他不敢不去。正是：养得一子孝，何用子孙多。（元·李寿卿《说鱄诸伍员吹箫》，《全元曲》，2336）

（62）［丑］老爷，请吃酒的在外。［净］说在家便好。［丑］说在家。［净］我说下颏子痒，定有酒吃。（元·柯丹邱《荆钗记》，119）

（63）（正末云）疾！你也来，你也来。（酒保云）你看这先生风了。（正末云）一个舞者，一个唱者，一个把盏者，直吃的尽醉方归。（酒保云）我说这先生风了，当真风了。把袍袖往东一拂道，你来你来；往西一拂道，你也来你也来。一个舞者，一个唱者，一个把盏者，都在那里？（元·马致远《吕洞宾三醉岳阳楼》，《全元曲》，1602）

"我说$_5$"的用例有：

(64)（净官人云）什么人吵闹？定是告状的。我说外郎，买卖来了。我则凭着你，与我拿将过来。（元·关汉卿《钱大尹智勘绯衣梦》，《全元曲》，242）

(65)（兴儿做背砌末科，云）这个东西，定是我背着。我说老延，你就不与我个牛蹄儿吃？（元·刘唐卿《降桑椹蔡顺奉母》，《全元曲》，3563）

(66)（陈德甫入科，云）员外，还你这钞。（贾仁云）陈德甫，我说他不要么。（陈德甫云）他嫌少，他说买个泥娃娃儿也买不的。（元·郑廷玉《看钱奴买冤家债主》，《全元曲》，1287）

(67)（白厮赖云）我说哥，你少嘴舌罢。量你兄弟，不足贤兄挂齿，哥的那喉舌，何人敢及？古者有随何、蒯通、苏秦，虽为舌辩之士，若是见了哥，也拱手回容，他岂敢开口？量您兄弟拙口钝腮，真乃蛆皮而已。我若虚言，哥就是我的孙子。（元·刘唐卿《降桑椹蔡顺奉母》，《全元曲》，3529）

(68)（贺知章云）我说，你允不允可不干我事。老相公说来，我料兄弟你也不肯。老相公着兄弟在他府中做门馆先生，未知兄弟意下如何？（元·乔吉《李太白匹配金钱记》，《全元曲》，4289）

(69)（旦云）员外，你说与兄弟怕什么？（孙大云）大嫂，我说呵，恐怕兄弟变了脸。（元·萧德祥《杨氏女杀狗劝夫》，《全元曲》，4665）

(70)（正末云）婆婆，想咱两口儿为人，可也不曾行那歹来。我说莫不是这钱财上积趱的多了么？所以上妨害了咱这子嗣。想咱这世间人，无钱的可又难过，抵死积趱的多了，却又于身无益。此言信有之也呵！（元·无名氏《施仁义刘弘嫁婢》，《全元曲》，6278）

(71)（葛监军云）我说亏你还做管事的人哩！且休说我刀马武艺，我见今为监军之职，我倒不合去，倒举别人去不成（元·无名氏《阀阅舞射柳蕤丸记》，《全元曲》，6832）

从上述用例可以看到，"我说$_5$"在元代的文献中已经表现得相当成熟，可以没有语音停顿，如例（64—67）、例（70—71）；可以单说，如例（68）；可以后跟称名或人称代词，如例（64—65）、例（67）；可以跟语气词，如例（69）；后面所跟的句类也不限于陈述，还可以是问句。

我们在元代以前的文献中并没有看到表醒悟义的“我说$_6$”，直到明代，“我说$_6$”才逐渐出现。例如：

（72）这一招，招早了些，旗倒不曾招得上去，却被磨旗的看见了，说道：“哎！我说是怎么宝贝儿会不下来，原来是你两个小鳝精躲在云里招我的。”（明·罗懋登《三宝太监西洋记通俗演义》，725）

（73）钱老道：“他见甚么板凳作怪，踢闪了腰肋。适才走来，说话也是气喘，贴了我两个膏药，如今腰也弯得下了。”李助道：“我说是个闪朒的模样。”（明·施耐庵、罗贯中《水浒全传》，1221）

（74）正讲处，只见有一个巡山的小妖来报道：“大王，祸事了！下请书的小校，被孙行者打死在大路旁边，他绰着经儿变化做金池长老，来骗佛衣也！”那怪闻言，暗道：“我说那长老怎么今日就来，又来得迅速，果然是他！”（明·吴承恩《西游记》，405）

（75）刚打发卜龟卦婆子去了，只见潘金莲和大姐从后边出来，笑道：“我说后边不见，原来你每都往前头来了。”（明·兰陵笑笑生《金瓶梅词话》，612）

虽然明代已见表醒悟义的“我说”，但所见明代的文献并没有出现“我说呢”形式，“我说呢”直到清代中后期才开始使用。例如：

（76）马强道：“这就是了。我说呢，一天可以打两个来回儿，你如何去了四五天呢？敢则是你要等个水落石出。那如何等得呢？你且歇歇儿去罢。”（清·石玉昆《七侠五义》，445）

（77）一面低头系着汗巾儿，不觉嘴里又叨叨出一句话来，说：“我说呢，好好儿的洗了没一两天儿的脚，前日又叫人洗脚，作甚么呢？”（清·文康《儿女英雄传》，1206）

（78）陶子尧道：“我说呢，怪不的姓周的今天没有来。事情既已如此，谅来我这里一定也有电报的。”（清·李宝嘉《官场现形记》，91）

（79）凤姐听了笑道：“我说呢，姨妈知道你二爷来了，忽喇巴

的反打发个房里人来了？原来你这蹄子肏鬼。”（清·曹雪芹、高鹗《红楼梦》，206）

（80）正值林黛玉在旁，因问宝玉：“在那里的？”宝玉便说：“在宝姐姐家的。”黛玉冷笑道：“我说呢，亏在那里绊住，不然早就飞了来了。”（清·曹雪芹、高鹗《红楼梦》，275）

（81）宝玉方知缘故，因笑道：“我说呢，正纳闷‘是几时孟光接了梁鸿案’，原来是从‘小孩儿口没遮拦就接了案了’。”（清·曹雪芹、高鹗《红楼梦》，659）

（82）贾珍道：“我说呢，怎么今儿才来。我才看那单子上，今年你这老货又来打擂台来了。”（清·曹雪芹、高鹗《红楼梦》，721）

根据前文的考察，我们知道：“我说$_1$”最早大约出现在魏晋南北朝时期的佛经中；“我说$_2$”“我说$_3$”“我说$_4$”“我说$_5$”较早的用例都出现在元代的文献当中，直到明代，“我说$_6$”才逐渐浮现。我们下文将在此基础上进一步考察它们之间的演变关系。

（二）“我说”的历时演变

前文我们详细了解了各类“我说”的历史发展状况，但它们之间存在着一个什么样的演变关系呢？我们认为：

第一，“我说$_2$”是从“我说$_1$”演变而来，而后又分化出“我说$_3$”，“我说$_3$”又发展出“我说$_6$”；

第二，“我说$_4$”也是从“我说$_1$”演变而来，然后又分化出“我说$_5$”。

上述演变过程是语境和主观化互动的必然产物。一方面，“我说”是新的语境的必然选择，另一方面，新的语境又赋予“我说”新的语义特征。这种“选择”和“赋予”在人的主观感受上不断地得到确认和强化，就分化出了新的功能配对，“我说$_1$”分化出新的功能配对“我说$_2$”“我说$_3$”“我说$_4$”“我说$_5$”和“我说$_6$”即是如此。①

1. 从“我说$_1$”到“我说$_2$”到“我说$_3$”到“我说$_6$”

“我说$_1$”是个松散的结构，在句子中表现为主谓关系，是“我说”

① 曹秀玲（2010）认为“主谓结构是话语标记的重要来源之一，具有一定跨语言的共性特征”。

最基本的使用类型，主要起到区别性的作用。当出现下面几种情形时，说话人必然选择第一人称代词和言述义动词：

a. 当受话人没有听清说话人所说的话，说话人想再次表述；
b. 当说话人作出相关论证，需要重新表述过去所说的话；
c. 当说话人想再现过去的会话情景。

而现代汉语中的第一人称代词就是“我”，言述义动词最常用的就是“说”，“我说$_2$”的形成也就是情理之中的事情了。

“我说$_2$”虽然在逻辑演变上显得比较简单，在历史发展的长河中却经历了相当长的时间，根据前文的考察，“我说$_1$”在魏晋南北朝时期的佛经文献中就已经出现，而“我说$_2$”在元代才出现。

“我说$_3$”具有［+主观感情］、［+强调］、［+引述］和［+区别］的语义特征，主要使用在以下两种语境当中：

a. 说话人曾经所说的话被证明是正确的，此种情况下，说话人引述“前言”强调自己观点的正确性，往往含有赞扬、炫耀、埋怨等感情色彩；

b. 说话人坚信自己所说过的话是正确的，此种情况下，引述“前言”主要是表明自己的坚决态度。

“我说$_3$”是在“我说$_2$”的基础上形成，只有“我说”引述功能确定了，说话人才有可能使用引述的方式来宣泄个人的主观情感。

“我说$_6$”表醒悟义，是由“我说$_3$”分化而来。“我说$_6$”产生之初后面主要跟的是求因句，如例（72—75）。后面虽然是求因句，但实际上说话人此时此刻已经知道了事情的原委。表醒悟义的“我说$_6$”到底是如何从“我说$_3$”演化而来的呢？我们先看下面的例子：

（83）我说你昨天为啥不来聚会呢。

如果没有语境的限制，我们并不能完全明白例（83）表达何种意义。我们尝试把例（83）进行语境扩充（contextual enrichment）：

(84) 我说你昨天为啥不来聚会呢，[昨天来的人很多，大家都想念你呢。]

(85) 我说你昨天为啥不来聚会呢，[原来还没有写完博士论文呢。]

进行语境扩充后，我们可以了解到，例（84）中说话人说出“我说你昨天为啥不来聚会呢”意在追问；而例（85）中说话人说出“我说你昨天为啥不来聚会呢”有两方面的动机：一是说话人要强调自己已经明白事情的原因；二是说话人需要用求因句引出原因。我们再次把例（85）进行语境扩充：

(86) A：你昨天为啥不来聚会呢？

B：还没有写完博士论文。

A：我说你昨天为啥不来聚会呢，原来还没有写完博士论文呢。

从例（86）中我们可以直观地看到，表醒悟义的“我说$_6$”其实也是在引述“前言”，虽然这种引述也具有强调作用，但因为句子的重点是后面的原因句，所以“醒悟”义是整个句子的焦点，而引述的强调作用并不能被突显出来。“我说$_3$”发展为“我说$_6$”经历了两个步骤：

第一个步骤是语境内容增多使得“我说”的引述性质被遮蔽。

例（86）是语境扩充后的话轮，在实际的日常语言中说话人可能并不需要通过询问才能知道原因，如果 A 看到 B 正在拼命地写博士论文，就已经明白了 B 为什么不去聚会，A 的在场性可以帮助说话人省略掉“询问”的环节，进而说话人可以直接表述“我说你昨天为啥不来聚会呢，原来还没有写完博士论文呢”。这样一来我们就不能直观地感受到“我说”就是“我说$_3$”。

第二个步骤是语境内容增多使得语义载体转移。

“我说你昨天为啥不来聚会呢，原来还没有写完博士论文呢”表示醒悟义其实是后面的原因句在起作用，而说话人身临其境已经知晓了原因，后面的原因句也是可以省略的。这样，表示醒悟义的载体从“我说你昨天为啥不来聚会呢，原来还没有写完博士论文呢”发展为“我说你昨天为啥不来聚会呢”，如果“不来聚会”这个话题已经为对话双方共知，还可以进一步省略为“我说呢”。最后，表示醒悟义的载体转移到“我说呢”形式上，随着使用频率的增多，逐渐固化就形成了“$我说_6$”。

“$我说_3$”发展为“$我说_6$”的演变过程可描述为图 7-2。

2. 从“$我说_1$”到“$我说_4$”到“$我说_5$”

首先来看“$我说_4$”的来源。

“$我说_4$”和“$我说_3$”都具有强调的功能，但实施方式和句法组合能力都不一样。“$我说_3$”的强调功能是语境赋予的，而“$我说_4$”的强调功能主要是主观上的强化；“$我说_3$”起到引述的作用，因此不能被删除，而“$我说_4$”可以被删除，所差只是语气的强弱。上述差别我们认为主要是来源不同造成的：“$我说_3$”来源于“$我说_2$”，而“$我说_4$”直接来源于“$我说_1$”。

我们认为“$我说_4$”产生的基础应当是魏晋南北朝时期的佛经文献用例，如前文例（50—52），这些用例中的“我说”都是“$我说_1$”，但在功能上相当于“我认为”，这种意味在会话语境中更为直观明了：

（87）祖曰：“汝以何为义？”彼曰：“无心为义。”祖曰：“汝既无心，岂得义乎？”彼曰：“我说无心，当名非义。”（宋·普济《五灯会元》，34）

（88）祖曰：“相既不知，谁云有无？尚无所得，何名三昧？”彼曰：“我说不证，证无所证。非三昧故，我说三昧。”祖曰：“非三昧者，何当名之？汝既不证，非证何证？”（宋·普济《五灯会元》，40）

（89）至无得宗所，问曰：“汝云无得，无得何得？既无所得，亦无得得。”彼众中有宝静者答曰：“我说无得，非无得得。当说得得，无得是得。”（宋·普济《五灯会元》，40）

例（87—89）中说话人作答时都加上“我说”，既不表示引述，也无强调的意味，实为佛经文献的常见语体。我们知道佛教在传入中原以后影响极大，随着佛法深入地传播，“我说”的这种用法势必会影响到人们的日常语言。但佛经语言和日常语言毕竟是不同的语言风格。在日常语言中，当说话人发表言论时并不必带有“我说”二字，因为当发表言论时

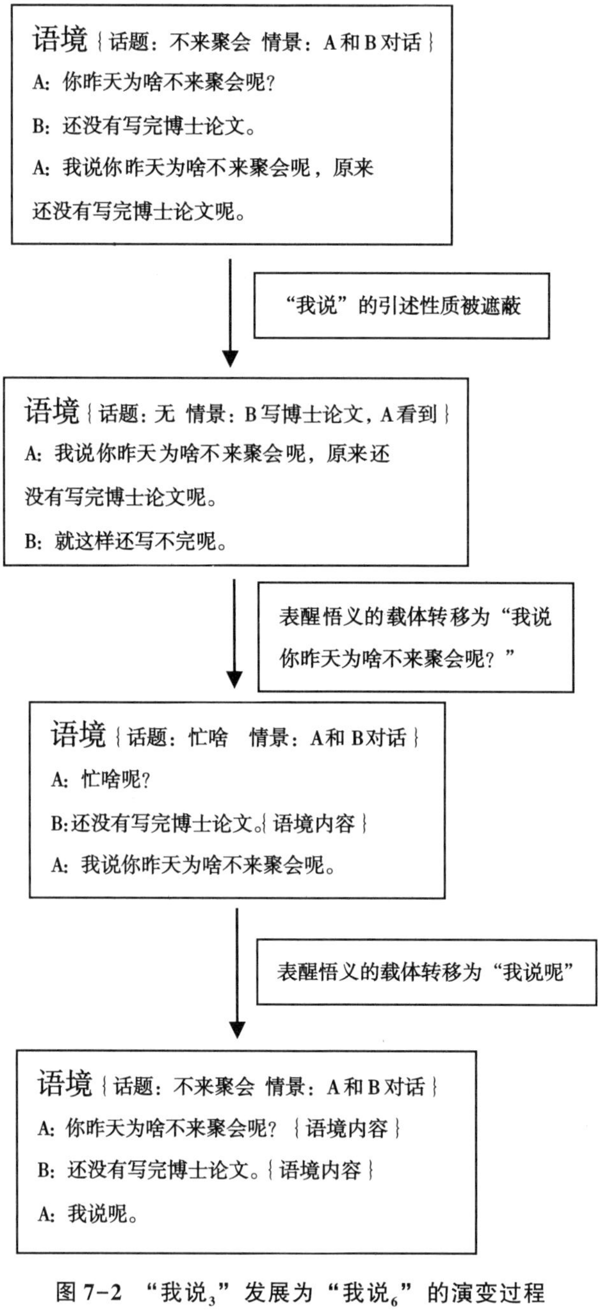

图7-2 “我说$_3$”发展为“我说$_6$”的演变过程

说话人本人就已在场，受话人可以直接观察到或感受到这些言论是来自说话人本人。因此，如果人们要像佛经语言那样使用“我说”就会形成一个有标记的语言表达式，必然会衍生出相应的功能。我们认为，“我说$_4$”

就是在这种形势下产生的。

其次再看“我说$_5$”的来源。

“我说$_5$”具有“提醒”功能，来源有两种可能性：第一种可能性是，和“我说$_4$”一样，都产生于佛经语言和日常语言的融合；第二种可能性是来源于“我说$_4$”。我们倾向于主张“我说$_5$”来源于“我说$_4$”。在日常语言中，如果是非引述方式，说话人说话时使用“我说”肯定会有强调的功效，我们认为这种强调功能是佛经语言和日常语言融合的首要选择。

“我说$_5$”来源于“我说$_4$”并不是来源于“我说$_4$”的强调功能，而是来源于“我说$_4$”的时意义，“我说$_4$”的强调功能是通过对说话人主体的强调而实现的，但“我说$_4$”在表达强调功能的同时还表达未然性的时意义，即“我要说”。“我说$_4$”语音弱化时，强调意味就会减弱，“我要说”的时意义就会突显出来，久而久之就变成了一种提示语，即“我要说……”，“提醒”功能就在此基础上逐渐产生。

刘钦（2008）把“我说”（主要是“我说$_5$”）跟“依我说”类放在一起讨论，认为“依、依着、教、叫”的使用突出了后续句的重要地位，将“我说”的作用固定下来，逐渐凝固成一个固定的语言成分。此外，刘文还认为“我说”表行为义演变为“我说”表认知义的外在结构上的显著标志是分化出了独立表示认知的专职语言变体“依我说、依着我说”“教我说、叫我说”。我们认为不宜将两者混淆起来。“依我说”等现在作为话语标记是由动词短语发展而来，跟“我说”没有必然的联系。“依我说”等形式在元代文献就已可见。例如：

（90）似这般价钱，其实卖不得。如今老实的价钱说与你。两家依着我说。交易了如何？（《朝鲜时代汉语教科书丛刊·老乞大谚解》，82）

（91）［见介。净］孩儿，早知今日，悔不当初。早依我说，不见如此。你爹爹出去体问你丈夫消息，委实赘在万俟丞相府中了。你爹爹说道：他那里重婚，我这里改嫁。因此将你许了孙家了。你可梳妆准备。（元·柯丹邱《荆钗记》，67）

（92）便好道：一日不害羞，三日吃饱饭。我们靠手艺的买卖，怎害得许多羞？老官人，你依我说，到厢子角儿里再取出个银子来，

待我依旧开了铺面，挂上招牌，挑出这甘罚的银子去，怕做甚的？（元·王晔《桃花女破法嫁周公》，《全元曲》，4765）

（93）（搽旦云）我那里受的这等气！李二，你多吃上几碗酒，假妆个醉，到那里则依着我说，定要分开这家私便了。（元·无名氏《神奴儿大闹开封府》，《全元曲》，6373）

（94）〔净〕苦咳！怕吃打便卖孩儿，骨臀难得？孩儿难得？〔丑〕不依我说？〔扯净叫介〕一街两市，上户官人，里正卖孩儿，谁要买么？（元·高明《琵琶记》，100）

其实，“依 X 说”由来已久，在“我说$_5$”产生之前就已有用例。例如：

（95）又云“乃命百县雩祀百辟卿士”。则大雩所祭，唯应祭五精之帝而已。勾芒等五神，既是五帝之佐，依郑玄说，宜配食于庭也。（南朝梁·萧子显《南齐书》，127）

（96）六师重奏于王曰：“臣今有事依实说。贼臣逆子设阴谋，虑恐国破人消灭。须达本意请胡神，城中广拟行妖孽。败我政法不思议，远请奸邪极下劣。此是偎僻不堪依，伏愿明君为照察。”（《敦煌变文校注》，560）

（97）依他说，为臣子也须尽心寻求，那知不有如此样？蓦忽更有，也未可知，如何便住得！闻亦自有人来说几处可用，都被那边计较阻抑了。（《朱子语类》，2668）

不管从哪个角度来说，“依我说”类形式都不是从“我说”分化而来。时至今日，“依我说”类形式都还不是完全凝固的格式，我们还可以把“我”替换为“你”“他”等。

综上所述，“我说”各种类型之间的流变，可总结为图 7-3：

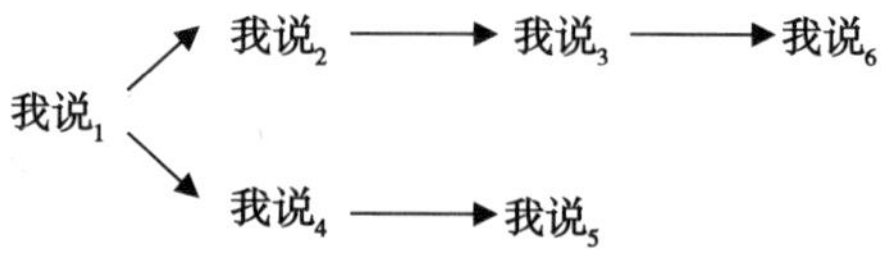

图 7-3 “我说”六种类型的演变关系

第三节 “我跟你说”

一 同形异指式

本节讨论的“我跟你说”包括“我跟你说”“我跟你讲”“我给你说”“我给你讲”等，便于行文，我们统称为“我跟你说”。“我跟你说”有两种使用类型：作为句子成分和作为话语标记。我们来看下面的例子：

(1) 修福老汉看见事情急了，把孩子递给他孙孙白狗，拉了小毛一把道：“我跟你说句话！”(赵树理《李家庄的变迁》，15)

(2) 我跟你说不清楚！去找你们主任来！(赵树理《三里湾》，122)

(3) “我跟你说说吧！”她喊：“我无处去诉苦，没钱，没男子，不吃迷叶，公使太太，跟你说说吧！”(老舍《猫城记》，188)

(4) 鲁侍萍 刚才吃饭的时候我跟你说过。周家的事算完了，我们姓鲁的永远不提他们了。(曹禺《曹禺选集·雷雨》，110)

(5) 黄蓉道：“敌人既说明日来攻，今晚定然无事。我跟你说的话，与过儿有关。”(金庸《神雕侠侣》，758)

上述用例都是“我跟你说”作句子成分的情况，可以看到，“我跟你说”作句子成分①有下面一些特性：其后可以跟宾语、补语、时体标记，动词“说”可以重叠，整体可以作定语等。此外，“我跟你说”并没有专门的功能，还不是独立的构式，可以对内部成分进行替换。如果有相应的语境，我们可以把例(1)画线部分作如下替换：

(1’) a. 我跟他说句话。

b. 他跟你说句话。

---

① 下面的情况不是“我跟你说”作句子成分的表现：

“那就让我给你讲一个这方面的故事吧。”红雀说。(王尔德《王尔德童话·忠实的朋友》，34)

例中“让我给你讲”是个兼语短语，而本章所说的“我跟你讲”是以主谓短语为基础。

c. 我和他说句话。
d. 我跟你说件事。
e. 我跟你聊会天。

例（1’）中画线部分是被替换的成分，可以看到我们可以对“我跟你说”各个部分进行替换。“我跟你说”虽可以自由替换，但不能被删除，被删除后就不能表达完整的语义，比如说“我跟你说句话”，我们把“我跟你说”删除后就只剩下“句话”二字，根本不能形成完整的语义。

我们把具有上述特征的“我跟你说”标记为“我跟你说$_1$”。除了可以作句法成分，“我跟你说”还可以作话语标记，跟“我跟你说$_1$”具有不同的句法特性。我们来看下面的用例：

（6）“雨杭！雨杭！”牧白喘吁吁的，跑得上气不接下气，看到雨杭并没有“消失”，就暗暗地松了口气：“我跟你说，奶奶不会再要你入赘了，这件事过去了，你快跟我回家吧！”（琼瑶《烟锁重楼》，121）

（7）约莫一个月后，早晨，我正在睡觉，被一阵激烈的对话吵醒。朦胧中听到方方在劝阻什么人：“他不在，我跟你说他昨晚出去了没回来。”（王朔《王朔文集·纯情卷·一半是火焰 一半是海水》，144）

（8）在你说要娶我之前，你可以跟她睡觉，因为我没有权利这样要求你，但在这之后，在你清清楚楚跟我说，要跟我结婚之后，你还这么做，你不觉得你太坏了吗?！你想两边都讨好，这怎么可能呐！我跟你说善良如果是虚伪的，就比狠毒更可憎。（皮皮《比如女人》，51）

（9）“我并不要抹煞，”倩云说：“可是，你才二十四岁，难道就这样一辈子在钟家过下去？你还是个少女，你懂不懂？不必把自己弄得灰头土脸的！没有人会感激你这样！甚至没有人会赞成你这样！我跟你说，姐，回家去，忘掉钟文樵，你该开始一段新生活，再恋爱，再结婚！”（琼瑶《聚散两依依》，62）

（10）江淮喝了一大口可乐，憋着气说：“我的脸色与我的工作一点关系都没有！老四，我跟你说，你马上把你这个蜗居给退掉，你

跟我住到台北去，我宁愿买辆汽车给你上课下课用，不能让你在这儿堕落毁灭！”（琼瑶《雁儿在林梢》，82）

（11）杨庭辉略微沉吟片刻，说：“老张，这个问题是个问题，但是我跟你说，像梁大牙这样的人，你说对他怎么办？调教好了他是一个好干部，操之过急就适得其反。我们当初决议让他到陈埠县去，就是做好了思想准备，允许他犯错误。我不是不主张处理，只是主张暂时不作严肃处理，这笔账我们给他记着，时机成熟了，再收拾他。”（徐贵祥《历史的天空》，166）

（12）所以这有一个很自然的监督机制它就出来了，甚至我跟你说，就形成了另外一个很有意思的中国农村特有的现象——父债子还。（黄卫平《诚信是金》，《百家讲坛》2003年5月23日）

（13）他们是派里亚纳，是从远方的半身人国度来的，据说他们是那里威名远播的王子。我早就该知道了，我曾经在医院照顾过一名，他们个子虽小，但都很勇敢。对啦，我跟你说喔，其中还有一名半身人，只带着随从就这么长驱直入那黑暗的国度，靠着自己的力量打败了黑暗魔君，烧掉了他的高塔，这真是难以相信哪！城里面都是这么说的。（托尔金《魔戒》，北大语料库）

（14）给我气的，我说：“你不是不让我赔吗？”他说：“柳家旺，柳家旺，我跟你说吧，四块这是少的，你打的肯定不止四块，我就让你赔四块就完了。”（《1982年北京话调查资料》，北大语料库）

（15）“还好有你陪着我，不时替我张罗这个调理那个，而且说笑解闷什么的，我才觉得日子有些意思。我跟你说呀，自从你到咱们家以后，我就常常想起以前跟在我身边的一个丫头。”她沉默了一会儿，又叹了一口气。“她叫纺姑。”（琼瑶《鬼丈夫》，94）

（16）“二哥，别看嘉陵江了，你听我说嘛！”

“你说吧。”成岗的目光正望着远处的一片红岩，不肯移开。那是中共办事处住过的地方，有名的红岩村。

“二哥，我跟你说嘛！许多同学都要走了……”（罗广斌、杨益言《红岩》，30）

（17）裘千尺更是恼怒：“你不懂为什么要脸红？我跟你说啊，对付男人，一步也放松不得，半点也大意不得，难道你还没看清楚你妈的遭遇？”（金庸《神雕侠侣》，669）

从上述用例我们可以看到，作为话语标记，“我跟你说”具有插入语的性质，独立使用，后面跟有句子，有语音停顿，如例（6）；也可以没有语音停顿，如例（7—8）；“我跟你说”前后可以插入称名，如例（9—10）；“我跟你说”前可以出现一些关联词，如例（11—12）；“我跟你说”后可以带有“喔、吧、呀、嘛、啊”等语气词，如例（13—17）。

此外，“我跟你说”已固化，主要起到加强语气和吸引受话人注意力的作用，内部成分不能被替换，其后不能跟宾语、补语和时体标记，整体可被删除，并不影响句义的表达。我们把具有这些属性的“我跟你说”标记为“我跟你说$_2$”[①]。我们下面主要对“我跟你说$_2$”作深入的考察。

二 “我跟你说$_2$”所使用的语境

“我跟你说$_2$”的作用主要是强调（加强语气）和吸引受话人注意力，根据后续句的语义特点，我们可将“我跟你说$_2$”分为以下几种使用类型[②]。

（一）“阐说”类，即说话人使用“我跟你说$_2$”或引出原因、理由，或作补充说明。前文例（14）就属于此类，此例主要是说明“赔偿四块钱”的理由。下面用例的下划线部分是说话人所作的补充说明。

（18）靖萱紧张地握住她的手，激动地说：“此时此刻，你是不能再反悔了！一切都已箭在弦上，不能不发了！咱们并不是铁石心肠，要毁这个家，而是无法在这个家里自由自在的生活，我们是逼不得已呀！如果我们不残忍，就是他们残忍！没办法了！我跟你说，我们并不是抛弃他们三位老人家，而是要证明一些事情给他们看！等他们发现我们两对，确实幸福美好的时候，他们就不会再反对我们了，到那时候，咱们还谁会想待在英国呢？只要他们肯接受我们的那一

① 司罗红（2016b）认为“话语交际中，‘我给你说’是一个典型的话语标记，其话语信息模式从句式上看有陈述句、祈使句、感叹句三类。‘我给你说’连接的两个相邻语段主要有因果、转折、补充、递进、解释五种语义关系；语用上具有强调功能、主观评价功能和祈使功能，其中强调功能是其核心功能”。阚明刚（2016）认为“我跟你讲”“只使用在口语对话之中……在交际过程中，它经常出现在话轮轮首和话轮内部，很少使用在话轮尾部；在话题接续上，顺接功能是主要功能，话题逆接与话题转移居于次要地位”。

② 干敏（2012）、张晶（2014）、徐坤（2018）亦有涉猎，但大同小异，兹不赘述。

天，我们立刻回家，再来弥补今天带给他们的伤害！”（琼瑶《烟锁重楼》，195）

（19）大李：我跟你说呀，我可不是挑拨你们离婚，这话咱可说前头。（电视剧《北京人在纽约》，第4集）

（20）梁大牙说：“嘿嘿，你嫌本大队长说多了？我告诉你，还有更重要的事情没有跟你说呢。你那件脏事，你以为我说到此为止就真的到此为止啦？那不成了姑息养奸了吗？我跟你说，暂时放你一马，是因为斗争需要，我给你记下一笔，等抗日战争胜利了，咱们新账老账一起算。”（徐贵祥《历史的天空》，197）

（二）“告诫”类，即“我跟你说$_2$”引出说话人对受话人的告诫。前文例（9）都是此类的典型用例。同样的例子还有：

（21）我跟你说，你甭暗示意会。你要不明明白白说出来，白纸黑字写出来，我决不动心。（王朔《王朔文集·纯情卷·空中小姐》，9）

（22）他老婆一声冷笑，“春枝疑心你还能对你说！人家他二舅是一片好心，让你防备有人暗算你。我跟你说，不许你拿他的话当礼物，到党支部说了，好给你免罪。”（刘绍棠《运河的桨声》，77）

（23）“我跟你说，明白点！”老人突然大声地喊：“不要眼里没有老人……左邻右舍都知道……”（曾卓《曾卓文集·第三卷·老人和他的家族》，462）

（三）“提醒”类，即说话人提醒受话人注意某消息或某事实。前文例（6—8）、例（11—13）、例（15—17）等都属于此类。其他还如：

（24）我跟你说：我家里是个秘密堡垒，现在有两个县级干部在我家住着哩。天这就黑了，你在这儿先呆会儿，我回去看看，如果情况没有什么变化，马上回来接你。（刘流《烈火金刚》，74）

（25）有人说我们碰到了好运气。是人家赶出来的鸭子给我们拦到的。如皋南面的宋家桥，我们没有攻得下，涟水城没有守得住，部队损失很大。那时候，你还没有来，你不明了。闲话，才听得多哩！

说我们是重伤员，是残废，是掉队落伍的！还有……一大串！我跟你说吧！大半年，不是我一个捏着鼻子、塞住耳门过日子的！（吴强《红日》，332）

（26）“我跟你说，马缨花是个好女子。”他说，“啥‘美国饭店’那都是人胡谝哩！我知道，那鬼女子机灵得很，人家送的东西要哩，可不让人沾她身。真的，你跟她成家吧。你跟她过，是你尕娃的福气。”（张贤亮《张贤亮自选集·绿化树》，258）

（四）“表态”类，即说话人向受话人表明对某事件的看法或态度。例如：

（27）裘千尺道：“是啊！想当年你纵横江湖，‘铁掌水上漂’的名头有多大威风，想不到年纪一老，变成个贪生怕死的懦夫，裘千仞，我跟你说，你不给大哥报仇，休想认我这妹子！”（金庸《神雕侠侣》，1061）

（28）这一次，毛泽东擦过脸后，没有马上看报。他望着李银桥，伤感地说：“你是党小组长，我跟你说，江青是我的老婆，要是我的公务员早把她赶走了。”（权延赤《红墙内外——毛泽东生活实录》，117）

（29）“真的。”可慧盯着她。“高寒如果真变心了，我是不要活的！我跟你说，我宁可死掉，也不能失去高寒！我讲真话！”（琼瑶《聚散两依依》，190）

（五）“命令”类，即说话人向受话人发出指令，并期望受话人按照指令行事。前文例（10）属于此类。其他还有：

（30）郭燕：起明，你必须现在上药，我跟你说。你给我！我可告诉你说，起明。你要现在不赶紧上药消炎的话，你这辈子甭想再拉琴了。（电视剧《北京人在纽约》，第3集）

（31）起明：不过信还得这么写，真的。不过，我跟你说，郭燕，过来。我呀，向毛主席保证，咱们是一定，一定地会有很多很多的钱。你爱信不信，反正我信。我是这么设计的，买一个大的宅子，带

游泳池的那种，是吧。这叫什么来着。（电视剧《北京人在纽约》，第3集）

(32) 喔，福尔摩斯先生，你一定救救他，一定救救他！我跟你说，你一定救救他！（柯南道尔《福尔摩斯探案集》，136）

以上是我们根据“我跟你说$_2$”后续句的语义特点将其分为五种使用类型，在不同的语境中说话人的语气强弱有别，但不管在哪种类型中，“我跟你说$_2$”所起的作用都是强调和吸引受话人的注意力。

三　“我跟你说$_2$”的历史发展和历时演变

（一）“我跟你说$_2$”的历史发展

“我跟你说$_1$”出现时间并不早，大约产生于清代，用例也不多。例如①：

(33) 阳伯踌躇了半天，忽然站起来，正对着郭掌柜，兜头唱了一个大喏道：“兄弟才短，实在想不出法子来。兄弟第一妙法，只有‘一总费心’四个字儿，还求你给我想法儿吧！”郭掌柜还礼不迭道：“你别这么猴急。你且坐下，我给你说。”（清·曾朴《孽海花》，198）

(34) 陈亮说：“我跟你打听一件事。这楼上三太爷请客，是你们安西县知县的兄弟，称呼三太爷，是吗？”伙计说：“不是。”陈亮说；“要不然，必是一位年高有德，是一位好人，大家以三太爷呼之。”伙计说：“不是。”陈亮说：“怎么叫三太爷呢？”伙计说：“二位大爷不是我们本地人，不知道详细。我看看要没来，我告诉二位大爷。”说罢，他往外一看没来，刘二过来说：“我跟你说。”陈亮说：“你说罢。”（清·佚名《济公全传》，477）

---

① 搜查语料时我们还发现下面的例子：

蒋爷说：“可不怨他的过错，代我替他说明吧。”士杰说：“四叔叔，你不用说；说了我就要挨打。”蒋爷说：“我给你说，焉能教你挨打。”（清·石玉昆《小五义》，554）

上述用例不是“我跟你说$_1$”，例中的“说”字义为“说明；解释”，与我们的讨论无涉。

上述用例中的“我跟你说”虽然都是单独使用，但都有实在的意思，只不过所要说的对象因上下文而省略了，例（33）完整的句子应是“我给你说个法子”，例（34）完整的句子应是“我跟你说叫他三太爷的原因”。

“我跟你说$_2$”萌芽于清代，民国时期用例也极少。例如：

（35）老道吓得魂飞魄散，说：“仙姑不要生气，你听小道，我天胆也不敢拘你老人家。只因周宅请我来给公子治病，把仙姑请来。我给你说，哈哈哈。仙姑，必是在深山幽谷之中修炼，道德深远，何必贪恋凡尘？劝仙姑你老人家可以修炼个万世不化金身好不好？”（清·佚名《济公全传》，27）

（36）“表弟，本地区发生这种逆伦事情，你不管，难道说你就够英雄了吗？”“哎呀，老哥哥，我可以充耳不闻嘛！我为什么不应哥哥你，你可想一想：第一，我没有地方公文，我拿到了人，官凭文书私凭印信，我往哪里交待？第二，林宝我也不认识呀，即便我跟他走到对面，我也不晓得他呀。”“我跟你说，这林宝长得一人来高，脸儿似长不长，似圆不圆，似黑不黑，似白不白……”（常杰淼《雍正剑侠图》，909）

（37）“兄弟！咱们哥儿俩一见如故。我帮着你偷马怎么样？”“那我谢谢！我还没领教兄台您……”“我跟你说，你知道城里头钦差大人驻马了？”“听说了！奉旨的钦差年大人奔四川，开仓放赈。”（常杰淼《雍正剑侠图》，1203）

不管是“我跟你说$_1$”还是“我跟你说$_2$”，在所见民国以前的文献中，我们只见到“我跟你说”和“我给你说”的用例，“我给你讲”和“我跟你讲”都还未见用例。

（二）“我跟你说$_2$”的历时演变

关于“我跟你说$_2$”的历时演变，陈丽君（2010）曾论述“我给你说”的演变情况，我们把该文的演变路径归纳为图 7-4。

从图 7-4 中可见，陈文把“我给你说”的演变看成是一个线性的演变过程，我们认为不妥。我们前文已经考察“我说”各种功能出现的年代，“我说”表达主观情态主要有“我说$_3$”“我说$_4$”“我说$_5$”和“我说$_6$”，其

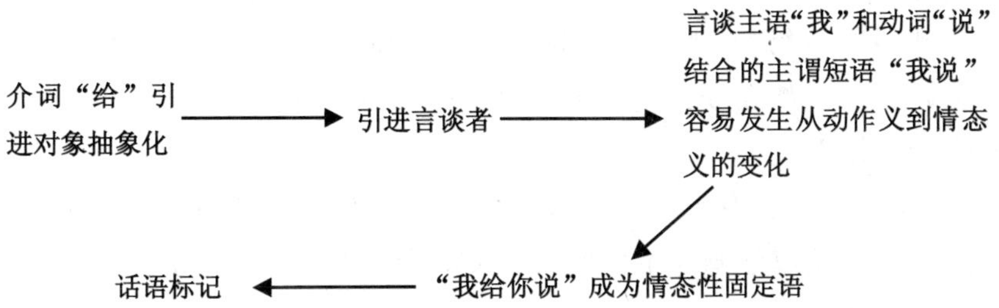

图 7-4 “我给你说”的演变路径（陈丽君，2010）

中“我说$_3$”“我说$_4$”“我说$_5$”在元代的文献中就已经可以看到，“我说$_6$”出现得较晚，在明代才逐渐浮现。而“给”作为介词出现的时间比“我说”表主观情态的时间晚。太田辰夫（1991［1953］：174）指出：“‘给’是北京话乃至北方话特有的词，同样被称作官话的南京官话中没有这个词。作为动词用作‘给予’的意思，作为介词（前置词）用作 to 或 for 的意思，是清代北京话资料中才开始见到的，在此以前的作品中绝对未见。”太田辰夫（2003［1958］：238）也指出介词“给”始见于清代的北京话，海柳文（1991）考察发现：“直到 18 世纪中叶，至少是在以北京为中心地域的语言中，在用法上特别是造句功能方面已经非常趋近现代汉语了，已经站稳了进而取代（给予义的）‘与’的地位。”洪波（2004）进一步指明介词“给”引介关涉对象最早见于《醒世姻缘传》。综上可知，“给”作介词也就是清代的事情，远晚于“我说”表主观情态的时间，陈文认为“给”引进言谈者先于“我说”表主观情态显然有悖语言事实。

此外，“跟”作介词出现的时间也比较晚，于江（1996）考察发现“跟”作介词大约始于明代后期，也晚于“我说”表主观情态的时间，所以陈文所描绘的演变路径也不适用于“我跟你说”。因此我们有必要对“我跟你说$_2$”的历时演变作进一步的探讨。

根据前面的分析和梳理，我们认为“我跟你说$_2$”来源于“我跟你说$_1$”，演变过程如下：

“我跟你说$_1$”一开始后跟的宾语是事物宾语，语义焦点是以动词“说”为中心的整个事件，并没有强调的意味，如前文例（33—34）。后来“我跟你说$_1$”后逐渐可以跟事件宾语，语义重心后移，语义焦点变为作宾语的“事件”，“事件宾语”逐渐变成独立的核心成分，“我跟你说”逐渐从核心成分变成了外围成分，作为外围成分的“我跟你说”就是“我跟你说$_2$”。

"我跟你说$_2$"的强调作用来自两个方面：第一，说话人张口说话本身就是"我说"，说话时再加上"我说"具有强调意味；第二，对话时一般说话人和受话人都在场，说话人说话时特意加上受话对象"你"显然也具有强调的作用。

"强调"本身就有吸引受话人注意力的效果，随着使用频率的增加，"我跟你说$_2$"从以强调为主发展为以吸引受话人注意力为主，变得意义更加空泛。

值得一说的是，在"我跟你说$_1$"分化出"我跟你说$_2$"之前，"我说"就已经固化为话语标记"我说$_5$"，这在一定程度上促进了"我跟你说$_2$"的产生。换言之，"我说$_5$"对"我跟你说$_2$"的产生也有一定的贡献，但二者之间的关系并不像陈丽君（2010）所认为的那样是直接的演变关系，而是影响关系。

"我跟你说$_2$"的产生过程可描绘为下图7-5：

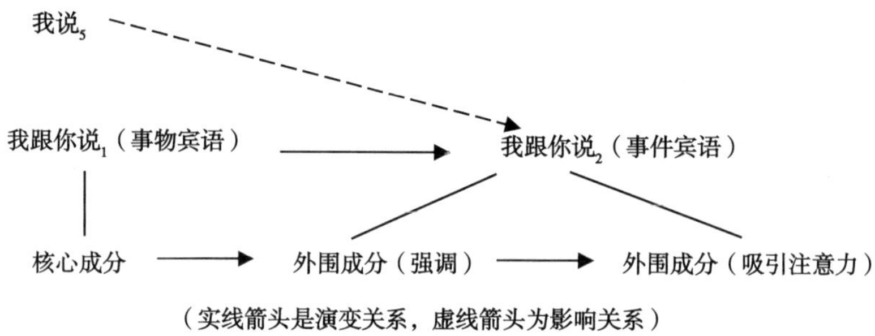

图7-5 "我跟你说$_2$"的来源

第四节 "不说"

一 同形异指式

（一）"不说$_1$"

我们把否定副词"不"和动作动词"说"连用组成的动词短语标记为"不说$_1$"。"不说$_1$"并不是固定的格式，只是一个临时的语法组合，各自都有独立的意义，"不"可以替换为任何其他可以跟"说"相搭配的词语，“说”也可以替换为任何其他可以跟“不”搭配的词语，这两种替换都不影响它们发挥各自的语法功能。除此之外，“不说$_1$”还有其他的语法特点，我们看下面的例子：

(1) 祖斐不得不正视这个问题，“怀刚，她同我说什么，我不方便说出来，你说是不是”(亦舒《异乡人》，161)

(2) 我才知道做学生是不应该问这些事的，只要读书，因为他是渊博的宿儒，决不至于不知道，所谓不知道者，乃是不愿意说。年纪比我大的人，往往如此，我遇见过好几回了。(鲁迅《鲁迅散文精选·从百草园到三味书屋》，21)

(3) 小常接着道：“好几个月了，我想大家也该知道一点，这里我就不多说了。这‘打日本救中国’是我们大家的事，应该大家一齐动起来，有钱的出钱，大家出力。从前是有钱的不肯拿出钱来，只在没钱人的骨头里榨油，这个不对，因为救国是大家的事，日本人来了有钱人受的损失更大，不应该叫大家管看门，有钱人光管睡觉——力是大家出，可是有钱人一定得拿出钱来。”(赵树理《李家庄的变迁》，61)

(4) 方鸿渐和鲍小姐不说话，并肩踱着。一个大浪把船身晃得利害，鲍小姐也站不稳，方鸿渐勾住她腰，傍了栏杆不走，馋嘴似地吻她。(钱锺书《围城》，13)

(5) 我懊恼地想：足下，我不是什么伟人，你无须到我身上来寻做论的材料……。但是不能说出来。(鲁迅《鲁迅散文精选·死后》，94)

(6) 她知道祥子是个——虽然很老实——硬汉。硬汉的话是向不说着玩的。好容易捉到他，不能随便的放手。(老舍《骆驼祥子》，143)

(7) 陈玉英叹了一口气：“唉，女人呀，一半怨命，一半还得怨自己心肠太软……”话说了一半，忽然不说了，金枝发现她已经走了神儿，原来透过半敞的房门，她看见金秀用小车推着小婴儿到院儿里晒太阳来了。(陈建功、赵大年《皇城根》，182)

(8) 大凤掏出自己的手绢，给秀莲擦着。“跟我说说吧，”她央求道，“你的难处，干吗不说说呢，说出来就痛快了。”(老舍《鼓书

艺人》，213）

从上面的例子可以看到，“不说$_1$”二字之间还可以插入其他成分，如例（1—3）；“说”后面可以跟宾语，如例（4）；也可以跟补语，如例（5）；也可以跟时体标记，如例（6—7）；还可以重叠，如例（8）。

（二）“不说$_2$”

除了“不说$_1$”外，“不说”还可以连接两个小句，表现为“S_1不说，S_2”。例如：

（9）琴珠没来唱堂会，小刘知道她准是跟个男人去了。他气坏了，没跟唐家一起吃上年夜饭不说——琴珠也扔了他走了。（老舍《鼓书艺人》，67）

（10）“可是，这曾靖南一点歉意都没有，始乱终弃不说，还硬栽给我姐姐各种罪名，让人忍无可忍！你看他那副样子……”他咬牙切齿地说：“简直是衣冠禽兽！”（琼瑶《烟锁重楼》，16）

（11）贩子顺她目光所及，赶紧把绣屏递给她细看，巴结着介绍：“这位小姐，您可真有眼光！这于意儿原来可是一位小王爷的爱物儿呢，而且那里头用的还是真正的白狐毛，一根根给绣出来的哩。据说那位小王爷曾经和一名狐仙幻化的女子，发生过一段爱情故事，大概就像聊斋之类的奇遇吧。所以罗，它工细不说，还有这么一番典故，可不是顶特别吗？”（琼瑶《鬼丈夫》，25）

（12）谁也没有听说过罗四姐有个姊姊，所以不免好奇地注视七姑奶奶，看她一副富态福相，衣服华丽不说，腕上一双翠镯，指上黄豆大一枚闪光耀眼的金钻戒指，便使得大家另眼相看了。（高阳《灯火楼台》，173）

这类“不说”把两个小句连接起来构成一个递进关系的复句，“不说”总是居于前一小句句末，相当于“不仅”。我们试把例（9—12）进行转换：

（9’）琴珠没来唱堂会，小刘知道她准是跟个男人去了。他气坏了，不仅没跟唐家一起吃上年夜饭——琴珠也扔了他走了。

（10’）“可是，这曾靖南一点歉意都没有，不仅始乱终弃，还硬栽给我姐姐各种罪名，让人忍无可忍！你看他那副样子……”他咬牙切齿地说：“简直是衣冠禽兽！”

（11’）贩子顺她目光所及，赶紧把绣屏递给她细看，巴结着介绍：“这位小姐，您可真有眼光！这于意儿原来可是一位小王爷的爱物儿呢，而且那里头用的还是真正的白狐毛，一根根给绣出来的哩。据说那位小王爷曾经和一名狐仙幻化的女子，发生过一段爱情故事，大概就像聊斋之类的奇遇吧。所以罗，它不仅工细，还有这么一番典故，可不是顶特别吗？”

（12’）谁也没有听说过罗四姐有个姊姊，所以不免好奇地注视七姑奶奶，看她一副富态福相，不仅衣服华丽，腕上一双翠镯，指上黄豆大一枚闪光耀眼的金钻戒指，便使得大家另眼相看了。

从上面的转换我们可以看到，“不说”转换为“不仅”基本不需要增删其他语法成分，转换后不存在任何句法上的不协调，不过两者还是有两点不同之处：第一，“不说”总是居于句末，“不仅”总是居于句子前端；第二，使用“不说”所附带的感情色彩比使用“不仅”强烈，比如例（9）具有责怪的意味，例（10）带有怨恨的情绪，例（11）含有炫耀的口气，例（12）表现出期许的态度，这些感情色彩显然比例（9’—12’）来得强烈。

这类“不说”还可以连接一个名词短语和一个小句，表现形式为“NP不说，S”。例如：

（13）如果和米达麦亚、罗严塔尔这两位帝国军最出色的名将作战，就算最后胜了，舰队的损失不说，还会消耗大量的精力和时间。（田中芳树《银河英雄传说》，北大语料库）

（14）失败了，失败了，一切都失败了！从前的失败不说，新碰到的，仍然是失败！（欧阳山《苦斗》，435）

连接名词短语和小句也是递进关系，但不能用“不仅”进行替换。我们把居于小句或名词短语之后，表示递进关系的“不说”标记为“不说$_2$”。

“不说$_2$”表示递进关系还有个固定的用法，即“这还不说”。例如：

(15) 滑行到山半腰，陈振仪眺望着那条没有雪的大山背的全貌。整个山背一点雪也没有，这还不说，生长在上面的常绿针叶松，矮矮的树干，短短的树枝，远远望去好像千万个秃头的人，呆呆地站满了山背。(曲波《林海雪原》，514)

(16) “你……”雨杭气得发抖：“你岂止破了人家的相？你根本毁了人家的容！这还不说，你还打瞎人家一只眼睛！”（琼瑶《烟锁重楼》，84)

(三)“不说$_3$”

“不说$_3$”也是后置使用，用法也和连词相像，但跟“不说$_2$”不同的是“不说$_3$”前面可以是小句也可以是短语，表达“排除”义。“不说$_3$”有两种使用类型：一是单独表示“排除”义；二是与“撇开”类词语形成特定的格式一起表示“排除”义。

1.“不说$_3$”单独表示“排除”义，表现形式为“NP/VP/S_1不说，S_2”。例如：

(17) 别的不说，我真佩服他把古物的价值能记得这么烂熟。(老舍《猫城记》，125)

(18) 汪百龄努力克己为人，努力工作，不敢一进学校便去搞对象什么的，他这样做也不觉得痛苦，反而觉得风尚，风尚是一种强大的精神力量，足以压制和拖延那求偶的欲念。同时，他也不怕将来会找不到一个称心如意的。远的不说，他那小学的教师就有百分之八十以上是女的。(陆文夫《陆文夫小说选·清高》，414)

(19) 周明精神焕发地继续说：“这一仗，别的胜利品不说，光机枪就缴获了三十八挺。战斗中杀伤敌伪军一百多人，俘掳伪军一百多人，鬼子二十多人，同时，有九十多个伪军中的弟兄在田世兴队长、高铁庄同志的率领下反正过来了，我们对他们表示热烈的欢迎。”(雪克《战斗的青春》，533)

(20) 王一生说：“那是他父亲的棋呀！东西好坏不说，是个信物。我妈留给我的那副无字棋，我一直性命一样存着，现在生活好

了，妈的话，我也忘不了。倪斌怎么就可以送人呢?”（阿城《棋王》，67）

（21）老孔说，你这上面的住宿费超标了不说，关键是馆里有了新制度，从今年起，除了地区文化局和群艺馆，省文化厅和群艺馆的有关工作和任务，其他一切部门通知的业务活动费用由有关人员自理。（刘醒龙《菩提醉了》，125）

例（17—18）中“不说”前是“的”字短语，属于体词性短语；例（19）是定中性名词短语与“不说”并用；例（20）是谓词性短语后跟“不说”；例（21）“不说”前是小句。

2. 与“撇开”类词语形成特定的格式一起表示“排除”义，表现形式为“撇开（抛开/除开/除去）NP 不说，S”。例如：

（22）郭全海说道：“撇开你收下的租子不说，光算你剥削咱们扛活的钱。本屯外屯里青外冒烟的还在外，你一年起码雇三十个扛活的。一个扛活的能种五垧地。大伙说能不能种?”（周立波《暴风骤雨》，292）

（23）抛开这一切不说，单从应试的角度讲，理科成绩优秀的学生弃理从文未必就吃亏，因为语文、数学、外语是文、理科都必须考的科目，而铁了心学文的学生往往数学成绩不好，这恰是我等的优势。（陆步轩《屠夫看世界》，47）

（24）本来，作为一个庄稼人，这些年来，撇开表面的恭维不说，在乡场上就低人一等，他呢，偏偏又还比谁都更无出息。他有女人，有大小六个娃儿，做活路却不在意。（何士光《乡场上》，《中国当代文学作品选》，518）

（25）你完全可以想象一下当时的状况：一堆人就这么聚集在梁山上，除去吃喝拉撒睡不说，就连一年十几天假期这种旅游黄金日都得在山上想办法解决，而且你也知道，在当时根本没有什么网络游戏和流动电影放映队，腰鼓秧歌和迪斯科更是天方夜谭，在这种娱乐活动极度匮乏的情况下，他们就只能选择踢蹴鞠（也就是现在被称为世界三大运动之一的足球之雏形）这种粗野的运动方式进行消遣，所以我们在看到每每在蹴鞠比赛上，负责进攻的吴用屡屡被阮小二们用合

理冲撞的幌子朝腿上照死了踢，完全就是报复心理在作怪。（王小枪《完全强盗手册》，142）

“不说$_3$”前后项之间没有递进关系，虽然表达“排除”义，但不可以用其他词语替换，如果我们把例（22—25）中的“不说”都删除，前后句子就会出现语法上的不协调，语义上的不连贯。

（四）“不说$_4$”

“不说$_4$”表示递进关系，总是居于短语或者小句之前，后面跟体词性短语、谓词性短语和小句。例如：

（26）到了晚上十点钟，不说群众，就连队干部都没有来齐。（陈世旭《将军镇》，34）

（27）我深感自己生活经验的不足，更感到身边没有一个不说是全力以赴、哪怕是略尽人意的帮手。（张洁《世界上最疼我的那个人去了》，《中国百年文学经典文库·散文卷·下》，382）

（28）“我开车，你上班怎么办？”林小枫忽又想起一个问题。

“给你单买一辆。”

“不行不行，那怎么行！不说我们家还没到这个经济水平，就是到了，一家三口两辆车，也太招摇了。”（王海鸰《中国式离婚》，117）

“不说$_2$”和“不说$_4$”都表示递进关系，但句法上的不同之处颇多：第一，句法位置不同，“不说$_2$”总是居于句末，“不说$_4$”则总是居于短语或者小句之前；第二，“不说$_2$”前面只能是小句或谓词性短语，不能是体词性短语，而“不说$_4$”后面既可跟小句和谓词性短语，也可以跟体词性短语；第三，“不说$_4$”句不能像“不说$_2$”句那样直接转化为“不仅”句；第四，“不说$_4$”构成的递进句可以充当句子的修饰成分，如例（27），“不说$_2$”则没有这种用法。

（五）“不说$_5$”

“不说$_5$”表示“排除”义，总是居于短语或小句之前，后面既可以跟体词性短语，也可以跟谓词性短语，还可以跟小句。例如：

（29）陆大可笑笑，无动于衷道：“你死呀？刚才你的手一动，就抹了脖子了。你以为你死了，别人会说你刚烈，说你是个人物，不会的，你就是死了，大家也只会说你这个人是跟自己较劲死的，你败在一个后生小辈手里，脸上挂不住就死了，你一世英名成了狗屁，过上三年五载，还有谁会记得你这个没志气的老东西？再说了，你根本就不会死，你要是想死，还娶那么年轻的小妾干吗？哼，我们背后都议论你呢，娶那般年轻貌美的小妾，简直是……告诉你，你死了，不说别人，就连你新买的小妾，也不会为你守着，她转眼就会嫁人，你舍得吗？”（朱秀海《乔家大院》，323）

（30）“我相信你，咱们有的说吗？”徐光涛说，“不说别的[①]，看哥儿们面我答应你。不过一周内你们一定要把车款汇来，免得我坐蜡。”（王朔《王朔文集·挚情卷·橡皮人》，15）

（31）过去单身汉时，小林最爱喝啤酒。自结婚以后，这种爱好渐渐就根除了。一瓶一块多，喝它干吗，就是不说钱，平时谁有喝啤酒的心思！（刘震云《刘震云精品文集·一地鸡毛》，51）

（32）我非去不可。不说论公；论私，我是嫂子，你是老弟，你现在得听嫂子的话。（姚雪垠《李自成》第一卷，487）

（33）见闯王慢慢地转着眼珠盘算，仍不做声，医生又说：“半月前我去石门谷看病，在那里住了几天，同几家杆子的大小头目都见过面，也治好了不少人。不说他们得过我的济，只凭我是你闯王的好朋友，又有这一把花白胡子，在全军中还受尊敬，说出话来也许能打动他们。”（姚雪垠《李自成》第二卷，137）

例（29—31）中“不说”后跟体词性短语，例（32）中“不说”后跟谓词性短语，例（33）中“不说”后跟小句。“$不说_5$”跟“$不说_3$”都表示“排除”义，只是句法位置不同，“$不说_3$”居于短语或小句之后，“$不说_5$”居于短语或小句之前，两者往往可以直接转换。所不同的是“$不说_3$”所构成的小句一般居于主句之前，而“$不说_5$”所构成的小句既可以在主句之前，比如例（29—33），也可以在主句之后。“$不说_5$”所构

① 马姗姗（2015）认为“远的不说”“别的不说”“其他的不说”“不说别的”等是话语标记。

成的小句居于主句之后往往跟“还”连用，例如：

(34) 在那个时代，只要跟造反的人有哪怕是生意上的来往就得砍头，还不说晁盖的落款前面还加了一个“想你的”。(王小枪《完全强盗手册》，7)

(35) 哦，就算我真弄了六十五万，也不过是借出来去炒炒股，一年最多能赚上十几万就算谢天谢地了！还不说我根本就没干呢。(李鸿禾、管虎《冬至》，80)

(36) 他那灵活的舞刀的姿态甚至博得了严厉的祖父的赞美，还不说那些胞姐、堂姐和表姐们。(巴金《巴金散文·做大哥的人》，48)

(六) “不说$_6$”

否定句子的真值条件是语义否定，而否定句子的适宜条件则是语用否定[①]。“不说$_6$”就是语用否定的一种。例如：

(37) 范英明喊一声：“白连长，把他们押下去，先关三天禁闭。”一个中尉跑过来把唐龙和李铁带走了。秦亚男咂着嘴说：“好厉害！他们打的是地痞，不说有功，你这么处理是不是太重了。战争时期也允许戴罪立功呀！”(柳建伟《突出重围》，425)

(38) 仙草看见儿媳妇低着头从她面前贼溜似的走回厢房，倒可怜起儿媳妇来了，阿婆白赵氏明显袒护孝文而一味怪罪媳妇，不说不公平吧总是解决不了症结。(陈忠实《白鹿原》，156)

(39) 晚上回来，躺在床上，无法入睡。忽然产生了一个念头，想拆开自己的档案袋，看看里边都装了梁某一些什么材料。便光着脚丫，从书包里掏出了它。可又一想，私拆自己的档案袋，不说“违法犯罪”吧，也算是鬼鬼祟祟的行为。(梁晓声《梁晓声作品自选集·京华闻见录》，129)

① 语用否定又被称为元语言否定（metalinguistic negation）（Horn，1985）、含意否定（徐盛桓，1994）、假性否定（邵敬敏，2010）。

例（37）中“不说有功”意思是“‘说他们有功’不合适”，而不是“没有功劳”，例（38）中“不说不公平”意思是“‘说不公平’不合适”，而不是“公平”，例（39）中“不说‘违法犯罪’”意思是“‘说违法犯罪’不合适”，而是“没有违法犯罪”，可见这类“不说”否定的是“适宜性”，跟真值无涉，是语用否定。其实，使用“不说”对某一对象进行否定也表明了说话人的看法和态度，换句话说，说话人对“不说”的否定对象有一定的认同感，比如说例（37）说话人认为他们还是有一定功劳的，但是他们违反了战场纪律，说他们有功肯定又是不合适的，例（38—39）都可以作如是分析。

（七）“不说$_7$”①

“不说$_7$”一般用在第二人称或第三人称与动词之间，相当于否定词“不”，用在第二人称后有责怪的意味，用在第三人称后不一定有责怪的意味。例如：

（40）到了“宝地”上，运涛也不说歇歇，抽个地头烟，拿起锄头来就耪，一股劲儿耪。耪了多老远，回头一看，江涛两手拄着锄头，还蹲在地头上愣着。（梁斌《红旗谱》，73）

（41）大贵蔫着眼儿呆了半天，觉得头晕晕的，身子摇摇转转，对二贵说：“唉！我睡着了，你也不说看看。”（梁斌《红旗谱》，98）

（42）糊涂涂老婆常有理向磨顶上一看便问：“二遍怎么还没有完呀？”菊英说：“只剩磨顶上那么多了！”“大驴从早上磨到这时候了，该替了，可是小驴拉不动二遍。你不说早些赶一赶！”（赵树理《三里湾》，87）

例（40—42）中的“不说”都可以换成“不”，句义大体不变，例（41—42）都有责怪意味，例（40）没有责怪意味。

根据功能特征，我们大致将“不说”分为上述七种，“不说$_1$”为动

① 唐善生（2016）认为“不说$_7$”“是从动词性偏正短语词汇化而来的副词。它标志一个反预期信息，这个反预期信息也是说话人不期望的信息。‘不说’表示对某人不实施某一个行为的责怪或埋怨，带有说话人强烈的主观情绪。‘不’的反先设特征、语义指向和‘说’的语义弱化是‘不说’副词化的语义条件。此外，语用感染和重新分析对其词汇化也起着重要的作用”。

词短语，最为常见，其他功能的“不说”都可看成相对凝固的格式，我们下面来看看它们在现当代文献中的分布情况（见表7-2）：

表7-2 “不说”功能分布

作品	次数/比较项	不说$_2$	不说$_3$	不说$_4$	不说$_5$	不说$_6$	不说$_7$
周而复	上海的早晨	0	11	1	16	0	0
高　阳	红顶商人胡雪岩	1	1	0	0	0	0
乔典运	香与香	2	0	0	0	0	0
古　龙	英雄无泪	0	0	0	0	0	0
	天涯·明月·刀	0	0	0	0	0	0
	陆小凤传奇	0	0	0	0	0	0
	小李飞刀	1	1	0	0	0	0
	圆月弯刀	0	1	0	0	0	0
朱邦复	东尼！东尼！	1	0	0	0	0	0
	巴西狂欢节	1	4	0	0	0	0
余　华	活着	2	0	0	1	0	0
冯德英	苦菜花	0	0	0	0	0	0
	迎春花	1	2	0	0	0	0
冯骥才	一百个人的十年	1	0	0	1	0	0
刘绍棠	运河的桨声	0	0	0	0	0	0
刘醒龙	凤凰琴	0	0	0	0	0	0
	孔雀绿	0	1	0	0	0	0
	菩提醉了	0	0	0	1	0	0
卫　慧	上海宝贝	0	0	0	0	0	0
李晓明	平原枪声	0	0	0	0	0	0
戴厚英	人啊人	0	0	0	0	0	0
	流泪的淮河	2	0	0	0	0	0
鲁　迅	阿Q正传	0	0	0	0	0	0
老　舍	骆驼祥子	0	0	0	0	0	0
	二马	0	0	0	0	0	0
	鼓书艺人	1	0	0	0	0	0
	四世同堂	0	0	0	0	0	0

续表

次数 比较项 作品		不说$_2$	不说$_3$	不说$_4$	不说$_5$	不说$_6$	不说$_7$
矛　盾	蚀	0	0	0	0	0	0
	子夜	0	0	0	0	0	0
张　炜	柏慧	0	0	0	0	0	0
	秋天的愤怒	0	0	0	0	0	0
孙　犁	风云初记	0	0	0	0	0	0
尤凤伟	石门夜话	0	0	0	0	0	0
琼　瑶	鬼丈夫	4	0	0	1	0	0
	烟锁重楼	2	0	0	1	0	0
	雁儿在林梢	1	0	0	0	0	0
	聚散两依依	0	0	0	0	0	0
	梦的衣裳	0	0	0	0	0	0
	水云间	0	0	0	0	0	0
	月朦胧鸟朦胧	1	0	0	0	0	0
	青青河边草	1	0	0	0	0	0
冯　志	敌后武工队	0	0	0	0	0	0
冯苓植	猫腻	0	0	0	0	0	0
	雪驹	0	0	0	0	0	0
刘　流	烈火金刚	4	3	0	0	0	0
刘震云	头人	2	0	0	1	0	0
	单位	3	0	0	0	0	0
	故乡天下黄花	5	0	0	0	0	0
吴　强	红日	0	1	0	0	0	0
姚雪垠	李自成	0	0	0	2	3	0
张　平	十面埋伏	0	1	0	3	0	0
张　欣	爱又如何	1	0	0	0	0	0
	梧桐梧桐	0	0	0	0	0	0
	岁月无敌	0	0	0	0	0	0
张正隆	雪白血红	1	0	0	0	0	0
张　洁	世界上最疼我的那个人去了	1	0	1	0	1	0
于　晴	红苹果之恋	1	0	0	0	0	0

续表

作品 \ 次数 \ 比较项		不说$_2$	不说$_3$	不说$_4$	不说$_5$	不说$_6$	不说$_7$
梁　斌	红旗谱	0	0	0	0	0	2
李英儒	野火春风斗古城	0	1	0	0	0	0
李佩甫	羊的门	4	2	0	0	0	0
曲　波	林海雪原	3	0	0	0	0	0
钱锺书	围城	0	1	0	0	0	0
赵树理	李家庄的变迁	0	0	0	1	0	0
	三里湾	0	0	0	0	0	1
周立波	暴风骤雨	0	1	0	0	0	0
张贤亮	浪漫的黑炮	0	1	0	0	0	0
	绿化树	2	0	0	0	0	0
结　论	合计	49	32	2	28	4	3
	所占总数比例	41.5	27.1	1.7	23.7	3.4	2.5

从表 7-2 可知，除“不说$_1$”外，“不说$_2$”在现代汉语中最为常用，其他依次为不说$_3$、不说$_5$、不说$_6$、不说$_7$、不说$_4$。

二　递进关系中前后项的语义关系

（一）研究回顾

黄慧英（1996）认为“不说”是个表递进关系的关联词语，用在句末、句首和句中均可，用在句末最为常见。该文还指出，关联词语“不说”有的可替换为“且不说”，但绝大多数不能替换为“且不说”，“且不说”有的也不能替换为“不说”，很可能“不说”与“且不说”有过历史的联系（也可能没有）。

董秀芳（2003b）讨论了涉及“不说”的两个用例：

（43）人家哭了，你不说劝劝，还说风凉话。

（44）咱就不说遵守妇德举案齐眉吧？相互尊重总是应该的吧。

董文认为，例（43）中的“不说”不是连词，因为它只能出现在主谓之间，不能出现在分句句首，并且本身还有否定的意味，表达的是一种不赞成、批评的态度；例（44）表示让步关系。其实，例（43）就是“不说$_7$”，例（44）就是“不说$_6$”。

李敏（2005）讨论了处于句尾的“不说”，也就是我们前文所说的“不说$_2$”。该文认为：第一，“不说$_2$”只能用在前后项主语相同的递进复句中①；第二，“不说$_2$”是个真正意义上的连词，而不是一个动词；第三，“不说$_2$”的演变特征有“从并列关系发展为让步关系然后再发展为递进关系”“从句前挪到了句尾”“从言语色彩很强到言语色彩较强到言语色彩淡化”“从开始的较少与其他关联词配合使用到较多与其他关联词配合使用”“从基本用于消极意义到可以用于积极意义”；第四，“不说$_2$”形成时间很晚，大概在新中国成立以后才出现。

周夏（2007）认为“……不说/不说……，也/还……”表示递进关系，“不说……，也……”表示让步关系，并主张“位于句首的‘不说’倾向于是一个连词，位于句末的‘不说’倾向于助词”，而且还注意到“一般来说，如果‘不说’位于句首，那么两个分句的主语是不同的；如果‘不说’在小句末，那么两个分句的主语是相同的”。

李宗江（2009）认为“不说”是个连词②，语用功能是引入一个次要信息，以突出其后的重要信息，完全连词化的“不说”在清代就已经出现。

张旋（2010）认为“P不说，Q”主要包括四种搭配形式：“……不说……还……”“……不说……也……”“……不说……反倒/反而……”和“……不说……连……都/也……”。P和Q处于同一个语义范畴中，表现为程度、数量和范围范畴等，此格式隐含并列关系、因果关系、顺承关系和转折关系。

---

① “不说”所在的递进复句不一定非要前后项主语相同。例如：

（1）今日之事，使其贪色之本性得以显露，公主受惊不说，自己亦觉羞愧不堪。（紫式部《源氏物语》，366）

（2）说烦人倒也挺烦人的。规定多不说，又有一些傲个半死的蠢家伙，还有人一大早六点半爬起来做体操。不过，一想到这种人哪儿都有，也就不那么在意了。（村上春树《挪威的森林》，17）

（3）她得意地笑笑。“看来乃文真的没告诉你！你也真是可怜，被他骗了你的感情不说，连这他也不告诉你，这未免也太过分了吧！”（于晴《红苹果之恋》，151）

② 该文所讨论的“不说”包括我们前文标记的“不说$_2$”“不说$_3$”“不说$_4$”和“不说$_5$”。

芜崧（2011）认为“关联词‘不说’既有动词义也有关联义；从外部特征看，‘不说’句分为五种形式①，用于前分句的末尾时意义完全虚化。‘不说’句内部有选择、递进、让步等语义关系，外部有因果关系；具有侧重与强调、收束与过渡、比较与衬托、陈述与评价等语用功能”。

王佳珺（2011）称“不说X”为A式，“X不说”为B式，认为A、B式有四类构成方式：唯副式、转连式、让连—递连式和递连式，其中“分句间通常蕴含递进关系，大致有两种表现方式，一种是用让步（转折）方式表隐含的递进，一种是直接表递进”，同时指出“A、B式中的‘不说’都有成为连词的情况。受‘不说’语法化程度影响，以唯副式为主的A式连词情况较少，以递连式为主的B式连词情况较多。谓词性B递连式作为语法化连续统中虚词程度最高的形式，其中的‘不说’已成为专表递进的关联连词”。

韩淑靖（2011）认为“‘不说’作为关联词引导的复句……主要有三种形式，分为递进句复句、排除式复句和条件式复句……其中递进句复句又可以分为顺递递进句、反递递进句和让步递进句；排除式复句可以分为衬托排除句和单纯排除句；让步递进句与顺递递进句有语义上的深浅差异，顺递递进句是由浅入深，让步递进句是以深证浅……‘不说’递进复句的一个重要预设是：说话人认为不同时存在两个语义相同的情况，即‘不说’连接的前后两项有一定的语义差，递进就是在这个基础上形成的”。

胡文静（2012）认为“不说”表递进关系分为正递关系和反递关系两种类型，并认为正递关系“是由明清时期表示话题放弃与开始的用法发展而来的”，“明清时期‘不说X，单（就、只、且）说（表）Y’格式②在递进‘不说’的发展历程中起着至关重要的作用……这种‘不说X，单（就、只、且）说（表）Y’格式大量出现在明清时期的章回小说中，

---

① “不说A，单（就/只）说B”“抛开（撇开）A不说，单（仅/光/也）B”“姑且（暂且/且/先）不说A［A姑且（暂且/且/先）不说］，单（光/只/就连/至少）B”“姑且（暂且）撇开（抛开）A不说，单（仅/光/只/就）B”和“A不说，还（就连）B”。

② 胡文还指出“在这一格式里，前项‘不说’中的‘说’还倾向于是一个实义动词，有表达、讲述、叙述的意思，而‘不’作为一个否定副词修饰限定其后的‘说’；后项引发话题的‘说’也是一个实义动词，通常前加‘单’‘就’‘只’‘且’等副词加以限制，形成的‘单说’‘就说’‘只说’‘且说’等结构与前一句中的‘不说’‘且不说’相照应”。

主要用于故事的叙述、推进以及情节的转换，即放弃前一话题，转而讲述另一话题”，“当放弃前一话题，转而叙述另一话题时，意味着叙述的重心已经开始向后一话题转移。如果从信息转换的角度解释，那便是前一话题已经成为已知信息或旧信息，而后一话题却是刚被引入的未知信息或新信息。前一信息是次要信息，后一信息才是发话者重点要叙述的主要信息。这样，原有的前、后项并列等重的模式发生了改变。当两者呈现出程度或重要性方面的差别时，它们之间就会形成等级差异，即后一话题在程度上往往要高于前一话题，这就有了发展成为表示递进关系句式的可能”；反递关系则“是由表正递关系的‘不说’句分化演变出来的”，决定性的触发因素是“述题Y的程度异常高于X”，即“当发话者想要强调主观预期与客观结果之间的极大差距时，‘不说’正递句式便有可能发展成为反递句式”。

此外，张斌（2001：78—79）、周刚（2004：19）、姚双云（2008：182）、胡文静（2012）、周雄才（2012）、秦晓迪（2018）都把“不说”归入连词的范畴。

从上面的回顾我们可发现，时贤们对“不说”的研究多集中在它的递进功能上，这些研究在一定程度上反映了“不说”的部分语法特性，很有启发性，但也存在着研究上的分歧和不足。分歧主要表现为研究对象不一致，比如董秀芳（2003b）讨论的“不说”其实是“不说$_6$”和“不说$_7$”，李敏（2005）讨论的是“不说$_2$”，而李宗江（2009）讨论的对象则包括“不说$_2$”“不说$_3$”“不说$_4$”和“不说$_5$”……造成这种分歧的原因主要是对语言材料发掘的力度还不够；不足主要表现为研究的广度和深度都还不够，比如说递进关系中前后项的语义关系、“不说”与“别说”有何不同等问题尚未得到解决。下文拟考察递进关系前后项之间的语义关系以及“不说$_2$”“不说$_4$”“别说”的异同。

（二）“不说$_2$”的前后项语义关系

“不说$_2$”被多数人认为是连词，事实上它确实起着连词的作用，但它的述谓功能并没有完全消失，因为我们在现当代的语料中还能看到下面的例子：

（45）“就这样吧，真难为你们这样帮我们，不知该怎样感谢……你们搭了功夫**不说了**，买材料的钱，无论如何是要付给的……”她又缓缓地走过去，扶住赵勇：“你不理解他们的好心呀，你不知道……”（姜天民《第九个售货亭》，《一九八二年短篇小说选》，486）

（46）李小闹的母亲当着李文武的面说：“都说上学好，咱家省吃俭用，供应小武上学，现在上出来了，当了队伍的连长，家里沾他什么光了？不沾他光**就不说了**，他把咱家的几辈冤仇给忘了？他爷爷是被谁害的？小闹他爹是被谁害的？小闹是被谁闷死的？他手里有队伍，怎么不把孙、许两家给平了？我看这小武，是指望不上了。以后祭祖，他也别来了！”（刘震云《故乡天下黄花》，113）

例（45）中居于句尾的“不说”也表示递进关系，但后面还跟有“了”，例（46）也表示递进关系，“不说”前有“就”修饰，后面还以“了”结尾，两个例子中的“不说”都明显具有述谓功能，把例（45）“不说”后的“了”、例（46）“不说”前后的“就”“了”去掉，两例中的“不说”都变成了严格意义上的“不说$_2$”。反过来再看，如果我们把例（9-12）中“不说”后面都加上“了”，似乎也不影响句义的表达。例如：

（9”）琴珠没来唱堂会，小刘知道她准是跟个男人去了。他气坏了，没跟唐家一起吃上年夜饭不说［了］——琴珠也扔了他走了。

（10”）“可是，这曾靖南一点歉意都没有，始乱终弃不说［了］，还硬栽给我姐姐各种罪名，让人忍无可忍！你看他那副样子……”他咬牙切齿地说：“简直是衣冠禽兽！”

（11”）贩子顺她目光所及，赶紧把绣屏递给她细看，巴结着介绍：“这位小姐，您可真有眼光！这于意儿原来可是一位小王爷的爱物儿呢，而且那里头用的还是真正的白狐毛，一根根给绣出来的哩。据说那位小王爷曾经和一名狐仙幻化的女子，发生过一段爱情故事，大概就像聊斋之类的奇遇吧。所以罗，它工细不说［了］，还有这么一番典故，可不是顶特别吗？”

（12”）谁也没有听说过罗四姐有个姊姊，所以不免好奇地注视七姑奶奶，看她一副富态福相，衣服华丽不说［了］，腕上一双翠镯，指上黄豆大一枚闪光耀眼的金钻戒指，便使得大家另眼相看了。

可见，虽然“不说”具有关联两个小句的能力，但述谓功能并没有完全的消失，因此称“不说$_2$”为“连词”还欠精当，不妨称之为“准连词”。

“不说$_2$”表示的是递进关系，“不说$_2$”所在的小句是偏句，一般总是居于正句之前，为方便行文，我们把偏句称之为前项，把正句称之为后项。在递进复句中，前后项总是存在着语义量级上的梯度，而语义量级的顺序在一定程度上反映了说话人的看法和态度。根据说话人的主观可接受度，我们把“不说$_2$”构成的复句分为两种语义类型。

1. 可接受度递减型

对说话人来说，前项可接受度较低，后项更甚，这种使用类型往往描述的是消极的事态，带有消极的感情色彩。前文例（9—10）、例（13—16）都属于此种使用类型。拿例（9）来说，没跟唐家一起吃年夜饭对小刘来说已经是件非常可惜的事了，他喜欢的人琴珠没有来唱堂会更是令他心碎，“不说$_2$”把这两个事件关联起来，使小刘内心深处的遗憾、怨恨、沮丧之情跃然纸上。其他用例都可作如是分析。

2. 可接受度递增型

对说话人来说，前项可接受度较高，后项可接受度更高，这种使用类型往往描述的是积极的事态，带有积极的感情色彩。前文例（11—12）属于此类，其他还如：

（47）贾祥二十岁那年，留大舅留大妗相继去世，留给贾祥一间破草房，一窝“咕咕”叫的老母鸡。院子里还有几棵楝树，被贾祥刨倒，给父母做了棺材。然后贾祥开始跟人家学木工。学会了做小板凳，做方桌，做床，做窗棂子。干了五年木工，他背着家伙，进了一支农民建筑队，随人家到千里之外的天津塘沽盖房。春节回来神气不少，新衣新帽不说，腰里还别着个葫芦球似的收音机，走哪响哪。（刘震云《刘震云精品文集·头人》，245）

（48）其时，劲松正与广东华贸洽谈办公现代化总代理业务，其主要竞争对手是李文挺的利盛公司。华贸因有自营进出口权，如果能成为它在重庆的总代理，利润丰厚不说，劲松也将获得全新的发展。（张卫《你别无选择》，北大语料库）

例（47）中“新衣新帽”本就令人羡慕，“腰里面还别着收音机”更是让人望眼欲穿，使用“不说”把这两种情形关联起来，说话人的“赞许”之情油然而生。例（48）中“利润丰厚”当然是生意人乐于接受的，“公司能够得到全新的发展就能够获得更多的利润”更是生意人所追求的，使用“不说”把这两种情况关联起来，强调了“劲松成为华贸在重庆的总代理”的重要性。

从上面的分析我们可以看到，“不说$_2$”的两种语义类型所反映的说话人的态度是对立的：第一种语义类型描述的是消极事态，说话人带有消极的感情色彩，而第二种语义类型描述的是积极事态，说话人带有积极的感情色彩，那么，上述两种语义类型中哪一种语义类型更易被说话人所选择呢？我们对这两种语义类型的分布作了调查统计，请看表 7-3：

表 7-3　“不说$_2$”语义类型调查统计表

次数／作品	比较项	可接受度	
		递减型	递增型
于　晴	红苹果之恋	1	0
李佩甫	羊的门	4	0
曲　波	林海雪原	3（2）	0
戴厚英	流泪的淮河	2（1）	0
老　舍	鼓书艺人	1	0
张贤亮	绿化树	2	0
张　洁	世界上最疼我的那个人去了	1	0
张正隆	雪白血红	1	0
张　欣	爱又如何	1	0
刘震云	故乡天下黄花	5	0
	单位	3	0
	头人	1	1
刘　流	烈火金刚	3	1
冯德英	迎春花	1	0
冯骥才	一百个人的十年	1	0
余　华	活着	2	0
朱邦复	东尼！东尼！	1	0
	巴西狂欢节	0	1（1）

续表

次数 作品	比较项	可接受度	
		递减型	递增型
琼　瑶	月朦胧鸟朦胧	1（1）	0
	雁儿在林梢	1	0
	烟锁重楼	2（1）	0
	鬼丈夫	3	1
	青青河边草	1（1）	0
乔典运	香与香	1（1）	1（1）
高　阳	红顶商人胡雪岩	0	1
古　龙	小李飞刀	1	0
结　论	合计	43	6
	所占总数比例	88	12

说明：表中3（2）意思是出现次数为3次，其中有2次是"这还不说"，其他同。

上述统计表明：在现代汉语中，可接受度递减型出现次数远远高于可接受度递增型。可见，说话人选择"不说$_2$"时更想表达的是消极的感情色彩。

（三）"不说$_4$"的语义类型

从表7-2可知，"不说$_4$"在现代汉语中出现频率极低，只占"不说"特殊用法总数的1.7%。前文例（26—28）都是"不说$_4$"的用例。从语义梯度方向来看，例（26—28）都属于可接受度递减模式。我们再看其他的用例：

（49）如果生物真会进化，人性就不能永久不变。不说类猿人，就是原人的脾气，我们大约就很难猜得着的，则我们的脾气，恐怕未来的人也未必会明白。要写永久不变的人性，实在难哪。（鲁迅《鲁迅散文精选·文学和出汗》，212）

（50）听见这个消息，不说克安、克定等人吓得没办法，连克明也有点紧张。（巴金《家》，206）

（51）不说心思，连我一半的精力都不肯花。我生性就很懒。（希尔顿《消失的地平线》，北大语料库）

（52）哪能那么轻率？人家是良家妇女。得按礼儿，不说八抬大轿，也得请几桌客放几挂鞭，然后欢欢喜喜入洞房。——到时候你一定带你那胖子来喝喜酒呵。(王朔《王朔文集·矫情卷·无人喝彩》，34)

(53) 他又担心自问，既然他很怕卷入爱思达以及全家钱财收支问题中去，那她怎么去对付那些开支呢？至于赚钱这类事，不说现在他父亲也帮不了母亲忙，而且历来一直都是如此。(西奥多·德莱塞《美国悲剧》，125)

例（49）中“类猿人的脾气很难猜得到”比“原人的脾气很难猜得到”可接受度高；例（50）中“克安、克定吓得没有办法”比“克明也紧张”可接受度高；例（51）中“花心思”比“连一半的精力也不肯花”可接受度高；例（52）中“八抬大轿”比“放几挂鞭炮”可接受度高；例（53）中“现在帮不上忙”比“一直帮不上忙”可接受度高。

可见，“不说$_4$”前后项的语义关系主要遵循可接受度递减模式，我们不说“不说$_4$”不能使用在可接受递增语境当中，至少在可接受度递增的语境中说话人更有可能选择使用“不说$_2$”进行表达。

（四）“不说$_2$”“不说$_4$”跟“别说$_2$”

“别说”在现代汉语中也有三种用法：动词短语“别说$_1$”、连词“别说$_2$”和话语标记“别说$_3$”（尹海良，2009c）。“别说$_2$”和“不说$_2$”“不说$_4$”一样，也表示递进关系，那它们之间有什么异同呢？通过观察不难发现：三者都是主观色彩较浓的构式，都有引出对比项、突显焦点信息的功能，都起着衔接篇章的作用，因此对它们在语用功能方面的差别我们不打算再作深入的剖析，下面主要从语法特点和语义关系两个方面进行具体分析。

1. 语法特点

结合王健（2008），我们认为“别说$_2$”的语法特点有以下几点：

第一，“别说$_2$”后可以跟谓词性成分、体词性成分、小句，也可以跟介词短语。例如：

(54) 柔嘉发怒道：“我本来不肯在这儿结婚，这是你的主意，你要我那天打扮得像叫花婆么？这儿举目无亲，一切事都要自己去办，商量的人都没有，别说**帮忙**！我麻烦死了！家里人手多，钱也总有办法。爸爸妈妈为我的事，准备一笔款子。你也可以写信问你父亲要钱。假如咱们在上海结婚，你家里就一个钱不花么？咱们那次订婚已经替家里省了不少事了。”（钱锺书《围城》，279）

（55）别说**瘦了**，他这一个多月又长了十好几斤。（王健［2008］文例）

（56）高松年自己说，这是他的秉公办理，决不为未婚夫而使未婚妻牵累——“别说**他们还没有结婚**，就是结了婚生了小孩子，丈夫的思想有问题，也不能‘罪及妻孥’，在二十世纪中华民国办高等教育，这一点民主作风应该具备。”（钱锺书《围城》，261）

（57）他叹息说：“如今我们这一行，快绝啦！现在时兴编校合一，别说**为了经济效益**，往往是‘萝卜多了不洗泥’，就是认真的责编，因为他对那稿子的意思太清楚，也就反而会漏过别字……本不是一种活计嘛！唉唉，所以现在有‘无错不成书’之说呀！”（刘心武《眼净》，《作家文摘》合订本 B，1997 年）

（58）安妮本来想劝母亲不要这样固执，不过，高夫人的脾气，她并非不知道，她下了命令，谁也不能改变。别说**安娜**，任何一个人，也不可能劝转她。（岑凯伦《合家欢》，380）

第二，“别说$_2$”只能居于谓词性短语、体词性短语、小句或者介词短语之前，不能居于其后。

第三，“别说$_2$”与其后成分组合成一个整体后既可以居于主句（或正句）之前，也可以居于主句（或正句）之后，居于主句（或正句）之后时可受副词“更”修饰。比如例（54）中“别说$_2$”就是居于主句（或正句）之后，而例（55—58）“别说$_2$”都是居于主句（或正句）之前。

第四，“别说$_2$”的功能和“不仅”不相当，绝大多数用例都不能转换为“不仅”句，但是个别用例可以用“不仅”替换，比如说例（58）。

2. 语义关系

王健（2008）认为“别说$_2$”句在语义上有三个基本的特点：第一，前后项必须属于同一语义范畴；第二，前后项命题具有同一方向性，也就是说前后项命题要么同为肯定命题要么同为否定命题，不能一个为肯定命题另一个为否定命题；第三，前后项之间具有衍推①关系，即若把“别说$_2$”句表述为“别说$_2$A，B”，当“别说$_2$”句表达肯定意思时，B 衍推 A；当“别说$_2$”句表达肯定意思时，非 B 衍推非 A。

而“不说$_2$”的前后项之间并没有必然的衍推关系，原因恐怕就是“不说$_2$”的前后项大多不属于同一语义范畴。比如例（9）中“小刘没有跟唐家吃年夜饭”和“琴珠扔下他走了”是两个毫不相干的事件，他们之间并没有客观语义量级的差别，它们的语义级差来源于小刘的主观感受。因此，把例（9—14）、例（47—48）直接转换为“别说$_2$”句都不太可能。

“不说$_2$”和“不说$_4$”也有一些用例的前后项存在着衍推关系，比如说主句是“就是”句或者“连”字句的部分用例，如果它们的前后项存在着客观的语义级差，就可以转换为“别说$_2$”句。例如下面两例“不说$_2$”句：

（59）但李小武没有冒失行动，他知道解放军的几个连正在向这里集结，他知道冒失行动的后果和保存这点力量的重要。没有这点力量，成了光杆司令，哪里都藏不住身。藏不住身不说，就是投降人家也没了本钱。（刘震云《故乡天下黄花》，253）

（60）田七苦笑道：“这小伙子可实在太厉害了，简直有些可怕，赵老大被他伤了不说，连铁笛先生都已伤在他剑下。”（古龙《古龙作品全集·多情剑客无情剑》，190）

例（59）中“藏身”和“投降”构成语义上的对立，例（60）中“赵老大”和“铁笛先生”构成语义级差，这两个例子都可以转换为“别说$_2$”句。如下：

（59’）但李小武没有冒失行动，他知道解放军的几个连正在向这里集结，他知道冒失行动的后果和保存这点力量的重要。没有这点力量，成了光杆司令，哪里都藏不住身。**别说**藏不住身，就是投降人家也没了本钱。

① 关于“衍推”请参看郭锐（2006）。

（60’）田七苦笑道：这小伙子可实在太厉害了，简直有些可怕，**别说**赵老大被他伤了，连铁笛先生都已伤在他剑下。

前文“不说$_4$”句中的例（26）和例（49）也可以转换为“别说$_2$”句，如下：

（26’）到了晚上十点钟，**别说**群众，就连队干部都没有来齐。

（49’）如果生物真会进化，人性就不能永久不变。**别说**类猿人，就是原人的脾气，我们大约就很难猜得着的，则我们的脾气，恐怕未来的人也未必会明白。要写永久不变的人性，实在难哪。

同样的，主句是“就是”句或者“连”字句的部分“别说$_2$”句也可以转换为“不说$_2$”句或“不说$_4$”句。我们把例（56）转换如下：

（56’）高松年自己说，这是他的秉公办理，决不为未婚夫而使未婚妻牵累——“**不说**他们还没有结婚，就是结了婚生了小孩子，丈夫的思想有问题，也不能‘罪及妻孥’，在二十世纪中华民国办高等教育，这一点民主作风应该具备。”

（56”）高松年自己说，这是他的秉公办理，决不为未婚夫而使未婚妻牵累——“他们还没有结婚**不说**，就是结了婚生了小孩子，丈夫的思想有问题，也不能‘罪及妻孥’，在二十世纪中华民国办高等教育，这一点民主作风应该具备。”

到底哪些用例可以互相转换，哪些不能呢？我们认为这跟“不说$_2$”“不说$_4$”和“别说$_2$”的语义特点有关系。“不说$_2$”和“不说$_4$”的前后项语义关系是建立在主观上的可接受度基础之上，“别说$_2$”则是建立在客观上的语义级差之上，而有些客观上的语义级差是通过主观建构的，这就形成主观与客观的交叉域。因此，在句法允许的条件下，“不说$_2$”“不说$_4$”和“别说$_2$”在以下两种情况下可以互相转换：第一，前后项之间的语义级差是建立在非绝对客观的基础之上；第二，句子的主句具有非现实性特征。

我们把“不说$_{2}$”“不说$_{4}$”和“别说$_{2}$”的异同归纳如下（见表7-4）：

表7-4　“不说$_{2}$”“不说$_{4}$”和“别说$_{2}$”异同表

<table>
<tr><td colspan="5">属性　比较项
区别特征</td><td>不说$_{2}$</td><td>不说$_{4}$</td><td>别说$_{2}$</td></tr>
<tr><td rowspan="12">语法特点</td><td rowspan="8">组合位置</td><td rowspan="4">后置</td><td rowspan="4">前跟成分</td><td>NP</td><td>+（极少）</td><td>–</td><td>–</td></tr>
<tr><td>VP</td><td>+</td><td>–</td><td>–</td></tr>
<tr><td>PP</td><td>–</td><td>–</td><td>–</td></tr>
<tr><td>S</td><td>+</td><td>–</td><td>–</td></tr>
<tr><td rowspan="4">前置</td><td rowspan="4">后跟成分</td><td>NP</td><td>–</td><td>+</td><td>+</td></tr>
<tr><td>VP</td><td>–</td><td>+</td><td>+</td></tr>
<tr><td>PP</td><td>–</td><td>–</td><td>+</td></tr>
<tr><td>S</td><td>–</td><td>+</td><td>+</td></tr>
<tr><td colspan="2" rowspan="2">所在小句的位置</td><td>主句前</td><td>+</td><td>+</td><td colspan="2">+</td></tr>
<tr><td>主句后</td><td>–</td><td>–</td><td colspan="2">+</td></tr>
<tr><td colspan="2">可转换为“不仅”句</td><td>+</td><td>–（+）</td><td colspan="3">–（+）</td></tr>
<tr><td colspan="2">可受“更”修饰</td><td>–</td><td>–</td><td colspan="3">+</td></tr>
<tr><td rowspan="2">语义关系</td><td rowspan="2">语义级差</td><td colspan="3">主观建构</td><td>+</td><td>+</td><td>–（+）</td></tr>
<tr><td colspan="3">客观建构</td><td>–</td><td>–</td><td>+</td></tr>
<tr><td>语用功能</td><td colspan="4">引出对比项，突显焦点信息，衔接语篇</td><td>+</td><td>+</td><td>+</td></tr>
</table>

说明：–（+）意思是个别用例具有这种属性。

三　“且不说”和“先不说”

“且不说”和“先不说”是“不说”的两种固定用法，我们前面没有提及，其实在现代汉语中这两种用法都比较常见，鉴于它们的表现形式和“不说”有所不同，我们在这里对它们作专门的说明。

（一）“且不说”

我们所说的“且不说”包括“且不说”① “姑且不说”“暂且不说”

---

① 万海静（2014）认为“且不说”是一个话题转换标记，并依据龚峰（2009）推测“‘且不说’是由‘且置、且止、且从’演化而来的，最初表祈使义，随后逐步向话题转换标记推进，意义由实到虚”。

“暂不说”“权且不说”等形式。“且不论”“且不提”“且不讲”和“且不说”使用方法基本相同，在现代汉语中时有出现，但使用频次都不及“且不说”，我们下面主要对“且不说”进行深入的剖析，大抵能够窥一斑而见全豹。

1. “且不说”表“排除”义。例如：

（61）且不说万花筒式的美国政治，就是在中国，也有其“另一种风格的复杂”。（莫怀戚《陪都就事》，《当代》1994 年第 6 期）

（62）代表不代表新一代青年姑且不说，但唐元豹本人不应受到指责，说老实话，在他面前我自愧不如。就是用金子把我埋起来，我也没有他那份勇气，生死荣辱一切置之度外。（王朔《王朔文集·谐谑卷·千万别把我当人》，410）

（63）再说，他是为一捆甘蔗死的，严重地破坏了三大纪律八项注意且不说，死得不值得吆！（李存葆《高山下的花环》，71）

（64）大奶奶和刘奶妈有什么过节，且不说他。当时乌世保对大奶奶实在是千恩万谢、五体投地，答应出狱以后，再不敢违背夫人的管教。（邓友梅《烟壶》，70）

（65）我认为创作唐元豹的作者是很不严肃的，从唐元豹身上可以看到作者的低级趣味和哗众取宠，我们姑且不说他是别有用心。一点不好笑嘛，拿肉麻当有趣。不客气地说，是对我们当代中国青年的污蔑侮辱。（王朔《王朔文集·谐谑卷·千万别把我当人》，409）

从上述用例可知，“且不说”表“排除”义时有下面几个特点：第一，前后项不构成语义级差；第二，可前置使用，也可后置使用；第三，“且不说”构成的小句往往居于主句之前，少数居于主句之后；第四，不管是前置使用还是后置使用，“且不说”前一般不出现主语，但也有个别用例“且不说”前出现“我们”等人称代词作主语，如例（65）。

2. “且不说”表递进关系。例如：

（66）刘汉英细细一想，文泽远的话确有道理。但是，杨庭辉不回来，日军真的大举进攻，仅靠他的这点部队，且不说独力难支，即使能够支撑，他也不能容忍山那边的泥腿子们坐山观虎斗。（徐贵祥

《历史的天空》，259）

（67）童小林说："我就知你小子狗嘴里吐不出象牙。且不说什么朋友妻不可戏，就我那口子那种吨位，整天守住我，我敢胡乱看风景？不过呢，家有丑妻是福分。"（柳建伟《突出重围》，311）

（68）谭凌霄的住宅盖成了。且不说他这所住宅有多大，单说房前的庭院：有一架葡萄、一丛竹子、几块太湖石，还修了一座阶梯式的花台，放得下百多盆菊花。这在本城县一级领导里是少有的。（汪曾祺《受戒：汪曾祺自选集·皮凤三楦房子》，377）

（69）要知道，这种宠物儿值钱且不说，纯种儿的那可更象征着主家的身份、地位、眼光、能耐！（冯苓植《狐幻·猫腻》，119）

（70）你们瞧我住的这房子！老房子，狭，不够住且不说，洋人来了，不好招待啊！人家倒不嫌这房子老，越是这曲里拐弯的胡同里的这号老院子，人家倒兴许越觉得有趣。（刘心武《画星和我》，《1992年短篇小说选》，98）

从上述用例可知，"且不说"表递进关系时有以下几个特点：第一，前后项形成级差关系，比如说例（66）中"难以支撑"与"能够支撑"形成语义对立，例（67）中"没得戏"和"不可戏"构成语义级差，例（68）中"住宅"和"庭院"构成语义级差，例（69）中"钱"与"身份、地位"构成语义级差，例（70）中"住"与"招待"形成语义级差；第二，"且不说"可前置使用也可以后置使用，如例（66—68）都是前置使用，例（69—70）是后置使用；第三，"且不说"构成的小句往往居于主句之前；第四，"且不说"前基本不出现诸如"我们、咱们"人称代词作主语的情况。

（二）"先不说"

和"且不说"有着类似的用法，"先不说"也可以表示"排除"义以及递进关系。例如：

（71）为报答哥哥嫂子他发奋考上了第二医学院，谁想毕业方案下来他傻了，分到化工技校当了校医。人家那有关系的全上了协和、友谊、阜外、北大；差点儿的上居民医院混两年也能当上主治医。最不济的当然是上中学上技校，先不说挣钱多少待遇如何——使不上劲

儿。（魏润身《血沁》，239）

（72）所以这次伏击战，要靠肖骋的武工队做主力了！那么肖骋这个武工队究竟怎样啊？先不说他们的战斗技术如何熟练，战斗动作如何迅速，更不必说他们个个年轻力壮，勇敢机智了。就单看看他们使用的家伙儿吧，正副小队长，每人两支长苗儿盒子，还有一支小手枪。二十名队员，每人一支长苗儿盒子，一支带自起刺刀的“三八式”马枪，还有四颗小三号的“边区造”木把手榴弹。他们身上带的子弹，那是足够用的。（刘流《烈火金刚》，464）

（73）齐英喘了口气儿，接着又说：“弟兄们！朋友们！对共产党和八路军敌人是没有办法的。没有来到的事咱先不说，过去的事儿我想大家都有个耳闻。咱们八路军在华北，给日本鬼子摆下了多少战场，把日本侵略军杀得个尸横遍野，全军覆没！贺龙将军带着一二〇师来到冀中，在河间、齐会打了一连串的歼灭战，打得敌人望影而逃，闻风丧胆！我们晋察冀军区第一军分区杨成武司令员在银坊、黄土岭一战，打死了日本名将之花——阿部中将，还消灭了他的全部人马！谁不知道陈庄战斗，消灭了日本一个旅团，连水垣旅团长也死无葬身之地！”（刘流《烈火金刚》，480）

（74）先不说我的阅历、学历、对文学的研究、对艺术的理解和写作技巧的掌握以及其他方面的修养等等，单说当时的客观条件，就使人望而却步！（杜鹏程《保卫延安·重印后记》，511）

（75）保胎一直到生，生完了还得休产假，里外里得近两年时间，两年时间不上班，经济上的损失先不说，她担心的是，两年之后，社里还能不能有她的位子。（王海鸰《新结婚时代》，60）

（76）难道我们中间有谁可以把她带回去？吃喝先不说，谁家都是一间屋子半间炕，住在哪儿，户口又怎么办。（冯骥才《一百个人的十年·失踪的少女》，173）

（77）搞饮食雇一个人多难？派出所办暂住证防疫站办健康证饮食公司办培训证办事处办用工卡，先不说要交多少钱，谁搭得起这工夫？（魏润身《血沁》，235）

例（71—73）表示“排除”义，例（74—77）表示递进关系，它们之间最重要的差别就是前后项有无语义级差：表“排除”义前后项无对比意味，没有语义级差，表示递进关系前后项对比意味较强，形成语义级差。不管表示“排除”义还是表示递进关系，句法上倒没有不同之处：第一，“先不说”前置使用或后置使用在两种功能中都有所体现；第二，“先不说”所构成的小句都在主句之前；第三，“先不说”前都可以出现主语。

从上面的分析可知，“先不说”和“且不说”功能基本相同，绝大多数的用例都可以互相转换，甚至有的用例“且”“先”并用。例如：

(78) 现在，这个新诞生的新家庭遇到的首要问题，就是如何解决全家的一日三餐，如何填饱肚子走出困境。兰馨带着强强上门去做衣服，工钱且先不说，至少每天能够混饱肚子。(朱洪海《兰馨》，112)

如果一定要说出不同之处，“且不说”的强调意味可能稍重一些。至于“先不说”和“且不说”中哪一个更易被说话人所选择可能跟说话人的言语习惯和说话口气有关。

四 “不说”各类功能的历史发展和历时演变

(一)“不说”各类功能的历史发展

1. 不说$_1$

“不说$_1$”大约产生于东汉时期。例如：

(79) 孔子曰：“死生有命，富贵在天。”注命禄篇。苟有时日，诚有祸祟，圣人何惜不言？何畏不说？(王充《论衡》，488)

(80) 佛言：人有二十难。贫穷布施难。豪贵学道难。弃命必死难。得睹佛经难。生值佛世难。忍色忍欲难。见好不求难。被辱不嗔难。有势不临难。触事无心难。广学博究难。除灭我慢难。不轻未学难。心行平等难。不说是非难。会善知识难。见性学道难。随化度人难。睹境不动难。善解方便难。(《佛说四十二章经》，662)

(81) 礼记曰：“大夫三月葬，同位毕至。”此言谨终悼亡，不说子弟当见宠拔也。(汉·应劭《风俗通义》，196)

（82）子知畏之，已长吉矣。戒真人一大要言也。夫拘校文书法，毋但言其神文如其书文，言如此以为真也，是名为聋文也。言事独无本柄耶？何以言如此哉？不禁其有也。但问其言之意，当得其意，乃事可明也；如不说其意，以何能得知之乎哉？故当问其解决意，不者，不可用也，名为聋治。（东汉《太平经》，362）

（83）吾与诸真人等耳，俱命属天地，若闭不说，说而中止也，天地同且害我，故我说亦不敢妄道止也。（东汉《太平经》，313）

2. 不说$_5$

元代时，“不说$_5$”萌芽，往往跟“单说、且说”等词语引导的小句连用，前后句形成对比，“排除”意味很明显，“不说$_5$”主要起到话题转换的功能。例如：

（84）不说安妃娘娘宠冠六宫。单说内中有一位夫人，姓韩名玉翘。（《宋元小说话本集·勘皮靴单证二郎神》，634）

这种用法在明代进一步扩大，这有两方面的表现：第一，上述用法在数量上日益增多；第二，“不说$_5$”不仅仅可以跟“单说”“且说”引导的小句连用，还跟“却说、单表、再说、只说、话说、后说、先说、说”等引导的小句连用，后一小句也可以没有引导词。我们且看下面的统计表7-5、图7-6：

表7-5　明代与“不说$_5$”搭配使用的词语分布

频次 项 / 作品	且说	却说	单表	再说	只说	话说	无[4]	先说	后说	说
水浒全传	16[1]	6	0	2	3	1	0	1	0	0
三国演义	6	0	0	0	0	0	0	0	0	0
隋唐野史	1	0	0	0	0	0	0	1	0	0
西游记	1	1[3]	0	0	0	0	0	0	0	0
金瓶梅词话	5	0	9	0	0	0	0	0	0	0
封神演义	16[2]	2	0	0	0	1	2	0	1	0

续表

频次 项 / 作品		且说	却说	单表	再说	只说	话说	无[4]	先说	后说	说
初刻拍案惊奇		2	1	0	1	0	0	0	0	0	0
二刻拍案惊奇		6	0	0	0	0	0	0	0	0	0
喻世明言		2	0	0	0	0	0	0	0	0	1
醒世恒言		1	0	0	0	0	0	0	0	0	0
今古奇观		1	0	0	1	0	0	0	0	0	0
两晋秘史		1	0	0	0	0	0	0	0	0	0
周朝秘史		1	1	0	0	0	0	0	0	0	0
结论	合计	59	11	9	4	3	2	2	2	1	1
	所占总数比例	62.8	11.7	9.6	4.3	3.2	2.1	2.1	2.1	1.1	1.1

说明：[1] 其中包含1例“且只说”；

[2] 其中包含2例“且言”，2例“且表”；

[3] 其中包含1例“却表”；

[4] 无搭配的用例。

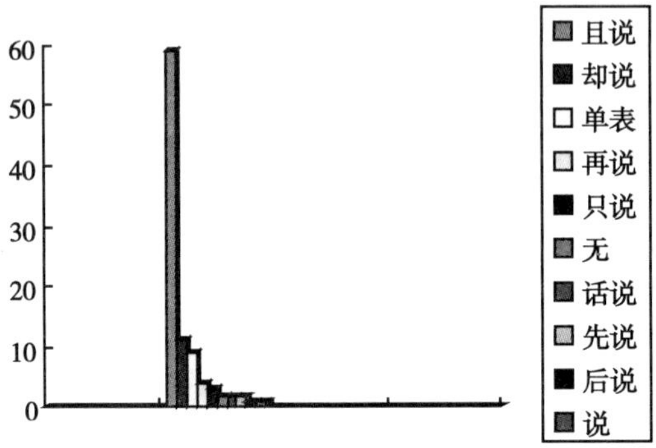

图7-6 明代与“不说$_5$”搭配使用的词语频次比较

表7-5、图7-6表明：在明代，“不说$_5$”连接前后项绝大多数时候需要相关的词语配合使用，“不说$_5$”和“且说”配合最为常见，其次是“却说”“单表”“再说”“只说”，有时候也使用“话说”“后说”“先说”“说”等。在这个时期也出现了一些不需要相关词语配合的用例，这

大概是语言演变的经济原则①的体现。

清代的时候，“不说$_5$”的使用格局发生了一些变化，我们来看表7-6、图7-7：

表7-6　清代与“不说$_5$”搭配使用的词语分布

频次 项 / 作品	且说	却说	单X[4]	再X[5]	只说	无	话说	后说	先说	说
东周列国志	1	0	0	2	0	0	0	0	0	0
济公全传	0	0	0	0	0	0	0	0	0	0
隋唐演义	3	4	1	2	1	1	0	0	0	0
说岳全传	3	0	0	2	0	0	0	0	0	0
醒世姻缘传	0	2	0	0	0	1	0	0	0	0
儒林外史	0	0	0	0	0	1	0	0	0	0
薛刚反唐	1	0	1	0	0	0	0	0	0	0
野叟曝言	0	0	1	0	1[6]	0	0	0	0	0
红楼梦	2	0	1	0	1	0	0	0	0	0
海国春秋[1]	5	1	3	13	1	1	0	0	0	0
海公大红袍传	0	1	0	8	0	0	0	0	0	0
海公小红袍传	0	0	0	3	0	1	0	0	0	0
说唐全传	1	0	0	0	0	1	0	0	0	0
狄青演义	1[3]	0	0	1	0	0	0	0	0	1[8]
杨家将	1	0	0	0	0	0	0	0	0	0
施公案	5	0	4	5	0	1	0	0	0	0
彭公案	0	0	0	0	0	1	0	0	0	0
狄公案	2	0	4	1	0	0	0	0	0	0
小八义	1	0	1	0	0	0	0	0	0	0
小五义	0	0	1	0	0	1	0	0	0	1[9]
乾隆南巡记	0	2	1	1	0	0	1	0	0	0

① 关于经济原则，请参看周绍珩（1980）、曹聪孙（1987）、Gelderen（2004）。

续表

作品＼频次＼项		且说	却说	单 X[4]	再 X[5]	只说	无	话说	后说	先说	说
文明小史		0	0	0	1	0	1	0	0	0	0
孽海花		0	0	1	1	0	1	0	0	0	0
九尾龟		0	0	0	1	0	0	0	0	0	0
八仙得道[2]		0	0	5	0	2[7]	2	0	0	0	0
七剑十三侠		3	1	0	2	0	0	0	0	0	0
三侠剑		4	0	0	0	0	1	0	0	0	0
结论	合计	33	11	24	43	6	14	1	0	0	2
	所占总数比例	24.6	8.2	17.9	32.1	4.5	10.5	0.8	0	0	1.5

说明：[1]《海国春秋》还见“仍说”1例；

[2]《八仙得道》还见“就说”1例；

[3] 此数据包括“且表”1例；

[4] 此列数据中“单说”16例，“单讲”4例，“单就”1例；“单言”2例；“单表”1例；

[5] 此列数据包括“再说”38例，“再讲”3例，“再谈”1例，“再表”1例；

[6] 此例所搭配的词语是“只”；

[7] 此数据包括“只讲”1例，“专”1例；

[8] 此例搭配的词语是“又言”；

[9] 此例搭配的词语是“又说”。

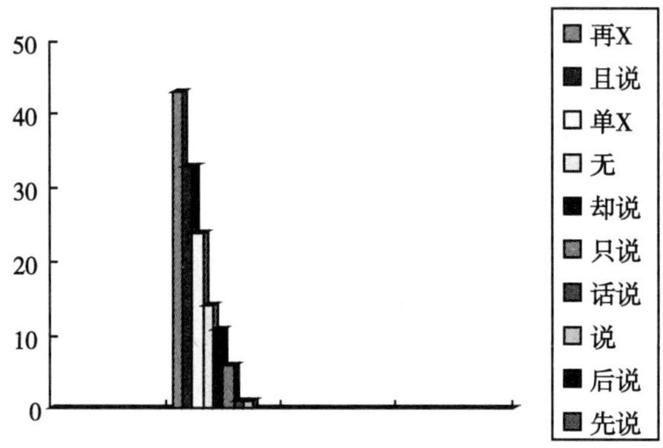

图 7-7 清代与“不说$_5$”搭配使用的词语频次比较

从表 7-6 和图 7-7 的数据我们可以看到：在清代，“不说$_5$”和“再

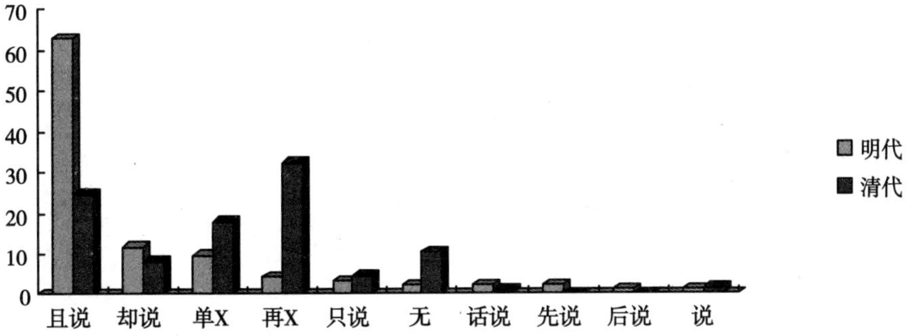

图 7-8 明清时期与“不说$_5$”搭配的词语所占总数比例比较

X”类词语配合最为常见，“且说”“单X”“却说”虽然用例有所减少，但依然常用，值得注意的是，“不说$_5$”单用在清代有着较好的发展势头。

通过比较明清时期与“不说$_5$”搭配的词语所占总数的比例（见图7-8），我们可发现：“且说”“却说”“话说”“后说”“先说”和“说”所占总数的比例都呈下降趋势，而“单X”“再X”“无”“只说”所占总数的比例则呈上升趋势。我们认为上述格局的变化反映了三种变化趋势：第一，“不说$_5$”单用将逐渐成为一种主流的选择；第二，“再说”将会产生连词用法；第三，“单”和“只”的使用将会促使“不说”表示递进关系。而这三种趋势在现当代汉语中都已经实现。

3. “不说$_4$”① 和“且不说”

先看“不说$_4$”。

① 我们在明代小说《东度记》中发现“不说”的一种特殊用法，意思是“好像；好比；犹如”。例如：

（1）尊者答曰：“君子遵守王法，小人犯禁行恶。纵有刑加，藐然容有不畏。及闻佛会，便起敬心。不说三尺之严，顿悔一朝之过，有助政教，故云劝世。若上智不须佛会，君子可无道场，化善信，修阴功，前人留下这功课，愿王遂臣僧普度化缘之行。”（明·清溪道人《东度记》，15）

（2）笑和尚答道：此宝不是凡宝。你听我道：“一粒如粟，千劫不坏。坚牢不说金刚，九转炼就，万道霞光，照耀堪同日色。问根缘，从静定中生出；说奥妙，自虚灵处发祥。如如不动，行无所住。才有这样圆通，岂是那般虚幻。总来一个老禅和，留却久修舍利子。”（明·清溪道人《东度记》，11）

（3）话说道童骑鹤，蹁跹云汉，只因领师旨，锁闭洞门，那青鸾先去，他与鹤未逐鸾飞。一时离了海岛，在那半空观望景致。只见那空中楼阁重叠，树木森森，不说洞府之居，俨似神仙之宅。（明·清溪道人《东度记》，20）

在明代我们才见到“不说$_4$”的用例，数量较少。例如：

（接上页）（4）那本慧看见这小官生的俊俏，不说佳人，比这两个妇女十分清雅，便动了夺趣淫心，把手扯着小官身衣，道：“也与我修养一番。”（明·清溪道人《东度记》，110）

（5）只见本慧把手一指，顷刻化了一座大山现前。怎见得大山？但见：“巅峦接汉，岗阜齐云。高耸不说须弥，广阔过如泰岳。登峰岭，只讶天低；览形胜，偏嫌地小。飞汉倒影，宛似万丈悬岩压下；峭壁层峦，有如一天泰岳飞来。”（明·清溪道人《东度记》，313）

（6）乃问跟随的妇女侍儿，方才要开口，但见那妇女侍儿果然生得美丽：“一个个，千娇百媚，多趣多情。乌云半垂双飞，粉黛淡妆浓抹。十指露纤纤春笋，两鞋尖寸寸金莲。一个个，藕丝嫩织罗裳，兰蕙香熏玉袖。不说萧娘风韵，真堪楚女标题。”（《东度记》明·清溪道人《东度记》，381）

（7）晋国中就有一所庵寺，名唤湛虚院。院内有一僧，名犹然，他便是卜净后身。只因他蜃化迷真，后有一声弥陀之解，仍还他这一善根因。谁想他妖氛犹未净荡，名在院出家，依旧不守僧戒，外示人斋戒，暗实茹荤，贪财好色，不说俗人。（明·清溪道人《东度记》，440）

（8）国王听了大喜，随命崔皓督工，以国城东南之地，建座道院，起名靓轮天宫，令极高大，不闻鸡犬之音，勿近凡浊之气。当下兴工。土木之费，工力之作，不说千百万计，小民力竭，百姓愁怨，道路兴嗟。（明·清溪道人《东度记》，489）

（9）随命有司按诛寺众，执事官抄没僧人财产。见家家俱有酿具酒器，及州郡富家大户寄顿财物，不说万计，又为窟室藏匿妇人，又使崔皓之谗得以信王。（明·清溪道人《东度记》，502）

（10）老僧笑道：“三位好心，只是你既奉师意救人患难，此去前沙尚远，这精怪降伏却也不难。我有一瓶在此，即把此茶注于其中，荡邪驱魅，不说甘露，可持而去。”（明·清溪道人《东度记》，861）

（11）其妻在旁说道：“再经几年，利上生利，不说有这几倍。孩子成人均分，怎有甚么争竞？若是依那僧人劝，分给贫族，少一百便差了一百之利。”（明·清溪道人《东度记》，918）

（12）乡尊依言，便俯伏在佛前。忽然睡去，似梦非梦。只见殿旁一个侍香沙弥，手捧着一卷文册，乡尊求看，那沙弥即递与展开，见前边注载不说千劫，总是有生人，便有生生历世，气脉传来，何尝断绝。（明·清溪道人《东度记》，984）

（13）这村前有一个深水池塘，来思将眼远望，尽是茫茫大水，心里甚疑。只见那池塘：大非往日之池，阔有远天之状，汪洋似海茫茫，声势如雷聒聒。挡行路不说天堑，惊人意错似鬼魂。不是错念头，走歪了正道，定然迷了窍，误撞着邪魔。（明·清溪道人《东度记》，1061）

（14）正说间，只见方丈前一株大树起了一阵狂风，枝摇叶落，顷刻即止。众人看那大树：“巨干凌云，盘根踞地。青枝交互不说娑婆，绿叶丛铺宛然琪树。风生处若万籁声鸣，月起时如千林倒影。浓荫堪蔽炎光，密荫可遮听法。”（明·清溪道人《东度记》，1368）

（15）只见一个鬼蜮看着殷独道：“你这人反面无情，我方与你结交，指海为誓，你如何懊悔，背后骂吾？你这三人心地，不说这风波险恶，如今放了你去村乡害人，不如扯你下海，也做个一类。”（明·清溪道人《东度记》，1430）

（16）住留了几朝，见帝不复召见，乃不向人说，夜半出了寺门，望大路走来。只见一带大江当前。祖师见那江水：“势茫茫有如海汇，浪滚滚不说湖光。形泱泱衣带一水，波涌涌天堑长江。”（明·清溪道人《东度记》，1835）

此种用法好像只是在《东度记》中出现，至于“不说”为什么会有此种用法我们还不敢定论，我们认为有三种可能：第一，“说”为“脱”之讹；第二，“说”为“输”的方言记音字（承蒙友人程志兵惠告）；第三，“不说$_5$”虚化而来。第一种可能目前还找不到有利的证据，我们检索语料库，基本没有发现“不脱”表示“好像；好比；犹如”的用例；第二种可能倒是存在，但也不排除是第三种可能，即是由“不说$_5$”虚化而来：“不说$_5$”表示“排除”义，有时候对象比较具体，比如说正文例（84）中虽然不再具体去说“安妃娘娘宠冠六宫”的情况，但我们已经了解到这个事实，这就造成了“不说即说”的情形，进而演变出“就是、就如”的意味。当然这些仅仅是猜测，还需要更多的证据证明。

（85）张青夫妇两个笑道："我们因有挂心，这几时只要他们拿活的行货。他这四个，如何省的我心里事。若是我这兄弟不困乏时，不说你这四个男女，更有四十个，也近他不得！"（明·施耐庵、罗贯中《水浒全传》，376）

（86）不说赌博光景，更有村姑农妇，丢了锄麦，撇了灌菜，也是三三两两，成群作队，仰着黑泥般脸，露着黄金般齿，呆呆地立着，等那粉头出来。看他一般是爹娘养的，他便如何恁般标致，有若干人看他。当下不但邻近村坊人，城中人也赶出来睃看，把那青青的麦地，踏光了十数亩。（明·施耐庵、罗贯中《水浒全传》，1237）

上述两例中的"不说"与"更"配合使用表示递进关系，前后构成语义级差，例（85）是"四"与"四十"的对比，例（86）是前后两种状态的对比。

到了清代，"不说$_4$"的用例依然不多，所见有以下一些：

（87）狼妖曰："是地妖属，莫不知吾难惹，不说壑内无敢触犯，即系壑外有妖来此，吾必毙之。"（清·魏文中《绣云阁》，766）

（88）狐疑曰："不说修成仙真，即修成个人形，都了当不得。"（清·魏文中《绣云阁》，930）

（89）海爷一见，大怒，喝道："袁阿牛！尔这个万恶强徒，周文玉与尔无怨无仇，尔为何买盗扳赃，把他陷害！不说尔这样心肠，只是尔这副贼形，也看不得。先拿下去，重打四十迎风板，再行审问。"（清·无名氏《海公小红袍全传》，136）

（90）郑婆子道："你主仆上下，每天大盘大碗，不说猪羊，只鸭子鸡儿，也不知伤了多少性命。九个骡马，养在本村店中，每天吃三斗六升生料，八九十斤草，少喂一升儿，二爷们都不依。我若天天与人豆腐、白菜和小米子饭、高粮粥吃，牲口不喂料，止喂草，这十七两银子，就合算的来了。"（清·李百川《绿野仙踪》，1173）

（91）按古人书中："曾说登泰山而小天下。"可见古时泰山之高，可称天下第一高山。但在今日，稍明地理学者，都知道泰山并不

算得十分高峻。不说世界之上，就论中国境内，比泰山更高的，也是很多很多。(清·无垢道人《八仙得道》，793)

再看“且不说”。

“且不说”连接两个成分表示“排除”义在明代的文献中也已经出现，用法跟这个时期的“不说$_5$”基本相同，其后一般跟有相搭配的词语，如“再说”“却说”“只说”“且说”等。例如：

(92) 且不说兀颜统军谏奏，却说那欧阳侍郎领了辽国敕旨，将了许多礼物马匹，上了马，径投蓟州来。(明·施耐庵、罗贯中《水浒全传》，1053)

(93) 且不说兀颜统军兴起大队之师，卷地而来。再说先锋琼、寇二将，引一万人马，先来进兵。(明·施耐庵、罗贯中《水浒全传》，1081)

(94) 且不说这边杨二郎受累，累年不决的事。再表郁盛自那日载了莫大姐到了临清地方，赁间闲房住下，两人行其淫乐，混过了几时。(明·凌濛初《二刻拍案惊奇》，706)

(95) 且不说五起人马登程，节次进发，只隔二十里而行。先说第一起晁盖、宋江、花荣、戴宗、李逵等五骑马，带着车仗人伴，在路行了三日，前面来到一个去处，地名唤做黄门山。(明·施耐庵、罗贯中《水浒全传》，516)

(96) 且不说众道士回家去了，只说宋江与军师吴学究、朱武等计议，堂上要立一面牌额，大书“忠义堂”三字；断金亭也换个大牌扁。(明·施耐庵、罗贯中《水浒全传》，887)

(97) 三藏欠身道：“徒弟辛苦呀。”八戒道：“且不说辛苦，只是降了妖精，送得你过河，方是万全之策。”(明·吴承恩《西游记》，527)

(98) 且不说他两个相斗难分，却表唐僧坐在途中，一则火气蒸人，二来心焦口渴，对火焰山土地道：“敢问尊神，那牛魔王法力如何?”土地道：“那牛王神通不小，法力无边，正是孙大圣的敌手。”(明·吴承恩《西游记》，1544)

(99) 且不说吴月娘等在花园中饮酒。单表西门庆从门外夏提刑

庄子上吃了酒回家，打南瓦子巷里头过。（明·兰陵笑笑生《金瓶梅词话》，228）

（100）且不说贾氏在楼。且说西宫黄妃差官打听，贾夫人入宫朝贺，姑嫂骨肉只此一年一会。黄妃倚宫门而候。（明·徐仲琳《封神演义》，267）

也有“且不说”单用表示“排除”义的用例。例如：

（101）且不说富娘苦守教子。那朱家自回苏州，与川中相隔万里，彼此杳不闻知。（明·凌濛初《二刻拍案惊奇》，616）

（102）且不说这边巫娘子烦恼，那边赵尼姑见巫娘子带着怒色不别而行，晓得卜良着了手。（明·凌濛初《拍案惊奇》，249）

“且不说”不仅可以前置使用，也可以后置使用。例如：

（103）且说那皮匠妇人，也知得错认了，再也不来哭了。思量起来，一场惶恐，几时不敢见人。这话且不说。再说玉秀在牢中汤水不吃，次日死了。（明·冯梦龙《警世通言》，511）

（104）闲话且不说。只因是年米贵，那寺中僧侣颇多，坐食烦难。（明·凌濛初《二刻拍案惊奇》，4）

4. 不说$_3$、不说$_6$和不说$_7$

首先看“不说$_3$”。

“不说$_3$”在清代的文献中可见到少量的用例。例如：

（105）若要去捉此人，贤侄可不要恼，却是有些棘手。旁的不说，就是他那住处，就不容易上去。（清·佚名《施公案》，814）

（106）别人听了，还不觉得，只有一位刘大人，得有气喘之症，一杯入肚，立刻痰尽气平，心胸安适起来。方才大声对韩愈说道：“韩大人，你这位令侄，真是有道神仙。别的不说，单道他赐的一杯仙酒，已把小弟半生疾病立刻除去。岂非神仙妙道？”（清·无垢道

人《八仙得道》，757）

（107）别的不说，单道回去拜求师父一句话儿，头先是师父派鹤童送我过来，此时若要步行回去，至少也得十天半月的路程。而且到家之后，万万不能自在离家，这不害了自己么。想到这儿，不觉发闷起来。（清·无垢道人《八仙得道》，655）

（108）姑丈再休提起公子，他现在好苦咧。别的不说，单讲他住的地方，乃在牛棚后面那间茅屋之中。屋内只有三块板，一张床，此外什么都没有。（清·无垢道人《八仙得道》，451）

（109）论将来好处，嫁了我做我老婆，我必度她成仙，连你丈人丈母也有些好处。别的不说，将来几丸不死金丹，是靠得住的。（清·无垢道人《八仙得道》，87）

也有与“抛开”类词语连用的用例。例如：

（110）抛开歹牢内自此另眼不说。第三日，仲卿又到，慢道诸人足恭，只见魏照散手散脚地坐在上房，仲卿道：“国法岂可轻去，如何移在这里？”（清·汪寄《希夷梦》，148）

（111）当下二人嘻嘻哈哈，选择家人，装扮一切，直奔韩府。权且丢下不说。（清·郭小亭、坑馀生《续济公传·上》，442）

其次看“不说$_6$”。

“不说$_6$”在清代也已出现。例如：

（112）那边马梦太在伊大人跟前说：“大人，那讨令的李庆龙，是当初在兴顺镖店五龙弁圣之时的英雄，我跟大人被困剪子峪，破山口亏了那个人的英勇。武艺超群，不说比当初的李存孝，也差不了多少。大人在王爷台前保荐此人，出去定然成功。”（清·郭广瑞《永庆升平全传》，418）

（113）永太说：“我给王义士你保一门亲事，就是我长兄之女，今年二十四岁。不说是德貌兼全，也算是知三从、晓四德。你我都是绿林中的人，何不作这一门亲戚？我兄长也有依靠了，我兄弟二人并无子嗣，不知义士尊意如何？”（清·郭广瑞《永庆升平全

传》，419）

（114）自古道：“诗为酒友，酒是色媒。”清闲无事，诗赋之余，不过酒杯中快活，被窝里欢娱，台池的点缀，打点一段风流性格，及时取乐，始得即位。不说换出他一副肝肠，倒底畅快了许多志气，升江总为仆射，用孔范作都官尚书。君臣都不理政务，只是陪宴、和诗过了日子。（清·褚人获《隋唐演义》，3）

再次看“不说$_7$”。

“不说$_7$”也出现在清代。例如：

（115）凤姐儿问道：“我又不是鬼，你见了我，不说规规矩矩站住，怎么倒往前跑？”（清·曹雪芹、高鹗《红楼梦》，590）

（116）黛玉道：“你拿一件来我披披。”雪雁走去，将一包小毛衣裳抱来，打开毡包，给黛玉自拣。只见内中夹着个绢包儿。黛玉伸手拿起，打开看时，却是宝玉病时送来的旧绢子，自己题的诗，上面泪痕犹在。里头却包着那剪破了的香囊扇袋并宝玉通灵玉上的穗子。原来晾衣裳时从箱中检出，紫鹃恐怕遗失了，遂夹在这毡包里的。这黛玉不看则已，看了时，也不说穿那一件衣裳，手里只拿着那两方手帕，呆呆的看那旧诗。（清·曹雪芹、高鹗《红楼梦》，1222）

（117）只有褚大娘子听见他父亲提到身后的事情，心中有些难过，勉强笑道：“人家二叔今日给送行，你老人家不说找个开心的兴头话儿说说，且提八百年后这些没要紧的事作甚么？这叫作‘清晨吃晌饭——早呢’！”（清·文康《儿女英雄传》，1488）

5. 不说$_2$

“不说$_2$”大约产生于民国期间。例如：

（118）咱们说好了到没事儿，说不好，挨一顿骂不说，叫咱们卷铺盖，咱们就得走哇！（常杰淼《雍正剑侠图》，1208）

（119）任老义士爷心说：只不过是一种鹰爪力，在众人面前哗众取宠。你把人家的槟榔都给捻碎了不说，也耽误人家的生意，影响人

家营业。(常杰淼《雍正剑侠图》，908)

(120) 我们伙计说我们不认得你。他又说，下回不就熟了嘛。说完，就愣往外去，哪儿有红口白牙吃了东西不给钱的？我们伙计过去伸手一拦他，他‘啪’地给了我们伙计一嘴巴，把我们伙计这半拉脸打肿了不说，槽牙都给打活动了。(常杰淼《雍正剑侠图》，1000)

(121) 海川一笑："那可不冤了！不过这外来人留下他的姓名了，咱们先不管这人是谁，但是可以肯定不是自己家里人办的。您怎么还要打人呢？爷您自己生气不说，还把家人给误赖了。"(常杰淼《雍正剑侠图》，1024)

(122) 在未曾答应以前，我可想到了这是一场浑水呀，我跟童林出我这家门儿容易，将来还能不能带着这口气儿回我的家，可就两说着啦！怎么样？现在事情越闹越大了，不但得罪了云南八卦山九宫八卦连环堡的八位庄主，而且还得罪了八位庄主的不少朋友，就这一件事就够我侯振远喝半壶的。这还不说，现在跟铁善寺又搭上钩儿了，不去，寒碜不寒碜？我要说我敢去，就凭我们哥儿俩，要斗铁善寺呀，说真的，没那能耐呀。但是浑水已经趟上了，还能想别的吗？那就到哪儿说哪儿吧。(常杰淼《雍正剑侠图》，513)

(二)"不说"各类功能的历时演变

1. 从"不说$_1$"到"不说$_5$"到"不说$_4$"

"不说$_1$"在早期的用例中后面主要跟名词短语，随着使用频率的增加，大约在唐五代时期"不说$_1$"后逐渐可以跟事件宾语。例如：

(123) 司封以检详前后敕例，凡母皆加"太"字，存殁并同，即不说父在不加"太"字。(《五代会要》，242)

(124) 所以祖师云："认得心性时，可说不思议，了了无所得，得时不说知。"此事若教，汝会何堪也！(宋·赜藏主《古尊宿语录》，34)

(125) "若福德有实，如来不说[得]福德多。以福德无，故如来诸德福得多"者，佛为印成也。(《敦煌变文校注》，636)

(126) 于天平年中，后周第二主孝闵已卯之岁，有一居士，不说年几，候有十四①，及至礼师，不称姓名，云：“弟子身患风疾，请和尚为弟子忏悔。”师云：“汝将罪来，为汝忏悔。”（五代南唐·静、筠《祖堂集》，78）

（127）师举教中云：“宁说河不入海，不说如来有二种语；宁说罗汉有三毒，不说如来有二种语。不道如来无语，只道如来无二种语。”（五代南唐·静、筠《祖堂集》，417）

元代时期，“不说”与“且说”“再说”等词语配合使用表示事件的转换，这就是“$不说_5$”的原型。“$不说_5$”引导的事件与后面的事件是并列关系，两个事件往往不属于同一语义范畴，不构成语义级差。

明代时期，“$不说_5$”连接的两个事件具有语义上的不平等性，随着使用频率的增多，这种用法逐渐固定，就分化出了“$不说_4$”。

2. “$不说_6$”和“$不说_7$”的产生

“$不说_6$”和“$不说_7$”都具有否定意味。“$不说_6$”是从“$不说_1$”演变而来，其前后项关系可以用“不是……而是”来替换，否定的是一种适宜性，是语用否定。而“$不说_7$”是语义否定，可判断真值，往往带有责怪、批评的意味，和“$不说_1$”相关，但不是直接从“$不说_1$”演变而来。

在元代，我们还发现“不说”与“倒”配合使用的用例。例如：

（128）（正末唱）不说那定国谋，安邦计，倒与我个滥叨功名弥天罪。见如今赏罚权在公子操持，公子掌朝廷明似皎日。将军倾社稷危如累卵，蔺相如辅皇图稳若磐石。（元·高文秀《保成公径赴渑池会》，《全元曲》，1059）

（129）【快活三】可不说钟子期访伯牙，倒问我灵照女透丹霞。（梁尹云）难道是古来的思凡仙女，就也没有？（正旦唱）他问我从古的思凡仙女有来么，则教我半晌家难回话。（元·石子章《秦翛然竹坞听琴》，《全元曲》，3322）

---

① “有一居士，不说年几，候有十四”，《宝林传》作“有一居士，不说年几，候有四十”，《传灯》作“有一居士，年踰四十，不言名氏”。（五代南唐·静、筠《祖堂集》，78）

上两例都带有“批评”“责怪”的意味。这种用法在明清时期进一步发展，“不说”不仅可以跟“倒”配合使用，还可以跟“反”“偏”等配合使用。例如：

（130）华清风一听，勃然大怒说：“你是我师弟，你不说给我报仇，反倒说我不好。我非得跟济公以死相拚，找他报仇不可。”（清·佚名《济公全传》，445）

（131）狄洪道道：“小弟已是赶得上气不接下气，两条腿一些不敢停留；兄长不说自己走得太快，偏说小弟太慢，未免不近人情，不知小弟的艰苦了。”（清·唐芸洲《七剑十三侠》，411）

“不说$_7$”就是从“不说”的这种用法分化而来。当“不说”跟“反说”“倒说”“偏说”等配合使用时，“说”的实在意义在前后项的对比中得到突显，随着后句“说”的脱落，“不说”中“说”的实在意义逐渐丧失，形成意义相对空泛的“不说$_7$”。

3. 从“不说$_1$”到“不说$_3$”到“不说$_2$”

汉语有两种语序类型：“主语+谓语+宾语”和“话题+主语+谓语”，我们称前一种语序中的“不说$_1$”为前置的“不说$_1$”，后一种语序中的“不说$_1$”为后置的“不说$_1$”。后置的“不说$_1$”在《朱子语类》中就已有用例。例如：

（132）若视而见，听而闻，食而知味，则心得其正矣。然于亲爱、敖惰五者有所僻焉，则身亦不可得而修矣。尝谓修身更多少事不说，却说此五者，何谓？（《朱子语类》，354）

（133）“是以有衮衣兮”，“是以”两字如今都不说。（《朱子语类》，2116）

“不说$_3$”就是从后置使用的“不说$_1$”演变而来，“不说$_2$”则是从“不说$_3$”分化而来。但是它们的演变并不是直接演变，而是受影响的演变，即受到“不说$_4$”和“不说$_5$”的影响。

我们将“不说”各种功能的演变路径描绘为图 7-9：

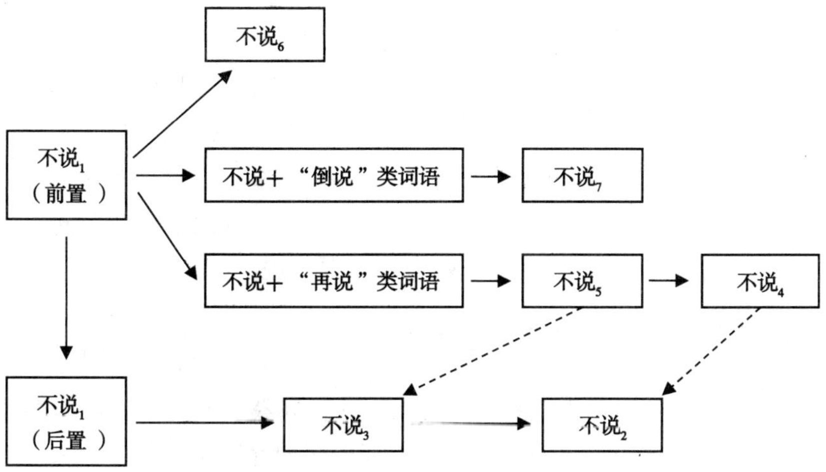

（实线是演变关系，虚线是影响关系）

图 7-9　“不说”各种功能的演变路径

第五节　“要不说”

一　同形异指式

现代汉语中有三个“要不说”形式，表示的意思各不相同。例如：

（1）“你不了解大陆。”香港人一个劲儿对台湾人说，“我经常回来，比你了解。大陆现在很开放，年轻人**要不说**点过头话就不时髦。”（王朔《王朔文集·谐谑卷·一点正经没有》，132）

（2）这是一个比较大的问题，《红楼梦》里面的人物年龄忽大忽小，这是一个矛盾。这个矛盾我觉得是作者为了表述自己的理想，为了情节的发展而故意回避的。当他谈大小事、聚会，包括喝酒什么的。这个时候人要大一些，**要不说**不出那么高深的见解。（孙玉明《漫话宝黛钗》，《新解〈红楼梦〉》，160）

（3）孙毛旦拍着巴掌说：“给你弄膏药，你说有毒，**要不说**你是土包子！洋药不比火罐管用。人家还生产洋药干什么？多生产些土罐就行了！上次警备队一个新兵，被八路军打伤了胳膊，人家日本军医要给他上洋药，他哭闹着不让上，怕洋药有毒；谁知一上去，三天就

能抬胳膊了！”（刘震云《故乡天下黄花》，94）

例（1）中的“要”是“如果”的意思，“要不说”就是“如果不说”；例（2）中的“要不”是“不然”的意思，“要不说不出那么高深的见解”就是“不然说不出那么高深的见解”；例（3）中的“要不说”是一个整体，不能分开理解，有强调的意味。我们分别把这三个同形异指的组合标记为“要不说$_1$”“要不说$_2$”和“要不说$_3$”。

二 “要不说$_3$”的特点及来源

“要不说$_3$”是个常用的口语构式①，一般用在句子的开头，后面加上小句。“要不说$_3$”出现时间较晚，我们在民国期间的文献才见到极少的用例。所见的文献只找到下面一例：

(4) 这个仗打得时间太长了。一清早吃完了饭开始作战到现在，太阳都往西了，整打了一天呐！隔山打虎石天风垫步拧腰上来以后，用手点指：“猛汉！我来给你找补。”“好小子，要不说你是孝子呢！你叫什么名字？”（常杰淼《雍正剑侠图》，1147）

“要不说$_1$”出现时间比“要不说$_3$”稍早，在《醒世姻缘传》中就已见到用例。例如：

(5) 计老道：“禹大哥，你要不说俺那亲家倒还罢了，你要说起那刻薄老獾儿叨的来，天下也少有！他那做穷秀才时，我正做着那富贵公子哩！”（清·西周生《醒世姻缘传》，134）

(6) 晁夫人道：“休这们说。凡事先小人后君子好，先君子后小人就不好了。还是说个明白，上了文书。我赏是分外赏你的。你要不说个明白，我就给你一千一万也只是该你的。”（清·西周生《醒世

① 祁曼曼（2013）认为“要不说”是“一种专门表示说话人意图、愿望、情感的话语标记”，“‘强断言’是话语标记‘要不说’的核心义”，并“判定‘要不说’为词”。唐善生、马亦琦（2016）认为“语用标记成分‘要不说’的语篇结构由‘事实（或理由）’和‘结论（或观点）’组成。‘要不说’不仅具有表达上的连接作用，还具有语用标示功能，主要表现在证言、断言和醒悟功能上，成为这些功能的标记”。

姻缘传》，721）

（7）素姐着实又是几下，骂说：“你‘蛇钻的窟窿蛇知道’，叫我说个来历！你那八两银子可是原与了何人，你央何人买来，两套之内你拣的那一套，你或见放在何处，或是与了你娘，或是与你那个奶奶，或是姑姑、妹妹、姐姐、姨姨、大娘、婶子，你可也说个下落。象个秦贼似的，没的我就罢了？你要不说，我还使铁钳子拧下你的肉来！你一日不拿出来，我监你一日！你十日不拿出来，我监你十日！你那妗子又一时到不得跟前，没人救你。”（清·西周生《醒世姻缘传》，902）

目前为止，在所见的民国以前的语料中我们还没有发现“要不说$_2$”的用例，但我们认为“要不说$_2$”产生的时间应该和“要不”产生的时间差不多，因为它的结构就是“要不”加动词“说”。“要不”始见于清代的文献。例如：

（8）珍哥道：“他说的也是；要不你自己去，我不去罢。”（清·西周生《醒世姻缘传》，98）

（9）他老子道：“好良善人家！你这媒婆们的嘴，顺着屁股扯谎，有个半边字的实话么！亏我外头去寻人写文书；要不，这不生生的把个孩子填到火坑里来了！”（清·西周生《醒世姻缘传》，1196）

（10）秦氏听了笑道：“这里还不好，可往那里去呢？要不就往我屋里去罢。”（清·曹雪芹、高鹗《红楼梦》，70）

（11）宝玉笑着挨近袭人坐下，瞧他打结子，问道：“这么长天，你也该歇息歇息，或和他们顽笑，要不，瞧瞧林妹妹去也好。怪热的，打这个那里使？”（清·曹雪芹、高鹗《红楼梦》，887）

“要不”来源于“要不然”，而“要不然”又是从“若不然”演变而来。（史金生，2005）我们认为“要不说$_3$”是由“要不我说/要不我们说”演变而来。① 为什么会省略呢？因为“我/我们”已经隐含于语境当

① 祁曼曼（2013）认为“‘要不’和‘怎么说’连用形成的‘要不怎么说’现象……是‘要不说’最直接的演变来源”，同时跟“要不然”的演变相关，“‘然’的脱落”“‘说’的虚化”“‘怎么’的隐退”，再经由“截搭”机制，促成了“要不说”的形成。唐善生、马亦琦（2016）持相似观点，认为“要不说”是“‘要不怎么说……呢’反问句发展而来，疑问词‘怎么’的隐退是其形成的重要因素”。

中，可说可不说，为了表达的简洁性，省略确是一个好的选择。

第六节　小结

本章我们主要讨论了四类构式："我说""我跟你说""不说"和"要不说"，根据前面的分析和论证，我们的观点如下。

第一，关于"我说"。

"我说"有六个同形异指式："我说$_1$"是动词短语，其后跟宾语构成一个句子，其作用主要体现在语素"我"上，起区别性作用；"我说$_2$"主要用于引述语境，即引述自己曾经所说的话；"我说$_3$"用于引述语境，但还具有强调的作用，往往带有主观感情；"我说$_4$"不用于引述语境中，但也具有强调意味，常常带有说话人的主观感情；"我说$_5$"具有插入语的性质，主要起到吸引受话人注意力的作用；"我说$_6$"也具有插入语的属性，表示"醒悟义"。

"我说$_1$"大约产生于魏晋南北朝时期的佛经中，直到元代，我们才看到"我说$_2$""我说$_3$""我说$_4$"和"我说$_5$"的用例，明代时期表醒悟义的"我说$_6$"开始使用。

"我说$_2$"是从"我说$_1$"演变而来，而后又分化出"我说$_3$"，"我说$_3$"又发展出"我说$_6$"；"我说$_4$"也是从"我说$_1$"演变而来，然后又分化出"我说$_5$"。

第二，关于"我跟你说"。

"我跟你说$_1$"是动词短语，"我跟你说$_2$"是话语标记，最早都出现在清代的文献当中。"我跟你说$_1$"一开始后跟的宾语是事物宾语，语义焦点是以动词"说"为中心的整个事件，并没有强调的意味。后来"我跟你说$_1$"后逐渐可以跟事件宾语，语义重心后移，语义焦点变为作宾语的"事件"，"事件宾语"逐渐变成独立的核心成分，"我跟你说"逐渐从核心成分变成了外围成分，作为外围成分的"我跟你说"就逐渐固化为"我跟你说$_2$"。

第三，关于"不说"。

我们把"不说"分为七个同形异指式："不说$_1$"是动词短语，其后跟宾语形成一个句子；"不说$_2$"用于谓词性短语、名词短语或小句之后，后面再跟有一个小句构成递进复句；"不说$_3$"表示"排除"义，用于谓词性短语、名词短语或小句之后，前后项为并列关系；“不说$_4$”用于谓词性短语、名词短语或小句之前构成一个整体，其后再跟有一个小句构成递进复句；“不说$_5$”表示“排除”义，用于谓词性短语、名词短语或小句之前，其后再跟有一个小句，前后项构成并列关系；“不说$_6$”主要用于语用否定；“不说$_7$”具有否定意味，为语义否定，往往带有“责怪”“批评”的意味。

“不说$_2$”表递进关系，前后项的语义关系主要有两种类型：可接受度递减型和可接受度递增型。可接受度递减型往往描述的是消极的事态，带有消极的主观感情；可接受度递增型往往描述的是积极的事态，带有积极的主观感情。“不说$_4$”前后项语义搭配主要遵循可接受度递减模式。

“不说$_2$”“不说$_4$”和“别说$_2$”都表示递进关系，都具有引出对比项、突显焦点信息、衔接语篇的作用，主要差别表现在语法组合和语义搭配上。

语法组合上，“不说$_2$”是后置使用模式，前面主要跟有谓词性短语和小句，偶尔也会出现名词性短语，其他短语类型基本不能出现在它的前面，它所在的小句居于主句之前，绝大多数“不说$_2$”句（前跟名词性短语除外）都可直接转换为“不仅”句；“不说$_4$”和“别说$_2$”都是前置使用模式，“不说$_4$”后跟谓词性短语、名词性短语或小句，其他短语类型出现其前的用例基本没有，所在的小句居于主句之前，“不说$_4$”句有些可以转换为“不仅”句，有些不可；“别说$_2$”后跟谓词性短语、名词性短语、介词性短语或小句，所在小句既可居于主句之前也可居于主句之后，居于主句之后时还可受“更”修饰，“别说$_2$”句有的可以转换为“不仅”句，有的不可。

语义搭配上，“不说$_2$”和“不说$_4$”的前后项语义关系主要以主观建构为基础，遵循以“可接受度”建立的梯度模式；而“别说$_2$”的前后项关系主要以客观建构为基础，前后项具有衍推关系。

“不说$_1$”在东汉时期就已经出现，“不说$_5$”出现在元代的文献当中，“不说$_4$”和“且不说”在明代才出现，“不说$_3$”“不说$_6$”和“不说$_7$”都出现在清代的文献中，“不说$_2$”直到民国期间才开始使用。

“不说$_1$”在早期的用例中后面主要跟名词短语，随着使用频率的增加，大约在唐五代时期“不说$_1$”后逐渐可以跟事件宾语。元代时期，“不说”与“且说”“再说”等词语配合使用表示事件的转换，这就是

“不说$_5$”的原型。“不说$_5$”引导的事件与后面的事件是并列关系，两个事件往往不属于同一语义范畴，不构成语义级差。明代时期，“不说$_5$”连接的两个事件具有语义上的不平等性，随着使用频率的增多，这种用法逐渐固定，就分化出了“不说$_4$”。

“不说$_6$”和“不说$_7$”都具有否定意味。“不说$_6$”是从“不说$_1$”演变而来，其前后项关系可以用“不是……而是”来替换，否定的是一种适宜性，是语用否定。而“不说$_7$”是语义否定，可判断真值，往往带有责怪、批评的意味，不是直接从“不说$_1$”演变而来，而是来源于“不说……倒说/反说”用法。

“不说$_3$”就是从后置使用的“不说$_1$”演变而来，“不说$_2$”则是从“不说$_3$”分化而来。但是它们的演变并不是直接演变，而是受影响的演变，即受到“不说$_4$”和“不说$_5$”的影响。

第四，关于“要不说”。

“要不说”有三个同形异指式：“要不说$_1$”分析为“要/不说”，意思是“如果不说”；“要不说$_2$”分析为“要不/说”，意思是“不然说……”；“要不说$_3$”是个整体，具有强调的意味。

“要不说$_1$”出现在清代的文献中，“要不说$_3$”在民国期间开始使用，“要不说$_2$”虽然没有在所见民国以前的语料中找到用例，但我们猜测在清代就应该有这种说法了。

“要不说$_3$”是由“要不我说/要不我们说”演变而来。由于“我/我们”已经隐含于语境当中，可说可不说，为了表达的简洁性而省略。

第八章

“不大”的相关构式

“不大”是否为一个程度副词，学界一直存有争议，“不大”是如何演变而来，演变的动因是什么，这些问题也需要进一步廓清。本章对“不大”的语料进行了全面的统计和深入的分析，共时描写其语法功能，历时勾勒其演变轨迹，并从韵律、认知、语义系统以及修辞四个角度对其演变的历程作出解释。本章结构为：第一节为导言；第二节为现代汉语中的“不大”；第三节为“不大”词汇化的历程；第四节为“不大”词汇化的动因。

第一节　导言

本章讨论的“不大”是由否定副词“不”和表“程度深”① 的副词“大”字组成的程度副词，而不是和表“在体积、面积、数量、力量、强度等方面超过一般或超过所比较的对象”② 的形容词“大”字组成的词组。“大”表程度深，在古代汉语中比较常见，如：

（1）蔡、卫、陈皆奔，王卒乱，郑师合以攻之，王卒大败。（杨伯峻《春秋左传注》，106）

（2）南登琅邪，大乐之，留三月。（西汉·司马迁《史记》，244）

（3）宣王既与亮对渭而陈，亮设诱谲万方，宣王果大忿，将欲应之以重兵。（南朝宋·刘义庆《世说新语》，156）

---

① 《现代汉语词典》（第7版）第238页“大”条目义项②。

② 《现代汉语词典》（第7版）第238页“大”条目义项①。

（4）梁元帝背有黑子，相者曰：“此大贵之兆也。”（唐·徐炫《五代新说》，450）

（5）解州盐泽，方百二十里。久雨，四山之水，悉注其中，未尝溢；大旱未尝涸。卤色正赤，在版泉之下，俚俗谓之“蚩尤血”。（北宋·沈括《梦溪笔谈》，127）

现代汉语中，“大”表程度深并不多见，只是出现在一些特定表达式中，如“大红大紫”“大吃一惊”“天已经大亮了”等。而由表程度深的“大”字组成的程度副词“不大”却在现代汉语中常闻常见，意“有点儿不”，表示程度浅或动量少[1]。但其作为程度副词并没有得到“合法”的地位。《现代汉语词典》（第 7 版）不载“不大”一词，仅在第 238 页“大”字义项③中写到：“用于‘不’后，合起来表示程度浅或次数少”；《现代汉语规范词典》（第 3 版）不载“不大”一词，即使在第 242 页“大”字条目中也没有找到有关“不”和“大”连用的特别说明，仅仅在对“大”释义为“表程度深”的义项②后找到“不大舒服”一例，可见该词典并不认为“不大”是一个词；《现代汉语八百词》（增订本）没有“不大”作为词列出的情况，在“不”字条目中，该书第 92 页将“不大”看作习用语来解释，在“大”字条目中记有关于“不”修饰“大”的四条用法；《现代汉语虚词辞典》没有收录“不大”，仅在“大”字条目中提及；《现代汉语虚词例释》没有把“不大”收录进去，即使在“大”字条目中也没有提及；但朱德熙（1982：196—197）讲到：“常见的程度副词有：‘很、挺、怪、更、最、太、忒（tuī）、好、真、较、比较、非常、十分、特别、尤其、稍微、不大’等等”；张谊生（2000）列举了 89 个程度副词，其中包括了“不很、不太、不大”；施发笔（2001）认为“不大”是个程度副词，且使用情况可分为“不大+V（VP）”和“不大+A（A 多为积极意义）”两类。可见，尽管“不大”作为程度副词[2]，还没

① 赖先刚（1994）认为“‘不大’不应看成是‘不’对‘大’的否定”，“‘不大’中的‘大’相当于‘怎么’，表示一定的程度。而‘不大’即为‘不怎么’的意思，其间‘大’的语义作用与‘怎么’一样，在于减弱‘不’的力量，语气比较婉转，‘不大’表示程度较浅的否定”。

② 童盛强（2003）认为“由副词和副词组合而成的短语，像‘不怎么’‘不太’‘不很’‘挺不’等等，它们中间都不能再插入别的成分，中间也没有语音停顿，可如果将它们都看成是词，显然扩大了词的范围”。刘华丽（2011，2012）认为“‘不大’不是程度副词，而是主观评注副词”。

有得到正统的地位，但不少学者已倾向于此。本章将详细梳理“不大”一词在现代汉语中的使用情况，然后从历时的角度考察“不大”的词汇化历程，并对其词汇化的动因进行初步的探讨，以期人们对“不大”一词有个整体的概观，也为“不大”能够正式作为一个词收入词典提供相应的依据。

第二节 现代汉语中的“不大”

一 词与词组的划分标准

关于划分词与词组的标准，较早的一些学者采用“意义鉴定法”，意义鉴定法有两种常见的方式：一是凭概念（或观念）的简单和复杂来确定一种语言单位是词还是词组，如黎锦熙（1924）。但是“什么是一个‘概念’？是不分复杂的和简单的呢，还是专指简单的？比如牛肉，就可以看成是一个概念（复杂的）或是两个概念（简单的）——牛和肉——的结合，也就是说，可以看成是一个词或两个词。这样，上面的定义就完全失去作用”。（吕叔湘，1990［1959］：361）① 赵元任（1979［1968］：90）也提醒人们：“一般地说，什么样儿的一个语素组合代表一个概念，这个问题不是一个可以用语言学上的考虑得出答案的问题。‘河马’是一个概念还是两个概念？……概念至多只能提供一点有用的线索。”另一种常见的方式是说，如果两字连语的意义等于这两个字的意义的总和，那么这个连语是一个词组，如果它的意义大于或小于这两个字的意义的总和，那么这个连语只是一个词，如林汉达（1953）。但是判断两字连语的意义等于、大于或小于这两个字的意义的总和的标准是什么？例如马车，如果单从字面意义理解，马车的意义等于这两个字的意义的总和，理应看作词组，相对应的也有驴车、牛车等，可是马车有时也可以用骡子拉，意义扩大了，应当理解为词。可见，判断两字连语的意义是等于、大于还是小于这两个字的意义的总和并没有具体的标准，操作起来也比较困难。正如朱德熙（1982：14）断言“单凭意义来确定词和非词的界限是行不通的”。还有一些学者采用“功能鉴定法”（或同型替代法），如陆志韦（1951）。

① 引文中着重号为原作者所加。

但是功能鉴定法是有限制的，例如无法辨别一些虚词和一些多音节的实词。后来一些学者就根据是否是“最小的、能够自由运用的语言单位”来区别词和词组，是最小的、能够自由运用的，就算词，不是的，就算词组（张志公等，1956：13；陆志韦，1957：1）。很多学者也注意到特定的语音形式也可判断其组合是否为词。比如说一个词只有一个重音（陆宗达、俞敏，1954：41、55、73），轻声、儿化可以证明一个双音节或三音节是词（陆志韦，1957：8、9），变调有时也可以辨别一个连语是否为词（彭楚南，1954），语音停顿可以看作词分界的一种标志（林汉达，1955；陆志韦，1957：28）等。但是这些只能解决一小部分问题。目前区别词与词组使用最广泛的标准就是语音间是否有停顿、意义是否凝固和结构是否能扩展。但是这个标准似乎也太笼统。冯胜利（2001a）所举“担心”“关心”二例即难以用此标准进行区分：当我们说“你关什么心？”以及“让我担了三年心”两个句子时，“关心”和“担心”均是短语；但在“他最关心我”和“担心他的将来”这两个句子中，“关心”和“担心”均是词。因此，除了以上标准，我们恐怕还要考虑“群众的词感”[①]。王洪君（1994）谈到了二字组中词与短语的划界问题，针对不同类型的结构方式提出了不同形式鉴别手段以区分二字组合中成词性、类词性的高低，分析具有理论高度，将这个问题的研究引向了深入。王洪君（2000）又以连续变调的方向、内部停延与外部停延的长短对比为标准，讨论了词、类词短语与自由短语的不同。此外，冯胜利（1996，2001a，2001b）从韵律的角度对汉语中词与短语的分界问题也提出了一些新见解，颇富启发性。

词与词组的划界问题，尽管一直都是讨论的热点，可一直也没有定论，但我们也不应该苛求定论，这样只会使我们的研究走进死胡同。实际上，“词和仂语（仂语即现在所说的短语或词组——作者加）之间是没有绝对的界限的”（王力，1953），因此我们有必要把这个问题分为一般的和特殊的两个层面进行思考，并以解决现实中的一般问题为主要目标来划分标准。综合前彦时贤的观点，我们认为划分词与词组的一般标准为：a. 从语音形式看，词的语音结构具有整体性，内部不允许有停顿，短语

① “词感”这一概念由胡明扬（1999）提出。冯胜利（2001a）认为“我们的词感，正源于韵律这一层面”。

则可以。b. 从意义方面看，合成词的意义不同于构词成分（语素）中的任何一个的意义，而且其表示的意义具有整体性；同时，虽然其构成成分仍可独立为词，但至少其中的一个成分独立为词的意义与作为构词成分的意义或多或少有所不同。c. 从语法功能上看，词具有不可扩展性。d. 具有较强的生命力，使用时间长。e. 见次频率较高①。具体到本章所讨论的否定结构的偏正式组合，我们还补充下面这条标准②：如果存在一个与否定结构的偏正式组合意义上相对应的肯定形式，我们就认为这个否定结构的偏正式组合是短语而不是词；反之，我们就认为这个否定结构的偏正式组合是词而不是短语。

依据上面的标准，我们来看看“不大”的具体情况。从语音形式上看，“不大”的语音结构具有整体性，内部没有停顿，且“大”字有些许语音弱化，但并不是完全弱化③。从意义方面看，“不大”并不是否定副词“不”和程度副词“大”的简单相加，除了表示程度低以外，“不大”还表示动量少等意义，可见其意义的凝固性和整体性。从语法功能上看，“不大”也具有不可扩展性，不管在其中间加入什么成分均不成立。从时间源流上看，“不大”从西汉就已经开始作为程度副词使用，一直沿用至今。从使用频率来看，“不大”在现当代文献中使用频率也比较高。我们对现当代十多位有影响的作家的三十部作品进行广泛的调查，发现“不大”的使用情况还是相当普遍的。统计结果见下文表 8-1。

另外，作为否定结构的“不大”，“不”是对“大”的否定。“不”和“大”之间的句法关系很明显，并且在语言中也存在一个与之相对应的肯定形式“大”，如：

(6) 汉王大怒而骂，陈平蹑汉王。（西汉·司马迁《史记》，2056）

---

① 程湘清（1992：80）认为，由表达相同（或基本相同）概念的同义单音词合成的双音词，通常不经过一个逐步凝固的词组阶段，因此它们尽管只出现一两次，却已取得双音词的资格。如“媒妁”“学校”“声音”等。

② 董秀芳（2003）针对“不+动/形”的组合提出了下面的补充标准：如果存在一个与“不+动/形”意义上相对应的“动/形”肯定形式，就认为“不+动/形”是短语。我们补充的标准是在其基础上形成。

③ 张鲁昌（2005）认为“不大”应读为“不大（da）”有失准确。

(7) 五嫂大能作舞，且劝作一曲。(唐·张文成《游仙窟》，261)

词汇化后，“不大”成为一个程度副词，“不”和“大”之间原有的句法关系变得模糊，并且没有了与之对应的肯定形式：“大”在语义上不能作为词“不大”的对立面。比较下面两个句子：

(8) 他不大喜欢我。
(9) ＊他大喜欢我。

例(9)的不合法说明在副词“不大”中“不”字不是对“大”字的简单否定，而是构成了一个意义上独立的词汇单位，“不”和“大”已经是构词成分了。

综上可知，“不大”在现代汉语中作为程度副词确定无疑。

表 8-1　“不大”在现当代文献中的使用情况统计

作者	篇目	数量
鲁迅	而已集	9
鲁迅	朝花夕拾	17
鲁迅	坟	1
鲁迅	在酒楼上	1
老舍	四世同堂	185
老舍	正红旗下	44
老舍	骆驼祥子	39
老舍	二马	20
老舍	火葬	22
老舍	离婚	7
老舍	蜕	16
老舍	老张的哲学	9
老舍	牛天赐传	41
茅盾	秋收	2

续表

作者	篇目	数量
茅盾	残冬	2
钱钟书	围城	17
高阳	红顶商人胡雪岩	97
王朔	你不是一个俗人	1
王朔	看上去很美	2
王朔	痴人	3
王朔	过把瘾就死	4
王朔	一半是火焰，一半是海水	5
王朔	我是你爸爸	7
冯骥才	一百个人的十年	10
余秋雨	抱愧山西	3
余秋雨	千年庭院	2
刘震云	一地鸡毛	1
余华	命中注定	1
岑凯伦	合家欢	91
张正隆	雪白血红	24

二 “不大”的语法功能

众所周知，程度副词的主要特点是在句子中作状语。其实，具体到个别词语，它们又各具个性[①]，并不都是整齐划一。在现代汉语中，“不大”是个使用频率相当高的程度副词，不仅在口语中，在书面语中亦是经常见到，从表 8-1 中可见一斑。除了具有程度副词的共性外，“不大”也有其不同于其他程度副词的一面。经过对 7000 余条有关“不大”的语料进行分析、概括、归纳，我们把“不大”的语法功能归为以下几种情况。

① 程度副词“很”可修饰一些一般名词，如“很淑女”“很男人”等；程度副词“最”可修饰方位名词，如“最南边”“最上边”等；程度副词“至少”可修饰数量词，如“至少五十斤”等；程度副词“差不多”可修饰“数量·名词”短语，如“差不多五年了”等。

（一）后跟形容词①，即“不大+A”，表示程度低。如：

（10）全胡同中，大家都高兴，都准备着迎接胜利，只有冠晓荷心中不大痛快。（老舍《四世同堂》，97）

（11）我进来的时候，看见这店里都是苍蝇，馒头和肉尽苍蝇呆着，恐怕不大卫生。（钱锺书《围城》，156）

（12）鬼卒和鬼王是红红绿绿的衣裳，赤着脚；蓝脸，上面又画些鱼鳞，也许是龙鳞或别的什么鳞罢，我不大清楚。（鲁迅《朝花夕拾》，36）

（二）后跟动词②，即“不大+V”。

“不大”后跟动词的情况可分为五种：

第一种是后跟情态动词，表示程度低。如：

（13）刘不才不大肯相信，因为他上过一回当；有一次也是听说“长毛来了”，赌客仓皇走避，结果无事，但等回到赌场，台面上已空空如也。（高阳《红顶商人》，140）

（14）她不大愿意去，不过看我那么兴致勃勃，也不愿扫我的兴。（王小波《绿毛水怪》，14）

（15）我不大能领会下列说法的深奥之处：要重建精神家园，恢

① 李宇明（1998）认为“不大聪明”与“不很红”“不太硬”都是“一种非线性的嵌加组合方式”，即它们是在否定式“不聪明”“不红”“不硬”中间嵌加上“大”“很”“太”所形成的结构。应学凤（2008）依据李宇明（1998）将“不大+A”和“不大+V”分为两个不同的结构，前者是李宇明（1998）所认为的嵌加式，后者的“不大”整体修饰后面的“V”，已虚化成词，并指出两种结构中的后半部分“一般都不能是贬义词”。王会（2008）认为“不大+V/A”“是一种主观或主动的否定，进行描述或评价”。刘华丽（2011，2012）认为“只有非消极义的词语才可进入‘不大’+A格式，A的语义特征制约了格式义，A有积极义和中性义之分”，“表积极义的‘A’前用‘不大’表示委婉否定，表中性义的‘A’前加‘不大’表示程度低”。

② 渠默熙（2016）对“不大”对“V+指量名”的选择与限制进行了研究，认为：“能够进入‘不大+V+指量名’格式的动词一定为自主动词，以心理动词为代表。当动补结构的可能式出现时，动词和量词的限制被消除。当集合量词进入该结构中时，非心理动词中的活动动词和事件动词都可以进入。当个体量词出现时，只有活动动词可以进入。能够进入该格式的名词必须能够持久存在或多次承受动作的发生。”庞娟（2016）认为“不大”所修饰的动词“带有情感倾向性”，“都是积极义或中性义”，“具有性状义、程度性、抽象度等语义特征”。

复人文精神，就要灭掉一切俗人——其中首先要灭的，就是风头正健的俗人。(王小波《我的精神家园》，312)

(16) 郝凤鸣依然觉得这种话说得很对，不过象“屁”字这类的字眼不大应该出自个绅士的口中。(老舍《东西》，488)

第二种是后跟心理动词，表程度低。如：

(17) 我这个人不大喜欢流眼泪，因为写到前面那一句话，我觉得我要流眼泪了，那是神圣的，我不要丢人。(李健吾《怀王统照》，413)

(18) 可是不愿意天一常来，因天一头一次来看朋友，眼睛就专看那个小看护妇，似乎不大觉得子敬是他所要的人。(老舍《同盟》，23)

(19) 祁老人这两天极不高兴，连白胡子都不大爱梳弄了。(老舍《四世同堂》，392)

第三种是后跟趋向动词，表程度浅或次数少，结构形式一般是“动词+不大+趋向动词”。如：

(20) 这个小伙子从小就交不大上朋友，觉得大了之后，觉得没有朋友的人矮一截，没有朋友的人根本在世面上没法混。(孙云晓《从同伴关系看独生子女》，《百家讲坛》2004 年 11 月 25 日)

(21) 她花白的头发在脑后结成了一个元宝髻，淡得看不大出来的两弯眉毛下，一双挺大的眼睛先是惊疑地大睁着，随即又流露出一种饱经沧桑的倦怠神情。(刘心武《如意》，10)

(22) 摊上的东西，在灯影里辨不大出颜色，但形状分得出来。锅碗瓢盆、桌椅板凳、琴棋书画、刀枪剑戟；索子甲、钓鱼竿、大烟灯、天九牌；瓷器、料器、铜器、漆器；满族妇女的花盆底、汉族贵妇的百褶裙；补子、翎管、朝珠、帽顶……有人牵着刚下的狗熊崽，有人架着夜猫子，应有尽有，乱七八糟。(邓友梅《烟壶》，96)

(23) 在一些工艺美术商店里头，看到了形形色色的脸谱，一种是泥捏的，画的比较规矩，这种脸谱卖不大出去。(徐城北《钤记中

华（二）——京剧》，《百家讲坛》2004年9月22日）

（24）韩先生，事体多，一时想不大起来。（周而复《上海的早晨》，396）

第四种是后跟判断动词“是”，表程度低，但用例并不多见。如：

（25）对于任何人，模仿都不大是一个舒服的概念。（李长声《樱下漫读》，113）

（26）事情发展到一定程度，方才引起注意，着手解决，就不大是时候了。（《人民日报》1995年12月b版）

（27）现在全国许多城市都在建造“唐代一条街”“宋代一条街”之类，那大多是根据历史记载和想象在依稀遗迹间的重起炉灶，看多了总不大是味道；平遥西大街的恢复就不必如此，因为基本的建筑都还保存完好，只要想洗去那些现代涂抹，便会洗出一条充满历史厚度的老街，洗出山西人上一世纪的自豪。（余秋雨《抱愧山西》，54）

（28）韵梅从老二的叙述中听出点不大是味儿的地方来。（老舍《四世同堂》，266）

例（27）和例（28）中的“是味道”和“是味儿”不单纯是判断动词和名词的组合，它们整体上已有比喻引申之意。

第五种是后跟一般动词，表动量少或次数少。如：

（29）由于高太太忙于事业和上流社会的活动，因此，对于儿女的管教，她是疏忽了，她所关心和所要控制的，只是儿女的婚姻，除此之外，她不大过问。（岑凯伦《合家欢》，16）

（30）中国人朋友相见不久，便要请上馆子吃饭，法人以请吃饭为大事，非至亲好友，不大举行，而且也不大上馆子，家中日常蔬菜外添设一两样便算请了客。（苏雪林《归途·喝茶》，218）

（31）对于家中那些小小的鸡毛蒜皮的事，他都不大注意。（老舍《四世同堂》，773）

（三）后跟区别词，即“不大+B”，表程度低。这种用法不常见。如：

(32) 小的一部分，那是留外的学生们的行为及待人接物上也是可给外国人的种种不好观念的，因为在他们外人眼中看中国的（或可说各别国亦然）学生不以个人来着眼，常常的，他们因为遇到了一个中国学生行为端正，有学问的，遂使他们对于中国也一变了观念；又，他们遇见了一个不大上等行为的中国学生，他们也就仿佛欲以此来断定全中国人都是这样的。(陈学昭《拉斐德墅之游》，50)

(四) 后跟副词[①]，即“不大+D”，表程度低、范围小、次数少等。如：

(33) 他知道，秀华表妹长得相当的清秀，而脾气不大很好——小气，好吵嘴。(老舍《一筒炮台烟》，78)

(34) 我哈哈的笑起来了，就凭一对刺刀，要我的命还不大老容易；别看我是在屋子里！(老舍《杀狗》，480)

(35) 二荷长得粗粗黑黑，群龙却长得白白净净，小墩子和群龙，正如胡同里院子里一般的男女孩之间一样，见面也说话，有时候也一块儿玩一阵子，但终究是不大单独地来往。（刘心武《小墩子》，601)

(36) 后来邓友梅上文学讲习所学习去了，就不大再见金受申。(李仲凯《文坛传奇》，44)

(37) 要离婚的时候，奇怪的事发生了。奇就奇在那个得不到监护权而又不大常在孩子身边的父亲。其实他有什么值得想念的？但孩子们却想念他。到底是什么原因？（［美］埃尔玛·鲍姆贝克《父亲算是什么？》，121)

(五) 后跟代词，即“不大+R”，表程度低。如：

① 张谊生（2000）认为对于副词连用时的种种错综复杂的相互关系，可以从断续与连续、右向与左向、合指与分指以及同类与异类四个角度加以考察，其中的右向结构“就是前面的副词先修饰后面的副词，然后再一起修饰中心语”，并以“不很受”和“不十分灵验”为例分析。宋玉柱（2003）在批评张谊生的基础上认为副词不能修饰副词。徐玉琪、阮绪和（2006）认为“只要‘副词+副词’是一个自足结构，是一个独立的语言的备用单位，那么‘副词+副词’构成的副词短语就可以成立”。

(38) 门前立着一对武装的警士，不大怎么精神。(老舍《蜕》，301)

(39) 他们怎么想，我哪儿知道。反正这心里不大那么好受。(汪曾祺《受戒：汪曾祺自选集·八月骄阳》，557)

(40) 魔鬼说，“去呀！看在老天的面上，鼓起勇气来，跑吧！”好，我的良心挽住我心里的脖子，很聪明地对我说，“朗斯洛特我的老实朋友，你是一个老实人的儿子，”——或者还不如说一个老实妇人的儿子，因为我的父亲的确有点儿不大那个，有点儿很丢脸的坏脾气——好，我的良心说，“朗斯洛特，别动！”魔鬼说，“动！”我的良心说，“别动！”“良心，”我说，“你说得不错；”“魔鬼，”我说，“你说得有理。”(［英］威廉·莎士比亚《威尼斯商人》，33)

(六) 后跟少数时间名词①，如一会儿、一阵子、工夫、时候等，表时间短。如：

---

① 黎锦熙（1924：20）将副词定义为“是就事物的动作、形态、性质等，再加以区别或限制的；所以必附加于动词、形容词或旁的副词”。吕叔湘、朱德熙（1952：10）更进一步划定了副词的使用范围：“能限制或修饰动词（如‘不去’）、形容词（如‘很好’），但是不能限制或修饰名词（不能说‘不人’‘很人’）”。1993年上海辞书出版社出版的《语言学百科词典》，仍然这样定义副词：“修饰或限制动词、形容词或其他副词，表示方式、程度等，在句中主要充当状语的一类词。”然而在《新著国语文法》出版不久，人们开始注意到了副词的一些特殊现象，如“最南边”“才星期五”等用法。“最”“才”作为副词，却同方位名词、时间名词组合在一起，这就和上述定义相悖。丁声树（1961：180）指出了这一特殊现象：“副词通常不修饰体词。有几个副词可以这么用，大都跟数量或范围有关。”朱德熙（1961）认为：“严格的副词都不能修饰名词，但是其中有一部分可以修饰数量结构或‘数·量·名’结构。”张静先生在《论汉语副词的范围》一文中，针对副词不能修饰名词的观点，明确提出：“修饰动词、形容词，不是副词最本质的特点，只是它的主要用途……副词真不能修饰名词吗？我看能。”文章随后列举出了26个例子来说明，(例略）并因此指出：“从数目上说，这绝不是‘特殊现象’。”最后认为，副词作为一个独立的词类，区别与其他词类的最本质的特点应该是不能作主语或者谓语，只能作附加语——经常附加于名词、代词、数量词、介词或其他副词，也可以附加于全句或不独立的主谓结构。张谊生（1990）在《副名结构新探》一文中赞成张静先生“副词可以修饰名词”的观点，认为“在语言交际中，特别在接近口语的文体中，副词修饰名词的现象时有所见”，但对张静先生所列举的副词修饰名词的例子有不同的看法。针对张静的观点，邢福义（1962）认为“副词一般不修饰名词”，但也“并不否认副词修饰名词的事实”，并指出：“虽然副词也可以修饰名词，但是同副词修饰动词、形容词比较起来，无论如何，也只能算是特殊现象”，然后进一步指出了

(41) 不大一会儿，就听见柳曦的放浪的笑声。(汪曾祺《受戒：汪曾祺自选集·钓人的孩子》，384)

(42) 这码事儿象一只长着翅膀的小鸟儿，不大工夫就飞遍了全村，男女社员都拥进了院子。(浩然《春歌集·新媳妇》，38)

(七) 后跟量词，主要表现为“不大会儿”和“不大点儿”。“不大会儿”表示时间短，与“不大一会儿”意思相同。如：

(43) 不大会儿，小李果然过来了。(老舍《正红旗下》，60)

(接上页) 四种“副+名”结构的类型：1. 名词带上数量词，或者在事物及其数量已很明确时，能够受表示范围或频率的副词的修饰；2. 事物名词可以受副词“净”或“光”的修饰，但要求共同用在处所词后边，以表明某一地点普遍存在着某种事物；3. 时间名词，在单独作谓语，直接对某个时间加以表述的时候，可以受某些表示时间迟早、频率的副词的修饰；4. 许多方位词和一部分具有方位意义的名词，可以受某些副词的修饰。最后得出结论——名词受副词修饰时，总要受到或大或小的限制，不像副词修饰动词或形容词那样自由。除了以上类型，近年来又出现了“程度副词+普通名词”的用法，如“非常女人”“很夏天”等。张谊生（1996）从语义的角度对“副词修饰名词”这一现象进行分析，认为，名词本身具有“量度义”是受程度副词修饰的语义基础。因为“现代汉语中的相当一部分名词及名词性短语的含义中也包含着或蕴含着一定幅度的量度义，而且，在一定的语言环境中，部分名词还可以临时获得量度义。所以，这些具有量度义的名词同样也可以受到程度副词的修饰”。综上可知，严格地从句法功能角度分析，依据邢文，副词修饰名词应是一种特殊现象；从语义角度来看，名词本身具有“量度义”是受程度副词修饰的语义基础，因此副词修饰名词有其合理性。具体到程度副词“不大”修饰“一会儿”“一阵子”“工夫”“时候”“会儿”“点儿”，我们可以从两个方面进行处理：第一，这些言语表达都是不争的语言事实，有其存在的合理性，严格从句法功能来看，我们可把其视为副词的一种特殊现象。第二，从“量度义”的角度来说，“一会儿”“一阵子”“工夫”“时候”“会儿”本身都表示一种模糊时间量，可量度，可以受某些程度副词修饰；“点儿”表示质量的模糊概念，同样也可量度，所以也可以受某些程度副词修饰。另，王政白编《古汉语虚词词典》把“大一会”作为一个词收入其中，表示时间，相当于“好一会儿”。如《倩女离魂》剧三：“空疑惑了大一会，恰分明这搭里。俺淘写相思，叙问寒温，诉说真实。”姑且不考虑“大一会”是否为词，从其表达上，“大”修饰“一会”在古汉语中就已经出现，而“不大”是否定副词“不”和程度副词“大”的组合词汇化而来，承袭了“大”的某些句法功能，因此也应该把“不大一会儿”看作一种程度副词修饰时间名词的合理现象。而“不大会儿”“不大点儿”“不大工夫”“不大时候”是一种类推泛化。

“不大点儿”表示“很小”之意，并带有浓厚的感情色彩。如：

(44) 小鹅儿的眼睛，让人真受用，真舒坦，像是一汪鸡蛋清里漾着领黑珍珠，清亮清亮的，半点杂质都没有。哪像他们院里那些女研究们生，不大点儿的年纪，却没一双中看的好眼，要么罩着副大眼镜，要么眼镜里布满熬夜熬出的血丝黄疸，一身的学究气，哪还有一点女人的娇媚味儿了。(徐坤《热狗》，254)

(八)“不大”后跟兼语短语、连谓短语、述补短语、述宾短语以及偏正短语，表示次数少或程度低。如：

(45) 那眼镜店星期天也不大有人来，柜台里摆的几副眼镜半年来动都没有动，谁也猜不透店主吉田老头靠什么吃饭。(邓友梅《别了，濑户内海!》，400)

(46) 这四幅画他平常不大拿出来挂。(汪曾祺《受戒：汪曾祺自选集·皮凤三楦房子》，376)

(47) 周纯一游街的头一天晚上，我就去舍儿家，向顾维舜夫妇求救了。希望他们明天找个借口把我们的父母和喜潮接到他家来玩一天，他们住后院，街上的声音不大听得到。(戴厚英《流泪的淮河》，210)

(48) 除夕，母亲和我很早地就昏昏睡去，似乎对过年不大感兴趣。(老舍《正红旗下》，57)

(49) 天已很暖，柳枝上已挂满嫩叶，他有时候向阳放着车，低着头自言自语的嘴微动着，有时候仰面承受着阳光，打个小盹；除了必须开口，他简直的不大和人家过话。(老舍《骆驼祥子》，182)

(九) 用在“V+不大+A”结构中，为动结式动词的扩展形式①，表程

① 童盛强（2003）认为“‘听不大懂’是否定性述补结构‘听不懂’的扩展形式，这进一步证实了‘大’作为副词的独立性”。我们认为“听不大懂”是“听懂”的扩展形式，而不是“听不懂”的扩展形式。不懂——不大懂——很懂，“不”“不大”“很”只是程度的差别，这并不能成为否认“不大”是词的依据。

度低。如：

(50) 街上倒是一派节日景象，所有高大建筑物都挂了成串的灯，路边的花坛、树上也吊了彩灯，交相辉映，墨蓝天幕上的星星倒显得黯淡，明明灭灭的看不大清晰。(王朔《王朔文集·矫情卷·我是你爸爸》，278)

(51) 王仙客住在空院子对面的客栈里，要了一间楼上的房子，从窗户里看那院子。这里离那院子隔了一条大街，而且空院子的房上长了很高的荒草，所以看不大的确。(王小波《寻找无双》，510)

(十) 用在处置介词、被动介词之前，表示程度低。如：

(52) “他不大把课本带回家来，”我向他的老师诉说，“我从来就没有看他做过功课。那样他怎能养成念大学时所必需的读书习惯？”(［美］约翰·G. 哈贝尔《再见了，孩子》，165)

(53) 一直不大被看得起，此时出此高明的一着，大家不由得刮目相看了。(高阳《灯火楼台》，272)

(54) 如法炮制，复加改良，颇有几味连胡家的厨子都佩服的拿手菜；只是月如颇自矜其手艺，不肯轻易出手，因而不大为人所知而已。(高阳《灯火楼台》，125)

从语法功能上我们可以看出，“不大”后跟形容词表示程度低；后跟副词时表示程度低、范围小、次数少；后跟动词和动词短语时表示程度低或动量少或次数少；后跟极少数时间名词时表示时间短；在“不大点儿”短语中意“很小”。此外，“不大”还可以用在处置介词、被动介词之前表示程度低。从结构位置上，“不大”都是作状语，不能作谓语，也不能单独作补语。

以上分类皆依据语料的事实，有些分类或许是在语法观点上存在的不同看法，也或许是“不大”存在非常规的使用情况，语法观点的不同我们都一一条陈阐释，语例的非常规使用或许能够引导我们对这种语言现象作更深层次的思考。

第三节 “不大”词汇化的历程

一 “不大”词汇化的历时考察

历史的面貌我们无法还原，所以我们无法精确地把握“不大”词汇化的确切时期，只能从现有的文献资料中推度。我们对民国及以前各个朝代的主要语料进行了广泛的调查，“不大”的分布情况如下：

查唐五代以前的语料，《春秋》《今文尚书》《诗经》《周易》《国语》《老子》《论语》《墨子》《孙子》《左传》《楚辞》《大学》《公羊传》《谷梁传》《管子》《鬼谷子》《韩非子》《礼记》《吕氏春秋》《孟子》《商君书》《孝经》《荀子》《晏子春秋》《仪礼》《逸周书》《中庸》《周礼》《庄子》《纵横家书》《战国策》《法言》《淮南子》《贾谊新书》《佛经选》《佛说般舟三昧经》《佛说四十二章经》《古诗十九首》《孔雀东南》《风俗通义》《论衡》《新论》《献帝春秋》《赵飞燕外传》《北凉译经》《北魏译经》《东晋译经》《鸠摩译经》《刘宋译经》《西晋译经》《西秦译经》《支谦译经》《宝藏论》《曹操诗》《陶渊明集》《三国志裴注》《百喻经》《九州春秋》《穆天子传》《山海经》《搜神后记》《魏晋世语》《西京杂记》《列子》《文心雕龙》《信心铭》《禅源诠序》《地藏本愿》《佛说譬喻》《华严经唐》《楞伽师资》《疗痔病经》《入唐求法巡礼行记》《首楞严经》《心经法成》《心经法月》《心经共利》《心经玄奘》《心经智慧》《原人论》《黄檗山断际禅师传心法要》《筠州洞山悟本禅师语录》《六祖坛经》《马祖语录》《神会语录》《小止观》《镇州临济慧照禅师语录》《北齐书》《北史》《全唐诗》《大唐创业起居注》《大唐新语》《霍小玉传》《明皇杂录》《南岳小录》《隋唐嘉话》《唐国史补》《五代新说》《野朝佥载》《游仙窟》等，内容包括经、史、史论、诗、小说、语录、变文等，不见用例，但在《史记》中找到 2 处，《世说新语》2 处，《抱朴子》1 处，《三国志》1 处，《太平经》2 处，《南史》1 处；查北宋、南宋语料，《旧五代史》《新五代史》《大金吊伐录》《大宋宣和遗事》《江南野史》《靖康传信录》《靖康纪闻》《辽志》《梦溪笔谈》《南北朝杂记》《南迁录》《南征录汇》《三国杂事》《宋朝事实》《五代春秋》

《五代史阙文》《五国故事》《西夏事略》《湘山野录》《朱子语类》[①]《古尊宿语录》《无门关》《五灯会元》《简贴和尚》《错斩崔宁》[②]《碾玉观音》《宋四公大闹禁魂张》《万秀娘仇报山亭儿》《宋诗一百首》《全宋词》，内容涉及语录、史书、小说、话本和宋诗词，均不见用例，但在佛语录《禅林僧宝传》和话本《快嘴李翠莲记》中各找到1处；查元语料，戏剧《倩女离魂》《西厢记杂剧》，话本《闹樊楼多情周胜仙》《勘皮靴单证二郎神》《蒋兴哥重会珍珠衫》《陈御史巧勘金钗钿》《沈小霞相会出师表》《苏知县罗衫再合》《王安石三难苏学士》《玉堂春落难逢夫》《白娘子永镇雷峰塔》《唐解元出奇玩世》《杜十娘怒沉百宝箱》以及教科书《原本老乞大》[③]，不见用例，只在《全元曲》中找到3处；查明代小说，《包公案》《大同纪事》《东汉秘史》《封神演义》《皇明本纪》《皇明纪略》《皇明奇事述》《皇明盛事述》《皇明异典述》《姜氏秘史》《警世通言》《两晋秘史》《清暑笔谈》《三宝太监西洋记》《三国演义》《蜀王本纪》《水浒全传》《隋唐野史》《万历野获编》《五代秘史》《夏商野史》

---

① 《朱子语类》中并无“不大”用例，但是出现了和副词“不大”语法功能相同的词，即“不大段”和“不大故”。在《朱子语类》中，“不大故”共出现了10次，全部都是修饰动词；“不大段”共出现25次，其中有23处用例类似于“不大”，其在文中修饰形容词、一般动词、能愿动词和副词。唐贤清（2004）认为“大故”和“大段”都是程度副词，“大故”是带有朱熹个人语言特色的语言现象，“大段”是宋前后特有的语法现象。“不大段”和“不大故”分别是“大段”和“大故”的否定结构。

② 《京本通俗小说》中的《错斩崔宁》有例：“每日间只是吓骗人东西，将来过日子；后来得有了你。一向不大顺溜，今已改行从善。”（89）但在《醒世恒言》卷三十三“十五贯戏言成巧祸”（宋本作《错斩崔宁》）中则是“每日间只是吓骗人东西，将来过日子。后来得有了你，一向买卖顺溜，今已改行从善。”（610）从语义上看，《醒世横言》中“一向买卖顺溜”比较合理，故认为《错斩崔宁》中“一向不大顺溜”不能算作副词“不大”的用例。

③ 《老乞大》是韩国旧时的高丽、朝鲜两朝人学习汉语的会话教科书。《老乞大》编写于元代，最初刊行约在1423—1434年间，明初（1480—1483年）对内容进行了修改，其后大约在16世纪初（1515年前后），朝鲜中宗时由汉语学家崔世珍把修改本译成汉语，同时又用训民正音给汉字注音，即所谓“谚解”。现在看到的《翻译老乞大》《老乞大谚解》的汉文部分跟明初的修改本没有多大的差别。还有两个清代修改的本子，一个是刊行于乾隆二十六年（1761年）的《老乞大新释》，另一个是刊行于乾隆六十年（1795年）的《重刊老乞大》。这两个本子是根据当时语言的面貌对明初修改本的再次修改。查《原本老乞大》《老乞大谚解》和《老乞大新释》，《原本老乞大》和《老乞大谚解》皆无用例，但《老乞大新释》有两处用例。所以我们认为这两处用例只能反映清代的语言面貌。

《续英烈传》《野记》《英烈传》《喻世明言》《云中纪变》《云中事记》，不见用例，但在《醒世恒言》中发现1处，《今古奇观》1处，《周朝秘史》1处，《初刻拍案惊奇》1处，《二刻拍案惊奇》2处，《金瓶梅崇祯本》1处，《西游记》3处，《醒世姻缘传》57处；查清代小说，《狄公案》《狄青演义》《东南纪事》《东周列国志》《呼家将》《康雍乾间文字之狱》《老残游记续》《满清外史》《木兰奇女传》《南朝秘史》《乾隆南巡记》《清代野记》《清宫禁二年记》《说岳全传》《太平天国战记》《外交小史》《西巡回銮始末》《熙朝新语》《湘军志》《薛刚反唐》《鸦片事略》《杨家将》《阅微草堂笔记》《张文襄公事略》《赵太祖三下南唐》，不见用例，但《海公大红袍传》有1处用例，《海国春秋》3处，《九尾龟》1处，《绿野仙踪》1处，《彭公案》2处，《聊斋志异》2处，《七剑十三侠》1处，《西夏书事》1处，《绣云阁》1处，《济公全传》4处，《镜花缘》4处，《康熙侠义传》4处，《老残游记》5处，《说唐全传》6处，《隋唐演义》6处，《小八义》2处，《红楼梦》153处，《八仙得道》75处，《儿女英雄传》37处，《儒林外史》8处，《三侠剑》15处，《文明小史》15处，《小五义》35处，《续济公传》51处，《七侠五义》12处，《孽海花》15处，《官场现形记》21处，《二十年目睹之怪现状》21处；查民国小说，《留东外史》有27处用例，《留东外史续集》有78处用例，《古今情海》24处，《雍正剑侠图》48处，《汉代宫廷艳史》19处，《明代宫闱史》19处，《上古秘史》12处，《清朝秘史》7处，《清朝三百年艳史演义》6处，《清代宫廷艳史》4处、《清史演义》3处、《隋代宫闱史》3处、《西太后艳史演义》3处、《元代宫廷艳史》3处、《大清三杰》3处，《民国演义》2处，《十叶野闻》2处，《五代史演义》1处，《西汉野史》1处，《民国野史》1处。见表8-2。

表8-2　　所查文献资料用例见次汇总

时期	作品	用例
唐五代以前	史记	2
	世说新语	2
	抱朴子	1
	三国志	1
	太平经	2
	南史	1

续表

时期	作品	用例
两宋	禅林僧宝传	1
	快嘴李翠莲记	1
元代	全元曲	3
明代	醒世恒言	1
	今古奇观	1
	周朝秘史	1
	初刻拍案惊奇	1
	二刻拍案惊奇	2
	金瓶梅崇祯本	1
	西游记	3
	醒世姻缘传	57
清代	海公大红袍传	1
	海国春秋	3
	九尾龟	1
	绿野仙踪	1
	彭公案	2
	聊斋志异	2
	七剑十三侠	1
	西夏书事	1
	绣云阁	1
	济公全传	4
	镜花缘	4
	康熙侠义传	4
	老残游记	5
	说唐全传	6
	隋唐演义	6
	小八义	2
	红楼梦	153
	八仙得道	75
	儿女英雄传	37
	儒林外史	8
	三侠剑	15

续表

时期	作品	用例
清代	文明小史	15
	小五义	35
	续济公传	51
	七侠五义	12
	孽海花	15
	官场现形记	21
	二十年目睹之怪现状	21
民国	留东外史	27
	留东外史续集	78
	古今情海	24
	雍正剑侠图	48
	汉代宫廷艳史	19
	明代宫闱史	19
	上古秘史	12
	清朝秘史	7
	清朝三百年艳史演义	6
	清代宫廷艳史	4
	清史演义	3
	隋代宫闱史	3
	西太后艳史演义	3
	元代宫廷艳史	3
	大清三杰	3
	民国演义	2
	十叶野闻	2
	五代史演义	1
	西汉野史	1
	民国野史	1

从语料分布的情况看，“不大”作为一个语言单位使用始见于西汉时期，但是在明以前使用频率并不是很高，明中后期才开始多起来；清代尤其到清代末年、民国前后，“不大”被广泛地使用，已经成为一个功能比较完备的词了。

二　“不大”词汇化的过程

（一）“不大”词汇化的原型

在语言使用中，词与词往往临时组合成词组，词组随着使用频率不断增加，结构变得紧凑，语义也逐渐凝固，我们把这个过程称之为词汇化。词汇化虽是个新名词，但汉语研究者早就注意到这种现象。张世禄（1956）指出：“常用的词组，往往经过凝结作用或缩减作用，转变做词。这样从词组的凝结或缩减，变成为词，正是词的产生的重要方法之一，也就是语言本身发展的重要趋势之一。”词汇化并不是一个简单的步骤，而是需要一个漫长的过程。词汇化过程中，组成词组的两个词或一方词义减弱最终形成偏义词，或两个词词义减弱凝固成新的词义。徐时仪（1998）将这种由词组逐渐凝固而形成复合词或复音虚词的词汇化称作词组结构功能的虚化。具体到否定结构，董秀芳（2011［2002］：244）有比较深入的研究，该书认为：“‘不’不是一个一般的副词，它有很多特殊的语法性质，代表了一个很重要的语法范畴：否定（negation）。‘不’在句法上是一个功能性最大投射（functional maximal projection）——否定短语（NegP）的中心词（head），因而其语法性远远高于一般的词汇性还比较强的副词。‘不’可以看作是一个句法上的否定算子（negative operator），这就是我们把否定结构的词汇化看作是一种句法结构的词汇化而不看作偏正短语的词汇化的原因。”该书在论述否定结构词汇化时举例为“不失、不免、不定、不料、不禁、不堪、不得、不拘、不管、不论、不测、不才、不讳、不审、不学、不满”，这些词中和“不”结合的语素（除“不才”外）在古代汉语中都具有动词性，经常作谓语成分，因此就这种结构来说它们是句法结构的词汇化。本章讨论的“不大”虽然也是否定结构，但有所区别。

从汉语典籍记载的语言事实来看，“不大”在西汉以前并没有作为一个词使用，甚至都不能算作一个短语。在古代汉语中，“大”表示程度高，修饰谓语形容词、动词或动词短语，而“不”的修饰对象并不是“大”，而是“大”和谓语成分组成的整个短语，“不”和“大”并不发生直接的句法关系。如：

（55）尔乃迪屡不静，尔心未爱，尔乃不//大宅天命，尔乃屑播

天命，尔乃自作不典，图忱于正。(《今文尚书》，399)

(56) 夏道未渎辞，不求备，不//大望于民，民未厌其亲。殷人未渎礼，而求备于民。周人强民，未渎神，而赏爵刑罚穷矣。(《礼记》，454)

(57) 小谨者不//大立，訾食者不肥体。(战国·管仲《管子》，32)

(58) 王听臣为之警四境之内，起师言救韩，命战车满道路，发信臣，多其车，重其币，使信王之救己也。纵韩不能听我，韩必德王也，必不为雁行以来，是秦韩不和也，兵虽至，楚不//大病也。(西汉·司马迁《史记》，1870)

显而易见，在西汉以前，"不"和"大"是两个单音节词，属于非词的分立的句法层面单位。

Langacker（1977）在谈到结构层次变化的类型时指出了这样三种情况：a. 取消分界（boundary loss）；b. 改变分界（boundary shift）；c. 增加分界（boundary creation）（转引自沈家煊，1994）。董秀芳（2003a）所描述的"不"与所修饰的中心词的粘合现象属于取消分界类型的结构变化，而"不"和"大"从两个非词的分立的句法层面单位最终形成一个语言单位应属于改变分界类型的结构变化，更具体地说，是属于改变分界类型的跨层结构变化。

综上我们可以得出结论：在西汉之前，"不"和"大"是两个单音节词，属于非词的分立的句法层面单位。"不大"的词汇化是一种"改变分界"类型的跨层结构的词汇化。[①] 同属这种类型的词语还有"否则""因而""至于""关于""莫非""几乎""何必""而后""极其""终于""以为""有点儿""及其"等。[②]

① 董秀芳（2006）已观察到"当两个副词经常连用时，它们有可能由分立的单位合成一个整体，从而变为一个词，变化的结果往往仍是副词"，并认为"也许""何不""何尝""何曾"的形成都属此类现象。刘华丽（2011，2012）认为"'不大'并非同'不太''不很'等由副副跨层组合而成，'不大'由短语'不大'词汇化而来"。

② 彭睿（2007）称它们为"非结构性排列"，并认为"非结构语法化""是构式语法化的附带现象"，彭睿（2011b）进一步提出了"非结构语法化层次理论"，即："（1）非结构语法化分三个层次，即组块化、赋义化和语用推理；（2）非结构组块因其不自足语义信息而缺乏语用推理的内部依据；（3）非结构语串通过赋义化层次获得框架义，而框架义和非结构虚词的功能之间存在潜在的语用推理关系；（4）语用推理层次以赋义化为前提，以临界语境为外部条件。"

(二) 是直接词汇化还是间接词汇化

既然“不大”的词汇化是一种“改变分界”类型的句法结构的词汇化，那么“不大”的词汇化是直接词汇化（句法结构直接固化为词）还是存在中间阶段的间接词汇化（句法结构先演变为X，X然后固化为词）呢？

冯胜利（2000）针对双音化问题指出：

> 按照逻辑，双音节化的必须首先是短语，才能保证由此产生（固化）的复合词：双音节复合词不过是双音节短语的再生形式。

并进一步认为：

> 只有用双音步限定短语，才能合理地产生“不但是双音而且是短语”这种古代复合词的雏形结构。

如图8-1所示：

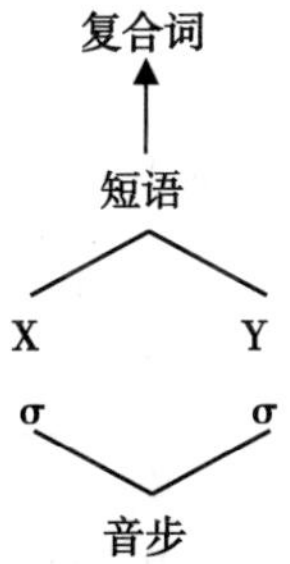

（X、Y表示任一短语中的两个姊妹成分；σ为任意一个音节）

图8-1 复合词的产生模式（冯胜利，2000）

由此可见，在双音化的过程中短语理应是复合词的雏形结构，“不大”也不例外。

在西汉之前，“不”和“大”是两个单音节词，属于非词的分立的句法层面单位，根据“短语理应是复合词的雏形结构”，我们可以推断“不大”在成词之前首先应该是从非词的分立的句法层面单位固化为短语。由此可知，始见于《史记》中作为一个语言单位使用的“不大”应是一个短语结构。

（三）短语词化

我们已经知道现代汉语中的“不大”是一个程度副词，但是“不大”是何时作为一个词使用的呢？前文我们已经讨论过词与短语的划分标准，并针对否定结构的偏正式组合补充了一条标准，即如果存在一个与否定结构的偏正式组合意义上相对应的肯定形式，我们就认为这个否定结构的偏正式组合是短语而不是词；反之，我们就认为这个否定结构的偏正式组合是词而不是短语。换句话来说就是，如果这种否定结构的偏正式组合具备了其肯定形式不具备的语法功能①，那么这个组合就应该是一个词了。综上我们认为，“不大”从短语到词的演变离不开两个条件：

a. 程度副词“大”的语法功能的减弱增强了“不大”存在的独立性，为“不大”演变为词提供了前提；

b. “不大”具备了“大”本身所不具备的语法功能标志着“不大”成为了一个词。

1. 程度副词“大”字语法功能的减弱

一个词的语法功能的减弱主要表现在两个方面：一是使用频率降低；二是所修饰的对象的范围缩小。我们随机选取了一些文献对程度副词“大”的使用情况作历时的考察，统计结果见表 8-3：

表 8-3　　程度副词“大”的语法功能分布见次表

时间	文献	饰动	饰形	饰述宾	饰状中	饰兼语	饰被动	饰否定	总计
西周	今文尚书	17	7	19	/	/	/	6	49
春秋	左传	38	9	41	/	/	/	/	88
战国	吕氏春秋	40	54	28	/	/	/	4	126
西汉	史记	162	226	194	2	/	/	2	586
东汉	论衡	9	31	5	/	/	/	1	46
六朝	世说新语	38	30	16	1	/	3	2	90
唐	北齐书	109	67	115	/	/	22	3	316
宋	梦溪笔谈	23	12	17	/	/	/	2	54
元	老乞大	2	1	/	/	/	/	/	3

① 新的语法功能应该具有生命力，如果只是个别用例，应另当别论。

续表

时间	文献	饰动	饰形	饰述宾	饰状中	饰兼语	饰被动	饰否定	总计
明	水浒全传	409	594	203	/	3	/	/	1209
	警世通言	95	131	44	/	/	/	/	270
清	儒林外史	87	71	10	/	/	/	/	168
	镜花缘	48	17	32	/	/	/	1	98
	老残游记	26	16	3	/	/	/	/	45
现代	四世同堂	31	4	18	/	/	/	10	63
当代	编辑部的故事	4	1	5	/	/	/	1	11
	床上的月亮	3	/	/	/	/	/	/	3

表 8-4　　程度副词“大”所修饰的对象的中心词统计表

时间	文献	动词	形容词	否定式	总计
西周	今文尚书	29	7	3	38
春秋	左传	31	6	0	37
战国	吕氏春秋	32	30	4	65
西汉	史记	97	42	1	140
东汉	论衡	10	11	1	22
六朝	世说新语	43	13	2	58
唐	北齐书	95	25	2	122
宋	梦溪笔谈	27	11	2	40
元	老乞大	2	1	0	3
明	水浒全传	65	13	0	78
	警世通言	37	20	0	57
清	儒林外史	27	14	0	41
	镜花缘	29	11	1	41
	老残游记	10	8	0	18
现代	四世同堂	26	4	3	33
当代	编辑部的故事	8	1	1	10
	床上的月亮	1	0	0	1

从表 8-3 中，我们可以看到，程度副词“大”在使用过程中主要是用来修饰动词、形容词以及述宾短语。另外，它也可以用来修饰中心语的否定形式，这在《今文尚书》《吕氏春秋》《史记》《论衡》《世说新语》

《北齐书》《梦溪笔谈》《镜花缘》《四世同堂》《编辑部的故事》等作品文献中都可见到用例。而程度副词“大”修饰状中短语、兼语短语以及被动结构，只能在个别文献中看到用例。从语法功能上看，在明代以前，程度副词“大”可以修饰动词、形容词、述宾短语、状中短语、兼语短语、被动结构以及一些中心语的否定形式，而在明代以后，我们会很容易地找到程度副词“大”修饰动词、形容词、述宾短语以及一些中心语的否定形式的用例，至于修饰状中短语、兼语短语、被动结构的用例在我们所调查的文献中并没有发现。从所统计的见次上看，程度副词“大”修饰动词、形容词以及述宾短语的用例在明代之后呈下降趋势，而且其总的用例在明代之后也呈下降趋势。这表明程度副词“大”的语法功能在明代之后不断地减弱。①

表 8-3 是从语法功能的分布以及见次上说明程度副词“大”的语法功能的变化，因为在文献用例中多存在相同形式的反复出现，为了更精确地反映程度副词“大”的语法功能，我们以程度副词“大”所修饰的对象的中心词为中心统计得出了表 8-4（后附详表 8-5）。从表 8-4 中，我们也可以看到，明代以后程度副词“大”所修饰的对象的中心词的范围基本上也在逐渐缩小。

2. 程度副词“不大”的发展

“不大”的词汇化从萌芽到发展到成熟是一个漫长的过程，在西汉时期萌芽，到清代末年始得成熟。从其词汇化过程来看，“不大”在词汇化初期只是修饰极其有限的动词短语以及少数的双音节动词和形容词，表示次数少或程度低，但是整体认读性不高。如：

(59) 杨州葆疆，三代之时，迫要使从中国俗服，不大及以政教，以意御之而已。(西汉·司马迁《史记》，2116)

(60) 鲁王好猎，相常从入苑中，王辄休相就馆舍，相出，常暴坐待王苑外。王数使人请相休，终不休，曰：“我王暴露苑中，我独

① 表中所选文献篇幅大小、文体风格以及作者语言使用习惯虽然能够对程度副词“大”的使用造成一定的差别，但文献中语言事实的客观性毋庸置疑，这些差别不足以影响结论的客观性。

何为就舍!”鲁王以故不大出游①。(西汉·司马迁《史记》,2777)

(61)今人共害其父母,逆其政令,于真人意,宁可久养不邪?故天不大矜之也。(东汉《太平经》,116)

(62)子或怀狐疑,以吾言不大诚信者,吾文但以试为真。(东汉《太平经》,255)

(63)昶虽在外任,心存朝廷,以为魏承秦、汉之弊,法制苛碎,不大釐改国典以准先王之风,而望治化复兴,不可得也。(六朝·陈寿《三国志》,552)

(64)鉴时已腊高,门风益峻,门下未有遘之者。而鉴独以玄为奇。然玄不大彻透,辞去,至高安,谒价禅师。(北宋·惠洪《禅林僧宝传》,49)

(65)王长史宿构精理,并撰其才藻,往与支语,不大当对。(南朝宋·刘义庆《世说新语》,124)②

(66)羊不大应对之,而盛进食,食毕便退。(南朝宋·刘义庆《世说新语》,212)

(67)昔有古强者,服草木之方,又颇行容成玄素之法,年八十许,尚聪明不大羸老,时人便谓之为仙人,或谓之千载翁者。(六朝·葛洪《抱朴子》,318)

(68)敬则虽不大识书,而性甚警黠,临郡令省事读辞,下教判决,皆不失理。(唐·李延寿《南史》,1130)

修饰单音节的形容词始见于北宋的文献中。如:

---

① 西汉司马迁《史记·田叔列传》:“鲁王好猎,相常从入苑中,王辄休相就馆舍,相出,常暴坐待王苑外。王数使人请相休,终不休,曰:‘我王暴露苑中,我独何为就舍!’鲁王以故不大出游。”(2777)东汉班固《汉书》卷三十七:“鲁王好猎,相常从入苑中,王辄休相就馆。相常暴坐苑外,终不休,曰:‘吾王暴露,独何为舍?’王以故不大出游。”(411)东汉荀悦《汉纪》卷第九:“王好游猎,叔常从,王辄休相就馆。叔坐苑外,曰:‘吾王暴露,独何为舍?’王以故不复出游。”(143)前后三书都是对同一事件的描述,《汉纪》没有使用“不大”而是使用“不复”,我们认为这种替换说明“不大”在当时还没有被看作一个词。

② 刘华丽(2011,2012)认为“‘不大’历史上最早出现副词用法在六朝时期”,所举例证即为此例及其后的两例。

(69) 婆婆性儿忒急躁，说的话儿不大妙。(《话本选注·快嘴李翠莲记》，13)

到明代中后期，“不大”使用频率增多，整体认读性增强，使用范围也逐渐增大。如：

(70) 大圣爷爷，那猪八戒不大老实，他走走儿，骂几声。(明·吴承恩《西游记》，746)

(71) 原来孙行者不大吃烟火食，只吃几个果子，陪他两个。(明·吴承恩《西游记》，1128)

(72) 幸喜穿了破碎的衣裳，刚得两薄薄的被套，不大有人物色。(明·西周生《醒世姻缘传》，224)

(73) 晁老虽是肉眼凡睛，不甚晓得好歹，毕竟有一条花银带在腰里的造化，便也不大与那生葱下烧酒的花子相同，心里也有几分敬重。(明·西周生《醒世姻缘传》，233)

(74) 你既是不大晓的，你爽利不要手之舞之的。脱不了有四个长班，你凭那长班替你穿。这还没甚么琐碎，那穿朝服祭服还琐碎哩。(明·西周生《醒世姻缘传》，1185)

(75) 怎么得肚儿里又有勾当，价儿不大多的，这们个人才好。(明·西周生《醒世姻缘传》，1202)

(76) 骆有莪说来，我记的不大真了。(明·西周生《醒世姻缘传》，1209)

(77) 但是，天下的财帛，也是不容易担架的东西，往往的人家没有他，倒也安稳；有了他，便要生出事来，叫你不大受用。(明·西周生《醒世姻缘传》，1340)

(78) 你嫂子倒也是个没毒的，不大计恨人。(明·西周生《醒世姻缘传》，835)

(79) 相于廷出门家去，路上也还不大有人行走，就有一二人撞见的，扬起头来看着笑，一面就过去了。(明·西周生《醒世姻缘传》，841)

同时，我们也发现，除了可以修饰动词、形容词以及动词短语外，

“不大”还可以后跟能愿动词、副词，而在我们调查的文献中还没有发现程度副词“大”后跟能愿动词和副词的用例。这种语法功能的不对称性说明了“不大”已经是个程度副词了。如：

(80) 他也不大会画甚么，就只是画几笔柳树合杏花，也还不大好。看来倒只是卖“春线”罢了。(明·西周生《醒世姻缘传》，48)

(81) 贤弟哑，这椿儿我不敢说嘴。水里勾当，老孙不大十分熟。若是空走，还要捻诀，又念念避水咒，方才走得。不然，就要变化做甚么鱼虾蟹鳖之类，我才去得。若论赌手段，凭你在高山云里，干甚么蹊跷异样事儿，老孙都会，只是水里的买卖，有些儿榔杭。(明·吴承恩《西游记》，522)

(82) 童七家里果然有两个腊嘴，——一个狠会哨的，一个不大会哨。——主意是特与他那个不大好的，但事已急迫，无可奈何，只得与了他袖内的一个汗巾，叫承恩拿了自往他家去取。(明·西周生《醒世姻缘传》，1000)

(83) 咱是汉子，怕没处去么；脱不了咱是女人。那咎我又年小，又不大十分丑，那里着不的我？寻好几日家还找不着我的影哩。(明·西周生《醒世姻缘传》，1050)

(84) 二娘，不是这等说。我又不大十分用酒，留下他姊妹两个，就同我这里一般。(明·兰陵笑笑生《金瓶梅》，184)

到了清代尤其是民国前后，“不大”语法功能得到进一步强化，并且“不大”可以后跟少量的时间名词以及量词，已经算是个比较成熟的副词了。如：

(85) 幸喜乱刮了一阵，不大工夫，天开月霁，趁着清平波浪荡漾，夜色益发皎洁，不肯就睡，独坐船头，赏玩多时。(清·石玉昆《七侠五义》，532)

(86) 路凯辞席出来，不大时候，进去把崔龙请进里间屋内说话。(清·石玉昆《续小五义》，38)

(87) 瞧面上，骨拐脸儿，生就的，黄酱色儿，两道眉，不大点儿，是一对，眯缝眼儿，断山根，鼻子尖儿。(清·石玉昆《小五

义》，280)

(88) 不大会儿，东方破晓，村子里鸡叫了。(民国·常杰淼《雍正剑侠图》，338)

综上我们认为，“不大”与“大”在明代中后期语法功能开始出现不对称现象，同时也标志着“不大”作为短语状态存在的结束，开始自己独立发展的道路。

表 8-5 程度副词“大”① 所修饰的对象的中心词统计详表②

时间	文献	动词	举例	形容词	举例	否定式	举例
西周	今文尚书	29	战、赉、言、享、会、巡、告、定、恐、诰、化、可、明服、憝、伤、放、乱、克（能够）、相、降、淫、戾、动、罚、远、明、渐、监、宅	7	旱、熟、惇、介、竞、猷、训	3	宣、友、克（能够）
春秋	左传	31	败、奔、获、去、克、习、明服、捷、服、赏、搜、警、戮、临、泯、辱、弃、请、惧、恐、惧、庇、恶、为、封、有、惕、说（喜爱）③、启、乱、灭	6	旱、吉、和、惊、甚、骇	0	/

① 有两类表示程度的“大”不在统计范围之内：一是作为语素构成新词中的“大”，如“大雅”；另一类是成语中的表示程度的“大”，如“大吃一惊”“大摇大摆”“大惊小怪”“大吹打大”“大吹大擂”“大失所望”“大起大落”“小题大做”“大红大紫”等。

② 文本中“大+形容词”表示人的类别的用例都不在统计范围之内。如：

夫不喜文学，好任侠，已然诺。诸所与交通，无非豪桀大猾。(西汉·司马迁《史记·魏其武安侯列传》，2847)

而民之铸钱益少，计其费不能相当，唯真工大奸乃盗为之。(西汉·司马迁《史记·平准书》，1435)

恶中立功者谓之佞。能为功者，材高知明。思虑远者，必傍义依仁，乱于大贤。(东汉·王充《论衡·答佞篇》，240)

虞舜大圣，隐藏骨肉之过，宜愈子骞。(东汉·王充《论衡·知实篇》，531)

大佞奸深惑乱，其人如大盗易知，人君何难？(东汉·王充《论衡·答佞篇》，244)

③ 表中举例中的“说”皆读成“yuè”，动词举例中的“说”意“喜爱”；形容词举例中的“说”意“高兴”。其他文献中举例皆与此同。

续表

时间	文献	动词	举例	形容词	举例	否定式	举例
战国	吕氏春秋	32	挚、扰、失、立、议、行、田猎、成、乱、实、为、胜、克、围、败、至、飨、割、乱、饥、成、崩、得、怨、强、有、隆、息叹、溢、城、服、显	30	早、勇、鞔、热、寒、贵、危、燥、湿、喜、怒、忧、恐、哀、甘、酸、苦、辛、咸、吉、仁慈、富、说、骇、易、静、明、蚤、甚、迷惑	4	善、足、服、义
西汉	史记	97	罚、理、战、明（发扬）、应、序、蕃息、出、怒忿、笑、聚、治（有秩序）、索、毕、乐、定、酺、兴、饥、上、赦、破、用、败、扰、呼、振、哭、乱、起、朝、以为、异、潦、基、合、流血、穰、修、徙、作、伐、说（喜欢，喜爱）、胜、信、亲附、会、伤、城、动、备、用、封、入、幸、疑、称、治（修筑）、放、亡、泄、困（围困）、筑、克（攻克）、关、辱、恐（担心）、投、供、然、破杀、率、纵、至、为、戮、围、结交、骂、行、欺、怨、望、董、识、醉、发、捷、出围、攻围、叛、忧、攻、交、飨、集、铸	42	怒、恶（粗暴）、说（高兴）、早、善、惊、喜、失望、贵、弱、明、空、便利、重、恐（害怕）、悲、欢、通、急、穷、惭、贤、骇、惧、震、傲、劳、坏、吉、富、明（圣明）、明（明亮）、惊恐、困贫、盛、安、媿、直、驩、骄、平、困（贫困）	1	敬
东汉	论衡	10	朝、言、胜、破、飞、若、鸣、恶、合、夺	11	说、富贵、早、怒、恐、难、惊、贵、忿怒、凶、骇	1	谨
六朝	世说新语①	43	会、咨嗟、啼、传、赏、云、读、屈、畅、笑、喜（喜欢）、重、破、叫、醉、泣、存、修、说（喜欢，喜爱）、忻、饮、唤、输、感恸、酌、薄、获、乱、恸、聚敛、叹、患、败、恸哭、构、赦、捷、举、敷奏、悔责、剖击、知说、亲待	13	惭、不平、喜说、惊、遽、怒、失望、忿、寒、喜（高兴）、嗔、惶怖、盛	2	堪、说（高兴）

① 文本中出现“大自/大相+动词”，我们都把此种形式看作程度副词“大”修饰中心语，“自、相”仅有强调或凑足音节的作用。在后面的文献中，我们还在《北齐书》《镜花缘》《老残游记》和《四世同堂》发现相同和类似的组合，如“大为/大用+动词或形容词”，这些用例，我们都作相同的分析。

续表

时间	文献	动词	举例	形容词	举例	否定式	举例
唐	北齐书	95	败、猎、破、乱、收、掠、顺、聚敛、赦、起、集、会、狩、号、承、崇、济、笑、兴、革、获、呼、乱、捷、哭、罚、宠爱、纳、叫、举、宠、营、战、溃、耽爱、行、斩获、抄掠、有、发、至、括、服、饷、聚、诃叱、忧、钦服、迁除、称、殴挞、诛、言、狎昵、善（对……专长）、图、赏、好（喜爱）、任用、造、设、树、招、收、偷窃、唱、事、存、委任、蒙、输、重、痛、发动、损、加、昵爱、宠遇、爱重、亲狎、明（懂得）、叹异、赏重、钦重、沉吟、恨、亲宠、恩遇、嗟赏、传咏、奇、遗、渐、安、嗟异	25	惊、悦、旱、热、怒、悲、富、惧、欢、喜、骇、忿恚、恚恨、吉、恐、虚、富贵、盛、躁急、贤、不平、匆速、壮、好、刚	2	敬、可耐
宋	梦溪笔谈	27	改、破、张、乱、笑、呼、发、兴、饥、称赏、耐、觉、称、出、败、胜、奇、行、为、畏、渐、举、赈、穰、溃、至、蒙	11	旱、贵达、毒、善、喜、殊、骇、嫩、错、惊、悦	2	然、如意
元	老乞大	2	控、聚	1	吉利	0	/
明	水浒全传	65	笑、喝、弄、醉、散、喊、叫、骂、吹、赦、言、呼、发作、闹、乱、哭、进、败、战、起、作、振、举、开、悟、贩、叹、溃、书、会垓、怨、忧、敲、发、震、冲、排、吼、脱、有、慰、设、杀、张、纵、敷、驱、加、肆、展、嘉、赏、胜、露、建、似、获、行、称、挺、折、横、劫、破、驱	13	惊、熟、怒、喜、明、妙、热、孝、贵、白净、明朗、贤、雅	0	/
	警世通言	37	哭、悟、有、笑、叫、治、疑、发、骂、用、排、开、战、喝、喊、振、掠、异、起、设、闹、著、肆、吃、作、悔、忧、展、杀、为、败、显、乱、会、兴、胜、幌	20	喜、怒、惊、孝、骇、悦、贵、富、恼、幸、妙、明、冷、热、好、惧、富贵、醉、旱、寒	0	/

续表

时间	文献	动词	举例	形容词	举例	否定式	举例
清	儒林外史	27	乱、笑、哭、打、动、做、骂、发、作、叫、嚷、掉、悟、开、哗、受累、震、睁、喊、用、喝、病、吼、震、闹、放、会	14	怒、不同、惊、骇然、喜、吉、宽展、团、高、醉、荦、冤枉、亮、乐	0	/
	镜花缘	29	笑、排、放、兴、败、宰杀、有、赦、吼、不然、振、渎、哭、喊、叫、明、获、发、进、作、病、乱、伤、宴、开、聚、负、吐、转	11	悦、怒、可惜、富、凉、喜、悬殊、惊、妙、醉、好	1	乐
	老残游记	10	叫、有、哭、嚷、笑、乱、著、喊、呼、掀	8	惊讶、怒、明、不同、歪西、妙、喜、惊	0	/
现代	四世同堂	26	喊、叫、吞、吐、哭、捷、看、昭、吵、闹、转、抹、轰动、举、减、有、吼、展、撒、见、举、办、睁、出、骂、变	4	亮、失望、动人、成功	3	该、相同、孝
当代	编辑部的故事	8	笑、抓、吃、吵、闹、哭、吼、有	1	好	1	合适
	床上的月亮	1	笑	0	/	0	/

第四节 “不大”词汇化的动因

一 “不大”词汇化的韵律要求

众所周知，汉语语言具有音乐性的特点，汉语语言的音乐性主要表现在声调、音韵、节拍和旋律上，也就是表现在音响的高低快慢、抑扬顿挫、长短舒促等方面。而节拍是由一定数量的音节构成的音律单位，是语言音乐美的重要因素。如汉语中的四字格，通常读成：2//2。这种节拍配置，顺口、悦耳。如

节外//生枝　五花//八门　口是//心非

如果读成：3//1，或 1//3，就很拗口。

即便是有些四字格，从结构和意义上，都必须作“3//1”或“1//3”式的切分，也不能读成 3//1，或 1//3，而应当读成 2//2。如：

谈//何容易 举//不胜举 力//不从心（1/3）
众矢之//的 弦外之//音 一衣带//水（3/1）

都应当读成：

谈何//容易 举不//胜举 力不//从心
众矢//之的 弦外//之音 一衣//带水

可见，韵律对汉语的影响不可忽视。

现代汉语的这种节奏（即节拍）问题，学界有过不少针对性的探讨。周有光（1961：245）指出：“双音化是现代汉语的主要节奏倾向。”吕叔湘（1963）进一步指出：“不得不承认 2+2 的四音节也是现代汉语里的一种重要的节奏倾向。”陈建民（1984：66）又指出：“四音节的主要语音段落是 2+2，语音上成双成对，念起来节奏匀称，十分上口，的确可以加强语言的表达效果。”诚然，四音节的语段节奏明显，但四音节并不是汉语语段的唯一表现形式，正如吕叔湘（1963）所说：“在现代汉语里，四音节只是部分的、特殊的节奏规律，全面的、系统的节奏规律还有待于研究。”

节奏是语言的形式特征之一，对语言的影响举足轻重。近年来兴起了韵律构词学（prosodic morphology）（McCarthy and Prince，1993）这一分支学科，是研究韵律对构词的制约的。可见，韵律对语言构成的影响越来越被人们所重视。韵律词（prosodic）是韵律构词学的基本概念之一，是从韵律学的角度来定义的最小的能够自由运用的语言单位，它是在音步（foot）中实现的。一个韵律词至少是一个音步。而汉语的合成词大都是双音节的表现形式，短语也数四个音节的最为常见，这并不是偶然的，是由汉语特定的韵律要求决定的。

Feng（1995）、冯胜利（1996）研究了汉语的韵律构词特点。两文认为汉语中一个标准的音步是由两个音节构成，有时三个音节可构成一个

“超音步”（super foot），但超音步不是汉语的基本音步，而是一种再生的产物。一个标准的汉语韵律词是由标准音步即两个音节构成的，有时超音步可以构成一个“超韵律词”，但要受限制。同时进一步指出韵律制约着汉语复合词的产生。音步模式是复合词的形式标志，汉语的复合词首先必须是一个韵律词，一个标准的复合词必须是一个标准的韵律词，也就是说，双音节是汉语复合词的标准形式。而双音节化的本质就是韵律。

冯胜利（2000，2005）认为汉语中双音节音步的形成有一个历史的过程，它的建立大约是在汉代。上古时期，汉语音节结构发生了重大变化：韵尾辅音脱落，声调出现。这一重大变化改变了汉语的韵律结构。声调的出现使不同数量的韵素在同一调型内变得等长。在这种情况下，原本固定的韵素音步无法建立，因为韵素音步是以计算韵素的数量而定其长短的。韵素的计算在声调的伸缩下失去了原来的意义。根据韵律理论的“相对轻重原则”，声调对失去韵味辅音的音节结构的统摄使整个音节结构失去轻重，从而造成单音不成步的事实。双音节音步应运而生。双音节复合词也就不断增多。韵尾辅音的脱落、声调的建立、双音节音步的形成对汉语的韵律结构造成了很大的影响：句法结构层次关系与短语和词的构成方式都发生了变化。事实也正如此：到了春秋战国之际，双音节形式（短语、成语、复合词）开始趋多，而到了秦汉之交，则呈倍增趋势。①

由此可见，“不大”可作为一个语言单位首见于西汉并不是偶然的，而是汉语韵律结构的改变引起汉语的双音化现象所致。所以当“不”和“大”共现且“大”所修饰的对象是一个双音节或四音节形式的时候，为了韵律和谐，“不”和“大”在语音形式上开始结合紧密。语言形式的紧密结合使“不大”形成了一个韵律短语。如：

(89) 杨州葆疆，三代之时，迫要使从中国俗服，不大及以政教，以意御之而已。（本章例59）

(90) 鲁王好猎，相常从入苑中，王辄休相就馆舍，相出，常暴坐待王苑外。王数使人请相休，终不休，曰：“我王暴露苑中，我独何为就舍！”鲁王以故不大出游。（本章例60）

(91) 今人共害其父母，逆其政令，于真人意，宁可久养不邪？

---

① 此处结论转引自冯胜利（2000），具体统计数字，可参考该文或程湘清（1992）。

故天不大矜之也。(本章例61)

(92) 子或怀狐疑，以吾言不大诚信者，吾文但以试为真。(本章例62)

(93) 昶虽在外任，心存朝廷，以为魏承秦、汉之弊，法制苛碎，不大釐改国典以准先王之风，而望治化复兴，不可得也。(本章例63)

(94) 王长史宿构精理，并撰其才藻，往与支语，不大当对。(本章例65)

(95) 羊不大应对之，而盛进食，食毕便退。(本章例66)

(96) 昔有古强者，服草木之方，又颇行容成玄素之法，年八十许，尚聪明不大羸老，时人便谓之为仙人，或谓之千载翁者。(本章例67)

(97) 敬则虽不大识书，而性甚警黠，临郡令省事读辞，下教判决，皆不失理。(本章例68)

为了韵律和谐，在上述例子中，“不”和“大”语音形式靠近，本来不在同一句法层面的两个单位在语音形式上表现为了一个音段。语音形式的紧密结合使人们从认知上不自觉地对其进行重新分析，并进一步促使语义关系发生易位，语法结构发生改变。如例（89）“不大及以政教”。“不”本是修饰“大及以政教”整个偏正短语的。但从语义上看，“不”否定的内容主要在“大”上，“大”成了“不”字否定意思的承受者，为言语接受者提供了“及以政教”的程度是“不大”的语义内容。由于这样的语义关系，“不”和“大”的结合更加紧密。同时也造成了语法关系的变化，“不”从修饰“大及以政教”整个偏正短语改变为修饰“大”。其他例子同理。这种重新分析引起的语义关系以及语法结构的变化为“不大”进一步固化提供了坚实的心理基础。

冯胜利（1998）通过对汉语中自然音步实现方向的论证认为：“一般而言，［2+1］是构词形式，而［1+2］则是造句（或加缀构词）形式。”这就明确提出了“右向构词，左向造语”的重要结论。但汉语中确实存在着［1+2］形式的词语，如纸老虎、铁饭碗等。冯胜利（2001b）认为这类［1+2］的形式当属特例，别为一类，它们的合法性是由它们自身的特性决定的，而不是由韵律构词的一般规律决定的。

但汉语中也存在［2+1］韵律结构的短语形式，本章讨论的“不大”就可组成这类短语，如“不大好”“不大高”等。类似的还有“刚刚好”“慢慢走”等等。根据管约理论的投射原则与论元结构，句法学家Kroch和人工智能学家Joshi一起发展出一种“词本结构”的概念。他们认为，句子的主、谓、宾、补成分是句子动词所必须的基本成分，叫“词本结构”，它是由基础树形结构一次性生成的；而句子中的定语、状语等修饰成分，都是在“嫁接”运作中“附加”到基本树形上的“后加结构”。冯胜利（2013［2000］：73）认为：“普通重音规则的职辖范围只能限定在词本结构的句型之内。”换句话说，“右向构词，左向造语”应属于词本结构内的理论。

考察“不大”修饰单音节词（主要是动词和形容词）的用例，我们发现“不大”修饰单音节词构成的三音节形式无一例外地都出现在句末。由于汉语重音居末，且“不大”的“大”字语音弱化，所以“不大”和所修饰的单音节词构成一个三音节音步，完全符合韵律的要求。

二 “不大”词汇化的认知动因

（一）重新分析

语言的演变是一个渐变的过程，相对于语法化来说，词汇化很难准确找到诱发它的特定句法环境。这样就给我们判断“不大”在成词之前何时从非词的分立的句法层面单位固化为短语增加了难度。但是，我们可以推知，在某种因素影响下，“不”和“大”高频率的共现模糊了它们之间的句法界限，应该是它们固化为短语的必要条件。Hopper和Traugott（1993）把两个高频率紧邻出现的单音节词结合成一个双音单位的过程叫作“复合化（compounding）”，他们认为这是因为两个语素经过重新分析而削弱或者丧失其间的词汇边界，最后成为一个语言单位（转引自石毓智，2002）。可见，在某种程度上，重新分析促使了“不大”在成词之前从非词的分立的句法层面单位固化为短语。换句话说，在“不大”词汇化的过程中一定存在一些可以重新分析的语言事实。

根据Langacker1977年的研究成果，我们知道重新分析就是没有改变表层表达形式的结构变化。一个可分析为（A，B,）C的结构，经过重新分析后，变成了A，（B，C）。（孙朝奋，2005）毋庸置疑，语言的任何变化都要经过人们心理上的确认，而这种确认的手段就是重新分析。由此可见，重新分析是一种认知行为，是思维底层结构运作的过程，是一种“集体无意识”行为。它使人们逐渐接受语言演变的事实并从心理上进行确认，即人们“心理上的组块过程使得原来分立的单位变得互相依赖，相应地，原结构的较为清晰的理据性逐渐变得模糊甚至最终消失”（董秀芳，2011［2002］：46）。对于词汇化来说，重新分析标志着某一词汇开始萌芽但不是最终完成。词汇化主要是由于语义缺失、句法位置的固定或语法系统的不平衡所致，因此词汇化过程是否结束有时还要看其所承担的句法功能完善与否。

而上古时期汉语韵律结构的改变恰恰为人们提供了重新分析的语言表层结构。上古时期汉语韵律结构的改变虽然改变了语音表层结构，但是并没有改变所要表达的意义，这为重新分析的进行提供了合适的语义环境。以“杨州葆疆，三代之时，迫要使从中国俗服，不大及以政教，以意御之而已（西汉·司马迁《史记》，2116）”为例。在这个例子中，我们可以有两种分析（见图 8-2、图 8-3）：

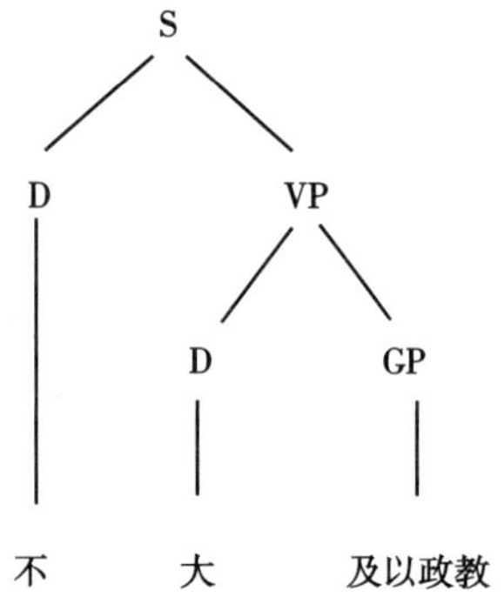

图 8-2

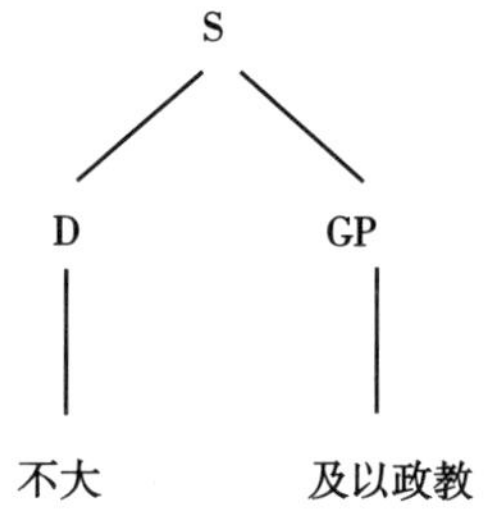

图 8-3

图 8-2 是重新分析前的句法语义环境，图 8-3 是重新分析后的句法语义环境。显然图 8-3 促使了“不大”的词汇化。一次重新分析并不能使“不大”作为短语从人们心理上确立下来，而是要经过人们反复的重新分析，反复地从心理上进行确立，在这种确立的过程中“不大”附带上了人们的主观心理成分，使其语义关系更加紧凑和凝固，最终类推开来，完成其词汇化的蜕变。当然，在其蜕变之初，“不+大 XP”和“不大+XP”两种语法现象共存，且以“不+大 XP”为主。所以有的用例可以重新分析，有的则不能。以下的用例就可以重新分析：

(98) 鲁王好猎，相常从入苑中，王辄休相就馆舍，相出，常暴坐待王苑外。王数使人请相休，终不休，曰：“我王暴露苑中，我独何为就舍!”鲁王以故不大出游。(本章例60)

(99) 诸神皆怀惧而言，本素不知此人来，恐不大精实。(东汉《太平经》，611)

(100) 袒虽在外任，心存朝廷，以为魏承秦、汉之弊，法制苛碎，不大釐改国典以准先王之风，而望治化复兴，不可得也。(本章例63)

(101) 王长史宿构精理，并撰其才藻，往与支语，不大当对。(本章例65)

(102) 敬则虽不大识书，而性甚警黠，临郡令省事读辞，下教判决，皆不失理。(本章例68)

而下面的用例不管是从韵律的要求来说还是从语法、语义关系的合法性来说都不能进行重新分析：

(103) 十仞见水不大潦，五尺见水不大旱。(战国·管仲《管子》，90)

(104) 是秦、韩不和，兵虽至，楚国不大病矣。(西汉·刘向《战国策》，951)

(105) 小谨者不大立，訾食者不肥体；有无弃之言者，必参于天地也。(本章例57)

(106) 岁不大孰。(西汉·司马迁《史记》，3248)

(107) 尔乃迪屡不静，尔心未爱，尔乃不大宅天命，尔乃屑播天命，尔乃自作不典，图忱于正。(本章例55)

(二) 主观化

上面已经提到：一次重新分析并不能使“不大”作为短语从人们心理上确立下来，而是要经过人们反复的重新分析，反复地从心理上进行确立，在这种确立的过程中“不大”附带上了人们的主观心理成分，使其语义关系更加紧凑和凝固，最终类推开来，完成其词汇化的蜕变。“附带上了人们的主观心理成分”即是主观化的体现。而重新分析的反复性使主观心理成分①最终被固化为“不大”的语义色彩，从而形成语言形式的主观化。

最早对语言主观性给以极大关注的语言学家是 Benveniste 和 Lyons。Benveniste 指出，“没有主观性印记的语言是不可想象的”，语言是由于主观性构造的语言，从而他提出主观化（subjectifiction）这一概念。Lyons 则用语言存在主观性印记这一事实来批驳语言学研究中唯理智论。他指出：“说话人在语句中的自我表现并不能归属于一组命题。”（徐学萍等，2006）Traugott（1995）将主观化纳入语言化研究的框架，并从语法化的角度对主观化作出定义：主观化涉及的是“意义变得越来越根植于说话人对命题内容的主观信念和态度”这样一种语义—语用的演变过程。对于词汇化来说，主观化并不能单从某一方面来看，而是要从语义、语用和句法整体综合来看。随着人们对主观化研究的深入，人们发现主观性在人类言语交际中的作用非常大，从某种意义上来说，主观性左右着意义的形成和理解。作为言语交际的主要形式，话语成为交流既成内容的手段，也是说话者自我或创造能力的表现形式。“不大”即是其例。“不大”作为程度副词使用时表示一种程度低、动量小或次数少，但这些都是一种模糊的概念，这种模糊的概念到底处于一个什么样的水平，并没有人去深究。“不大”本身所具有的这种语义色彩便是主观化的产物。

（三）类推

任何新词汇在产生初期都是个别的少见的现象，它们只出现在有限的场合里，而且具有很强的词汇搭配限制。语言的不断发展给它们提出了新的要求，在这种情况下，它们就不能局限于原来有限的场合，而要在新的合适的句法语义环境中使用，这个过程不断循环，可以适用的句法语义环境也越来越多，词汇性越来越强。这个过程，就是类推的过程。语境叠加是主观化后类推泛化的过程，叠加不同于重叠，这里的语境叠加是合适的句法语义环境不断累积的过程，也是词组词汇性增强的过程。

“不大”在其产生初期只是后跟一些动词短语或双音节形容词，如前文所举“不大及以政教”“不大出游”“不大当对”等，但到了北宋时期，我们在话本中看到了“不大”后跟单音节形容词的用例。如：

---

① 这个主观心理成分并不单指个体的主观性成分，而是指整体人类社会主观性互动的结果。主观性心理成分所赋予“不大”的语义色彩为：表示委婉或模糊。

（108）婆婆性儿忒急躁，说的话儿不大妙。（本章例69）

到了明代，出现了“不大”后跟程度副词的用例。如：

（109）行者笑道：“贤弟呕，这椿儿我不敢说嘴。水里勾当，老孙不大十分熟。若是空走，还要捻诀，又念念避水咒，方才走得。不然，就要变化做甚么鱼虾蟹鳖之类，我才去得。若论赌手段，凭你在高山云里，干甚么蹊跷异样事儿，老孙都会，只是水里的买卖，有些儿榔杭。”（本章例81）

（110）月娘道：“二娘，不是这等说。我又不大十分用酒，留下他姊妹两个，就同我一般。”（本章例84）

（111）咱是汉子，怕没处去么；脱不了咱是女人。那咎我又年小，又不大十分丑，那里着不的我？寻好几日家还找不着我的影哩。（本章例83）

另外，“不大”后跟的动词短语的形式丰富起来，不再局限于述宾短语，并出现了后跟能愿动词的用例。如：

（112）幸喜穿了破碎的衣裳，刚得两薄薄的被套，不大有人物色。（本章例72）（兼语短语）

（113）晁老虽是肉眼凡睛，不甚晓得好歹，毕竟有一条花银带在腰里的造化，便也不大与那生葱下烧酒的花子相同，心里也有几分敬重。（本章例73）（偏正短语）

（114）童七家里果然有两个腊嘴，——一个狠会哨的，一个不大会哨。——主意是特与他那个不大好的，但事已急迫，无可奈何，只得与了他袖内的一个汗巾，叫承恩拿了自往他家去取。（本章例82）（能愿动词）

（115）这吕祥先在京师，凡是替狄希陈买办东西，狠命克落。喜得狄希陈不大会得算帐，两三年里边，他也“钟徐丘”了好几两银。（明·西周生《醒世姻缘传》，1255）（能愿动词）

到清代尤其是民国前后，“不大”语法功能得到进一步强化，并且

“不大”可以后跟少数的时间名词以及量词，已经算是个比较成熟的副词了。如：

(116) 幸喜乱刮了一阵，不大工夫，天开月霁，趁着清平，波浪荡漾，夜色益发皎洁，不肯就睡，独坐船头赏玩多时。(本章例85)

(117) 瞧面上，骨拐脸儿，生就的，黄酱色儿，两道眉，不大点儿，是一对，眯缝眼儿，断山根，鼻子尖儿。(本章例87)

(118) 不大会儿，东方破晓，村子里鸡叫了。(本章例88)

“不大”在词汇化初期只是后跟极其有限的动词短语以及少数的双音节动词和形容词，随着时间的推移，它后跟的对象不断扩大：从后跟一般动词到也可以后跟能愿动词，从后跟双音节形容词到后跟单音节形容词，从后跟极少数动词短语到后跟大多数动词短语，从不可以后跟副词到可以后跟副词，从不可以后跟名词到可以后跟时间名词，这些都是“不大”词汇化过程中类推作用的结果。

三 程度副词语义系统的不平衡

王力（1954［1943］：267）把程度副词分为绝对程度副词和相对程度副词两类。绝对程度副词包括极、很、怪、颇、稍、略、些、太、忒等；相对程度副词包括一般、一样、最、更、越发等。如果我们进一步分类，我们还可以把绝对程度副词分为三个小类：程度过头、程度高、程度轻微。现代汉语中表轻微度的程度副词有“有点儿、有些、些微、微微、稍微（为）、稍许、稍稍、略微（为）、略略、不大、略、稍”。仔细分析，我们会发现表轻微度的一些程度副词意义很接近，如些微、微微、稍微（为）、稍许、稍稍、略微（为）、略略等。那么这种现象会不会和语言的经济性原则相违背呢？回答当然是不会。这是因为，语言是一个严密的系统，各个组成部分同样也是一个严密的系统，系统本身具有自我调节的功能。因此，为了维护语言系统的稳定性，“累积”和“排挤”（杨荣祥，2005：393）是语言演变过程中必不可少的现象。就表轻微度的程度副词来说，如果新的成员不断产生，而对原有的成员毫无选择地累积，这个系统势必就会遭到破坏。因此，要保持系统的稳定性，必然会有成员被排挤出系统之外，优胜的一方保留下来。例如古代汉语中表示轻微度的程度副词包括“颇、略、小、稍、少、差、微、粗、薄”等，而到现代汉语时取而代之的是双音节形式的表轻微度的程度副词，单音节形式只保留了“稍”和“略”，这就是排挤的结果。新旧成员共存是“累积”和“排挤”过程中必然的现象。“有点儿、有些、些微、微微、稍微（为）、稍许、稍稍、略微（为）、略略、略、稍”应该说也是处于一个累积和排挤的状态，它们当中最终谁能胜出，不属于本章讨论的范围，我们只需要搞清“不大”和这个系统中其他成员的关系即可。

“不大”与其他表轻微度的程度副词相比最重要的不同就是程度等级的不同。以“胖”为例。它们之间的程度等级可以这样排列：

不胖<不大胖<胖<（有点儿、些微、微微、稍微、稍稍、略微、略、稍……）胖①

可见，“不大”的出现填补了程度等级的空缺，使程度副词的语义系统更加完善。

说到“不大”，人们自然而然就会想到“不太”这个组合，张谊生（2000）列举了89个程度副词，其中包括了“不太”，我们作进一步的查证，《现代汉语八百词》（增订本）以及《语法讲义》程度副词小节列举的常见的程度副词中都没有发现“不太”的踪影。对两者作详细对比的研究在我们所能搜集的论文或文献中还没有发现。不过，周小兵（1992：237）在论及“不太A”格式时在注释中指出“不大A”跟“不太A”有两点区别：一是“不大”不能跟贬义形容词结合，很少能跟中性形容词结合，而“不太”没有这个限制；二是“不太A”含有“不太//A”和“不//太A”两种形式，“不大A”只有“不大//A”一种形式。

到目前为止有两个问题还没有完全解决：第一，“不太”是词吗？第二，“不太”等于“不大”吗？如果两者相等，以后发展会是什么样子的呢？

（一）“不太”是词吗

我们充分利用北京大学中国语言学研究中心的古代汉语语料库（CCL

① 姑且忽略“有点儿”“有些”“些微”“微微”“稍微（为）”“稍许”“稍稍”“略微（为）”“略略”“不大”“略”“稍”是否能与胖搭配，“胖”在此序列中只是一个参照标准，代表标准状态，可理解为“不胖不瘦”。

语料库）对“不”与“太”共现的组合进行广泛地调查。结果是：明代以前“不”与“太”共现的现象只找到4个用例。它们是：

（119）今子既上无君侯有司之势，而下无大臣职事之官，而擅饰礼乐，选人伦，以化齐民，不//泰[1]多事乎？且人有八疵，事有四患，不可不察也。（战国·庄周《庄子》，536）

（120）夫必恃人主之自躬亲而后民听从，是则将令人主耕以为上，服战雁行也民乃肯耕战，则人主不//泰危乎？而人臣不//泰安乎？（战国·韩非《韩非子》，659）

（121）今自王、侯、三公之贵，皆天子之改容而礼也，古天子之所谓伯父、伯舅也，今与众庶、徒隶同黥、劓、髡、刖、笞、僞弃市之法，然则堂下不亡陛乎？被戮辱者不//太迫乎？廉耻不行也，大臣无乃握重权，大官而有徒隶无耻之心乎？夫望夷之事，二世见当以重法者，投鼠而不忌器之习也。（西汉·贾谊《新书》，42）

（122）愚生六人重得天师严教，各归居便间处，惟思其要意，今天师书文，悉使小大，下及奴婢，皆集议共上书道灾异善恶，曾不//太繁耶哉？异生愿闻其意。（东汉《太平经》，320）

从上面的例子中我们可以看到，“不”与“太”共现只出现在疑问语气中，且“不”与“太”之间的界限明确。在所调查的明代文献中，“不”与“太”共现有3例，其中1例为肯定句。

（123）王明说道：“这却也是个异事。”又妆成个番话来，问说道：“女人头上这些角儿不//太多了？”番子说道：“不多。有三个丈夫的，戴三个角。有五个丈夫的，就戴五个角。既是有十个丈夫的，少不得戴十个角，终不然替别人戴哩！”（明·罗懋登《三宝太监西洋记通俗演义》，1006）

（124）晁大舍回头道：“可实作怪！就多使二两银子，也不亏人。”一面开了扶手，取出十两一封，五两一封，递与那人。那人把银解开包看了，道：“这十五两，爷赏的不//太少些？——罢，罢，

[1] “泰”通“太”，例（2）同。

我看爷也是个不耐烦的，卖与爷去。”（明·西周生《醒世姻缘传》，87）

（125）窃谓世宗此举，尽善尽美，天子之子有限，而藩王支子无穷，帝子得郡王如靖江王府事例，体不如贬，其王子皆镇国，则册世子册妃及建府第等费以至仪卫官属、又细而校尉乐户之属，所费不赀，皆得省罢，又体统不太崇重，与地方长吏不至争礼相诟病，况奉国中尉之下，旧不降爵，此议若行，又可递降至七八品，其裨国计甚大。（明·沈德符《万历野获编》，97）

从这三个例子中，例（123）（124）是“不”“太”共现在疑问句中，“不”与“太”之间的界限比较明确，而例（125）是“不”“太”共现在肯定句中，“不”与“太”之间的界限比较模糊，我们可以对其有两种理解：一是“不//太崇重”；一是“不太//崇重”，这两种理解均适用于例中语境。

在所调查的清代文献中，“不”“太”共现在肯定句中的用例有5个。民国以后逐渐增多。如：

（126）玉墨“哇”地一声就哭了。大家复又回头到屋中，二义士抬头，看见墙壁上留一首诗，叫先生：“你来！”看见字写得不太好，又歪又斜，断而复连，半真、半草、半行书，颇有风采。（清·石玉昆《小五义》，244）

（127）宋起凤咬咬牙给自己打气道：凭我一身能为，杀他两个，想来也并不太费劲。（清·贪梦道人《彭公案》，704）

（128）何路通便先下水，先试一试，觉得不太深，正要来背天霸，忽见吴用人喊道：“此处不能去，这地方的水是最深的。老爷虽不怕，恐黄老爷到了中间，也要下水了。还要走过去一箭路，那里的却是最浅。”（清·佚名《施公案》，1342）

（129）便有那管舆的侍从走来请济公升辇，心里暗道：这样一个邋遢和尚坐在这驾宝辇之上，走到外面实在不太好看。（清·郭小亭、坑馀生《续济公传·下》，3）

（130）酒令虽多，但要百人全能行到，又不太促，又不过繁，何能如此凑巧？（清·李汝珍《镜花缘》，393）

从上面的例子中，我们可以发现，“不太好、不太费劲、不太深、不太好看”在语法关系上既可以理解为“不太//A”，也可以理解为“不//太 A”，语义基本没有什么变化。这种语法关系的变化也应该是由于句子韵律要求的结果。类似于“不大”词汇化初期。而例（130）中的这种对举使用的用例也使“不”和“太”之间的语法关系界限明确。在语言使用中，如果“不太”组合前面有“并、尚”等词，语法关系一般都比较清晰。即“不//太 A”。民国以后至今，“不太”共现的例子，我们基本上都可以如上分析。我们提取出一些例子作分析：

（131）

A				B
不太难看	不太漂亮	不太合适	不太相信	并不太相信
不太高兴	不太接近	不太明白	不太费力	并不太费力
不太怕事	不太好办	不太要紧	不太知情	并不太知情
不太清楚	不太好刨	不太可能	不太开心	并不太开心
不太熟悉	不太好走	不太方便	不太完美	并不太完美
不太放心	不太了解	不太准确	不太计较	并不太计较
不太多	不太密	不太贵	不太大	并不太大
不太险	不太累	不太雅	不太远	并不太远
不太热	不太盛	不太好	不太难	并不太难

在 A 组中组合的语法关系一般都可两解，两解的现实也说明了“不太”现在还不是一个词，应该是个短语组合，这点我们在 B 组中更容易理解。

周小兵（1992）把“不太 A”格式从意义上分为两种：一是“不太//A”，意“有些不 A”；二是“不//太 A”，意“不算太 A”。其实，“有些不 A”和“不算太 A”从意义上来说基本上还是一样的。我们以“舒服”为例。

有些不舒服≈有些舒服≈不算太舒服①

但是这两个组合在具体使用中确实产生一些差别，如：

① 特定语境下的“不太”另当别论，如“甲：舒服吗？乙：舒服，但不太舒服。”

(132)

A	B
不太难看	不太漂亮
不太难听	不太好听
不太危险	不太安全
不太短	不太长

在上例中，A组中都是表示消极意义的词，B组中都是表示积极意义的词，但是两个格式依次都有［+难看］、［+难听］、［+危险］、［+短］的语义成分。如果使用其他的反义词作比较，结果都是一样。那这种结果是“不太A”内部结构可两解为“不太//A”和“不//太A”造成的还是“A”的性质造成的呢？我们认为这种使用上的差别并不是由“不太A”格式同形异构造成的，而是由其后形容词的性质决定的。更精确地说是因为这些形容词的性质影响了人们的认知模式。虽然使用的词语意义相反，但是人们理解时认知上的程度参照常态是一样的。“不太难看”和“不太漂亮”的参照常态都是“漂亮”，相对于漂亮来说，“不太难看”就一定是“难看”；而“不太漂亮”就是“低于漂亮”，就是“难看”。

人们为什么一定要用表示积极意义的词作程度参照常态呢？Boucher & Osgood（1969）提出了“乐观假说”（Pollyanna Hypothesis），该假说认为人们在心理上总是突出或追求事物美好的、完整的方面而尽量避免或摈弃事物坏的、消极的方面。这种心理的作用影响着人们的认知模式，进而造成了语言运用中意义的差别。

综上可知，“不太”在目前的语言使用中还只是一个短语形式，“不太A”组合中产生的意义差别并不是由于其本身的结构造成的，而是由“A”的性质不同以及人们的认知模式特点造成的。如果从词汇化的角度来说，“不太”正处在词汇化的过程中①，但最终能否词汇化为独立的词还需要时间的证明。

（二）“不太”等于“不大”吗

作为一个短语，“不太”虽然可以分析为两种语法关系，但是我们仍

① 陈敏（2013）认为“‘不太’正处在副词和语法词并存的阶段，‘不太’这个合成的句法形式还不能看成一个词”。

不能否定“不太”有和“不大”意义相近的一面。当修饰一些动词、形容词以及动词短语的时候，“不太”和“不大”基本上可以互换，只是“不太”与被修饰对象构成的组合在语法关系上会出现两解的局面，“不大”则不会。

另外，“不大”的语法功能比“不太”要全面，比如“不大”可以后跟一些副词、能愿动词等，“不太”则不行。如：

(133)

不大十分好	？不太十分好
不大再去见他	？不太再去见他
不大会去学校	*不太会去学校
不大能完成作业	*不太能完成作业
不大被老师表扬	？不太被老师表扬

可见，“不太”和“不大”虽然在意义和功能上都有相似的一面，但是“不太”语法功能没有“不大”全面，意义上有时会产生歧义，因此在使用的时候会受到很大的限制，所以在目前的语言使用中“不太”不等于“不大”。但是语言演变的过程是“累积”和“排挤”的过程，从现在的语言事实来看，“不太”存在的状态在一定程度上威胁着“不大”，“不太”未来的发展方向是什么？它会词汇化为词进而取代“不大”还是会夭折于成长的摇篮中？这些问题还有待于时间的证明。

四 “不大”词汇化的修辞动因

“不大”作为程度副词主要表示程度低或次数少，但是程度究竟有多低，次数到底有几次，对于这些问题我们确实无从回答。可见，“不大”在语义上本身就存在着模糊性，但在实际的语言运用中并没有影响到我们交际的效果，相反，恰恰增强了语言的表现力，使我们的表达更富有客观性。对“不大”使用的情况进行分析，我们发现程度副词“不大”使用情况可分为四种：

（一）陈述客观的事实。这种情况是指语言使用者只是客观地陈述事实，而不带有主观色彩。书面语中的用例多属此类。如：

(134) 囊瓦将讷拷打，着令供状，解入郢州。讷辞曰：“吾乃关下皇甫讷也！欲从故人东皋公出关东游焉，岂可妄指良民为寇?”囊瓦仔细详验，讷之面貌本类子胥，但声音不大相同。(明·余邵鱼《周朝秘史》，413)

(135) 三人坐下，尽情受用，先吃了大馒头，后吃簇盘、衬饭、点心、拖炉、饼锭、油炸、蒸酥，那里管甚么冷热，任情吃起。原来孙行者不大吃烟火食，只吃几个果子，陪他两个。(明·吴承恩《西游记》，1128)

(136) 狄员外自己原不大识字，凡是甚么礼柬请帖与人通问的套语，都是央一个秀才赵鹤松代笔。(明·西周生《醒世姻缘传》，483)

(137) 家里的事，向来我就不大管，都是太太操心，不用我嘱咐。(清·文康《儿女英雄传》，33)

(138) 说话之间，听得壁上的挂钟“噹噹”的敲了七下，早有娘姨进房点起自来火来。黛玉料着秋谷没有吃饭，便叫相帮去宝丰楼天津馆内叫了几样菜来。秋谷因五月中天气已是燥热，不大吃酒，止饮了一杯便放下杯子。(清·张春帆《九尾龟》，144)

(二) 信心不足。表态者对将要表达出来的态度没有足够的信心，因而使用一种相对含蓄的表达方式。如：

(139) 行者笑道：“贤弟呀，这桩儿我不敢说嘴。水里勾当，老孙不大十分熟。若是空走，还要捻诀，又念念避水咒，方才走得。不然，就要变化做甚么鱼虾蟹鳖之类，我才去得。若论赌手段，凭你在高山云里，干甚么蹊跷异样事儿，老孙都会，只是水里的买卖，有些儿榔杭。”(本章例 81)

(140) 两人虽然寄诗抒情，但还是无由相见。晁采心中抱憾不已，终日郁郁不乐，身体消瘦，神形枯凋。母亲觉得有些不大对头，便再三询问丫环。丫环见隐瞒不住，就道出了原委。晁采的母亲叹息道：“才子佳人，自应有此缠绵之情。然而自古郎才女貌者多难成眷属，我今天当成全他们。”于是，就拜托媒人，让两人喜结良缘。(民国·曹绣君《古今情海》，478)

(141) 赵哑子道：“这没叉路，劈头诉着刘芳名，说他诈财无餍，挑唆韩芦单告女人，因察院爷不拘妇女，所以不告上男人，好叫女人出官，尽力诈骗。就是本夫出名代诉，写上诈去银子数目。”狄希陈道：“虽是他诈了银去，只怕问官说是行贿，不大稳便?”（明·西周生《醒世姻缘传》，1161）

（142）狄希陈道：“骆有莪说来，我记的不大真了。叫是甚么周甚么杨。”（明·西周生《醒世姻缘传》，1209）

（三）讲求礼貌[①]。在交际的时候，为了使受话者不至于失去面子而有意使用一种相对委婉含蓄的表达方式。陈炯（2001：56）认为诚敬性是中国古代修辞学特征之一，诚是诚恳、诚实，敬就是讲求礼貌，并提倡言语交际中的礼貌态度和礼貌语。王希杰（2004：47）认为作为修辞原则的把握对象，包含三个准则：理解对象、掌握关系和尊重对象，主要讲的也是礼貌问题。可见，交谈的时候，讲求礼貌是交际成功的必要条件。如：

（143）临别时，陆婆又道：“大爷，这事须缓缓而图，性急不得的。若限期限日，老身就不敢奉命了。”张荩道：“只求妈妈用心，就迟几日，也不大紧。倘有些好消息，竟到我家中来会。”（明·冯梦龙《醒世恒言》，254）

（144）想到这里，正在得意，又听他母亲说道：“你爷儿俩今日这几句文儿，连我听着都懂得了。依我说，这个杯的名儿还不大好，‘玛瑙’‘玛瑙’的，怎么怪得把我们这个没笼头的野马给惹恼了呢！莫如给他起个名儿，叫他‘合欢杯’。我还有个主意，老爷合大姐姐、亲家白听听好不好：可不是我竟偏着我的媳妇儿，如今把这件东西竟赏了金凤媳妇儿，这俩人一个有圆砚台，一个有张弓，他再有了

① 谢晶（2012）在分析“他们只出去买吃的，其他时间他们待在家里，无所事事。这点我不大高兴，但他们不懂英语，因此单独出去很困难（姚明·我的世界我的梦）”“但他们也许不大能容忍为执行混乱不堪的任务而牺牲生命（新华社2004年新闻稿）”这两个例句时认为“‘不大’模糊了否定副词‘不’的界限，‘不高兴’‘不能容忍’这些否定形式语气都很肯定，而‘不大高兴’‘不大能容忍’使说话人表达的意思在‘高兴’和‘不高兴’、‘不能容忍’和‘能容忍’之间徘徊，这就大大降低了说话人的强硬语气，让听话人更容易接受，这也符合语用环境中的礼貌原则”。

这个合欢杯，可不三个人都有点故事儿了吗?”（清·文康《儿女英雄传》，1849）

（145）海川真不敢疏神大意，也不敢怠慢，赶紧举着钺包袱，左手一搭，连连拱手：“原来是老前辈，诸葛老英雄，久仰大名，如雷贯耳，今日一见，这是缘在三生！老英雄，您折简相邀我童林来到九公主坟，一定有所教益。不过您是位老英雄，我童林敢问，您要打算见我，就应当拍门找我，直呼直令地叫我童林，可您怎么到王府去，鬼鬼祟祟，可和您的身份不大相符啊！哈哈，老英雄，您看在下说得对吗?”（民国·常杰淼《雍正剑侠图》，1028）

（四）表示谦逊。中国自古就是一个礼仪之邦，讲求谦让、含蓄，这些品质给炎黄子孙们留下了深深的烙印。毋庸置疑，这种文化底蕴也深深地影响着汉民族的修辞方式，进而影响汉语的发展。如：

（146）素姐问道：“你两三宿的不回家，可在那里?”老张道：“咱是汉子，怕没处去么；脱不了咱是女人。那昝我又年小，又不大十分丑，那里着不的我？寻好几日家还找不着我的影哩。”（本章例83）

（147）他看我是个不大一般的女孩，确实有追求革命的理想，在给我的信中倍加鼓励，且蕴含着诚挚的友谊。（杨沫《我一生中的三个爱人》，360）

（148）“如果你愿意，我们可以跳舞，这音乐跳舞挺不错的。”他以他特有的认真而怯生生的神情说。然后又赶快找台阶下，“我是不大会跳舞的，不过如果你愿意，我也许在厨房里还可以应付。”

杰克在抓游廊的门，要进来。让它在外面呆着吧。

弗朗西丝卡只微微红了一下脸。“好吧。不过我不大跳舞……已经不大跳了。我在意大利当姑娘的时候常跳舞，可现在只是到新年时候跳得多些，平时只偶然跳跳。”

他笑笑，把啤酒放在切菜台上。她站起身来，两人向对方移动。“这里是芝加哥 WCN 电台，现在是各位星期二舞会节目时间，”那男中音播音员报告说，“广告之后我们继续。”（［美］R. J. 沃勒《廊桥遗梦》，110）

以上四种情况，第一种属于“不大”弥补了程度副词语义缺失的客观现实；第二、第三、第四种情况是在心理需求以及交际合作的要求下进行的。内心的不确定性使表态者不得不慎重地表达自身的态度，这就对语词的选择提出了一定的要求；要保持交际的和谐有时也不得不选用一些词义模糊的词语使对方不至于丢失面子；当不好意思夸奖自己的时候或者别人夸奖自己时要表示谦逊的态度，这时也需要选用一些降低自身价值的语词。总之，不管是心理上还是交际上都需要语言上有合适的语词表达自身的态度。“不大”的出现满足了这些需求，同时这些心理上以及交际上的需求也促进了“不大”的使用，推动了“不大”的词汇化。

第五节　小结

本章分别从共时和历时的角度对“不大”进行了梳理，得出的结论是：不管是从共时平面的判断来说还是从历时发展的分析来看，“不大”在现代汉语中是一个程度副词毋庸置疑。“不大”词汇化的动因是多方面的，保持句子韵律的和谐是引起“不大”词汇化的导火线，人们认知上的确认是“不大”词汇化的保障，语义系统以及修辞的需要同时也促进了“不大”词汇化的进程。“不大”词汇化过程是一个复杂长久的过程，个中原因可能并没有我们所说的那么简单，董秀芳（2003a）就指出：“除了认知、句法、韵律等方面的原因，也与否定性语素在语言中的特殊性质有一定关系。许多语言中的事实都表明：否定性语素在语音上缺乏独立性，常需要其他词汇性成分的支持。在语言发展史中存在的否定性语素与其他语素发生黏附的例子是相当普遍的。从语音形式上来看，否定成分很容易和其修饰的成分发生语音融合。古汉语中的‘弗’被认为是‘不’与‘之’的合音，‘叵’是‘不’与‘可’的合音。现代汉语中的‘甭’是‘不‘和‘用’的合音，‘别’是‘不’和‘要’的合音。还有一些来自方言的佐证，如：苏州话的 fən 是‘弗’和‘曾’的合音，fiao 是‘勿’和‘要’的合音。”更深层次的原因我们还将会继续探询下去，希望能获得完满的答案。

第九章

结　　语

本书首先介绍了构式语法和语法化两种理论，然后从共时和历时两个角度深入考察了“好了”“V+ta+个 VP”“不是”“才怪”“X 说”“不大”等六类习用语法构式，解决了这六类构式在以往研究中存留的问题，对这六类构式的看法和见解我们皆已在各章作结，此不赘述。下面我们将总结研究中的一些发现以及本书尚存的问题。

第一节　理论思考

一　对构式语法的思考

（一）关于构式的定义和类型

构式的定义，随着构式语法研究的深入似乎变得越来越宽泛，我们反对将构式看作“无所不包”的语言单位，因此我们重新定义“构式”为：

> C 是一个构式当且仅当 C 是一个复杂的形式—意义的配对〈F, S〉，且 F 或 S 的某些方面不能从 C 的组成成分或其他已存在的构式中得到完全的预测。F 指语音形式，S 指非字面意义。

字面意义指的是组成成分的组合意义，非字面意义则包括引申义（相对于基本义）、语用义、语法义、话语功能等。为便于对构式的判断，我们把构式的属性归纳为以下几点：

> 第一，不可预测性（习用性或非对称性）。即构式义不等于组成成分的组合义。

第二，复杂性。即至少包括两个语素（或称为象征单位）。

第三，固定性。即构式内部的句法关系是固定的。

第四，规约性。即构式义不是形式和意义的临时匹配，而是相对固定的规约性的意义。

只要一个组合结构同时具备以上四种属性，我们就认为它是一个构式。反之不是。

以上述定义为基础，我们把构式分为词汇构式和语法构式两大类。

词汇构式主要指习语构式，如汉语中的成语、惯用语、歇后语和谚语都属于习语构式。

语法构式较典型的成员主要是动词性构式，如双及物构式、致使—移动构式、动结构式、非及物移动构式、意动构式等。除此之外，语法构式还包括习用性的语法表达式，如英语中的“let alone”构式、“the X-er the Y-er”构式、“time-away”构式、“way”构式、“The What's X doing Y?”构式，汉语中的“差一点”构式、“V 什么 V”构式、“爱咋咋地”构式、“被 XX”构式以及本书探讨的“V+tɑ+个 VP”构式、“好了”构式、“不是”构式、“才怪”构式、“X 说”构式、“不大”构式等。

（二）关于构式的研究方法

目前的构式语法研究多是从共时的平面研究句法构式，或探讨构式的意义，或探讨构式与动词的互动关系，或探讨构式之间的关系，构式语法的研究对象显然不止于此，因此我们认为构式语法在研究方法上还需要作适度地调整：

第一，不仅要关注动词性语法构式，还要关注习语性语法构式。

第二，不仅要从共时平面分析，还要从历时视角论证。

第三，不仅要探讨构式义、构式与动词的互动关系，还要研究构式与内部词项（包括动词）之间的互动关系、构式内部词项与词项之间的互动关系、构式与构式群之间的互动关系、构式与语境之间的互动关系等。

构式自身虽然具有独立于组成成分的意义，但其构式义的构建是以组成成分的组合意义为基础的，理解组成成分的意义以及组成成分之间的关系有助于理解构式本身。因此必须研究构式与内部词项之间的互动关系、构式内部词项与词项之间的互动关系，甚至还要关注构式与语境之间的互动关系以及构式与构式群之间的互动关系。

正是基于以上的认识，我们在对习用性语法构式作个案研究时不仅从共时的角度分析构式内部词项与构式之间、构式内部词项与词项之间的互动关系，还从历时的角度探究构式的来源。这有助于更加深刻地了解某个构式。我们下面结合前文已研究的习用性语法构式进行说明。

1. 构式与词项

构式由词项构成，构式的产生和发展与词项（某个词项或某几个词项）之间无疑是存在联系的。Bybee（2003）就曾指出："更精确地说，不是词项语法化了，而是含有某词项的构式语法化了。"[①] 构式语法关注较多的是构式与动词之间的关系，其实不仅仅是动词，其他词类，也会对构式的产生与发展起到一定的作用，因此构式研究要关注构式与词项是如何互动的，这会对深入理解构式义大有裨益。

"好了$_3$"构式是个建议构式，为什么这个构式具有建议的功能呢？这个问题从共时的角度无法解答，我们从历时的角度分析之后发现："好了$_3$"是从"就好了"条件句省略而来的，一开始表示"某一条件得到满足，时态就会转好"的意义（元代），后来引申为表达一种愿望和希望（明代），最后演变出"建议"的功能（明代）。我们可以看到："就好了"条件句表示的意义是一种可预测的意义，"好了"本身的意义是其重要的组成部分，随着历时的发展，其构式义逐渐发生抽象化、主观化，后来的构式义已经无法从组成成分的意义得到完全的预测。在这个过程中，"好了"也从原来的动词性结构变为了一个准语气词。

"V+tα$_2$+个 VP"构式的功能是强调，为什么会有这种功能呢？原来是受"他"的影响，"他"复指其后的"个 VP"自然就产生了强调的效用，但"他"的这种用法在现代汉语中极其罕见，我们无法回答"他"为什么会有复指"个 VP"这种用法。后来我们发现历史上存在着"V+个 VP"和"V+tα$_2$+NP"两个构式，并且都比"V+tα$_2$+个 VP"出现的时间早，这样我们就可以回答"他"为什么会有复指"个 VP"的功能，因为受到"V+个 VP"和"V+tα$_2$+NP"两个构式的影响。

---

① 董秀芳（2009）注意到"一些词汇化的发生与构式密切相关。构式义可以通过转喻变为其特定组成成分的意义。换句话说，构式中的组成部分可能词汇化，并把在构式中获得的意义语义化"，并强调"句法构式的高频使用决定了其中组成成分发生词汇化的可能性，句法构式的形式构造决定了发生词汇化的成分选择，句法构式的整体意义决定了其组成成分发生词汇化后的意义"。

“不是”构式是个强调构式，具有提醒和弱断言的功能。这个构式为什么会具有这种功能呢？因为这个构式来源于“不是”是非问，“不是”反问句也是从“不是”是非问演变而来，众所周知，“不是”反问句具有强调和加强语气的作用，“不是”构式在演变过程中受其影响产生了强调的作用。

可见，有些无法从共时平面解决的问题能够从历时的角度找到答案，而关键的线索就是构式内部的词项以及构式内部词项与词项之间的关系。①

同时也需注意，关注词项并非唯词项论，正如杨永龙（2016）所说："虚词是汉语最重要的语法手段之一，因此在汉语历史语法研究中格外关注虚词的来源和虚化过程是理所当然的。但是如果夸大虚词的作用，忽视其所在的句式，或者只关注虚词的语法化而忽略其所在结构式的语法化，则有可能失之偏颇。"

2. 构式与语境

构式的意义是以组成成分的组合意义为基础，但有时候会受到其他因素的影响，将某些语境义内化为自身的构式义。最典型的例子就是“不

---

① 施春宏（2013）发现：“从新‘被’字式的形义关系来看，新‘被’字式之所以能够出现，还与‘被’字的虚化仍不够充分有很大关系。从‘被 X’整体所充当的句法功能（能作谓语、定语、主语等）来看，这里的‘被’仍有很强的动词性，它所含有的‘蒙受’的语义特征仍比较鲜明。这也是新‘被’字式得以产生的基础之一。其实，新‘被’字句的使用，使已经比较虚化的‘被’出现了返源的情况，增加了‘被’的动词性。由此也可见词项与构式之间存在的互动关系。”雷冬平（2017）在研究“V 个 XP”构式时着重强调：“构件的虚化会导致构式的语法化，而语法化了的构式反过来又赋予虚化的构式成分以新的功能，构式语义和构件的意义是相互作用、相辅相成的。构成成分语法化及主观化并不代表其语义的消亡，它的源义仍然会滞留在构式中使得构式引申出相关的新义。”高增霞（2017）、张璐（2018）也注意到这一点，高增霞（2017）认为“‘放着…不…’是表达有条件或者能做更有价值的某事却放弃的构式……在元剧中已经萌芽，其产生于用于强调的‘放着’句……‘放’的语义结构以及‘放着’可以出现在‘施事+放着（+受事）’表达有意出现某状态的用法也起到助推作用……为满足语义表达明晰化的需求而增加了一个语义相同的冗余成分（否定成分）……在明代达到成熟，最终定型于清代”。张璐（2018）认为“光杆形式的‘问题、关键、重点、前提、条件’等名词与‘是’组合”“正在演变成一个凝固型构式”，即“$N_{一价认知}$+是”构式，该构式的演变属于“构式语法化，是源语素核心动词‘是’失去了它本来的结构功能，从而失去了核心地位而被边缘化，整个构式发生了核心转移，构式的核心由非核心成分即所 $N_{一价认知}$取代。因为在‘$N_{一价认知}$+是’最终语法化为凝固型构式过程中，对构式义的形成起主要作者用的是一价认知名词，而非‘是’”。

是”反问句。

“不是+NP/VP 吗”构式基本的功能就是反问，但还可以表示“应该与否”“为什么”这样的意思。我们来看下面两个例子：

(1)“我有什么面子，其实我从来不爱带人走后门，也从来没走过后门，帮你这是第一次。我很少出门，出门也没什么事，用不着求谁。”

“别说得这么肯定，没准你以后就有什么事用得着我。”

“那也可能。但我帮你并不是为了以后有事用得着你。就是你以后什么忙也帮不上我，我也照样会帮你忙的，我们不是好朋友吗?”（王朔《王朔文集·挚情卷·橡皮人》，54）

(2)她去乐队那边点了一首《最后的探戈》，回到桌前说：“海鹏，我请你跳一曲探戈。”

常少乐说：“好你个江月蓉，搞厚此薄彼，你不是说不会跳舞吗?”（柳建伟《突出重围》，627）

例（1）意思是说“因为是好朋友，所以我也是应该帮你的”，例（2）意思是说“你说你不会跳舞，为什么现在又要请海鹏跳舞?”可以看到，这两种意思都不是“不是”反问句本身的意思，都是语境追加的意义，或者说是一种言外之意，由于“不是”反问句经常用在这些语境中，它们已经形成了较为固定的匹配了。

3. 构式与构式群

所谓构式群就是两个或两个以上相关构式的集合。如果把一个构式放在构式群当中，那么它的意义和功能就会更加清晰。我们在研究习用性语法构式时经常会联系到相关的构式。比如：“好了$_3$”构式的功能是建议，“好了$_4$”构式的功能主要体现在语篇功能上，表示语篇的结束和转换，“好了$_5$”构式也表示事态的转换，可以向好的方向转，也可以向坏的方向转。“好了$_3$”构式和“好了$_5$”构式都是由作谓语的“好了”演变而来，“好了$_4$”构式是由作补语的“好了”演变而来，知道这些以后，我们可以更进一步地了解：虽然“好了$_4$”构式和“好了$_5$”构式都表示转换功能，但它们的转换功能还是存在着细微的差异，即“好了$_5$”构式不仅可以向好的方向转，还可以向坏的方向转，此外，它们的直接来源也是不相同的，"好了$_4$"构式来源于作补语的"好了$_2$"，"好了$_5$"构式来源于作谓语的"好了$_1$"。

其他还如："V+ta$_2$+个VP"构式是由"V+个VP"和"V+ta$_2$+NP"两个构式类推糅合的结果；表"醒悟"义的"我说$_6$"跟表"提醒"义的"我说$_5$"分属不同的演变路径；等等。

以上的例子都是从构式群的角度研究习用性语法构式，其实，从构式群的角度研究某一个构式不仅适用于习用性语法构式，也适用于动词性语法构式。施春宏（2010a，b）正是这方面研究的代表①。

施春宏（2010a）通过比较两种句式群发现并不是每一个既能带宾语又能带补语的动词都可以用动词拷贝句表达。我们把这两种句式群抄录如下：

（3）孩子读这种书+孩子傻了——→

a. 孩子读这种书读傻了
b. ＊孩子读傻了这种书
c. 这种书读傻了孩子
d. 这种书把孩子读傻了
e. ＊孩子把这种书读傻了
f. 孩子被这种书读傻了
g. ＊这种书被孩子读傻了

（4）孩子骑这辆车+这辆车坏了——→

a. ＊孩子骑这辆车骑坏了
b. 孩子骑坏了这辆车
c. ＊这辆车骑坏了孩子
d. ＊这辆车把孩子骑坏了
e. 孩子把这辆车骑坏了
f. ＊孩子被这辆车骑坏了
g. 这辆车被孩子骑坏了

（3a）（3c）（3d）和（3f）具有相同语义结构，构成句式群（3）；（4b）（4e）和（4g）具有相同的语义结构，构成句式群（4）。句式群（3）和句式群（4）虽然其动词既带宾语又带补语，但语义结构不同，句法表现呈互补分布。为什么例（3）的语义结构可以构成动词拷贝句结构

① 施春宏（2010a，b）跟我们使用的名称不同：我们使用的是"构式群"名称，施文使用的是"句式群"名称。施春宏（2010a，b）将"句式群"定义为"具有相同底层语义结构（论元结构）关系而表层配位方式不同的句式所构成的系统"。

而例（4）不可以呢？施文认为动词拷贝句是述补结构（黏合式、组合式）整合的结果，在构造基本句式时，表层的句法位置有限，如果两者主体论元所指相同，就提升到动结式之前，如果两者主体论元所指不同，属于使因事件（causing event）的安排在动结式之前，属于使果事件（caused event）的安排在动结式之后。这样的话，例（3）中的“这种书”只能出现在动结式之前，并通过插入拷贝动词来表明其语义和句法关系，形成基础句式（3a），而例（4）中的“这辆车”不能出现在动结式之前，因为它在使因事件中属于动作的对象（客体），在使果事件中属于变化的对象（客体），整合后提升到动结式之后，不能构成动词拷贝句，只能构成一般的主谓宾基础句式（4b）。

致使事件是由使因事件和使果事件整合而成，除了使因事件的主体可以理所当然地提升为致事外，使因事件的所有其他参与角色也都有可能被突显而成为整个致使结构的致事，只要它跟使果事件中的任何角色所指都不相同。因此，当例（3）中的“这本书”被突显为致事后就可以派生出（3c）（3d）和（3f）；而例（4）中的“这辆车”既是使因事件的受事，又是使果事件的变化对象，所指相同，不能够像（3a）那样派生出（4c）（4d）和（4f）。

施春宏（2010b）把“把”字句放到致使类构式群内进行考察。该文将致使类构式群的语义关系归纳为：[XP] 致使 [YP]，而一个完整的致使事件包括致事（causer）、致使方式（causative manner）、役事（causee）和致事结果（causative effect）四个要素（前两个是使因事件，后两个是使果事件），如果用致使事件的四个要素分析“[阿 Q 踢大门] 致使 [大门坏了]”这个语义结构，就可以得知：“阿 Q”是致事，“踢”是致使方式，“大门”是役事，“坏了”是致使结果。根据论元结构整合的“界限原则”①，“[阿 Q 踢大门] 致使 [大门坏了]”语义结构向句法结构投射，述语动词和补语动词整合成一个动结式：“踢”的主体论元“阿 Q”提升为动结式的致事作主语，“大门”既是使果事件的客体论元，又是使果事件的主体论元，叠合为动结式的役事作宾语，这样就会形成基础句

① 所谓界限原则是指“由于受动结式语义关系的制约，述语动词和补语动词之间似乎存在着一个句法界限，限制着动结式整合过程中底层论元的提升方式和提升上来后论元的性质、结构位置及同指论元的叠合方向”（施春宏，2003、2005、2008：83）。

式——阿Q踢坏了大门。同样的语义结构也可以用其他致使句式表达，这样这个语义结构就构成一个构式群。如下：

（5）a. 阿Q踢坏了大门
b. 阿Q把大门踢坏了　　c. 大门被阿Q踢坏了
d. 大门阿Q踢坏了　　e. ? 阿Q大门踢坏了
f. 大门踢坏了　　g. ? 阿Q踢坏了

（5a）是基础句式，其他句式是由于需要实现某种功能，突显某种语义成分从基础句式派生出来的，如果突显致事结果，就会形成“把”字句（5b），施文还从强制性提宾和间接派生方式[①]进行了论证，得到的结果都是一样的，即“把”字句的基本作用是突显致使的结果。但“被”字句同样可以突显致事结果，如何区分两者呢？施文通过比较分析发现：“把”字句突显致事对役事施加致使性影响的结果，而“被”字句突显役事受到致事施加致使性影响的结果。

施春宏（2016）提出“互动[②]构式语法”理念[③]，认为“‘句式群’这一理念进一步拓展到所有的构式形义关系系统性研究中，就是‘构式群’”，“在构式群理念中描写特殊构式系统形义关系的互动机制的规则、规律及其约束条件，这是互动构式语法的重要目标”。

由上可见，研究某一个构式时如果能够联系相关的构式可能会有更

---

① 所谓“把”字句的间接派生，指的是“把”字句来源于（致使性）动词拷贝结构。（施春宏，2010b）

② 施春宏（2016）对“互动”进行了阐释：“如果不考虑单语素构式的话，每个构式都是一个结构体，可以称之为构式体。对构式体而言，其互动既包括特定构式体内部组构成分（构件）及其关系的互动，也包括不同构式体之间组构成分及其关系的互动。具体而言，可以从三个方面来理解：一是构式中不同组构成分之间的互动关系，二是构式和组构成分之间的互动关系，三是不同构式之间的互动关系。这种互动关系可以称作‘构体互动’。然而，这还只是互动的一个方面，互动还包括‘界面互动’，即影响构式结构体形式和意义的作用因素之间的互动，如语言系统内部各个界面（如音系、韵律、词汇、语义、词法、句法、形态、功能、篇章、语法、修辞等等）、各种范域（如语体、文体，也可归入广义的界面）两两之间的相互作用和多界面、多层面的互相作用。”

③ 施春宏（2015）在分析边缘“把”字句时就“探讨特殊句式形式和意义关系的分析理念和方法论原则”，并“倡导构建互动构式语法”。

多、更深刻的发现，不管是动词性语法构式还是习用性语法构式。利用构式群研究某一构式至少有两大优点：第一，共时平面上可以避免误将构式群的共性当成某一个成员构式的个性；第二，历时平面上可以更清晰地认识构式义存在的理据性。共时研究和历时研究结合起来可以帮助我们更全面、更深入地了解某一构式的句法功能、语用功能以及语义演变脉络。

二 对语法化的思考

语法化的原则和特征，时贤们多有研究，在一定程度上已经达成共识，在第二章我们也已作简要的介绍，在此我们不打算再次重复已有的观点，而是想总结本书在探讨习用性语法构式演变过程中的一些发现。

（一）事件对语法化的影响

我们把表示动作行为的谓词性结构看作一个事件，从句的角度来说，一个小句一般就是一个事件。在语法化过程中，事件结构往往是语法化的重要推手。我们拿本书研究的构式来说明。

“好了$_3$”构式是由“就好了”条件句发展而来。“就好了”条件句是由两个小句组成，前后两个小句都表示实在的意思。例如：

（6）服些药饵就好了。（第三章，例9）

随着语义的引申，“就好了”条件句还可以表达一种愿望。例如：

（7）咱人只要得志，便好了也。（第三章，例11）

在上述条件句中，“服”和“好”以及“得志”和“好”都分别是两个小句的谓词，在句法上互不影响。而随着历史的发展，“就”逐渐脱落，脱落后，原来的“就好了”的两个小句合并成为了一个句子，如下：

（8）有他在好了。（第三章，例14）
（9）不如告诉你们好了。（第三章，例16）

例（8）虽然合并成为了一个句子，但因为表达的是一种愿望，继承了“就好了”条件句表达愿望的语义特征，所以“好了”还有些实义的意味，但此时的语义重心已经前移，“好了”小句作为正句的能力正在丧失。在例（9）中“好了”的实在意义已经基本消失，变成了一个准语气词，原因有二：一是例（9）已经不表达一种愿望，跟原来的“就好了”愿望句相差甚远；二是语义重心在前，“好了”小句作为正句的能力已经完全丧失。换言之，正是事件小句使得“好了”逐渐从一个实义结构变成了一个准语气词。跟“好了$_3$”演变路径大致相同的还有“才怪”构式，此不赘述。

“不是”变为焦点标记也跟事件小句有关。“不是”早先用在陈述句中，是判断语词，后来用在是非问中，是谓语的中心，后跟名词性成分。例如：

（10）直诗赋不是文章耶？（第五章，例85）

“不是”用在反问句中，开始后跟名词性成分，后来后跟谓词性成分的用例逐渐增多，“不是”作谓语中心的地位也逐渐丧失，最后演变为反问句中的焦点标记。

“我跟你说$_2$”是表示强调和吸引受话人注意力的话语标记，其演变也跟事件结构有关。“我跟你说”原来是个主谓结构，后面跟事物宾语，构成一个句子，随着使用语境的增多，其后逐渐可以跟事件宾语。例如：

（11）我跟你说，你知道城里头钦差大人驻马了？（第七章第三节，例37）

例（11）中的“你知道城里头钦差大人驻马了？”就是“我跟你说”的事件宾语。当“我跟你说”后跟事件宾语时，语义重心后移，语义焦点逐渐变为作宾语的“事件”，当“事件宾语”变成句子的核心成分时，“我跟你说”的核心成分地位丧失，演变为一个外围成分——话语标记。

由上可见，事件对某些语法化的进程起着重要的推动作用。当然，并不是所有的语法化都跟事件结构有关，即使相关，事件结构所起的作用也有大小之别，需要具体问题具体分析。

（二）语法化的层级性：演变关系和影响关系

语法化是个历时演变的过程，是个渐变的过程，如果存在一个语法化项A，语法化后变成了B，那么我们把A、B之间的关系称为语法化的演变关系；如果存在另外一个语言形式C，它的某种属性促使了A演变为B，那么我们把C与“A演变为B”之间的关系称为语法化的影响关系。如果只有演变关系，没有影响关系，我们将这个语法化过程称为语法化的单层演变；如果既有演变关系又有影响关系，我们将这个语法化过程称为语法化的双层演变。换言之，演变关系和影响关系构成了语法化的层级性。

本书研究的构式中，“好了$_4$”“好了$_5$”“不是$_2$”“我跟你说$_2$”“不说$_2$”“不说$_3$”的演变都受到了相关构式某种属性的影响。

“好了$_5$”具有语篇转换的功能，是由作谓语的“好了$_1$”演变而来，大概产生于明代；“好了$_4$”是由作补语的“好了$_2$”演变而来，也具有语篇转换的功能，在元代就已见用例。“好了$_4$”虽然是由作补语的“好了$_2$”演变而来，但其“不依附于动词”的特性显然是受作谓语的“好了$_1$”的影响；同时“好了$_4$”具有语篇转换的功能也很有可能受到了“好了$_5$”的影响，当然也有可能是互相影响。

“不是$_2$”的基本功能是强调，在具体的语境中衍生出提醒和弱断言的功能，“不是$_2$”的强调功能是从哪里来的呢？“不是$_2$”是从“不是”是非问演变而来，但“不是$_2$”在演变过程中受到强势句式“不是”反问句的影响，因此它具有强调的功能。

“我跟你说$_2$”是话语标记，作用是强调（加强语气）和吸引受话人的注意力，大约产生于清代，虽然它产生的基础是主谓结构“我跟你说$_1$”，但其在产生过程中极大可能受到同样是话语标记的“我说$_5$”的影响。“我说$_5$”的作用也是吸引受话人的注意力，大约产生于元代。

“不说$_2$”是个后置准递进连词，主要是关联两个小句构成一个递进复句，是从后置的表“排除”义的“不说$_3$”演变而来，“不说$_3$”则是从话题句的“不说$_1$”演变而来。这条演变路径在很大程度上受到了前置的表“排除”义的“不说$_5$”和前置准递进连词“不说$_4$”演变过程的影响，即“不说$_5$”的产生促使了“不说$_3$”的产生，“不说$_4$”的出现促使了“不说$_2$”的产生。

语法化的演变关系一般都能够梳理清楚，但要弄清楚“某一语法化过程有没有影响关系”“哪些能够被确认为是影响关系”等问题却不是一件容易的事情，因此我们在研究某一语法化过程时不能仅仅局限于某一个演变路径，还要联系相关的演变路径，这样才能够有可能搞清楚“某一语法化过程有没有影响关系”“哪些能够被确认为是影响关系”等问题，进而搞清楚语言演变和变异的机制。总之，语法化的研究需要坚持语言的系统观和动态观。

（三）语法化和构式化

所谓语法化是指“词项和构式在某种语言环境中表示某种语法功能的过程，语法化后，继续发展出新的语法功能”（Hopper & Traugott，2003［1993］：xv）；所谓构式化是指某一结构从意义即字面意思发展为意义非字面意思这样的过程[①]。语法化和构式化是两个不同的概念，但它们存在着交叉点，我们叙述如下。

构式化不一定是语法化。语法化会产生新的语法意义，构式化会产生构式义，但构式义并不一定是语法意义。最典型的就是词汇构式的形成，词汇构式一般不表示语法意义。即使表示语法意义的构式也不一定会发生语法化。

但在某些语法化过程中，构式化伴随着语法化。比如“好了$_3$”由“好了$_1$”演变而来，“好了$_1$”只是“谓词+虚词”的临时组合，但语法化过程中逐渐固化为一个构式，其构式义就是语法化过程产生的语法意义。还如“才怪$_2$”的产生也是如此，“才怪”原来只是复句的正句，其结构是“关联副词+谓词”，在使用过程中，其结构逐渐固化，意义也变得越来越抽象化，最后就形成了“才怪$_2$”。其他如“不是$_2$”“我说”“我跟你说$_2$”“不说$_2$”等的演变基本也都同时经历了构式化和语法化。

在某些语法化过程中，构式化先于语法化。比如程度副词“不大”的语法化首先经历了构式化。“不大”在西汉以前是个跨层结构，“不”和“大”是不同句法层面的语言单位。例如：

（12）尔乃迪屡不静，尔心未爱；尔乃不//大宅天命，尔乃屑播天命；尔乃自作不典，图忱于正。（第八章，例55）

（13）夏道未渎辞，不求备，不//大望于民，民未厌其亲；殷人

① 关于构式化，可参看 Traugott & Trousdale（2013），文旭、杨坤（2015），彭睿（2016），文旭、杨旭（2016），刘瑾、杨旭（2017），龙国富、陈光（2018）等。

未渎礼，而求备于民；周人强民，未渎神，而赏爵刑罚穷矣。（第八章，例 56）

（14）小谨者不//大立，訾食者不肥体。（第八章，例 57）

（15）王听臣为之警四境之内，起师言救韩，命战车满道路，发信臣，多其车，重其币，使信王之救己也。纵韩不能听我，韩必德王也，必不为雁行以来，是秦韩不和也，兵虽至，楚不//大病也。（第八章，例 58）

在西汉时期"不大"逐渐从一个跨层结构发展成为一个构式，意思是"次数少"。例如：

（16）杨州葆疆，三代之时，迫要使从中国俗服，不大及以政教，以意御之而已。（第八章，例 59）

（17）鲁王好猎，相常从入苑中，王辄休相就馆舍，相出，常暴坐待王苑外。王数使人请相休，终不休，曰："我王暴露苑中，我独何为就舍！"鲁王以故不大出游。（第八章，例 60）

西汉以后"不大"开始语法化，不仅可以表示"次数少"，还可以表示"程度低"。例如：

（18）今人共害其父母，逆其政令，于真人意，宁可久养不邪？故天不大矜之也。（第八章，例 61）

（19）子或怀狐疑，以吾言不大诚信者，吾文但以试为真。（第八章，例 62）

随着语法化的深入，"不大"构式最终发展成为了一个程度副词。我们可以把"不大"的演变过程归纳如下：

跨层结构>构式>程度副词（构式）

在这个演变过程中，构式化先于语法化，语法化的过程也是构式化程度增高的过程。

综上可知，构式化不一定会发生语法化，语法化也不一定都经过构式化的阶段，当两者交融时可能会出现两种情况：一是构式化伴随语法化；二是构式化先于语法化。①

（四）语法化和语境

语境扩展是语法化的一个子过程，即语法化项用到先前不能使用的语境中，然后需要被重新解释，这样就获得了一种新的意义。这个新意义的性质是什么？是语法化项的意义的抽象化还是语境意义的内化？不仅共时平面可实现语境内化，其实在历时的发展过程中，语境义也可以内化为语法化项的意义。构式“我说$_6$”以及“要不说$_3$”的演变都经历了这个过程。

“我说$_6$”表“醒悟”义，其意义主要受益于话语内容逐渐被语境所涵盖，其演变过程我们已详述于前文，我们再简述如下。

“我说”一开始不表“醒悟”义，这个意思是通过“我说+求因句，原来+原因”的形式表现出来的。如果“原因”可以从会话语境中推出，那“我说+求因句，原来+原因”可省略为“我说+求因句”；如果“求因”的内容是说话人和受话人的共知信息，那“我说+求因句”可省略为“我说呢”。换言之，“醒悟”义的载体由“我说+求因句，原来+原因”变成了“我说呢”，这种形义匹配在使用中逐渐固化，原来的话语义变成了“我说$_6$”的构式义。

① 刘大为（2010a）对构式的产生与发展进行假设：“语言中的基本构式都是可推导的，而在使用过程中构式会在一定动因的作用下发生不可推导的情况。开始都只是一种偶然的临时形式，表现为一种实体性的构式，当它们引起人们继续使用的兴趣就会向两个方向发展：一个是形成习语，这是一种不具能产性的实体构式；一个是经过框架提取和规则化形成具有能产性的关系构式。习语在一定条件下也可能进行框架的提取而成为半实体构式。无论哪一种构式，只要有不可推导的意义存在，构式的理解难度就会增加，而在关系构式中理解难度还会表现为可接受度甚至合语法度的降低。但是构式如果经常性地高频使用，不可推导的构式义就有可能固化在构式上，与构式一起被储存被激活，理解难度也就随之而消失了”，进而提出“修辞构式”的概念，认为：“构式连续统的一端是可推导的构式（最典型的语法构式），另一端则是临时产生了不可推导性的构式（最典型的修辞构式），随着不可推导的意义渐渐凝固在构式上，构式也就渐渐呈现出语法的性质。待到这种意义完全凝固成构式的一部分，修辞构式也就转化为语法构式。”陆俭明（2016）对刘大为（2010a，b）所提出的“修辞构式”以及“语法构式—修辞构式—新的语法构式”的构式演变路径予以肯定。

“要不说$_3$”表示强调，这种功能的获得也是因为话语内容被语境所涵盖。“要不说$_3$”完整的形式应该是“要不我（们）说”[①]，而“我（们）”在会话语境中本就是说话人，是说话人和受话人共知的信息，所以就省略了，省略后就变成了“要不说$_3$”。

由此可见，语境不仅可以促使语法化项获得新的意义，还可以使语法化项的形式变得简洁、经济。语境对语法化的作用可能还不止于此，我们会在以后的研究中继续挖掘。

第二节　本书研究尚存的问题

本书的主要思路是具体研究了六类习用性语法构式，以此为基础对构式语法和语法化作了一些理论上的总结。研究过程是艰苦的，但我们也必须正视研究上的不足以及尚存的问题。

我个人对本书的不满意之处主要表现在三个方面：

第一，所选取的构式比较少，仅有六类，大概包括十八个构式，它们分别是“好了$_3$”“好了$_4$”“好了$_5$”“V+tα$_2$+个 VP”“‘不是’反问句”“不是$_2$”“才怪$_2$”“我说$_5$”“我说$_6$”“我跟你说$_2$”“不说$_2$”“不说$_3$”“不说$_4$”“不说$_5$”“不说$_6$”“不说$_7$”“要不说$_3$”和“不大”。如果能够有较多时间的话，我们还会继续深入地研究其他构式，肯定会有更大的收获。

第二，对“语境、认知等因素对语法构式的影响”挖掘得还不够深。习用性语法构式的语用信息较为丰富，是研究语法、语用、认知之间关系的有效途径，我们只是在文中笼统地叙述了语用和认知对语法构式获得某种语法功能的影响，并没有系统地展开，这是非常遗憾的事情。

第三，我们所能依赖的文献材料尽管已经十分丰富，但较之于构式发展的历史依然有很大的局限性，不可能反映语言发展过程的全貌，一些演

① 刘大为（2010b）指出“在进行构式义的语义概括时，我们其实已经将许多复杂的意义成分作为默认的条件隐含掉了，如果将它们都补出来，对每一种构式义的描述都将变成一个庞杂的系统。条件之所以被默认，就因为通常的情形下它们一定伴随着构式的情境而出现，被我们下意识地遵行，以至于可以不必考虑它们”，“要不我（们）说”中“我（们）”的脱落正是情境默认的结果。

变的环节也很可能并未能够在文献中保留下来，同时也不排除因研究者能力的局限而造成的疏漏。敬请方家正之。

不足的地方肯定还有很多，限于时间和精力，我们只好先拿出来让师友和读者们批评斧正。

征引文献

一、现代语料征引文献

阿城:《棋王》,作家出版社 1985 年版。

[美] 埃尔玛·鲍姆贝克:《父亲算是什么?》,载北京师联教育科学研究所编《外国散文基本解读》,人民武警出版社 2002 年版。

巴金:《家》,人民文学出版社 1953 年版。

巴金:《巴金散文》,吉林文史出版社 2006 年版。

白先勇:《白先勇短篇小说选》,福建人民出版社 1982 年版。

卞庆奎:《中国北漂艺人生存实录》,中国青年出版社 2005 年版。

[意] 卜迦丘:《十日谈》,丘林译,中原农民出版社 1995 年版。

曹禺:《曹禺选集》,人民文学出版社 2004 年版。

岑凯伦:《还你前生债》,花城出版社 1990 年版。

岑凯伦:《合家欢》,花城出版社 1997 年版。

岑凯伦:《蜜糖儿》,花城出版社 1997 年版。

曾辉等:《圣经故事》,中国社会科学出版社 1994 年版。

曾卓:《曾卓文集》,长江文艺出版社 1994 年版。

陈建功、赵大年:《皇城根》,作家出版社 1992 年版。

陈建功:《放生》,作家出版社 2009 年版。

陈世旭:《将军镇》,上海文艺出版社 1999 年版。

陈学昭:《拉斐德墅之游》,载《蔓草拾零》,浙江文艺出版社 1984 年版。

陈忠实:《白鹿原》,人民文学出版社 2004 年版。

谌容:《梦中的河》,海峡文艺出版社 1996 年版。

程德培:《友情·中国篇》,安徽文艺出版社 1991 年版。

［日］村上春树：《挪威的森林》，赖明珠译，敦煌文艺出版社 1999 年版。

戴厚英：《流泪的淮河》，安徽文艺出版社 1999 年版。

邓友梅：《小说杂拌》，北京燕山出版社 1997 年版。

邓友梅：《邓友梅小说精选》，燕之编，太白文艺出版社 2001 年版。

杜鹏程：《保卫延安》，人民文学出版社 1956 年版。

冯志：《敌后武工队》，人民文学出版社 2005 年版。

冯德英：《迎春花》，解放军文艺出版社 1990 年版。

冯德英：《苦菜花》，解放军文艺出版社 2007 年版。

冯骥才：《一百个人的十年》，时代文艺出版社 2003 年版。

冯苓植：《狐幻》，上海文艺出版社 1988 年版。

冯苓植：《雪驹》，石家庄：河北少年儿童出版社 1998 年版。

高阳：《灯火楼台》，生活·读书·新知三联书店 2006 年版。

高阳：《红顶商人》，生活·读书·新知三联书店 2006 年版。

［苏］高尔基：《高尔基文集》，李云朋译，中国社会出版社 2000 年版。

古龙：《古龙作品全集》，太白文艺出版社 2003 年版。

［美］哈梅特：《马耳他黑鹰》，陈良廷、刘文澜译，云南人民出版社 1981 年版。

浩然：《春歌集》，天津人民出版社 1973 年版。

金庸：《神雕侠侣》，广州出版社 2008 年版。

［英］柯南道尔：《福尔摩斯探案集》（四），欧阳达、李广成译，群众出版社 1980 年版。

老舍：《牛天赐传》，宁夏人民出版社 1980 年版。

老舍：《正红旗下》，人民文学出版社 1980 年版。

老舍：《鼓书艺人》，人民文学出版社 1980 年版。

老舍：《老舍剧作全集》，中国戏剧出版社 1982 年版。

老舍：《四世同堂》（合订本），百花文艺出版社 1985 年版。

老舍：《老张的哲学 赵子曰》，人民文学出版社 1986 年版。

老舍：《小坡的生日》，敦煌文艺出版社 1995 年版。

老舍：《二马》，人民文学出版社 1998 年版。

老舍：《老张的哲学 文博士》，南海出版公司 1999 年版。

老舍:《骆驼祥子》,人民文学出版社 2000 年版。

老舍:《杀狗》,载《老舍全集》(第 7 卷)(修订本),人民文学出版社 2008 年版。

老舍:《同盟》,载《老舍全集》(第 7 卷)(修订本),人民文学出版社 2008 年版。

老舍:《东西》,载《老舍全集》(第 7 卷)(修订本),人民文学出版社 2008 年版。

老舍:《蜕》,载《老舍全集》(第 8 卷)(修订本),人民文学出版社 2008 年版。

老舍:《一筒炮台烟》,载《老舍全集》(第 8 卷)(修订本),人民文学出版社 2008 年版。

老舍:《猫城记 · 新韩穆烈德》,文汇出版社 2008 年版。

老舍:《月牙集》,文汇出版社 2008 年版。

老舍:《微神集》,文汇出版社 2009 年版。

李长声:《樱下漫读》,敦煌文艺出版社 1994 年版。

李存葆:《高山下的花环》,北京出版社 1983 年版。

李鸿禾、管虎:《冬至》,九州出版社 2004 年版。

李健吾:《李健吾代表作》,中国现代文学馆编,华夏出版社 1999 年版。

李晓明、韩安庆:《平原枪声》,人民文学出版社 1978 年版。

李英儒:《野火春风斗古城》,人民文学出版社 1962 年版。

李仲凯:《文坛传奇》,太白文艺出版社 2005 年版。

梁斌:《红旗谱》,人民文学出版社 2004 年版。

梁凤仪:《弄雪》,中国戏剧出版社 2004 年版。

梁晓声:《梁晓声作品自选集》,漓江出版社 1996 年版。

梁晓声:《荒原作证》,长江文艺出版社 1997 年版。

刘流:《烈火金刚》,中国青年出版社 2005 年版。

刘健屏:《今年你七岁》,湖北少年儿童出版社 2006 年版。

刘绍棠:《运河的桨声》,河北人民出版社 1980 年版。

刘心武:《刘心武文集》(第 3 卷),华艺出版社 1993 年版。

刘醒龙:《菩提醉了》,文汇出版社 2006 年版。

刘震云:《刘震云精品文集》,延边人民出版社 1999 年版。

刘震云：《故乡天下黄花》，人民文学出版社 2009 年版。

柳建伟：《突出重围》，人民文学出版社 2009 年版。

鲁迅：《朝花夕拾》，人民文学出版社 1979 年版。

鲁迅：《鲁迅散文精选》，长江文艺出版社 2009 年版。

陆步轩：《屠夫看世界》，北京十月文艺出版社 2005 年版。

陆文夫：《人之窝》，上海文艺出版社 1995 年版。

陆文夫：《陆文夫小说选》，江苏文艺出版社 2009 年版。

路遥：《路遥》，人民文学出版社 1998 年版。

罗广斌、杨益言：《红岩》，中国青年出版社 2000 年版。

［英］毛姆：《人生的枷锁》，张伯然等译，上海译文出版社 1997 年版。

茅盾：《子夜》，人民文学出版社 1961 年版。

莫怀戚等：《透支时代》，南海出版公司 2001 年版。

穆时英：《虚情》，吉林人民出版社 1995 年版。

聂丛丛：《新解〈红楼梦〉》，中国人民大学出版社 2004 年版。

欧阳山：《苦斗》，北岳文艺出版社 2001 年版。

皮皮：《比如女人》，春风文艺出版社 2000 年版。

钱锺书：《围城》，人民文学出版社 1991 年版。

钱锺书：《钱锺书散文精选》，时代文艺出版社 2000 年版。

清旋：《天降宠爱》，花山文艺出版社 2014 年版。

琼瑶：《雁儿在林梢》，江苏文艺出版社 1985 年版。

琼瑶：《月朦胧鸟朦胧》，作家出版社 1985 年版。

琼瑶：《鬼丈夫》，作家出版社 1994 年版。

琼瑶：《聚散两依依》，花城出版社 1996 年版。

琼瑶：《青青河边草》，花城出版社 1996 年版。

琼瑶：《烟锁重楼》，花城出版社 1996 年版。

曲波：《林海雪原》，人民文学出版社 2004 年版。

权延赤：《红墙内外：毛泽东生活实录》，解放军文艺出版社 1989 年版。

［美］R. J. 沃勒：《廊桥遗梦（附情人）》，跃进译，时代文艺出版社 2001 年版。

人民文学出版社：《一九八二年短篇小说选》，人民文学出版社 1983

年版。

人民文学出版社：《1992年短篇小说选》，人民文学出版社1993年版。

苏雪林：《归途》，于青选编，群众出版社1999年版。

孙犁：《风云初记》，人民文学出版社2002年版。

铁凝：《大浴女》，人民文学出版社2006年版。

汪曾祺：《受戒：汪曾祺自选集》，漓江出版社1987年版。

王蒙：《王蒙小说精选》，太白文艺出版社1995年版。

王朔：《王朔文集》，华艺出版社1992年版。

［英］王尔德：《王尔德童话》，王林译，译林出版社2003年版。

王海鸰：《中国式离婚》，北京出版社2004年版。

王海鸰：《新结婚时代》，作家出版社2006年版。

王小波：《绿毛水怪》，载《王小波全集》（第3卷），中国青年出版社1999年版。

王小波：《我的精神家园》，载《王小波全集》（第4卷），中国青年出版社1999年版。

王小波：《寻找无双》，载《王小波全集》（第2卷），中国青年出版社1999年版。

王小枪：《完全强盗手册》，中国友谊出版公司2005年版。

［英］威廉·莎士比亚：《威尼斯商人》，中国画报出版社2014年版。

魏润身：《血沁》，金城出版社2000年版。

吴亮、程德培：《新小说在1985年》，上海社会科学院出版社1986年版。

吴强：《红日》，解放军文艺出版社2007年版。

吴伯箫：《吴伯箫散文选》，人民文学出版社1983年版。

［美］西奥多·德莱塞：《美国悲剧》，潘庆舲译，上海译文出版社1994年版。

［英］夏洛蒂·勃朗特：《简·爱》，黄源深译，译林出版社1993年版。

萧红：《生死场》，黑龙江人民出版社1980年版。

谢冕：《中国百年文学经典文库·散文卷》（下），海天出版社1996年版。

徐坤：《热狗》，载王周生等《陪读夫人》，华龄出版社 2000 年版。

徐坤：《白话》，载《中国作家》杂志社主编《中国作家经典文库·徐坤卷》，光明日报出版社 2002 年版。

徐贵祥：《历史的天空》，解放军文艺出版社 2007 年版。

雪克：《战斗的青春》，上海文艺出版社 1961 年版。

阎纲：《妇女小说选》，宁夏人民出版社 1986 年版。

阎纲等：《一九八七年短篇小说选》，人民文学出版社 1989 年版。

杨沫：《我一生中的三个爱人》，载《杨沫文集》（第 7 卷），北京十月文艺出版社 1994 年版。

杨沫：《青春之歌》，中国青年出版社 2004 年版。

姚雪垠：《李自成》（第 1 卷），中国青年出版社 1963 年版。

姚雪垠：《李自成》（第 2 卷），中国青年出版社 1976 年版。

亦舒：《流金岁月》，海天出版社 1996 年版。

亦舒：《紫微愿》，海天出版社 1996 年版。

亦舒：《香雪海》，南海出版公司 2002 年版。

亦舒：《异乡人》，南海出版公司 2002 年版。

尤凤伟：《石门绝唱》，泰山出版社 1998 年版。

于晴：《红苹果之恋》，内蒙古人民出版社 2001 年版。

余秋雨：《抱愧山西》，载高洪波主编《历届鲁迅文学奖获奖作品精选（散文卷）》，长江文艺出版社 2006 年版。

俞平伯：《俞平伯散文杂论编》，上海古籍出版社 1990 年版。

元音老人：《略论明心见性》（佛法修证心要丛书），宗教文化出版社 2004 年版。

[美] 约翰·G. 哈贝尔：《再见了，孩子》，载卡卡编《那些生命中美好而温馨的事》，中国民航出版社 2006 年版。

张炜：《柏慧》，人民文学出版社 2009 年版。

张天翼：《张天翼小说选集》，人民文学出版社 1979 年版。

张贤亮：《张贤亮小说自选集》，漓江出版社 1995 年版。

赵树理：《李家庄的变迁》，人民文学出版社 1957 年版。

赵树理：《三里湾》，人民文学出版社 1958 年版。

赵树勤：《中国当代文学作品选》，湖南师范大学出版社 2004 年版。

周而复：《上海的早晨》，人民文学出版社 1958 年版。

朱洪海：《兰馨》，北京燕山出版社 2012 年版。

朱秀海：《乔家大院》，上海辞书出版社 2005 年版。

［日］紫式部：《源氏物语》，殷志俊译，远方出版社 1996 年版。

二、古代语料征引文献

（东汉）班固：《汉书》，中华书局 2007 年版。

（民国）曹绣君：《古今情海》，刘玉瑛、梅敬忠主编，吉林文史出版社 1994 年版。

（清）曹雪芹、（清）高鹗：《红楼梦》（第二版），中国艺术研究院红楼梦研究所校注，人民文学出版社 1996 年版。

（清）曾朴：《孽海花》，冷时峻校点，上海古籍出版社 2001 年版。

（民国）常杰淼：《雍正剑侠图》，北京燕山出版社 1997 年版。

（元）陈澔：《新刊四书五经·礼记集说》，中国书店 1994 年版。

（晋）陈寿：《三国志》，（宋）裴松之注，中华书局 2005 年版。

陈奇猷：《吕氏春秋校释》，学林出版社 1984 年版。

（清）褚人获：《隋唐演义》，上海古籍出版社 1981 年版。

（唐）杜佑：《通典》，王文景等点校，中华书局 1988 年版。

（唐）房玄龄等：《晋书》，中华书局 1974 年版。

（明）冯梦龙：《警世通言》，严敦易校注，人民文学出版社 1956 年版。

（明）冯梦龙：《古今小说》，许政扬校注，人民文学出版社 1958 年版。

（明）冯梦龙：《醒世恒言》，阳羡生校点，上海古籍出版社 2012 年版。

傅惜华：《宋元话本集》，四联出版社 1955 年版。

（元）高明：《琵琶记》，钱南扬校注，上海古籍出版社 1980 年版。

（清）郭广瑞：《永庆升平全传》，崔枢华点校，北京师范大学出版社 1993 年版。

（清）郭小亭、（清）坑馀生：《续济公传》，浙江古籍出版社 1991 年版。

（清）郭则沄：《红楼真梦》，北京大学出版社 1988 年版。

（战国）韩非：《韩非子》，陈奇猷校注，增订本，中华书局 1958

年版。

（东汉）桓谭：《新论》，上海人民出版社 1977 年版。

黄征、张涌泉：《敦煌变文校注》，中华书局 1997 年版。

（宋）惠洪：《禅林僧宝传》，吕有祥点校，中州古籍出版社 2014 年版。

（南朝梁）慧皎：《高僧传》，汤用彤校注，汤一玄先生整理，中华书局 1992 年版。

（西汉）贾谊：《新书》，载《贾谊集》，上海人民出版社 1976 年版。

（南唐五代）静、筠：《祖堂集》，日本花园大学禅文化研究所影印大字本，1994 年版。

（元）柯丹邱：《荆钗记》，中山大学中文系五五级明清传奇校勘小组整理，中华书局 1959 年版。

（明）兰陵笑笑生：《金瓶梅词话》，陶慕宁校注、丁宗一审定，人民文学出版社 2000 年版。

（宋）黎靖德：《朱子语类》，中华书局 1986 年版。

黎翔凤：《管子校注》，梁运华整理，中华书局 2004 年版。

（宋）李昉：《太平广记》，中华书局 1961 年版。

李申、方广锠：《敦煌坛经合校简注》，山西古籍出版社 1999 年版。

（清）李百川：《绿野仙踪》，上海古籍出版社 1991 年版。

（清）李宝嘉：《官场现形记》，华夏出版社 1995 年版。

（清）李汝珍：《镜花缘》，上海古籍出版社 1991 年版。

（唐）李延寿：《南史》（全 6 册），中华书局 1975 年版。

林鲤：《中国历代珍稀小说　四》，九州图书出版社 1998 年版。

（明）凌濛初：《二刻拍案惊奇》，章培恒整理，王古鲁注释，上海古籍出版社 1983 年版。

（明）凌濛初：《拍案惊奇》，古本小说集成本，上海古籍出版社 1995 年版。

（西汉）刘向：《战国策》，上海古籍出版社 1978 年版。

刘盼遂：《论衡集解》，古籍出版社 1957 年版。

（南朝宋）刘义庆：《世说新语》，徐震堮校笺，中华书局 1984 年版。

（明）罗懋登：《三宝太监西洋记通俗演义》，石仁和点校，上海古籍出版社 1985 年版。

（东汉）摩腾、（东汉）竺法兰：《佛说四十二章经》，（明）守遂注，（明）了童补注，《卍新纂续藏经》（第 37 册），新文丰出版公司 1975 年版。

欧阳健、萧相恺：《宋元小说话本集》，中州古籍出版社 1987 年版。

（清）皮锡瑞：《今文尚书考证》，盛冬铃、陈抗点校，中华书局 1989 年版。

（宋）普济：《五灯会元》，苏渊雷点校，中华书局 1984 年版。

（明）清溪道人：《东度记》，上海古籍出版社 1991 年版。

（刘宋）求那跋陀罗：《杂阿含经》，［日］高楠顺次郎、［日］小野玄妙等辑，《大正藏》（第 2 册），新文丰出版公司 1983 年版。

（清）阮元：《十三经注疏》，中华书局 1980 年版。

（南朝梁）僧旻、（南朝梁）宝唱：《经律异相》，上海古籍出版社 1988 年版。

（宋）沈括：《梦溪笔谈》，胡道静校证，上海古籍出版社 1987 年版。

（明）沈德符：《万历野获编（历代笔记小说大观）》，杨万里校点，上海古籍出版社 2012 年版。

（元）施惠：《幽闺记》，中山大学中文系五五级明清传奇校勘小组整理，中华书局 1959 年版。

（明）施耐庵、（明）罗贯中：《水浒全传》，中华书局 1961 年版。

（清）石玉昆：《小五义》，广西人民出版社 1988 年版。

（清）石玉昆：《七侠五义》，穆公校点，上海古籍出版社 2000 年版。

（清）石玉昆：《续小五义》，岳麓书社 2004 年版。

（隋）释吉藏：《大乘玄论》，［日］高楠顺次郎、［日］小野玄妙等辑，《大正藏》（第 45 册），新文丰出版公司 1983 年版。

（隋）释智𫖮：《摩诃止观》，［日］高楠顺次郎、［日］小野玄妙等辑，《大正藏》（第 46 册），新文丰出版公司 1983 年版。

（西汉）司马迁：《史记》，［南朝宋］裴骃集解，（唐）司马贞索隐，（唐）张守节正义，中华书局 1982 年版。

（清）司香旧尉：《海上尘天影》，古本小说集成本，上海古籍出版社 1992 年版。

（清）孙诒让：《墨子间诂》，孙以楷点校，中华书局 1986 年版。

（清）贪梦道人：《彭公案》，中国文史出版社 2003 年版。

唐圭璋：《全宋词》，中华书局 1965 年版。

（清）唐芸洲：《七剑十三侠》，张万钧校点，中州古籍出版社 1998 年版。

（清）汪寄：《希夷梦》，上海古籍出版社 1992 年版。

汪维辉：《朝鲜时代汉语教科书丛刊》，中华书局 2005 年版。

王明：《太平经合校》，中华书局 1960 年版。

王明：《抱朴子内篇校释》，中华书局 1980 年版。

（宋）王溥：《五代会要》，上海古籍出版社 1978 年版。

（五代）王定保：《唐摭言》，古典文学出版社 1957 年版。

（宋）王钦若等：《册府元龟》，周勋初等校订，凤凰出版社 2006 年版。

（清）魏文中：《绣云阁》（中国近代小说大系），江西人民出版社 1989 年版。

（清）文康：《儿女英雄传》，古本小说集成本，上海古籍出版社 1991 年版。

（清）无垢道人：《八仙得道》，卜维义等点校，春风文艺出版社 1987 年版。

（清）无名氏：《海公小红袍全传》，冷时峻标点，上海古籍出版社 1993 年版。

（明）吴承恩：《西游记》（世德堂本），古本小说集成本，上海古籍出版社 1991 年版。

（清）吴趼人：《二十年目睹之怪现状》，张友鹤校注，人民文学出版社 2000 年版。

吴则虞：《晏子春秋集释》，中华书局 1962 年版。

（清）西周生：《醒世姻缘传》，黄肃秋校注，上海古籍出版社 1983 年版。

（清）逍遥子：《后红楼梦》（明清善本小说丛刊初编第 10 辑），（台北）政治大学古典小说研究中心主编，天一出版社 2006 年版。

（南朝梁）萧子显：《南齐书》，中华书局 1972 年版。

（元）徐畛：《杀狗记》，俞为民校注，上海古籍出版社 1992 年版。

（唐）徐炫：《五代新说》，刘后滨整理，载孙家洲主编《中华野史（先秦至隋朝卷）》，泰山出版社 2000 年版。

徐征等：《全元曲》，河北教育出版社 1998 年版。

（明）许仲琳：《封神演义》，人民文学出版社 1983 年版。

（东汉）荀悦、（东晋）袁宏：《两汉纪》，中华书局 2002 年版。

杨伯峻：《春秋左传注》（全四册）（修订本），中华书局 1990 年版。

杨明照：《抱朴子外篇校笺》，中华书局 1991 年版。

（清）佚名：《施公案》，宝文堂书店 1982 年版。

（清）佚名：《济公全传》，山西人民出版社 1996 年版。

（汉）应劭：《风俗通义》，王利器校注，中华书局 1981 年版。

（明）余邵鱼：《周朝秘史》，载《中华秘史》（第二部），内蒙古人民出版社 2001 年版。

（清）俞达：《青楼梦》，古本小说集成本，上海古籍出版社 1994 年版。

（宋）赜藏主：《古尊宿语录》，萧萐父、吕有祥、蔡兆华点校，中华书局 1994 年版。

（清）张春帆：《九尾龟》，古本小说集成本，上海古籍出版社 1995 年版。

（唐）张文成：《游仙窟》，载鲁迅校录《唐宋传奇集》，齐鲁书社 1997 年版。

中国古典文学出版社：《京本通俗小说》（缪荃孙景刻本），中国古典文学出版社 1954 年版。

中华书局编辑部：《全唐诗》（增订本），中华书局编辑部点校，中华书局 1999 年版。

中华书局上海编辑所编辑：《话本选注》（上），中华书局 1960 年版。

（宋）周辉：《清波杂志》，刘永翔校注，中华书局 1994 年版。

（元）周伯琦：《六书正讹》，北京图书馆出版社 2005 年版。

周绍良：《唐代墓志汇编续集》，上海古籍出版社 2001 年版。

周贻白：《明人杂剧选》，人民文学出版社 1958 年版。

（战国）庄周：《庄子》，（晋）郭象注，（唐）成玄英疏，曹础基、黄兰发点校，中华书局 2010 年版。

参考文献[1]

一　中文文献

（一）著作

［美］Adele E. Goldberg：《构式：论元结构的构式语法研究》，吴海波译，北京大学出版社2007年版。

［丹麦］奥托·叶斯柏森：《语法哲学》，商务印书馆2009年版。

北京大学中文系1955、1957级语言班：《现代汉语虚词例释》，商务印书馆1982年版。

曹秀玲：《汉语话语标记多视角研究》，中国社会科学出版社2016年版。

车录彬：《现代汉语羡余否定构式研究》，中国社会科学出版社2016年版。

陈炯：《中国文化修辞学》，江苏古籍出版社2001年版。

陈昌来：《汉语常用双音词词汇化和语法化研究》，学林出版社2017年版。

陈建民：《汉语口语》，北京出版社1984年版。

陈文博：《现代汉语新型构式的语义认知研究》，中国书籍出版社2016年版。

戴耀晶：《现代汉语时体系统》，浙江教育出版社1997年版。

丁声树等：《现代汉语语法讲话》，商务印书馆1961年版。

---

① 相同作者同一年的论著我们以小写英文字母a、b、c、d区别；相同作者同年不同期的论著，标注的先后顺序依据其期号，我们不再另外说明；相同作者同年又同期的论著，我们会另外在参考文献中以小注的方式注明。

董秀芳：《词汇化：汉语双音词的衍生和发展》，四川民族出版社2002年版。

董秀芳：《词汇化：汉语双音词的衍生和发展》（修订本），商务印书馆2011年版。

董秀芳：《汉语词汇化和语法化的现象及规律》，学林出版社2017年版。

段业辉、刘树晟：《现代汉语构式语法研究》，世界图书出版公司北京公司2012年版。

方梅、乐耀：《规约化与立场表达》，北京大学出版社2017年版。

冯胜利：《汉语的韵律、词法与句法》，北京大学出版社1997年版。

冯胜利：《汉语韵律句法学》，上海教育出版社2000年版。

冯胜利：《汉语韵律句法学》（增订本），商务印书馆2013年版。

［德］弗里德里希·温格瑞尔、［德］汉斯—尤格·施密特：《认知语言学导论》（第二版），彭利贞等译，复旦大学出版社2009年版。

高名凯：《汉语语法论》，商务印书馆1986年版。

龚千炎：《汉语的时相时制时态》，商务印书馆1995年版。

何自然、陈新仁：《当代语用学》，外语教学与研究出版社2004年版。

黄伯荣、廖序东：《现代汉语·上册》（增订三版），高等教育出版社2002年版。

黄金贵：《古代文化词义集类考辨》，上海教育出版社1995年版。

黎锦熙：《新著国语文法》，商务印书馆1924年版。

李行健：《现代汉语规范词典》（第三版），外语教学与研究出版社、语文出版社2014年版。

［韩］李泰洙：《〈老乞大〉四种版本语言研究》，语文出版社2003年版。

李铁根：《现代汉语时制研究》，辽宁大学出版社1999年版。

李先银：《现代汉语话语否定标记研究》，世界图书出版公司北京分公司2017年版。

李宗江、王慧兰：《汉语新虚词》，上海教育出版社2011年版。

李宗江[1]：《演变视角的汉语研究》，世界图书广东出版公司 2014 年版。

李宗江：《语法化与汉语实词虚化》，学林出版社 2017 年版。

陆方喆：《现代汉语反预期标记研究》，中国社会科学出版社 2017 年版。

陆俭明、马真：《现代汉语虚词散论》（第三版），北京大学出版社 2017 年版。

陆志韦：《北京话单音词词汇》，人民出版社 1951 年版。

陆志韦：《汉语的构词法》，科学出版社 1957 年版。

陆宗达、俞敏：《现代汉语语法》，群众书店 1954 年版。

罗耀华：《副词化、词汇化与语法化——语气副词探微》，华中师范大学出版社 2015 年版。

吕叔湘、朱德熙：《语法修辞讲话》，中国青年出版社 1979 年版。

吕叔湘：《中国文法要略》，商务印书馆 1982 年版。

吕叔湘：《语文杂记》，上海教育出版社 1984 年版。

吕叔湘著，江蓝生补[2]：《近代汉语指代词》，学林出版社 1985 年版。

吕叔湘：《现代汉语八百词》（增订本），商务印书馆 1999 年版。

彭利贞：《现代汉语情态研究》，中国社会科学出版社 2007 年版。

戚雨村、董达武等：《语言学百科词典》，上海辞书出版社 1993 年版。

邵敬敏：《现代汉语疑问句研究》，华东师范大学出版社 1996 年版。

邵敬敏：《现代汉语疑问句研究》（增订本），商务印书馆 2014 年版。

邵敬敏：《现代汉语通论》（第二版），上海教育出版社 2007 年版。

邵敬敏：《现代汉语通论 上》（第三版），上海教育出版社 2016 年版。

沈家煊[3]：《不对称和标记论》，江西教育出版社 1999 年版。

施春宏：《汉语动结式的句法语义研究》，北京语言大学出版社 2008 年版。

石毓智、李讷：《汉语语法化的历程——形态句法发展的动因和机

① 在正文中记为李宗江（2014b）。

② 在正文中记为吕叔湘（1985b）。

③ 在正文中记为沈家煊（1999b）。

制》，北京大学出版社 2001 年版。

孙利萍：《现代汉语言说类话语标记研究》，社会科学文献出版社 2017 年版。

［日］太田辰夫：《中国语历史文法》（修订译本），蒋绍愚、徐昌华译，北京大学出版社 2003 年版。

唐贤清：《〈朱子语类〉副词研究》，湖南人民出版社 2004 年版。

陶然、萧良、岳中等：《现代汉语虚词辞典》，中国国际广播出版社 1995 年版。

汪维辉：《东汉—隋常用词演变研究》（修订本），商务印书馆 2017 年版。

王力：《中国现代语法》（全二册），中华书局 1954 年版。

王力[①]：《中国语法理论》（全二册），中华书局 1954 年版。

王力：《汉语史稿》，中华书局 1980 年版。

王寅[②]：《认知语法概论》，上海外语教育出版社 2006 年版。

王凤阳：《古辞辨》，吉林文史出版社 1993 年版。

王希杰：《汉语修辞学》，商务印书馆 2004 年版。

王晓凌：《非现实语义研究》，学林出版社 2009 年版。

王政白：《古汉语虚词词典》（增订本），黄山书社 2002 年版。

温端政：《汉语语汇学》，商务印书馆 2005 年版。

温端政：《汉语语汇学教程》，商务印书馆 2006 年版。

吴洁敏、朱宏达：《汉语节律学》，语文出版社 2001 年版。

吴为善：《构式语法与汉语构式》，学林出版社 2016 年版。

熊仲儒：《论元结构与汉语构式》，安徽师范大学出版社 2014 年版。

徐晶凝：《现代汉语话语情态研究》，昆仑出版社 2008 年版。

徐烈炯、刘丹青：《话题的结构与功能》，上海教育出版社 2007

① 王力先生所著：《中国现代语法》上册初版于 1943 年 11 月，下册初版于 1944 年 8 月；《中国语法理论》上册初版于 1944 年 9 月，下册初版于 1945 年 10 月。参看王力（1954［1944b］）“新版自序”。这两本书我们参照的都是 1954 年中华书局版，文中出现王力（1954［1943］）均指《中国现代语法》上册，王力（1954［1944a］）均指《中国现代语法》下册，王力（1954［1944b］）均指《中国语法理论》上册，王力（1954［1945］）均指《中国语法理论》下册。

② 在正文中记为王寅（2006b）。

年版。

许慎：《说文解字》，中华书局1963年版。

杨荣祥：《近代汉语副词研究》，商务印书馆2005年版。

姚双云：《复句关系标记的搭配研究》，华中师范大学出版社2008年版。

殷树林：《现代汉语话语标记研究》，中国社会科学出版社2012年版。

张斌：《现代汉语虚词词典》，商务印书馆2001年版。

张黎：《汉语口语话语标记成分研究》，北京语言大学出版社2017年版。

张爱玲：《现代汉语常用构式的共时与历时互动研究》，南京大学出版社2016年版。

张伯江、方梅：《汉语功能语法研究》，商务印书馆2014年版。

张晓涛：《疑问和否定的相通性及构式整合研究》，中国社会科学出版社2011年版。

张谊生：《现代汉语副词研究》，学林出版社2000年版。

张志公等：《汉语》（初级中学课本），第一、二册合编，人民教育出版社1956年版。

赵元任：《汉语口语语法》，吕叔湘译，商务印书馆1979年版。

郑娟曼：《现代汉语习语性贬抑义构式研究》，中国社会科学出版社2015年版。

中国社会科学院语言研究所词典编辑室编：《现代汉语词典》（第七版），商务印书馆2016年版。

周刚：《连词与相关问题》，安徽教育出版社2004年版。

周有光：《汉字改革概论》，文字改革出版社1961年版。

朱军：《汉语构式语法研究》，中国社会科学出版社2010年版。

朱德熙：《语法讲义》，商务印书馆1982年版。

（二）论文

1. 期刊论文

白荃：《“而且”和“再说”》，《北京师范大学学报》（社会科学版）1993年第6期。

鲍幼文：《谈除非》，《语文学习》1955年第1期。

曹聪孙：《齐夫定律和语言的“熵”》，《天津师大学报》1987 年第 4 期。

曹秀玲：《从主谓结构到话语标记——“我/你 V”的语法化及相关问题》，《汉语学习》2010 年第 5 期。

常瑛华、兰成孝：《反问句语用否定功能论》，《社会科学家》2008 年第 7 期。

陈平：《论现代汉语时间系统的三元结构》，《中国语文》1988 年第 6 期。

陈家隽：《“我说”历时演变的韵律实验启示——兼谈功能与韵律的交叉研究》，《汉语学习》2016 年第 1 期。

陈丽君：《试析作为话语标记的“我给你说”》，《浙江旅游职业学院学报》2010 年第 1 期。

陈丽君：《话语标记“我给你说”的演变过程》，《浙江师范大学学报》（社会科学版）2010 年第 6 期。

陈前瑞：《“来着”补论》，《汉语学习》2006 年第 1 期。

陈望道：《评胡适论“除非”并说及“又不”》，《民国日报》副刊《觉悟》1922 年 10 月 22 日。

陈振宇、邱明波：《反预期语境中的修辞性推测意义——“难道、不会、怕、别”》，《当代修辞学》2010 年第 4 期。

程湘清：《先秦双音词研究》，载程湘清主编《先秦汉语研究》，山东教育出版社 1992 年版。

储诚志：《语气词语气意义的分析问题——以“啊”为例》，《语言教学与研究》1994 年第 4 期。

储泽祥、谢晓明：《汉语语法化研究中应重视的若干问题》，《世界汉语教学》2002 年第 2 期。

丁力：《反逼“别说”句》，《语言研究》1999 年第 1 期。

丁婵婵：《“才怪”的词汇化及语用功能》，《池州学院学报》2014 年第 5 期。

董秀芳：《“不”与所修饰的中心词的粘合现象》，《当代语言学》2003 年第 1 期。

董秀芳：《“X 说”的词汇化》，《语言科学》2003 年第 2 期。

董秀芳：《词汇化与语法化的联系与区别——以汉语史中的一些词汇

化为例》，载商务印书馆编辑部编《21 世纪的中国语言学》（二），商务印书馆 2006 年版。

董秀芳：《句法构式与词汇化》，载《科学发展：文化软实力与民族振兴》（上卷），北京师范大学出版社 2009 年版。

董秀芳：《来源于完整小句的话语标记“我告诉你”》，《语言科学》2010 年第 3 期。

董燕萍、梁君英：《走近构式语法》，《现代外语》2002 年第 2 期。

方梅：《汉语对比焦点的句法表现手段》，《中国语文》1995 年第 4 期。

冯胜利：《论汉语的“韵律词”》，《中国社会科学》1996 年第 1 期。

冯胜利：《论汉语的“自然音步”》，《中国语文》1998 年第 1 期。

冯胜利：《汉语双音化的历史来源》，《现代中国语研究》2000 年第 1 期。

冯胜利：《从韵律看汉语“词”“语”分流之大界》，《中国语文》2001 年第 1 期。

冯胜利：《论汉语“词”的多维性》，《当代语言学》2001 年第 3 期。

冯胜利：《汉语声调对音步与音变的影响和作用》，载《汉语韵律语法研究》，北京大学出版社 2005 年版。

傅惠钧：《真性问与假性问：明清汉语选择问句的功能考察》，《语言教学与研究》2001 年第 3 期。

干敏：《作为话语标记的“我跟你说”》，《文学教育》2012 年第 3 期。

高增霞：《“放着…不…”的构式化》，《古汉语研究》2017 年第 4 期。

龚峰：《“且+VP”祈使句及其功能转变》，《南华大学学报》（社会科学版）2009 年第 5 期。

龚千炎：《谈现代汉语的时制表示和时态表达系统》，《中国语文》1991 年第 4 期。

龚千炎：《现代汉语的时间系统》，《世界汉语教学》1994 年第 1 期。

顾阳：《双宾语结构》，载徐烈炯主编《共性与个性：汉语语言学中的争议》，北京语言文化大学出版社 1999 年版。

郭锐：《衍推和否定》，《世界汉语教学》2006 年第 2 期。

郭继懋：《谈表提醒的“不是”》，《中国语文》1987 年第 2 期。

海柳文：《“给”的发展》，《广西民族学院学报》（哲学社会科学版）1991 年第 2 期。

韩静：《语气词“好了”的语义与语用分析》，《南开语言学刊》2008 年第 2 期。

韩蕾、刘焱：《话语标记“别说”》，《宁夏大学学报》（人文社会科学版）2007 年第 4 期。

韩玉书：《英语“宣称、断言”类动词用法的探讨》，《杭州大学学报》（哲学社会科学版）1984 年第 4 期。

何潇：《“好”类话语标记研究》，《华中学术》2016 年第 4 期。

洪波：《“给”字的语法化》，《南开语言学刊》2004 年第 2 期。

侯瑞芬：《“别说”与“别提”》，《中国语文》2009 年第 2 期。

胡适：《除非》，《努力周报》1922 年 10 月 15 日。

胡斌彬、俞理明：《“再说”的词汇化和语法化》，《西华师范大学学报》（哲学社会科学版）2010 年第 2 期。

胡德明：《从反问句生成机制看“不是”的性质和语义》，《安徽师范大学学报》（人文社会科学版）2008 年第 3 期。

胡明扬：《海盐方言的动态范畴》，载胡明扬主编《汉语方言体貌论文集》，江苏教育出版社 1996 年版。

胡明扬：《说“词语”》，《语言文字应用》1999 年第 3 期。

胡壮麟：《语法化研究的若干问题》，《现代外语》2003 年第 1 期。

黄诚一：《说“除非”》，《中国语文》1957 年第 1 期。

黄华新：《论预设的特征和种类》，《杭州大学学报》（哲学社会科学版）1988 年第 3 期。

黄华新、徐以中：《预设的动态性和动态预设观》，《浙江大学学报》（人文社会科学版）2007 年第 5 期。

黄慧英：《现代汉语里一个新的关联词语“不说”》，《汉语学习》1996 年第 5 期。

黄培培：《现代汉语“才怪”的多角度考察》，《阜阳师范学院学报》（社会科学版）2013 年第 5 期。

纪云霞、林书武：《一种新的语言理论：构块式语法》，《外国语》2002 年第 5 期。

江蓝生：《时间词“时”和“後”的语法化》，《中国语文》2002年第4期。

江蓝生：《跨层非短语结构“的话”的词汇化》，《中国语文》2004年第5期。

江蓝生：《“VP的好”句式的两个来源——兼谈结构的语法化》，《中国语文》2005年第5期。

江蓝生：《概念叠加与构式整合——肯定否定不对称的解释》，《中国语文》2008年第6期。

蒋绍愚：《关于汉语词汇系统及其发展变化的几点想法》，《中国语文》1989年第1期。

阚明刚：《话语标记“我跟你讲”的语篇功能研究》，《语文学刊》2016年第9期。

赖先刚：《副词“大”与“不大”》，《乐山师专学报》（社会科学版）1994年第3期。

郎大地：《“不是……吗”句式》，载湖北省社会科学联合会、语言学信息交流中心编《语法求索——首届青年现代汉语（语法）学术讨论会论文集》，华中师范大学出版社1989年版。

雷冬平、胡丽珍：《“他个”的形成、性质及其功能研究》，《语言科学》2006年第4期。

雷冬平：《“喝他个痛快”类构式的形成及其语义研究》，《语言科学》2012年第2期。

雷冬平：《“V个XP”构式家族及其主观量一致性研究》，《上海师范大学学报》（哲学社会科学版）2017年第3期。

李敏：《递进连词“不说”及其语法化过程》，《暨南大学华文学院学报》2005年第2期。

李爱菊：《“才怪”的词汇化过程与机制》，《语文学刊》（半月刊）2010年7月。

李剑影：《再论“玩它个痛快”》，《汉语学习》2007年第2期。

李丽群：《试析话题标记“我说”》，《河西学院学报》2010年第3期。

李淑静：《试论英语VNX构式》，《天津外国语学院学报》2003年第6期。

李淑荣:《语气词“好了”》,《语文学刊》(高教版) 2006 年第 7 期。

李铁根:《“了”“着”“过”与汉语时制的表达》,《语言研究》2002 年第 3 期。

李小军:《语气词“好了”的话语功能》,《世界汉语教学》2009 年第 4 期。

李小军:《语气词“算了”的话语功能——附论“好了”“得了”“是了”和“行了”》,《励耘语言学刊》2015 年第 1 期。

李宇明:《形容词否定的不平行性》,《汉语学习》1998 年第 3 期。

李宗江:《“再说、再讲、再看”的语法化》,载邵敬敏、张先亮主编《汉语语法研究的新拓展》(三),东北师范大学出版社 2006 年版。

李宗江:《近代汉语完成动词向句末虚成分的演变》,载《历史语言学研究》(第一辑),商务出版社 2008 年版。

李宗江:《连词“不说”的语义和语用功能》,《汉语学报》2009 年第 3 期。

李宗江:《关于话语标记来源研究的两点看法——从“我说”类话语标记的来源说起》,《世界汉语教学》2010 年第 2 期。

李宗江[①]:《也说话语标记“别说”的来源——再谈话语标记来源的研究》,《世界汉语教学》2014 年第 2 期。

力量:《谈一种带“他”结构中“他”的词性及其结构的句法分析》,《淮阴师范学院学报》(哲学社会科学版) 1984 年第 3 期。

力量:《一种带“他”结构中“他”的词性及其结构的句法分析》,《语文月刊》1989 年第 6 期。

力量:《“V 得(个)R”“V 他(个)R”结构的深层比较》,《江苏教育学院学报》(社会科学版) 1995 年第 2 期。

梁银峰:《东汉至唐五代时期“他+N”格式中“他”的语法功能及其流变》,《语言科学》2011 年第 3 期。

林汉达:《动词的连写问题(上)》,《中国语文》1953 年第 9 期。

林汉达:《什么不是词儿》,《中国语文》1955 年第 4 期。

刘坚、曹广顺、吴福祥:《论诱发汉语词汇语法化的若干因素》,《中

① 在正文中记为李宗江(2014a)。

国语文》1995 年第 3 期。

刘瑾、杨旭：《论构式化的基本特征》，《外语研究》2017 年第 3 期。

刘锬：《“我说”的语义演变及其主观化》，《语言研究》2008 年第 3 期。

刘炎：《反预期信息标记“别看”》，《汉语学习》2009 年第 4 期。

刘大为：《从语法构式到修辞构式》（上），《当代修辞学》2010 年第 3 期。

刘大为：《从语法构式到修辞构式》（下），《当代修辞学》2010 年第 4 期。

刘丹青：《作为典型构式句的非典型“连”字句》，《语言教学与研究》2005 年第 4 期。

刘华丽：《弱化义副词“不大”的立体考察》，载《国际汉语学报》（第二辑），学林出版社 2011 年版。

刘华丽：《浅析副词“不大”》，《汉字文化》2012 年第 2 期。

刘小丽：《汉语常用格式“X 了不是”初探》，《科教文汇》（上旬刊）2007 年 12 月。

刘欣朋：《“别说”句的篇章功能与对外汉语教学》，《华北电力大学学报》（社会科学版）2014 年第 2 期。

刘永华、高建平：《汉语口语中的话语标记“别说”》，《语言与翻译（汉文）》2007 年第 2 期。

刘月华：《对话中“说”“想”“看”的一种特殊用法》，《中国语文》1986 年第 3 期。

龙国富、陈光：《试论构式化的概念及其理论发展》，《外语研究》2018 年第 2 期。

楼荷英、冷荟姣：《“再说”语用功能探究》，《浙江工业大学学报》（社会科学版）2016 年第 1 期。

卢钦[1]：《好不……》，《中国语文》1981 年第 2 期。

卢烈红：《“他”字复指词组的历史发展——兼谈第三人称代词“他”的起源》，载中国社会科学院语言研究所、《中国语文》编辑部编《庆祝〈中国语文〉创刊 50 周年学术论文集》，商务印书馆 2004 年版。

① 卢钦是吕叔湘先生的笔名，这篇文章后来被收录到吕叔湘（1984）。

鲁文霞：《论“我说”》，载北京外国语大学中国语言文学学院编《人文丛刊》（第三辑），学苑出版社2008年版。

陆俭明：《词语句法、语义的多功能性：对“构式语法”理论的解释》，《外国语》2004年第2期。

陆俭明：《“句式语法”理论与汉语研究》，《中国语文》2004年第5期。

陆俭明：《从语法构式到修辞构式再到语法构式》，《当代修辞学》2016年第1期。

陆俭明、吴海波：《构式语法理论研究中需要澄清的一些问题》，《外语研究》2018年第2期。

罗仁地、潘露莉：《焦点结构的类型及其对汉语词序的影响》，载徐烈炯、潘海华主编《焦点结构和意义的研究》，外语教学与研究出版社2005年版。

罗耀华、牛利：《“再说”的语法化》，《语言教学与研究》2009年第1期。

吕叔湘：《个字的应用范围，附论单位词前一字的脱落》，《金陵、齐鲁、华西大学中国文化汇刊》1944年第4卷。见《吕叔湘文集》（第2卷），商务印书馆1990年版。

吕叔湘：《汉语里“词”的问题概述》，《语言学问题》（苏联）1959年第9期。见《吕叔湘文集》第2卷，商务印书馆1990年版。

吕叔湘：《现代汉语单双音节初探》，《中国语文》1963年第1期。

吕叔湘[①]：《疑问·否定·肯定》，《中国语文》1985年第4期。

吕叔湘：《理论研究和用法研究》，《语法研究和探索》（六），商务印书馆1992年版。

吕为光：《责怪义话语标记“我说什么来着”》，《汉语学报》2011年第3期。

马庆株：《现代汉语的双宾语构造》，《语言学论丛》（第十辑），商务印书馆1983年版。

马宁：《“才怪”的语用否定性》，《语文建设》（中旬刊）2013年9月。

① 在正文中记为吕叔湘（1985a）。

马壮寰：《〈语法的认知基础〉简介》，《当代语言学》2000 年第 1 期。

孟琮：《口语“说”字小集》，《中国语文》1982 年第 5 期。

庞娟：《“不大/不很+V”格式中 V 的语义分析》，《开封教育学院学报》2016 年第 11 期。

彭睿：《构式语法化的机制和后果——以“从而”“以及”和“极其”的演变为例》，《汉语学报》2007 年第 3 期。

彭睿：《临界频率和非临界频率——频率和语法化关系的重新审视》，《中国语文》2011 年第 1 期。

彭睿：《框架、常项和层次——非结构语法化机制再探》，《当代语言学》2011 年第 4 期。

彭睿：《语法化·历时构式语法·构式化》，《语言教学与研究》2016 年第 2 期。

彭楚南：《两种词儿和三个连写标准》，《中国语文》1954 年第 4 期。

彭伶楠：《“好了”的词化、分化和虚化》，《语言科学》2005 年第 3 期。

朴珍玉：《非常规损益构式“V+他$_2$+数量名”的主观化》，《当代修辞学》2015 年第 1 期。

齐沪扬、胡建峰：《试论“不是……吗”反问句的疑问用法》，《上海师范大学学报》（哲学社会科学版）2010 年第 3 期。

邱闯仙：《预期标记“瞧”》，《语文研究》2010 年第 2 期。

仇立颖：《作为话语标记的“别说”》，《理论界》2012 年第 9 期。

渠默熙：《“不大”对“V+指量名”的选择与限制》，《浙江理工大学学报》（社会科学版）2016 年第 5 期。

饶长溶：《长汀方言动词的体貌》，载胡明扬主编《汉语方言体貌论文集》，江苏教育出版社 1996 年版。

单宝顺：《“再说”的语法化历程》，《池州学院学报》2014 年第 5 期。

邵敬敏：《“动+个+形/动”结构分析——兼与游汝杰同志商榷》，《汉语学习》1984 年第 2 期。

邵敬敏、王宜广：《“不是 A，而是 B”句式假性否定的功能价值》，《世界汉语教学》2010 年第 3 期。

沈家煊：《“语用否定”考察》，《中国语文》1993年第5期。

沈家煊：《R. W. Langacker 的“认知语法”》，《国外语言学》1994年第1期。

沈家煊：《“语法化”研究综观》，《外语教学与研究》1994年第4期。

沈家煊：《“有界”与“无界”》，《中国语文》1995年第5期。

沈家煊[1]：《转指和转喻》，《当代语言学》1999年第1期。

沈家煊：《句式和配价》，《中国语文》2000年第4期。

沈家煊：《语言的“主观性”和“主观化”》，《外语教学与研究》2001年第4期。

沈家煊[2]：《说“不过”》，《清华大学学报》（哲学社会科学版）2004年第5期。

沈家煊[3]：《再谈“有界”与“无界”》，《语言学论丛》（第三十辑），商务印书馆2004年版。

沈家煊：《“王冕死了父亲”的生成方式——兼说汉语“糅合”造句》，《中国语文》2006年第4期。

沈家煊：《“糅合”和“截搭”》，《世界汉语教学》2006年第4期。

沈家煊：《“移位”还是“移情”？——析“他是去年生的孩子”》，《中国语文》2008年第5期。

施春宏：《动结式论元结构的整合过程及相关问题》，《世界汉语教学》2005年第1期。

施春宏：《动词拷贝句句式构造和句式意义的互动关系》，《中国语文》2010年第2期。

施春宏：《从句式群看“把”字句及相关句式的语法意义》，《世界汉语教学》2010年第3期。

施春宏：《新“被”字式的生成机制、语义理解及语用效应》，《当代修辞学》2013年第1期。

施春宏：《边缘“把”字句的语义理解和句法构造》，《语言教学与研

① 在正文中记为沈家煊（1999a）。

② 在正文中记为沈家煊（2004a）。

③ 在正文中记为沈家煊（2004b）。

究》2015 年第 6 期。

施春宏：《互动构式语法的基本理念及其研究路径》，《当代修辞学》2016 年第 2 期。

施发笔：《“不大”是个词》，《汉语学习》2001 年第 5 期。

石毓智：《汉语发展史上的双音化趋势和动补结构的诞生》，《语言研究》2002 年第 1 期。

石毓智：《构造语法理论关于 construction 定义问题研究》，《重庆大学学报》（社会科学版）2007 年第 1 期。

石毓智、雷冬梅：《“个”标记宾语的功能》，《语文研究》2004 年第 4 期。

史金生：《表反问的“不是”》，《中国语文》1997 年第 1 期。

史金生：《“要不”的语法化——语用机制及相关的形式变化》，《解放军外国语学院学报》2005 年第 6 期。

司罗红：《“我给你说”的语用功能考察》，《河北科技师范学院学报》（社会科学版）2016 年第 1 期。

司罗红：《提请注意式话语标记“我说”》，《乐山师范学院学报》2016 年第 6 期。

宋荣超：《“语用否定”考证》，《长春师范学院学报》（人文社会科学版）2010 年第 1 期。

宋玉柱：《副词能修饰副词吗》，《汉语学习》2003 年第 3 期。

苏英霞：《“不是……吗？”句的语用分析》，载《对外汉语教学探讨集——北京地区第一届对外汉语教学讨论会论文选》，北京大学出版社 1998 年版。

孙朝奋：《〈虚化论〉评介》，载吴福祥主编《汉语语法化研究》，商务印书馆 2005 年版。

孙洪威：《反预期标记“别说”》，《社科纵横》（新理论版）2013 年第 1 期。

孙瑞霞：《话语标记“好了”的语法化过程及无标化分析》，《沈阳航空工业学院学报》2008 年第 6 期。

［日］太田辰夫：《〈老乞大〉的语言》，载《汉语史通考》，江蓝生、白维国译，重庆出版社 1991 年版。

唐敏：《副词“还”的“反预期”语用功能及“反预期”的义源追

溯》，《江苏大学学报》（社会科学版）2009 年第 4 期。

唐善生：《“不说”的副词化》，《汉语学习》2016 年第 2 期。

唐善生、马亦琦：《“要不说”的语用分析》，《当代修辞学》2016 年第 2 期。

陶根霖：《符号标记构式“我说”研究》，《黑龙江工业学院学报》2018 年第 3 期。

田朝霞：《形义匹配种种——四种构架语法模式的比较研究》，《外语教学》2007 年第 1 期。

童盛强：《“不大”是词吗？》，《汉语学习》2003 年第 5 期。

万海静：《浅析实义虚化而来的固定话题转换标记“且不说”——从预设和认知关联角度》，《现代语文》2014 年第 6 期。

汪维辉：《系词“是”发展成熟的时代》，《中国语文》1998 年第 2 期。

汪维辉、胡波：《汉语史研究中的语料使用问题——兼论系词“是”发展成熟的时代》，《中国语文》2013 年第 4 期。

王会：《试论“不大+V/A”句式》，《萍乡高等专科学校学报》2008 年第 5 期。

王惠：《从构式语法理论看汉语词义研究》，《中文计算语言学》（台湾）2005 年第 4 期。

王健：《说“别说”》，《语言教学与研究》2008 年第 2 期。

王静：《我说“我说”》，《湖南城市学院学报》2010 年第 3 期。

王力：《词和仂语的界限问题》，《中国语文》1953 年第 9 期。

王曼：《“才怪”的词汇化及其机制》，《文学界》（理论版）2010 年第 4 期。

王寅[①]：《国外构造语法研究最新动态》，《现代外语》2006 年第 2 期。

王志：《交谈中的提醒句》，《语言研究》1992 年第 2 期。

王洪君：《从字和字组看词和短语》，《中国语文》1994 年第 2 期。

王洪君：《汉语的韵律词与韵律短语》，《中国语文》2000 年第 6 期。

王佳珺：《“不说 X”与“X 不说”》，《海外华文教育》2011 年第

① 在正文中记为王寅（2006a）。

4 期。

王世凯、张亮：《句尾“不是”的来源、功能及其词汇化》，《语言教学与研究》2017 年第 6 期。

王晓辉：《汉语习语构式的性质、类别、特征及相关问题研究》，《汉语学习》2018 年第 2 期。

王晓凌：《说带虚指“他”的双及物式》，《语言教学与研究》2008 年第 3 期。

王秀廷：《“别说”句式探析》，《牡丹江大学学报》2015 年第 12 期。

韦茂繁：《都安壮语 te：ŋ42 的语法化分析》，《民族语文》2010 年第 6 期。

魏慧萍：《“再说”的词汇化及相关问题》，《河北大学学报》（哲学社会科学版）2010 年第 4 期。

文旭、杨坤：《构式语法研究的历时取向——历时构式语法论纲》，《中国外语》2015 年第 1 期。

文旭、杨旭：《构式化：历时构式语法研究的新路径》，《现代外语》2016 年第 6 期。

芜崧：《也说“再说”》，《汉字文化》2002 年第 4 期。

芜崧：《也谈“不说”句——与李宗江先生商榷》，《孝感学院学报》2011 年第 1 期。

吴福祥：《从“VP－neg”式反复问句的分化谈语气词“麼”的产生》，《中国语文》1997 年第 1 期。

吴福祥：《近年来语法化研究的进展》，《外语教学与研究》2004 年第 1 期。

吴福祥：《试说“X 不比 Y · Z”的语用功能》，《中国语文》2004 年第 3 期。

吴长安：《“爱咋咋地”的构式特点》，《汉语学习》2007 年第 6 期。

伍华：《论〈祖堂集〉中以“不、否、無、摩”收尾的问句》，《中山大学学报》1987 年第 4 期。

武果：《副词“还”的主观性用法》，《世界汉语教学》2009 年第 3 期。

解惠全：《我国前语法学的一部卓越虚词专著——袁仁林〈虚字说〉评述》，《语言研究论丛》（第五辑），南开大学出版社 1988 年版。

谢芷欣：《我说口语结构“我说”》，《东莞理工学院学报》2004 年第 2 期。

辛慧[1]：《语气标记“才怪”的功能性》，《汉字文化》2017 年第 9 期。

辛慧[2]：《语气标记“才怪”的主观化》，《宁夏大学学报》（人文社会科学版）2017 年第 5 期。

邢福义：《关于副词修饰名词》，《中国语文》1962 年第 5 期。

徐坤：《话语标记“我跟你说”的功能分析》，《绥化学院学报》2018 年第 3 期。

徐烈炯：《几个不同的焦点概念》，载徐烈炯、潘海华主编《焦点结构和意义的研究》，外语教学与研究出版社 2005 年版。

徐盛桓：《新格赖斯会话含意理论和含意否定》，《外语教学与研究》1994 年第 4 期。

徐盛桓：《试论英语双及物构块式》，《外语教学与研究》2001 年第 2 期。

徐时仪：《论词组结构功能的虚化》，《复旦学报》1998 年第 5 期。

徐学萍、尚军、吴爱芝：《语言主观化、句法表现和话语交际功能》，《燕山大学学报》2006 年第 1 期。

徐玉琪、阮绪和：《副词真的不能修饰副词吗》，《文教资料》（语文研究）2006 年 10 月号中旬刊。

严辰松：《构式语法论要》，《解放军外国语学院学报》2006 年第 4 期。

杨素英：《当代动貌理论与汉语》，载《语言研究和探索》（九），商务印书馆 2000 年版。

杨永龙：《句尾语气词“吗”的语法化过程》，《语言科学》2003 年第 1 期。

杨永龙：《结构式的语法化与构式演变》，《古汉语研究》2016 年第 4 期。

叶建军：《表祈使义的反问句“VP 不是?”》，《甘肃社会科学》2002

① 在正文中记为辛慧（2017a）。

② 在正文中记为辛慧（2017b）。

年第 2 期。

易正中、王立杰：《“再说”的演化历程》，《云梦学刊》2011 年第 2 期。

尹海良：《自然会话中“我说”的语用标记功能》，《修辞学习》2009 年第 1 期。

尹海良：《现代汉语“别说”的篇章衔接功能及其语法化》，《西南农业大学学报》（社会科学版）2009 年第 4 期。

尹海良：《自然口语中的话语标记“别说”》，《宁夏大学学报》（人文社会科学版）2009 年第 6 期。

应学凤：《现代汉语“不大 VP”结构》，《南昌大学学报》（人文社会科学版）2008 年第 1 期。

游汝杰：《补语的标志“个”和“得”》，《汉语学习》1983 年第 3 期。

于江：《近代汉语“和”类虚词的历史考察》，《中国语文》1996 年第 6 期。

余诗隽、柳春燕：《句末“再说”的语法化倾向》，《湖北教育学院学报》2006 年第 10 期。

袁雪梅：《现代汉语虚指的“他”的来源》，《四川师范大学学报》（社会科学版）2005 年第 6 期。

袁毓林：《无指代词“他”的句法语义功能——从韵律句法和焦点理论的角度看》，载《语言研究和探索》（十二），商务印书馆 2002 年版。

袁毓林：《反预期、递进关系和语用尺度的类型——“甚至”和“反而”的语义功能比较》，《当代语言学》2008 年第 2 期。

张定、丁海燕：《助动词“好”的语法化及相关词汇化现象》，《语言教学与研究》2009 年第 5 期。

张建：《虚指性间接宾语“他”的虚化机制》，《东北师大学报》（哲学社会科学版）2012 年第 4 期。

张晶：《汉语中的话语标记“我跟你说”》，《现代语文》2014 年第 9 期。

张静：《论汉语副词的范围》，《中国语文》1961 年第 8 期。

张璐：《“$N_{一价认知}$+是”凝固型构式语用现象及其来源探析》，《中国语文》2018 年第 1 期。

张韧：《构式与语法系统的认知心理属性》，《中国外语》2006 年第 1 期。

张兴：《对“不是……吗”句式的再思考》，载《汉日语言研究文集》（第三集），北京出版社 2000 年版。

张旋：《试论递进句式“P 不说，Q”的常见搭配形式及语义特点》，《柳州职业技术学院学报》2010 年第 2 期。

张爱玲：《也谈“再说”》，《淮阴工学院学报》2011 年第 4 期。

张伯江：《疑问句功能琐议》，《中国语文》1997 年第 2 期。

张伯江：《现代汉语的双及物结构式》，《中国语文》1999 年第 3 期。

张发明：《试论“不是……吗”反问句》，《内蒙古民族师院学报》1989 年第 4 期。

张济卿：《汉语并非没有时制语法范畴——谈时、体研究中的几个问题》，《语文研究》1996 年第 4 期。

张济卿：《论现代汉语的时制与体结构》（上），《语文研究》1998 年第 3 期。

张建理、朱俊伟：《“被 XX”句的构式语法探讨》，《杭州师范大学学报》（社会科学版）2010 年第 5 期。

张金圈、刘清平：《句法位置对短语词汇化和语法化的制约》，《齐鲁学刊》2011 年第 1 期。

张立飞、严辰松：《现实与非现实：现代汉语否定词语法意义的语义基础》，《外国语文》2010 年第 4 期。

张鲁昌：《副词“不大（da）”的语法意义及语用用法》，《广西社会科学》2005 年第 4 期。

张世禄：《词汇讲话》，《语文知识》1956 年 2 月号，又载《张世禄语言学论文集》，学林出版社 1984 年版。

张先亮、倪妙静：《试论恍悟义构式“我说呢”》，《世界汉语教学》2015 年第 2 期。

张新华：《论“就好了”的祈愿功能》，《语言研究集刊》（第十一辑），上海辞书出版社 2013 年版。

张谊生：《副名结构新探》，《徐州师范学院学报》（哲社版）1990 年第 3 期。

张谊生：《名词的语义基础及功能转化与副词修饰名词》，《语言教学与研究》1996 年第 4 期。

郑贵友：《关联词“再说”及其篇章功能》，《世界汉语教学》2001 年第 4 期。

周莉：《“别说”类语用标记来源探讨》，《汉语学报》2013 年第 2 期。

周莉：《前后分句中不同的连接成分“别说”》，《世界汉语教学》2013 年第 4 期。

周莉[①]：《再论后分句引导语“别说”》，《语文研究》2014 年第 3 期。

周莉[②]：《连词“别说”与“不但”》，《语言研究》2014 年第 3 期。

周莉：《后分句引导语“别说”与“何况、况且、而且”》，《语言教学与研究》2017 年第 2 期。

周莉：《“T 就（更）别说了”及其相关构式研究》，《世界汉语教学》2018 年第 1 期。

周夏：《“不说……，也/还……”的连接功能》，《海外华文教育》2007 年第 4 期。

周绍珩：《马丁内的语言功能观和语言经济原则》，《国外语言学》1980 年第 4 期。

周威兵：《关联词“再说”功能浅议》，《语言文字应用》2005 年第 4 期。

周小兵：《试析“不太”》，载《语法研究和探索》（六），语文出版社 1992 年版。

朱红、关黑拽：《话语标记“我说什么来着”的功能及形成机制》，《新疆大学学报》（哲学·人文社会科学版）2016 年第 2 期。

朱军、盛新华：《“V 什么 V”式的句法、语义、语用分析》，《延安大学学报》（社会科学版）2002 年第 4 期。

朱德熙[③]：《“恢复疲劳”和“打扫卫生”》，《北京日报》1959 年 7 月 15 日。

① 在正文中记为周莉（2014a）。

② 在正文中记为周莉（2014b）。

③ 在正文中记为朱德熙（1959a）。

朱德熙[1]：《说“差一点”》，《中国语文》1959 年第 9 期。

朱德熙：《说“的”》，《中国语文》1961 年第 12 期。

朱德熙：《“在黑板上写字”及相关句式》，《语言教学与研究》1981 年第 1 期。

宗守云、赵东阳：《论主观轻贬量构式“V+他+数量结构”》，《广西师范大学学报》（哲学社会科学版）2016 年第 2 期。

祖生利：《清代旗人汉语的满语干扰特征初探——以〈清文启蒙〉等三种兼汉满语会话教材为研究的中心》，《历史语言学研究》（第六辑），商务印书馆 2013 年版。

左思民：《汉语中时、体标记的合一型》，《现代中国语研究》2001 年第 3 期。

2. 学位论文

陈敏：《“不大 X”和“不太 X”格式的比较分析》，硕士学位论文，吉林大学，2013 年。

陈前瑞：《汉语体貌系统研究》，博士学位论文，华中师范大学，2003 年。

陈振宇：《现代汉语时间系统的认知模型与运算》，博士学位论文，复旦大学，2006 年。

耿小敏：《“我说”类元语言的研究》，硕士学位论文，上海师范大学，2006 年。

韩淑靖：《“不说”递进复句研究》，硕士学位论文，浙江师范大学，2011 年。

胡文静：《“不说”的连词化》，硕士学位论文，浙江师范大学，2012 年。

黄伟：《现代汉语“别说”的句法、语义及语用功能研究》，硕士学位论文，扬州大学，2013 年。

季安锋：《汉语预设触发语研究》，博士学位论文，南开大学，2009 年。

贾玉树：《理性与可能世界——科学的形而上学重构》，博士学位论文，山西大学，2009 年。

---

① 在正文中记为朱德熙（1959b）。

贾月兰：《“V+他+个+X”结构研究》，硕士学位论文，扬州大学，2011年。

简丽：《“别说”句式研究》，硕士学位论文，北京语言大学，2005年。

李鑫：《汉语口语话语标记“我说/你说”研究》，硕士学位论文，渤海大学，2013年。

李孟霞：《现代汉语主观否定推断“才怪”句的研究》，硕士学位论文，华中师范大学，2014年。

李小玲：《话语标记“X说”的词汇化研究》，硕士学位论文，汕头大学，2008年。

刘丹：《副词“才”的构式研究》，博士学位论文，北京师范大学，2007年。

马姗姗：《“不说”的语篇分析》，硕士学位论文，山东师范大学，2015年。

彭利贞：《现代汉语情态研究》，博士学位论文，复旦大学，2005年。

祁曼曼：《话语标记“要不说”》，硕士学位论文，浙江师范大学，2013年。

秦晓迪：《“A不说，还B”格式及语篇分析》，硕士学位论文，上海师范大学，2018年。

邱沉香：《“X说”的词汇化和语法化研究》，硕士学位论文，湖南师范大学，2010年。

施春宏：《动结式的论元结构和配位方式研究》，博士学位论文，北京大学，2003年。

孙英杰：《现代汉语体系统研究》，博士学位论文，北京语言大学，2006年。

王森：《“别说”的语篇分析》，硕士学位论文，山东师范大学，2013年。

王珍：《现代汉语对话语体中语用标记“我说”的相关研究》，硕士学位论文，北京师范大学，2014年。

王晓凌：《论非现实语义范畴》，博士学位论文，复旦大学，2007年。

谢晶：《双音节低量级程度副词的多维分析》，硕士学位论文，江西师范大学，2012年。

徐静:《“别说”递进复句研究》，硕士学位论文，上海外国语大学，2009年。

杨飞:《“别说”句式及习得状况研究》，硕士学位论文，陕西师范大学，2012年。

尤素梅:《后置标记“好了”的相关研究》，硕士学位论文，上海师范大学，2010年。

袁从润:《现代汉语强调方式初探》，硕士学位论文，安徽师范大学，2007年。

钟玲:《汉语“再说”的本体研究及偏误分析》，硕士学位论文，湖北师范学院，2013年。

周莉:《现代汉语“别说”的语义、功能研究》，博士学位论文，吉林大学，2012年。

周蓉:《“V+他+X”结构研究》，硕士学位论文，湘潭大学，2008年。

周雄才:《“不说”的多角度研究》，硕士学位论文，上海师范大学，2012年。

二 外文文献

Bybee, Joan, “Mechanisms of change in grammaticalization: The role of frequency”, In Brian D. Joseph & Richard D. Janda (eds.), *The Handbook of Historical Linguistics*, Oxford: Blackwell, 2003.

Barbara, Abbott, “Presuppositions as nonassertions”, *Journal of Pragmatics*, 32, 2000.

Benveniste, Emile, “Subjectivity in language”, In *Problems in General Linguistics*, Translated by Mary Elizabeth Meek, Coral Gables (Florida): University of Miami Press, 1971.

Bloomfield, Leonard, *Language*, London: George Allen & Unwin LTD, 1935.

Bolinger, Dwight, “Meaning and memory”, *Forum Linguisticum*, 1, 1976.

Bopp, Franz, *Über das Conjugationssystem der Sanskritsprache in Vergleichung mit jenem der griechischen, lateinischen, persischen und germanischen Sprachen*, Frankfurt: Andreäische, 1816.

Bopp, Franz, *Vergleichende Grammatik des Sanckrit, Zend, Griechischen, Lateinischen, Litauischen, Altslawischen, Gothischen und Deutschen*, vol.1, Berlin, 1833.

Boucher, J., and C.E.Osgood, "The Pollyanna Hypothesis", *Journal of Verbal Learning and Verbal Behavior*, 8, 1969.

Bréal, Michel, *Semantics: Studies in the Science of Meaning*, Translated by Mrs.Henry Cust, New York: Henry Holt & Company, 1900.

Bühler, Karl, *Theory of Language: The Representational Function of Language*, Translated by Donald Fraser Goodwin, Amsterdam: Benjamins, 1990.

Caffi, Claudia, "Pragmatic presupposition", In R.E.Asher (ed.), *Encyclopedia of Language and Linguistics*, Oxford: Pergamon, 1993.

Chomsky, Noam, *Aspects of the Theory of Syntax*, Cambridge (MA): MIT Press, 1965.

Chomsky, Noam, *The Minimalist Program*, Cambridge (MA): MIT Press, 1995.

Condillac, Etienne Bonnot de, *Essai sur l' origine des connaissances humaines*, Paris, 1746.

Condillac, Etienne Bonnot de, *Traité des systèmes*, Paris, 1749.

Croft, William, *Radical Construction Grammar: Sytactic Theory in Typological Perspective*, New York: Oxford University Press, 2001.

Croft, William, "Lexical rules vs. Constructions: A false dichotomy", In Hubert Cuyckens, René Dirven & Klaus-Uwe Panther (eds.), *Motivation in Language*, Amsterdam: Benjamins, 2003.

Croft, William, and D. Alan Cruse, *Cognitive Linguistics*, Cambridge: Cambridge University Press, 2004.

Dahl, Östen, "Grammaticalization and the life cycles of constructions", Keynote lecture at the 17th Scandinavian Conference of Linguistics, August 20-22, 1998.

Drewes, A.J., "Borrowing in Maltese", In Peter Bakker & Maarten Mous (eds.), *Mixed Lanugages: 15 Cases Studies in Language Intertwining*, Amsterdam: IFOTT, 1994.

Feng, Shengli, *Prosodic Structure and Prosodically Constrained Syntax in*

Chinese, PH.D.Dissertation, University of Pennsylvania, 1995.

Fillmore, Charles J., "An alternative to checklist theories of meaning", *BLS*, 1, 1975.

Fillmore, Charles J., "Topics in lexical semantics", In R. Cole (ed.), *Current Issues in Linguistic Theory*, Bloomington: Indiana University Press, 1977.

Fillmore, Charles J., "On fluency", In Charles J. Fillmore, Daniel Kempler, William S.-Y.Wang (eds.), *Individual Differences in Language Ability and Language Behavior*, New York: Academic Press, 1979.

Fillmore, Charles J., "Frame semantics", In Linguistic Society of Korea (ed.), *Linguistics in the Mornig Calm*, Seoul: Hanshin, 1982.

Fillmore, Charles J., "Frames and the semantics of understanding", *Quaderni di Semantica*, 6 (2), 1985.

Fillmore, Charles J., "The mechanisms of Construction Grammar", *BLS*, 14, 1988.

Fillmore, Charles J., "Grammatical construction theory and the familiar dichotomies", In Rainer Dietrich & Carl F. Graumann (eds.), *Language Processing in Social Context*, Amsterdam: North-Holland, 1989.

Fillmore, Charles J., Paul Kay, and Catherine O' Connor, "Regularity and idiomaticity in grammatical constructions: The case of let alone", *Language*, 64, 1988.

Finegan, Edward, "Subjectivity and subjectivisation: an introduction", In Dieter Stein & Susan Wright (eds.), *Subjectivity and Subjectivisation: Linguistic Perspectives*, Cambridge: Cambridge University Press, 1995.

Firth, John Rupert, *The Tongues of Men and Speech*, London: Oxford University Press, 1964.

Firth, John Rupert, "A synopsis of linguistic theory, 1930-1955", *Studies in Linguistic Analysis: Special Volume of the Philological Society*, Oxford: Blackwell, 1968.

Frege, Gottlob, "On sense and reference", In Peter Geach & Max Black (eds.), *Translations from the Philosophical Writings of Gottlob Frege*, Oxford: Blackwell, 1952.

Friedländer, Marianne, *Lehrbuch des Malinke*, Leipzig, Berlin & München:

Langenscheidt Verlag Enzyklopädie, 1992.

Gabelentz, George von der, *Die Sprachwissenschaft. Ihre Aufgaben. Methoden, und bisherigen Ergebnisse.* Leipzig: Weigel, 1891.

Gahl, Suzanne, and Susan Garnsey, "Knowledge of grammar, knowledge of usage: Syntactic probabilities affect pronunciation variation", *Language*, 80, 2004.

Gahl, Suzanne, and Susan Garnsey, "Knowledge of grammar includes knowledge of syntactic probabilities", *Language*, 82, 2006.

Gelderen, Elly van, *Grammaricalization as Economy*, Amsterdam & Philadelphia: John Benjamins, 2004.

Givón, Talmy, "Historical syntax and synchronic morphology: an archaeologist's field trip", *Chicago Linguistic Society*, 7, 1971.

Givón, Talmy, *On Understanding Grammar*, New York: Academic Press, 1979.

Givón, Talmy, "On the development of the numeral 'one' as an indefinite marker", *Folia Linguistica Historica*, 2 (1), 1981.

Goldberg Adele E., *Constructions: Approach to Arugument Structure*, Chicago & London: The University of Chicago Press, 1995.

Goldberg, Adele E., "Constructions: A new theoretical approach to language", *Trends in Cognitive Sciences*, 7, 2003.

Goldberg, Adele E., *Construction at Work: the Nature of Generalization in Language*, New York: Oxford University Press, 2006.

Goldberg, Adele E., and Devin Casenhiser, "English constructions", In Bas Aarts and April McMahon (eds.), *The Handbook of English Linguistics*, Malden (MA): Blackwell, 2006.

Goldberg, Adele E., and Ray Jackendoff, "The English resultative as a family of constructions", *Language*, 80, 2004.

Greenberg, Joseph Harold, "How a language acquire gender markers?", In Joseph Harold Greenberg, Charles Albert Ferguson & Edith A. Moravcsik (eds.), *Universals of Human Language: Word Structure*, Stanford: Stanford University Press, 1978.

Grice, Herbert Paul, "Presuppositon and conversational implicature", In

Peter Cole (ed.), *Radical Pragmatics*, New York: Academic Press, 1981.

Harbsmeier, Christoph, *Wilhelm von Humboldts Brief an Abel Rémusat und die philosophische Grammatik des Altchinesischen*, Grammatica Universalis 17, Stuttgart & Bad Canstatt: Erich Fromman, 1979.

Harris, Alice C., and Lyle Campbell, *Historical Syntax in Cross – Linguistic Perspective*, Cambridge: Cambridge University Press, 1995.

Harris, John, "Conservatism versus substratal transfer in Irish English", In Peter Trudgill & Jack K. Chambers (eds.), *Dialects of English: Studies in Gammatical Variation*, London: Longman, 1991.

Harris, Zellig S, "From morpheme to utterance", *Language*, 22, 1946.

Harris, Zellig S., *Methods in Structural Linguistics*, Chicago: University of Chicago Press, 1951.

Haspelmath, Martin, "Does grammaticalization need reanalysis?", *Studies in Language*, 22, 1998.

Heine, Bernd, *Auxiliaries: cognitive forces and grammaticalization*, New York & Oxford: Oxford University Press, 1993.

Heine, Bernd, and Tania Kuteva, *World Lexicon of Grammaticalization*, Cambridge: Cambridge University Press, 2002.

Heine, Bernd, and Tania Kuteva, *Language Contact and Grammatical Change*, Cambridge: Cambridge University Press, 2005.

Heine, Bernd, and Tania Kuteva, *The Changing Languages of Europe*, Oxford: Oxford University Press, 2006.

Heine, Bernd, and Tania Kuteva, *The Genesis of Grammar: A Reconstruction*, Oxford: Oxford University Press, 2007.

Heine, Bernd, Ulrike Claudi, and Friederike Hünnemeyer, *Grammaticalization: A Conceptual Framework*, Chicago & London: The University of Chicago Press, 1991.

Heine, Bernd, *Cognitive Foundations of Grammar*, New York & Oxford: Oxford University Press, 1997.

Heine, Bernd, "Grammaticalization", In Brian D. Joseph & Richard D. Janda (eds.), *The Handbook of Historical Linguisitics*, Malden (MA): Blackwell, 2003.

Hooper, Joan Bybee, "On assertive predicates", In John P. Kimball (ed.), *Syntax and Semantics* (*vol.*4), New York: Academic Press, 1975.

Hopper, Paul J., and Elizabeth Closs Traugott, *Grammaticalization* (*2nd edition*).Cambridge: Cambridge University Press, 2003.

Hopper, Paul J., and Janice Martin, "Structuralism and diachrony: the development of the indefinite article in English", In Anna Giacalone Ramat, Onofrio Carruba & Giuliano Bernini (eds.), *Papers from the 7th Inernational Conference on Historical Linguisitics*, Amsterdam: Benjamins, 1987.

Horn, Laurence R., "Metalinguistic Negation and Pragmatic Ambiguity", *Language*, 61, 1985.

Horne Tooke, John, *Epea pteroenta or the diversions of Purley* (2 *vols.*), London, 1857.

Hughlings Jackson, John, *Selected Writings of John Hughlings Jackson* (2 *vol.*), Edited by James Taylor, London: Staples Press, 1958.

Humboldt, Wilhelm von, "ÜBer das Entstehen der grammatikalischen formen und ihren Einfluβ auf die Ideenentwicklung", *Abhandlungen der Königlichen Akademie der Wissenschaften zu Berlin*, 1825.

Hymes, Dell H., "The Ethnography of Speaking", In Anthropological Society of Washington (ed.), *Anthropology and Human Behavior*, Washington, D.C.: Anthropolical Society of Washington, 1968.

Jackendoff, Ray, *Semantic Interpretation in Generative Grammar*, Cambridge (MA): MIT Press, 1972.+1

Jackendoff, Ray, "Twistin' the night away", *Language*, 73, 1997.

Jacobson, Pauline, "Constituent Structure", In Keith Brown (ed.), *The Encyclopedia of Language and Linguistics* (*2nd Edition*), Oxford: Elsevier, 2005.

Jakobson, Roman, *Shifters, Verbal Categories, and the Russian Verb*, Cambridge (MA): Harvard University Russian Language Project, 1957.

Jaszczolt, K.M., *Default Semantics: Foundations of a Compositional Theory of Acts of Communication*, Oxford: Oxford University Press, 2005.

Jespersen, Otto, *Language: Its nature, development and origin*, London: G.Allen & Unwin, 1922.

Jesperson, Otto, *The Philosophy of Grammar*, Chicago: University of Chicago Press, 1992.

Karttunen, Lauri, "Presuppositons of compound sentences", *Linguistic Inquiry*, 4, 1973.

Kay, Paul, and Charles J. Fillmore, "Grammatical constructions and linguistic generalization: The what's X doing Y? construction", *Language*, 75, 1999.

Keenan, Edward. L., "Two kinds of presupposition in natural language", In Charles J. Fillmore & D. Terence Langendoen (eds.), *Studies in linguistic semantics*, New York: Holt, Rinehart & Winston, 1971.

Kuryłowicz, Jerzy, "The Evolution of Grammatical Categories", In *Esquisses Linguistics* II, Munich: Wilhelm Fink Verlag, 1975.

Lakoff, George, "Linguistic gestalts", *CLS*, 13, 1977.

Lakoff, George, "*There*-construction: A case study in grammatical construction theory and prototype", Cognitive Science Technical Report 18, University of California, Berkeley, 1984. Revised version published as "Case Study" in Lakoff, 1987.

Lakoff, George, *Women, Fire, and Dangerous Things: What Categories Reveal about the Mind*, Chicago: University of Chicago Press, 1987.

Langacker, Ronald W., "Space grammar, analyzability, and the English Passive", *Language*, 58, 1982.

Langacker, Ronald W., *Foundations of Cognitive Grammar* (2 *vols.*), 北京大学出版社 2004 年版。

Laury, Ritva, and Tsuyoshi Ono, "Data is data and model is model: You don't discard the data that doesn't fit your model!", *Language*, 81, 2005.

Lehmann, Christian, "New reflections on grammaticalization and lexicalization", In Ilse Wischer & Gabriele Diewald (eds.), *New Reflections on Grammaticalization*, Amsterdam & Philadelphia: John Benjamins, 2002.

Lehmann, Christian, *Thoughts on Grammaticalization* (*Second, revised edition*), Arbeitspapiere des Seminars für Sprachwissenschaft der Universität Erfut Nr.9, 2002.

Lyons, John, *Semantics* (2 *vols.*), Cambridge: Cambridge University Press, 1977.

Lyons, John, "Deixis and subjectivity: Loquor, ergo sum?", In Robert J. Jarvella & Wolfgang Klein (eds.), *Speech, Place, and Action: Studies in Deixis and Related Topics*, New York: Wiley, 1982.

Marantz, Alec, "The Minimalist Program", In Gert Webelbutb (ed.), *Government and Binding Theory and the Minimalist*, Malden (MA): Blackwell, 1995.

McCarthy, John, and Alan Prince, *Prosodic Morphology I: constraint interaction and satisfaction*. Ms., University of Massachusetts, Amherst, and Rutgers University, 1993.

Meillet, Antoine, "L'évolution des formes grammaticales", *Scientia*, 12, 1912.

Meyer, Charles F., and Hongyin Tao, "Response to Newmeyer's 'Grammar is grammar and usage is usage'", *Language*, 81, 2005.

Mithun, Marianne, "On the relativity of irreality", In Joan Bybee & Suzanne Fleischman (eds.), *Modality in Grammar and Discourse*, Amsterdam & Philadelphia: John Benjamins, 1995.

Newmeyer, Frederick J., "Grammar is grammar and usage is usage", *Language*, 79, 2003.

Newmeyer, Frederick J., "A reply to the critiques of 'Grammar is grammar and usage is usage'", *Language*, 81, 2005.

Newmeyer, Frederick J., "On Gahl and Garnsey on grammar and usage", *Language*, 82, 2006.

Nunberg, Geoffrey, Ivan A. Sag, and Thomas Wasow, "Idioms", *Language*, 70, 1994.

Palmer, Frank Robert, *Mood and Modality* (*2nd edition*), Cambridge: Cambridge University Press, 2001.

Radford, Andrew, *Transformational Grammar*, Cambridge: Cambridge University Press, 1988.

Rosta, Andrew, "Antitransitivity and constructionality", In Graeme Trousdale & Nikolas Gisborne (eds.), *Constructional Approaches to English Grammar*, Berlin & New York: Mouton de Gruyter, 2008.

Russell, Bertrand, "On denoting", *Mind*, 14, 1905.

Saussure, Ferdinand de, *Course in General Linguistics*, Translated by

Wade Baskin.New York: Philosophical Library, 1959.

Schiffrin, Deborah, *Discourse Markers*, 世界图书出版公司 2007 年版。

Schlegel, August Wilhelm von, *Observations sur la langue et litérature provençales*, Paris: Librarie Grecque-Latine-Allemande, 1818.

Schmid, Hans-Jörg, "'Presupposition can be a bluff': How abstract nouns can be used as presupposition triggers", *Journal of Pragmatics*, 33, 2001.

Schönefeld, Doris, "Constructions", In Doris Schönefeld (ed.), *Constructions all over: Case Studies and Theoretical Implications*, Constructions Special Volume 1-7/2006 (https://www.constructions-online.de/articles/specvol1/667).

Siemund, Peter, "Independent developments in the genesis of Irish English", In Hildegard Tristram (ed.), *The Celtic Englishes* Ⅳ, Potsdam: Universitätsverlag Potsdam, 2006.

Stalnaker, Robert, "Pragmatics", *Synthese*, 22, 1970.

Stalnaker, Robert, "Presuppositions", *Journal of Philosophical Logic*, 2, 1973.

Strawson, Peter Frederick, "On referring", *Mind*, 59, 1950.

Taylor, John, *Linguistic Categorization: Prototypes in Linguistic Theory* (*2nd edition*).外语教学与研究出版社 2001 年版。

Taylor, John, *Cognitive Grammar*, Oxford: Oxford University Press, 2002.

Traugott, Elizabeth Closs, "From propositional to textual and expressive meanings: Some semantic-pragmatic aspects of grammaticalization", In Winfred P.Lehmann and Yakov Malkiel (eds.), *Perspectives on Historical Linguistics*, Amsterdam & Philadelphia: Benjamins, 1982.

Traugott, Elizabeth Closs, "On the rise of epistemic meanings in English: an example of subjectification in semantic change", *Language*, 65, 1989.

Traugott, Elizabeth Closs, "Subjectification in grammaticalisation", In Dieter Stein & Susan Wright (eds.), *Subjectivity and Subjectivisation: Linguistic Perspectives*, Cambridge: Cambridge University Press, 1995.

Traugott, Elizabeth Closs, "The rhetoric of counter-expectation in semantic change: a study in subjectification", In Andreas Blank & Peter Koch (eds.), *Historical Semantics and Cognition*, Berlin; New York: Nouton de Gruyter, 1999.

Traugott, Elizabeth Closs, "From subjectification to intersubjectification", In Raymond Hickey (ed.), *Motives for Language Change*, Cambridge: Cambridge University Press, 2003.

Traugott, Elizabeth Closs, "(Inter) subjectivity and (inter) subjectification: A reassessment", In Kristin Davidse, Lieven Vandelanotte & Hubert Cuyckens (eds.), *Subjectification, Intersubjectification and Grammaticalization*, Berlin & New York: De Gruyter Mouton, 2010.

Traugott, Elizabeth Closs, and Graeme Trousdale, *Constructionalization and Constructional Changes*, Oxford: Oxford University Press, 2013.

Wells, Rulon S., "Immediate constituents", *Language*, 23, 1947.

Whitney, William Dwight, *The Life and Growth of Language: An Outline of Linguistic Science*, Montana: Kessinger Publishing, 2006.

Wischer, Ilse, "Grammaticalization", In Keith Brown (ed.), *The Encyclopedia of Language and Linguistics (2nd Edition)*, Oxford: Elsevier, 2005.

Wray, Alison, *Formulaic Language and the Lexicon*, Cambridge: Cambridge University Press, 2002.

Wüllner, Franz, *Über Ursprung und Urbedeutung der sprachlichen Formen*, Münster: Theissingsche Buchhandlung, 1831.

Zwicky, Arnold M., "Clitics and particles", *Language*, 61, 1985.